# 시편 연구 II(42:1-89:52)

## 은혜와 영광

## Grace and Glory

시편 연구 II 왕체와 영광

| | | |
|---|---|---|
| 총 편 집 인 | 김 의 원 | |
| 지 은 이 | 안 오 순 | |
| 발 행 일 | 2024년 3월 3일 | |
| 발 행 처 | 도서출판 사무엘 | |
| 등 록 | 제972127호 (2020.10.16) | |
| 주 소 | 안양시 동안구 관악대로 282 고려빌딩 3층 | |
| 표 지 | 김 별 아 | |

ISBN 979-11-986697-1-1 93230
값 23,000원

SEE 성경과 신학 시리즈 01

성경 교사와 설교자를 위한 심화과정 501

# 시편 연구 II(42:1-89:52)

# 은혜와 영광

총편집인  김 의 원

지 은 이  안 오 순

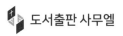 도서출판 사무엘

시편 설교 I(1:1-41:13)에 이어 시편 설교 II(42:1-89:52)를 출간할 수 있어서 하나님께 감사합니다. 시편을 공부하면서 언제나 두 가지를 마음에 품었습니다. 첫째는, 본문이 말하는 '그 메시지'를 찾고자 했습니다. 둘째는, '그 메시지'를 오늘 우리에게 적실하게 적용하려고 했습니다. 오늘의 사역 현장에서 가장 안타까운 점은 신학과 목회 현장에서의 주파수가 다르고, 본문과 설교의 주파수가 다르고, 설교와 청중의 삶 사이의 주파수가 다르다는 데 있습니다. 그것은 '본문을 잃어버린 설교'이면서 '청중을 잃어버린 설교'입니다.

따라서 설교자가 전해야 하는 '성경 본문(text)'과 그 본문을 들어야 하는 '청중(context)'이라는 두 개의 기둥을 살리려고 애썼습니다. 여기에 덧붙여서 대체할 수 없는 예수님의 정체성과 교회 공동체성을 드러내고자 했습니다. 설교자가 '석의(exegesis)'와 '적용(application)'이라는 설교의 두 기둥을 균형 잡으면 잡을수록 우리 교회는 양 떼가 뛰노는 푸른 초장으로 변화할 겁니다.

시편을 공부하면서 도움받은 책입니다. 전봉순, 『거룩한 독서를 위한 구약 성경 주해, 시편 42-89편』 (서울: 바로오딸, 2015). Allen P. Ross, *A Commentary on the Psalms: 42-89* (Grand Rapids: Gregel Academic, 2012). Willem A. Vangermeren, *The Expositor's Bible Commentary: 5, Psalms* (Grand Rapids, MI : Zondervan, 2008). 이병철 편저, 『성경원어 해석 대사전: 바이블렉스 10.0』 (서울: 브니엘성경연구소, 2021).

시편을 함께 배우며 기도해 준 한남교회 동역자와 선교 일선에서 조용하게 섬겨준 선교사에게도 감사합니다.

2024년 3월 3일
글쓴이

# 차례

제3권

# 01

# 하나님을 희망하라

> 말씀 시편 42:1-43:5
> 요절 시편 42:5
> 찬송 95장, 484장

1. 시인은 하나님을 찾기에 어느 정도 갈급합니까(42:1)? 그는 하나님을 왜 그렇게 갈망합니까(2)? 사람들은 시인에게 무슨 말을 했습니까(3)? 그때 그는 무엇을 기억합니까(4)?

2. 시인은 자신에게 무엇을 말합니까(5a)? 그는 왜 그렇게 말합니까(5b)? 그가 하나님께 희망을 두는 이유는 무엇입니까?

3. 그런데도 시인은 어떤 상황에 있습니까(6)? 주님은 어떻게 반응했습니까(7)? 여호와는 그에게 무엇을 하십니까(8)?

4. 그분은 누구십니까(9)? 대적은 그에게 무엇을 합니까(10)? 그러나 시인은 무엇을 합니까(11)?

5. 시인은 하나님께 무엇을 기도합니까(43:1)? 그는 현재 어떤 상태입니까(2)? 그는 계속해서 무엇을 기도하며, 성전에 가서 무엇을 하려고 합니까(3-4)? 그러므로 그는 누구에게 희망을 둡니까(5)?

1

## 이
## 하나님을 희망하라

> 말씀 시편 42:1-43:5
> 요절 시편 42:5
> 찬송 95장, 484장

1. 시인은 하나님을 찾기에 어느 정도 갈급합니까(42:1)? 그는 하나님을 왜 그렇게 갈망합니까(2)? 사람들은 시인에게 무슨 말을 했습니까(3)? 그때 그는 무엇을 기억합니까(4)?

42편~72편은 시편의 제2권이다.

42편: (고라 자손의 교훈시. 성가대 지휘자를 따라 부른 노래, To the choirmaster. A Maskil of the Sons of Korah)

"고라" - 레위의 증손이다(민 16:1). 고라 자손은 다윗 시대에는 성가대였고(대상 6:31, 37), 성전 문지기였다(대상 26:1). 아론계 제사장은 성전에서 희생 제사와 제의적 직무를 수행했다. 고라 자손은 그 밖의 다른 일을 했다. "교훈(Maskil)" - '음악이나 예전의 용어'이다. "성가대 지휘자" - '뛰어나다.' '지휘자로 활동한다.'이다.

42편과 43편을 하나의 시, '하나의 문학 단위'로 생각한다. 같은 후렴(42:5, 11; 43:5), 같은 어휘, 그리고 같은 표현(42:9; 43:2)을 사용하기 때문이다.

이 시편은 희망과 절망, 그리고 믿음의 확신을 포함하는 개인 탄

## 01 하나님을 희망하라(42:1-43:5)

원(Lament) 시이다. 그 배경은 첫째로, 하나님과 성전에 대한 그리움이다. 시인은 성전에서 멀리 떨어져 있었다. 그는 성전에 가지 못하고, 하나님을 만나지 못함을 안타까워했다. 둘째로, 시인은 병에 걸려 하나님의 구원을 갈망했다. 그는 병으로 하나님한테서 멀리 떨어졌다고 여겨 낙심했다. 하지만 그는 하나님께 희망을 두고 그분을 갈망한다.

42:1, "하나님이여 사슴이 시냇물을 찾기에 갈급함같이 내 영혼이 주를 찾기에 갈급하니이다"

"하나님이여"(אֱלֹהִים, 'elohim) - '하나님'이다. 1편~41편에서는 '여호와(יהוה, yhwh)'라는 단어를 주로 사용했다. 42편과 43편에서는 '하나님'이 주로 등장한다.

"사슴이" - '사슴', '수사슴'이다. '암사슴'(여성)으로 읽는다. 동사 "갈급함같이"가 여성이고, "내 영혼이" 여성이기 때문이다. 사슴은 희생제물로 사용하지는 않았으나 정결한 동물에 속했다. "시냇물을" - 철철 넘쳐흐르는 물이 아니라, 바닥을 따라 흐를 듯 말 듯 흐르는 가는 물줄기이다. 하지만 가뭄에도 마르지 않는 물이다. 물은 생명의 표상이다. "찾기에" - '~위에'이다. "갈급함같이" - '간절히 바란다.'(칼 미완료)이다. 목마른 암사슴은 물을 간절하게 찾는다. 물을 찾지 못하는 암사슴의 생명은 위협을 느끼며 불안하고 초조해한다. 심한 가뭄으로 물이 부족한 상태에서 시냇물은 암사슴에게 그 자체로 생명을 뜻한다.

이처럼 시인은 누구를 찾는가? "내 영혼이" - '영혼'(여성)이다. "주를 찾기에" - '~안으로'이다. "갈급하니이다" - '간절히 바란다.'(칼 미완료)이다. 시인은 하나님을 몹시 원하는 마음을 암사슴의 갈증으로 표현한다. 시인은 하나님을 절대적으로 필요로 한다.

그는 왜 하나님을 그렇게 갈망하는가?

2, "내 영혼이 하나님 곧 살아 계시는 하나님을 갈망하나니 내가 어느 때에 나아가서 하나님의 얼굴을 뵈올까"

"하나님"(אלהים, 'elohim) - '하나님'이다. "살아 계시는" - '살아있는'이다. "하나님"(אל, 'el) - '하나님', '강한 자(mighty one)'이다. "갈망하나니" - '목마르다.'(칼 완료)이다. 시인은 하나님에 대한 애타는 그리움을 목마름으로 표현했다.

그는 왜 그렇게 갈망하는가? "나아가서" - '간다.'(칼 미완료)이다. "하나님"(אלהים, 'elohim) - '하나님'이다. "얼굴을" - '얼굴'이다. "뵈올까" - '바라본다.'(니팔 미완료)이다. '하나님의 얼굴 앞에 언제 보이게 됩니까?', '내가 언제 와서 하나님 앞에 나타날까?'라는 뜻이다. 그는 하나님의 얼굴을 보려고 한다. 그런데 사람은 하나님의 얼굴을 직접 볼 수 없다(출 33:20). 그래서 '언제 보이게 됩니까?'라고 묻는다. 시인이 갈망하는 바는 하나님의 얼굴을 뵙는 일이다. 그것은 하나님이 계시는 성전의 지성소에 나아감을 뜻한다.

왜 그는 지성소에 나가려고 하는가? 하나님을 만나서 예배하려고 한다. 성전 예배는 역동적이며 경외감을 일으킨다. 예배자는 나팔과 비파, 수금, 소고로 하나님을 찬양했다. 춤과 현악, 퉁소, 큰 소리 나는 제금으로 찬양했다. 성전은 생명의 샘이다. 지성소에는 하나님이 있으시고, 그곳에서는 생명의 샘이 솟아난다(시 36:9). 따라서 성전에서 하나님을 만나서 예배함은 생명을 소유함이다. 반면 성전에서 멀어짐은 생명의 샘에서 멀어짐이다. 그것은 곧 죽음이다.

그런데 사람들은 시인에게 무슨 말을 했는가?

3, "사람들이 종일 내게 하는 말이 네 하나님이 어디 있느뇨 하오니 내 눈물이 주야로 내 음식이 되었도다"

"(사람들이)" - 시인의 원수이다. "하는 말이" - '말한다.'(부정사)이다. "네 하나님이 어디 있느뇨" - '너의 하나님이 어디 있느냐?'이다. '너를 도우실 하나님은 없다.' '하나님은 너를 버리셨다.'라는 뜻이다. 시인이 그런 현실에 놓인 이유는 하나님께서 그에게 아무 일도 하지 않으신 것처럼 보이기 때문이다. 원수는 하나님의 존재와 능력에 관해 조롱했다. 그리고 시인에게 회의를 심었다. 원수의 말은 시인의 믿음을 흔들고, 하나님을 그리워하는 마음을 흔들었다.

# 01 하나님을 희망하라(42:1-43:5)

"내 눈물이" - 매우 깊은 슬픔과 고통을 묘사한다. "주야로" - '계속해서'이다. "음식이" - '빵'이다. "되었도다" - '~이 일어난다.'(칼 완료)이다. 하나님이 함께하시지 않음은 눈물이고, 그 눈물은 빵이 되었다. 그는 원수가 자기에게 했던 그 말을 하나님께 한다. "나의 하나님은 어디에 계시는가?"

그때 그는 무엇을 기억하는가?

4, "내가 전에 성일을 지키는 무리와 동행하여 기쁨과 감사의 소리를 내며 그들을 하나님의 집으로 인도하였더니 이제 이 일을 기억하고 내 마음이 상하는도다"

"전에 성일을 지키는" - '거룩한 절기를 지킨다.'(칼 분사)이다. "무리와" - '군중'이다. 시인과 함께 신앙생활을 한 동료, 공동체이다. "동행하여" - '옆을 지난다.'(칼 미완료)이다. "소리를 내며" - '목소리'이다. "하나님의 집" - '성전'이다. 시인이 그리워하는 곳이다. "인도하였더니" - '천천히 움직인다.'(히트파엘 미완료)이다. "이제 이 일을" - '이것들'이다. "기억하고" - '생각한다.'(칼 미완료)이다.

그는 무엇을 기억하는가? 그는 성전 순례, 축제 행사, 구원 역사에서의 하나님의 승리를 기억한다. 그는 전에 축제 행사에 참여한 사람과 함께 했던 그 시절을 그리워한다. 순례자는 1년에 세 번-유월절(Passover), 초실절(Firstfruits), 그리고 초막절(Tabernacles)에 예루살렘 성전으로 모였다. 성전에서 하나님께 예물을 직접 드리며 기뻐했다. 시인은 그때를 기억한다.

그의 현재는 어떠한가? "상하는도다" - '쏟는다.'(칼 미완료)이다. '복받쳐 오른다.'라는 뜻이다. 그는 억눌렀던 감정을 쏟아 낸다.

2. 시인은 자신에게 무엇을 말합니까(5a)? 그는 왜 그렇게 말합니까(5b)? 그가 하나님께 희망을 두는 이유는 무엇입니까?

5, "내 영혼아 네가 어찌하여 낙심하며 어찌하여 내 속에서 불안해하는가 너는 하나님께 소망을 두라 그가 나타나 도우심으로 말미암아 내

가 여전히 찬송하리로다"

"내 영혼아" - '영혼'이다. 시인 자신을 뜻한다. 시인은 자신과 대화한다. "낙심하며" - '구부린다.'(히트폴렐 미완료)이다. "왜 그렇게 낙심하는가?" "불안해하는가" - '불안하다.'(칼 미완료)이다. 시인은 하나님의 성전에 가지 못해서 낙심하고 불안해한다. 그는 하나님의 얼굴을 정말로 보고 싶은데 그럴 수 없는 현실로 낙심하고 불안해한다.

그런 중에도 그는 스스로에 무엇을 말하는가? "소망을 두라" - '기다린다.'(히필 명령)이다. "하나님을 희망하라(Hope in God, ESV)!" 그는 "네 하나님이 어디 있느냐?"라고 물었던 사람에게 "하나님을 희망한다."라고 대답한다.

왜 그는 그렇게 말하는가? "(왜냐하면)" - 이유를 설명한다. "그가 나타나" - '얼굴'이다. "도우심으로 말미암아" - '구원'이다. '그가 나타나 도우심으로'는 '내 얼굴의 구원'이다. "여전히" - '여전히'이다. "찬송하리로다" - '찬양한다.'(히필 미완료)이다. '나는 다시 그분을 찬양할 것이다.'라는 뜻이다. '그분'은 '내 얼굴의 구원'이시다.

시인이 하나님께 희망을 두는 이유는 무엇인가? 그분이 '내 얼굴의 구원'이시기 때문입니다. 시인은 그분이 구원하실 줄 믿기에 그분을 찬양한다. 희망과 찬양은 믿음에서 왔다. 믿음과 의심은 동전의 양면과 같다. 믿음이 떠오르면 의심이 가라앉지만, 의심이 떠오르면 믿음이 가라앉는다. 믿음이 흔들리기도 하지만, 그 흔들림 안에 희망이 있다. 그 희망에서 믿음이 다시 싹튼다.

시인이 희망하는 바는 무엇인가? 첫째로, 성전에 가서 하나님을 만나는 일이다. 그는 지금 성전에서 멀리 떨어진 곳에 있다. 성전에 가지 못하고 하나님을 만나지 못하므로 낙심할 수밖에 없다. 하지만 그런 중에도 그는 하나님께 희망을 둔다.

둘째로, 병에서 치료받는 일이다. 사람은 늙거나 병이 심하면 삶의 의지를 잃는다. 낙심하기 쉽다. 그러나 시인은 스스로 나무란다. "왜 낙심하느냐?" 그는 생각의 전환을 요구한다. 희망은 하나님 구원의 행동을 기다리는 것이다.

01 하나님을 희망하라(42:1-43:5)

3. 그런데도 시인은 어떤 상황에 있습니까(6)? 주님은 어떻게 반응했습니까(7)? 여호와는 그에게 무엇을 하십니까(8)?

6, "내 하나님이여 내 영혼이 내 속에서 낙심이 되므로 내가 요단 땅과 헤르몬과 미살 산에서 주를 기억하나이다"

"내 하나님이여"(אֱלֹהַי, *elohim*) - '하나님'이다. "낙심이 되므로" - '구부린다.'(히트폴렐 미완료)이다. 시인은 희망을 묵상했음에도 아직은 낙심하고 있다. 하나님한테서 멀어졌기 때문이다. 그는 하나님과의 분리 불안을 느낀다.

그러므로 그는 무엇을 하는가? "요단" - 팔레스타인에서 가장 크고 가장 유명한 강이다. 그 물은 디베랴(갈릴리) 호수로 들어가고, 마침내 염해로 흘러든다. "헤르몬" - '헤르몬산'이다. 요르단 계곡 상부인 헤르몬 산맥의 봉우리는 해발 9,000피트(약 2,700m)에 이른다. "미살" - '작은'을 뜻하는데, 헤르몬 가까이에 있다. 이 세 지역은 요단강 수원지이다. 이 지역은 예루살렘 성전으로부터 멀리 떨어져 있다. "주를 기억하나이다" - '생각한다.'(칼 미완료)이다. 시인은 그곳에서 하나님을 생각한다.

주님은 어떻게 반응했는가?

7, "주의 폭포 소리에 깊은 바다가 서로 부르며 주의 모든 파도와 물결이 나를 휩쓸었나이다"

"주의 폭포" - '분출구'이다. '깊은 바다', '물결' 등이다. "깊은 바다가" - '바다들'이다. "부르며" - '부른다.'(칼 분사)이다. "파도와" - '부서짐'이다. "물결이" - '물결'이다. 물은 생명이면서 동시에 죽음이다. "휩쓸었나이다" - '가져간다.'(칼 완료)이다. 사람은 폭포, 깊은 바다, 파도, 물결 등을 통제할 수 없다. 그것은 혼돈의 세력을 상징한다. 시인의 고통과 불행을 묘사한다.

'시냇물을 찾는 것'과 시인의 '눈물'이 '폭포', '깊은 바다', '파도', '물결'로 대체했다. 시인은 필사적으로 물을 찾지만, 그 물은 생명을 주는 물이 아니라 파괴하는 물이다. 하나님은 생명을 파괴하는 무서

운 물을 보내신다. 시인의 생명을 쥐고 계신 하나님은 그에게 죽음
도 주시는 분이다. 시인은 자기가 겪는 고통을 하나님께서 주셨다고
믿는다.

　여호와는 무엇을 하시는가?

　8, "낮에는 여호와께서 그의 인자하심을 베푸시고 밤에는 그의 찬송
이 내게 있어 생명의 하나님께 기도하리로다"

　"여호와께서"(יהוה, *yhwh*) - '여호와(Yahweh)'이다. "그의 인자하심
을"(חסד, *hesed*) - '한결같은 사랑'이다. "베푸시고" - '명령한다.'(피엘
미완료)이다. 낮에는 여호와께서 사랑을 베푸신다. "그의 찬송이" -
'노래'이다. "내게 있어" - '~와 함께'이다. 밤에는 찬송으로 그를 채
우신다. "생명" - '살아 있는'이다. "기도하리로다" - '기도'이다. 그는
그분께 기도한다.

4. 그분은 누구십니까(9)? 대적은 그에게 무엇을 합니까(10)? 그러나
　시인은 무엇을 합니까(11)?

　9, "내 반석이신 하나님께 말하기를 어찌하여 나를 잊으셨나이까 내
가 어찌하여 원수의 압제로 말미암아 슬프게 다니나이까 하리로다"

　"내 반석이신" - '바위'이다. 구원의 장소이며, 안전과 방어의 상징
이다. '폭포', '바다', '파도', '물결'과 대조한다. 통제할 수 없는 폭포
속에서도 반석이신 하나님이 구원하신다. "말하기를" - '말한다.'(칼
미완료)이다. "어찌하여" - '왜'이다. 그는 두 번이나 반복하며 안타까
움을 토로한다. "나를 잊으셨나이까" - '잊는다.'(칼 미완료)이다. 기억
하지 못함이 아니라 특별한 이유로 무시하는 것을 뜻한다.

　"압제로 말미암아" - '압박'이다. 원수가 무력으로 빼앗는 행위를
뜻한다. "슬프게" - '슬퍼한다.'이다. "다니나이까 하리로다" - '간다.'
(칼 미완료)이다. 시인은 상을 당한 사람처럼 어두운 옷을 입고 어두
운 기색을 하고 있다. 시인이 겪는 압제는 하나님께서 시인을 잊으
시고 버리셨다는 증거이다.

그런 그를 보고 대적은 무엇을 하는가?

10, "내 뼈를 찌르는 칼같이 내 대적이 나를 비방하여 늘 내게 말하기를 네 하나님이 어디 있느냐 하도다"

"찌르는 칼같이" - '산산이 부숨'이다. 그는 정신적 고통을 육체적 고통으로 표현한다. 뼈를 찌름은 죽음에 이르는 고통을 상징한다. "내 대적이" - '고통 중에 있다.'(칼 분사)이다. "나를 비방하여" - '비난한다.'(피엘 완료)이다. 대적은 시인의 뼈를 찌르며, 모독했다. "내게 말하기를" - '말한다.'(부정사)이다. "어디 있느냐 하도다" - '어디에'이다. "네 하나님이 어디 있느냐?" 대적은 "시인의 하나님은 멀리 계신다." "시인을 위해 아무 일도 하지 않으신다."라고 비방했다.

그러나 시인은 무엇을 하는가?

11, "내 영혼아 네가 어찌하여 낙심하며 어찌하여 내 속에서 불안해하는가 너는 하나님께 소망을 두라 나는 그가 나타나 도우심으로 말미암아 내 하나님을 여전히 찬송하리로다"

"내 영혼아" - '영혼'이다. 시인 자신을 뜻한다. 시인은 자신과 대화한다. "낙심하며" - '숙인다.'(히트포엘 미완료)이다. "왜 그렇게 낙심하는가?" "불안해하는가" - '불안하다.'(칼 미완료)이다. 시인은 하나님의 성전에 가지 못해서 낙심하고 불안해한다. 그는 하나님의 얼굴을 정말로 보고 싶은데 그럴 수 없는 현실로 낙심하고 불안해한다.

그런 중에도 그는 스스로에 무엇을 말하는가? "소망을 두라" - '희망한다.'(히필 명령)이다. "하나님을 희망하라(Hope in God)!" 그는 "네 하나님이 어디 있느냐?"라고 물었던 사람에게 "하나님을 희망한다."라고 대답한다.

왜 그는 그렇게 말하는가? "(왜냐하면)" - 이유를 설명한다. "그가 나타나" - '얼굴'이다. "도우심으로 말미암아" - '구원'이다. '그가 나타나 도우심으로'는 '내 얼굴의 구원'이다. "여전히" - '여전히'이다. "찬송하리로다" - '찬양한다.'(히필 미완료)이다. '그분'은 '내 얼굴의 구원'이시다. 시인은 5절에서 했던 말을 다시 반복한다.

5. 시인은 하나님께 무엇을 기도합니까(43:1)? 그는 현재 어떤 상태입
   니까(2)? 그는 계속해서 무엇을 기도하며, 성전에 가서 무엇을 하
   려고 합니까(3-4)? 그러므로 그는 누구에게 희망을 둡니까(5)?

43:1, "하나님이여 나를 판단하시되 경건하지 아니한 나라에 대하여
내 송사를 변호하시며 간사하고 불의한 자에게서 나를 건지소서"
   "하나님이여"(אֱלֹהִים, 'elohim) - '하나님'이다. 이제 시인은 자기 영
혼 대신에 하나님께 말한다. "나를 판단하시되" - '재판한다.'(칼 명
령)이다. 시인은 법정 용어를 통해서 재판해달라고 기도한다. 시인은
하나님을 의로운 재판장으로 믿는다. "경건하지" - '독실한'이다. "아
니한" - '아니'이다. "나라에 대하여" - '민족'이다. "내 송사를" - '다
툼'이다. "변호하시며" - '싸운다.'(칼 명령)이다. "간사하고" - '속임'이
다. "불의한" - '불법'이다. "나를 건지소서" - '구원한다.'(피엘 미완
료)이다. 시인이 바라는 바는 원수에 대한 복수가 아니라, 정의로운
하나님의 존재에 대한 믿음이다. 그는 하나님의 정의가 이긴다는 믿
음으로 기도한다.
   그는 현재 어떤 상태인가?

2, "주는 나의 힘이 되신 하나님이시거늘 어찌하여 나를 버리셨나이
까 내가 어찌하여 원수의 억압으로 말미암아 슬프게 다니나이까"
   "나의 힘이 되신" - '안전한 장소나 수단'이다. 하나님은 그의 힘
이시다. "나를 버리셨나이까" - '거절한다.'(칼 완료)이다. 힘인 하나님
께서 그를 버리셨다. "억압으로 말미암아" - '압박'이다. "슬프게" -
'슬퍼한다.'(칼 분사)이다. "다니나이까" - '걷는다.'(히트파엘 미완료)
이다. 하나님이 그를 버리시니 원수가 그를 억압한다. 그는 슬프게
다닐 수밖에 없다. 원수가 그를 억압하는 일보다 하나님이 그에 대
해 침묵하심이 더 슬픈 일이다.
   그는 계속해서 무엇을 기도하는가?

3, "주의 빛과 주의 진리를 보내시어 나를 인도하시고 주의 거룩한 산과 주께서 계시는 곳에 이르게 하소서"

"주의 빛과" - '빛'이다. 성전에 계신 하나님한테서 나오는 빛이다. 거룩한 산과 성전으로 가는 길을 비추는 빛이다. "주의 진리를" - '진리'이다. 그 길을 바르게 인도하는 '언약의 신실함('의 표현이다. "보내시어" - 보낸다.'(칼 명령)이다. "나를 인도하시고" - '인도한다.' (히필 미완료)이다. 시인은 이스라엘이 애굽에서 나왔을 때 여호와께서 그들을 밤낮으로 행진하도록 구름 기둥과 불기둥으로 인도하셨음을 떠올린다(출 13:21). "주의 거룩한" - '거룩함'이다. "산" - '산'이다. '시온산'을 가리킨다(시 2:6). "주께서 계시는 곳" - '거처'이다. '시온산'이다. "이르게 하소서" - '들어간다.'(히필 미완료)이다.

이 말씀은 "내가 어느 때에 나아가서 하나님의 얼굴을 뵈올까?"(42:2)에 대한 대답이다. 하나님은 빛과 진리를 보내셔서 그를 성전으로 인도하실 것이다.

그는 성전에 가서 무엇을 하려고 하는가?

4, "그런즉 내가 하나님의 제단에 나아가 나의 큰 기쁨의 하나님께 이르리이다 하나님이여 나의 하나님이여 내가 수금으로 주를 찬양하리이다"

"제단" - '제단'이다. '예배'를 뜻한다. 예배는 미래에 대한 희망이다. 제단은 지성소의 입구에 있기에 시인은 그곳에서 하나님의 함께하심을 체험할 수 있다. "나아가" - '들어간다.'(칼 미완료)이다. "하나님의 얼굴을 언제나 가서 뵈올 수 있겠습니까?"(42:3)라고 물었던 물음에 대한 대답은 하나님의 제단에 들어가는 그것이다. "큰 기쁨의 하나님" - 하나님이 기쁨의 원천이다. 하나님은 생명이고 반석이기에 기쁨의 하나님이시다. "이르리이다" - '~안으로'이다. "주를 찬양하리이다" - '찬양한다.'(히필 미완료)이다. 시인은 하나님을 찬양한다.

그러므로 그는 누구에게 희망을 두는가?

5, "내 영혼아 네가 어찌하여 낙심하며 어찌하여 내 속에서 불안해

하는가 너는 하나님께 소망을 두라 그가 나타나 도우심으로 말미암아 내 하나님을 여전히 찬송하리로다"

"내 영혼아" - '영혼'이다. 시인 자신을 뜻한다. 시인은 자신과 대화한다. "낙심하며" - '숙인다.'(히트포엘 미완료)이다. "불안해하는가" - '불안하다.'(칼 미완료)이다. 시인은 하나님의 성전에 가지 못해서 낙심하고 불안해한다. 그는 하나님의 얼굴을 정말로 보고 싶은데 그럴 수 없는 현실로 낙심하고 불안해한다.

그런 중에도 그는 스스로에 무엇을 말하는가? "소망을 두라" - '희망한다.'(히필 명령)이다. 그는 "네 하나님이 어디 있느냐?"라고 물었던 사람에게 "하나님을 희망한다."라고 대답한다.

왜 그는 그렇게 말하는가? "(왜냐하면)" - 이유를 설명한다. "그가 나타나" - '얼굴'이다. "도우심으로 말미암아" - '구원'이다. '그가 나타나 도우심으로'는 '내 얼굴의 구원'이다. "여전히" - '여전히'이다. "찬송하리로다" - '찬양한다.'(히필 미완료)이다. '나는 다시 그분을 찬양할 것이다.'라는 뜻이다. '그분'은 '내 얼굴의 구원'이시다.

42:5, 11과 같다. 시인은 다시 자기 영혼과 대화한다. 그는 하나님한테서 멀어짐에 대한 탄식보다 하나님을 만날 수 있음에 대한 희망을 말한다. 지금은 비록 멀리 떨어져 있을지라도 곧 하나님을 대면으로 만나고, 예배할 수 있음을 믿는다. 하나님께서 그렇게 하실 줄 믿는다. 그래서 그는 그분을 여전히 찬양한다.

# 02
# 우리를 구원하소서

```
말씀 시편 44:1-26
요절 시편 44:26
찬송 409장, 298장
```

1. '우리'는 무엇을 들었습니까(1)? '옛날에 행하신 일'은 무엇입니까(2)? 어떻게 이런 일이 있었습니까(3)? '기뻐하신 까닭이니이다.'라는 말을 통해 무엇을 배웁니까?

2. 시인은 하나님을 누구로 고백합니까(4)? '우리'는 어떻게 대적을 밟습니까(5)? 시인은 왜 활을 의지하지 않습니까(6)? 그러나 누가 그를 구원합니까(7)? 그들은 무엇을 했습니까(8)?

3. 그러나 이제는 주님께서 그들을 어떻게 하셨습니까(9)? 주님께서 또 어떻게 하셨습니까(10-12)? 주님께서 그들을 이웃 사람에게 어떻게 하도록 하셨습니까(13-14)? 그 결과는 어떠했습니까(15-16)?

4. 이 모든 일이 임했는데도 그들은 어떻게 했습니까(17-18)? 그런데도 주님은 어떻게 하셨습니까(19)? 그들은 얼마나 바르게 살고 있습니까(20-21)? 그런데도 그들의 형편은 어떠했습니까(22)?

5. 그들은 무엇이라고 기도합니까(23-24)? 그들의 현실은 어떤 상태였습니까(25)? 그들은 다시 무엇을 기도합니까(26)? 그들이 구원을 위해 기도하는 근거는 무엇입니까?

02

## 우리를 구원하소서

말씀 시편 44:1-26
요절 시편 44:26
찬송 409장, 298장

1. '우리'는 무엇을 들었습니까(1)? '옛날에 행하신 일'은 무엇입니까(2)?
어떻게 이런 일이 있었습니까(3)? '기뻐하신 까닭이니이다.'라는 말
을 통해 무엇을 배웁니까?

(고라 자손의 교훈시. 성가대 지휘자를 따라 부른 노래, To the
choirmaster. A Maskil of the Sons of Korah)
이 시를 '공동체 탄원(communal lament)'이라고 부른다. 공동체는
하나님 앞에서 잘못하지 않았다. 그런데도 전쟁에서 졌다. 공동체는
모순이 가득한 신앙의 현실 앞에서 무엇을 하는가?

1-3, 구원에 대한 회상
1, "하나님이여 주께서 우리 조상들의 날 곧 옛날에 행하신 일을 그
들이 우리에게 일러 주매 우리가 우리 귀로 들었나이다"
"하나님이여"(אלהים, 'elohim) - '하나님'이다. "우리 조상들의 날" -
'해(year)'(복수 3인칭)이다. '우리(we)'라는 말과 '나(I/my, 4, 6, 15-16)'
라는 말을 번갈아 쓴다. '우리'는 '백성'이고, '나'는 '왕'이다. "행하

14

신” - ‘만들다.’(칼 완료)이다. 하나님께서 과거에 조상을 구원하신 일을 뜻한다. “그들이” - ‘아버지’이다. “일러 주매” - ‘자세히 말한다.’ (피엘 완료)이다. 아버지는 그 후손에게 하나님께서 하셨던 일을 자세히 말했다.

“우리가 우리 귀로” - ‘귀’이다. “들었나이다” - ‘듣는다.’(칼 완료)이다. ‘우리는 두 귀로 들었다.’라는 뜻이다. 조상은 하나님께서 행하신 그 일을 목격했다. 그리고 그 일을 후손에게 전했다. 그 후손은 그 내용을 듣고 하나님에 대한 믿음을 가졌다. 믿음은 들음에서 시작하고, 자란다.

‘옛날에 행하신 일’은 무엇인가?

2, “주께서 주의 손으로 뭇 백성을 내쫓으시고 우리 조상들을 이 땅에 뿌리 박게 하시며 주께서 다른 민족들은 고달프게 하시고 우리 조상들은 번성하게 하셨나이다”

“주께서” - ‘당신’이다. “주의 손으로” - ‘손’이다. ‘주님의 능력’을 뜻한다. 오직 여호와의 능력으로 놀라운 일을 이루셨다. 여리고 성을 점령할 때 오직 백성은 외치고, 여호와께서 손수 무너뜨리셨다(수 6:20). “뭇 백성을” - ‘백성’이다. ‘가나안 족속’이다. “내쫓으시고” - ‘소유물을 제거한다.’(히필 완료)이다. 하나님께서 뭇 나라를 직접 몰아내셨다. 하나님께서 가나안에서 일곱 족속을 쫓아내셨다.

“우리 조상들을 이 땅에 뿌리 박게 하시며” - ‘심는다.’ ‘붙들어 맨다.’(칼 미완료)이다. 이 표현은 나무를 심는 모습이다. 하나님께서 조상을 그 땅에 심으셨다. “다른 민족들은” - ‘국민’이다. 이스라엘보다 먼저 살았던 가나안 사람이다. “고달프게 하시고” - ‘나쁘다.’(히필 미완료)이다. 그 민족을 고달프게 하신다. “우리 조상들은 번성하게 하셨나이다” - ‘보낸다.’(피엘 미완료)이다. 조상을 번창하게 하신다. 이스라엘은 무성한 포도나무처럼 약속의 땅에 뿌리를 내리고 땅끝까지 뻗어나가고 있다.

어떻게 이런 일이 있었는가?

3, "그들이 자기 칼로 땅을 얻어 차지함이 아니요 그들의 팔이 그들을 구원함도 아니라 오직 주의 오른손과 주의 팔과 주의 얼굴의 빛으로 하셨으니 주께서 그들을 기뻐하신 까닭이니이다"

"(왜냐하면)" - '왜냐하면 ~이니까'이다. 그 이유를 설명한다. "자기 칼로" - '칼'이다. "땅" - '가나안 땅'이다. "얻어 차지함이" - '상속한다.'(칼 완료)이다. "아니요" - '아니'이다. 이스라엘은 가나안 땅을 자기들의 칼로 얻지 않았다. "그들의 팔이" - '힘'이다. "구원함도" - '구원한다.'(히필 완료)이다. "아니라" - '아니'이다. 그들의 팔로 구원하지도 않았다.

"오직" - '확실히'이다. "주의 오른손과" - '오른손'이다. "주의 팔과" - '힘'이다. '손과 팔'은 하나님의 의지나 권능을 실행하는 기관이다. "주의 얼굴" - '얼굴'이다. "빛으로 하셨으니" - '빛'이다. 오직 하나님의 오른손과 오른팔과 하나님의 빛나는 얼굴로 이루셨다.

하나님께서 그렇게 하신 이유는 무엇인가? "주께서 그들을 기뻐하신" - '기쁘다.'(칼 완료)이다. "까닭이니이다" - '~라는 것 때문에'이다. 주님께서 그들을 기뻐하셨기 때문이다. 주님께서 그들을 온전히 구원하신 일은 그들을 기뻐하셨기 때문이다.

'기뻐하신 까닭이니이다.'라는 말을 통해 무엇을 배우는가? 하나님의 기뻐하심이 구원의 출발이고 완성이다. 구원은 내 의지나 내 노력으로 얻지 못한다. 그들이 약속의 땅에 살 수 있었던 까닭은 그들이 잘나서가 아니었다. 하나님의 기뻐하심 때문이었다. "그런즉 심는 이나 물 주는 이는 아무것도 아니로되 오직 자라게 하시는 이는 하나님뿐이니라"(고전 3:7).

2. 시인은 하나님을 누구로 고백합니까(4)? '우리'는 어떻게 대적을 밟습니까(5)? 시인은 왜 활을 의지하지 않습니까(6)? 그러나 누가 그를 구원합니까(7)? 그들은 무엇을 했습니까(8)?

4-8, 오늘의 구원

4, "하나님이여 주는 나의 왕이시니 야곱에게 구원을 베푸소서"

"나의 왕" - '왕'(남성 단수 1인칭)이다. "이시니" - '그'이다. 하나님은 그의 지도자요, 다스리는 분이시다. 시인은 하나님을 왕으로 고백한다. "야곱" - '이삭의 아들'인데, '이스라엘 나라'를 대변한다. "구원을" - '구출'이다. 즉 '승리'를 상징한다. "베푸소서" - '명령한다.'(피엘 명령)이다. 시인은 왕이신 하나님께서 야곱, 즉 이스라엘에 구원을 베푸시도록 기도한다.

그들은 어떻게 대적을 물리쳤는가?

5, "우리가 주를 의지하여 우리 대적을 누르고 우리를 치러 일어나는 자를 주의 이름으로 밟으리이다"

"주를 의지하여" - '˜와 함께'이다. "우리 대적을" - '적대자'이다. "누르고" - '밀어낸다.'(피엘 미완료)이다. 그들은 주님의 이름을 부름으로 적을 물리쳤다. "우리를 치러 일어나는 자를" - '일어난다.'(칼 분사)이다. "밟으리이다" - '마구 짓밟는다.'(칼 미완료)이다. 그들은 주님의 이름을 의지하여 대적을 짓밟았다. 그들은 주님과 함께 승리했다.

어떻게 그렇게 할 수 있었는가?

6, "나는 내 활을 의지하지 아니할 것이라 내 칼이 나를 구원하지 못하리이다"

"(왜냐하면)" - '왜냐하면 ~이니까'이다. "내 활을" - '활'이다. "의지하지" - '믿는다.'(칼 미완료)이다. "아니할 것이라" - '아니'이다. 시인은 그의 활을 의지하지 않는다. "나를 구원하지" - '구원한다.'(히필 미완료)이다. "못하리이다" - '아니'이다. 왜냐하면 그의 칼이 그를 구원하지 못하기 때문이다.

그러나 누가 그를 구원하는가?

7, "오직 주께서 우리를 우리 원수들에게서 구원하시고 우리를 미워

하는 자로 수치를 당하게 하셨나이다"

"오직" - '확실히'이다. "주께서 우리를 우리 원수들에게서" - '적대자'이다. "구원하시고" - '구원한다.'(히필 완료)이다. 그러나 오직 주님만이 그들을 원수한테서 구원하셨다. "우리를 미워하는 자로" - '미워한다.'(피엘 분사)이다. "수치를 당하게 하셨나이다" - '부끄러워한다.'(히필 완료)이다. 오직 주님만이 원수를 수치스럽게 하셨다.

그들은 무엇을 했는가?

8, "우리가 종일 하나님을 자랑하였나이다 우리는 하나님의 이름에 영원히 감사하리이다(셀라)"

"자랑하였나이다" - '자랑한다.'(피엘 완료)이다. 그들은 하나님을 자랑한다. "감사하리이다" - '감사한다.'(히필 미완료)이다. 그들은 하나님의 이름에 영원히 감사한다. 이스라엘은 찬양과 함께 과거의 회상을 마무리한다.

3. 그러나 이제는 주님께서 그들을 어떻게 하셨습니까(9)? 주님께서 또 어떻게 하셨습니까(10-12)? 주님께서 그들을 이웃 사람에게 어떻게 하도록 하셨습니까(13-14)? 그 결과는 어떠했습니까(15-16)?

9-16, 오늘의 현실

9, "그러나 이제는 주께서 우리를 버려 욕을 당하게 하시고 우리 군대와 함께 나아가지 아니하시나이다"

"그러나 이제는"(ᴲᴺ, 'ap) - '그뿐만 아니라'이다. 이 시의 어조가 달라진다. 과거의 승리와 현재의 비참함을 대조한다. "주께서 우리를" - '(주님께서 우리를)'이다. "버려" - '거절한다.'(칼 완료)이다. 주님께서 그들을 버리셨다. 주님은 그들을 몹시 싫어하셨다. "욕을 당하게 하시고" - '부끄러움을 당한다.'(히필 미완료)이다. 그들은 부끄러움을 당하고 있다. "우리 군대와 함께" - '군대'이다. "나아가지" - '앞으로 간다.'(칼 미완료)이다. '군대가 출전한다.'라는 뜻이다. "아니하시나이다" - '아니'이다. 주님께서 군대와 함께 출전하지 않으신다.

18

주님은 이스라엘을 어떻게 하는가?

10, "주께서 우리를 대적들에게서 돌아서게 하시니 우리를 미워하는 자가 자기를 위하여 탈취하였나이다"

"주께서 우리를" - '(주님께서 우리를)'이다. "돌아" - '뒤쪽으로'이다. "서게 하시니" - '돌아간다.'(히필 미완료)이다. '밀려나게 한다.'라는 뜻이다. 주님은 그들을 적 앞에서 물러나게 하신다. "탈취하였나이다" - '약탈한다.' '전리품을 취한다.'(칼 완료)이다. 미워하는 사람이 마음껏 그들을 약탈하였다.

예전에는 주님이 민족을 쫓아내셨다(2). 이제는 이스라엘을 물러나게 하신다. 하나님은 이스라엘을 위해 싸우지 않으신다. 그들에게 승리를 주지 않으신다.

11, "주께서 우리를 잡아먹힐 양처럼 그들에게 넘겨주시고 여러 민족 중에 우리를 흩으셨나이다"

"주께서 우리를" - '(주님께서 우리를)'이다. "잡아먹힐" - '양식'이다. "양" - '털을 얻기 위해 기르는 양'이 아니라, '잡아먹으려고 기르는 양'이다. "그들에게 넘겨주시고" - '준다.'(칼 미완료)이다. 주님께서 그들을 잡아먹힐 양처럼 넘겨주신다. 옛날에는 이스라엘이 적들을 물리치고 짓밟았지만, 이제는 상황이 역전되었다. 이스라엘이 잡아먹힐 양이 된다.

"우리를 흩으셨나이다" - '뿔뿔이 흩어버린다.'(피엘 완료)이다. 여러 나라에 흩으셨다. 하나님께서 이스라엘의 선한 목자가 아니시다. 하나님께서 양을 돌보지도 인도하지도 않으신다. 목자이신 하나님이 돌보셔야 할 양을 흩어버리셨다. 하나님께서 그들을 포로로 살도록 하셨다.

12, "주께서 주의 백성을 헐값으로 파심이여 그들을 판 값으로 이익을 얻지 못하셨나이다"

"주께서" - '(주님께서)'이다. "헐값으로" - '많음'이다. 여기서는 '하찮은'이다. "파심이여" - '판다.'(칼 미완료)이다. 주님은 그 백성을 헐 값으로 파신다. "그들을 판 값으로" - '가격'이다. "이익을 얻지" - '많다.'(피엘 완료)이다. "못하셨나이다" - '아니'이다. 가축은 중요한 재산이어서 그것을 팔면 큰 이익금이 생긴다. 하지만 하나님은 그 백성을 이익금 없이 파신다. 하나님께서 그 백성을 가치 없이 여기기 때문이다.

13, "주께서 우리로 하여금 이웃에게 욕을 당하게 하시니 그들이 우리를 둘러싸고 조소하고 조롱하나이다"

"주께서 우리로 하여금" - '(주님께서 우리에게)'이다. "이웃" - '이스라엘 주변에 사는 사람'이다. 암몬, 에돔, 모압 등이다. "욕을" - '비난'이다. "당하게 하시니" - '만들다.'(칼 미완료)이다. 주님께서 이스라엘을 여러 나라의 조롱거리로 만드신다. "그들이 우리를 둘러싸고" - '주변'이다. "조소하고" - '조소'이다. "조롱하나이다" - '조롱'이다. 주님께서 이스라엘을 주변 사람의 조롱거리로 만드신다. 그들은 이스라엘이 힘들 때마다 조롱한다.

14, "주께서 우리를 뭇 백성 중에 이야기 거리가 되게 하시며 민족 중에서 머리 흔듦을 당하게 하셨나이다"

"주께서 우리를" - '(주님이 우리를)'이다. 이야기 거리가" - '속담'이다. "되게 하시며" - '정한다.'(칼 미완료)이다. 하나님께서 그들을 민족 사이에서 웃음거리가 되게 하신다. "흔듦을 당하게 하셨나이다" - '흔듦'이다. '웃음거리'이다. 주변 나라는 이스라엘이 큰 아픔을 겪는 것을 '웃음거리'로 삼는다.

그 결과는 어떠했는가?

15, "나의 능욕이 종일 내 앞에 있으며 수치가 내 얼굴을 덮었으니"

"나의 능욕이" - '비난'이다. "내 앞에 있으며" - '˜의 앞에'이다. "수치가" - '부끄러움'이다. "덮었으니" - '덮는다.'(피엘 완료)이다. 시인의 체면은 완전히 꺾였다. 그는 강한 치욕의 감정을 느끼고 부끄러운 얼굴을 들 수 없었다.

16, "나를 비방하고 욕하는 소리 때문이요 나의 원수와 나의 복수자 때문이니이다"

"(왜냐하면)" - 시인이 얼굴을 들 수 없는 이유를 말한다. "나를 비방하고" - '비난한다.'(피엘 분사)이다. "욕하는" - '사람들을 욕한다.'(피엘 분사)이다. 원수는 이스라엘을 이겼기에 이스라엘을 비난하고 욕한다. "소리 때문이요" - '목소리'이다. "나의 복수자" - '복수한다.'(칼 분사)이다. "때문이니이다" - '얼굴'이다. 그 모든 일은 조롱하는 자와 모독하는 자의 독한 욕설과 원수와 복수자의 무서운 눈길 때문이다.

4. 이 모든 일이 임했는데도 그들은 어떻게 했습니까(17-18)? 그런데도 주님은 어떻게 하셨습니까(19)? 그들은 얼마나 바르게 살고 있습니까(20-21)? 그런데도 그들의 형편은 어떠했습니까(22)?

17-22, 항변

17, "이 모든 일이 우리에게 임하였으나 우리가 주를 잊지 아니하며 주의 언약을 어기지 아니하였나이다"

"우리에게 임하였으나" - '들어간다.'(칼 완료)이다. 그 모든 일이 이스라엘을 덮쳤다. 이런 일을 겪을 때는 그들이 언약을 지키지 않았을 때이다. 언약을 어기면 심판을 받는다. 하지만 그들은 주님께 충성을 다했다. 그런데도 그들은 그 모든 일을 겪었다.

그러나 그들은 무엇을 했는가? "우리가 주를 잊지" - '잊는다.'(칼 완료)이다. "아니하며" - '아니'이다. 그들은 주님을 잊지 않았다. "어기지" - '거짓으로 상대한다.'(피엘 완료)이다. "아니하였나이다" - '아니'이다. 그들은 주님의 언약을 거짓으로 여기지도 않았다. 그들은 언약에 순종했다.

그들은 어느 정도 주님께 헌신했는가?

18, "우리의 마음은 위축되지 아니하고 우리 걸음도 주의 길을 떠나지 아니하였으나"

"위(축되지)" - '뒤쪽으로'이다. "(위)축되지" - '되돌아간다.'(니팔 완료)이다. "아니하고" - '아니'이다. 그들의 마음은 주님을 배반한 적이 없었다. "주의 길" - '작은 길'이다. "떠나지 아니하였으나" - '늘 인다.'(칼 미완료)이다. 그들의 발이 주님의 길에서 벗어난 적도 없다.

그런데도 주님은 그들을 어떻게 하셨는가?

19, "주께서 우리를 승냥이의 처소에 밀어 넣으시고 우리를 사망의 그늘로 덮으셨나이다"

"승냥이" - '용', '바다 괴물'이다. "처소에" - '설 자리'이다. '승냥이의 처소'는 완전한 폐허로서 사람이 살 수 없는 곳이다. "밀어 넣으시고" - '눌리어 뭉개진다.'(피엘 완료)이다. '바다 괴물의 처소에서 부서뜨렸다.'라는 뜻이다. 하나님은 이스라엘을 바다 괴물의 처소에서 부서뜨렸다. 이스라엘의 땅은 사람이 살 수 없을 지경에 이르렀다. "사망의 그늘로" - '죽음의 그늘'이다. "덮으셨나이다" - '덮는다.'(피엘 완료)이다. 그리하여 그들은 어둠 속에서 살았다. 그들은 고통과 절망의 상태에 놓였다. 옛적에는 하나님의 복을 받았지만, 이제는 저주받았다.

하지만 그들은 얼마나 결백한가?

20, "우리가 우리 하나님의 이름을 잊어버렸거나 우리 손을 이방 신에게 향하여 폈더면"

"잊어버렸거나" - '잊는다.'(칼 완료)이다. 하나님의 이름을 잊어버렸다. 그들은 하나님을 섬기지 않았다. "우리 손을" - '손바닥'이다. "이방" - '모르는 사람'이다. "신에게 향하여" - '신'이다. "폈더면" - '펼친다.'(칼 미완료)이다. '기도하는 행위', 즉 '이방 신에게 기도하는 행위'를 뜻한다.

21, "하나님이 이를 알아내지 아니하셨으리이까 무릇 주는 마음의 비밀을 아시나이다"

"알아내지" - '찾는다.'(칼 미완료)이다. "아니하셨으리이까" - '아니'이다. 그들이 하나님을 섬기지 않고 이방 신에게 기도하면, 하나님께서 그 사실을 찾아내셨을 것이다. "무릇" - '마치 ~처럼이다. "비밀을" - '숨겨진 일'이다. "아시나이다" - '알다.'(칼 분사)이다. 하나님은 비밀을 다 아시는 분이다. 주님은 이스라엘의 현재 상태를 다 아신다. 주님이 다 아시듯이 이스라엘은 바르게 살고 있다.

그런데도 그들은 어떤 상태에 있었는가?

22, "우리가 종일 주를 위하여 죽임을 당하게 되며 도살할 양 같이 여김을 받았나이다"

"주를 위하여" - '~위하여'이다. 하나님이 그들의 불행을 일으키는 일차적인 원인이시다. "죽임을 당하게 되며" - '죽인다.'(푸알 완료)이다. 그러나 이스라엘은 주님 때문에 날마다 죽임을 당했다. "도살할" - '도살된 고기'이다. "여김을 받았나이다" - '생각한다.'(니팔 완료)이다. 그들은 주님을 위하여 잡아먹힐 양처럼 되었다.

5. 그들은 무엇이라고 기도합니까(23-24)? 그들의 현실은 어떤 상태였습니까(25)? 그들은 다시 무엇을 기도합니까(26)? 그들이 구원을 위해 기도하는 근거는 무엇입니까?

23-26, 기도

23, "주여 깨소서 어찌하여 주무시나이까 일어나시고 우리를 영원히 버리지 마소서"

"깨소서" - '눈뜬다.' '깬다.'(칼 명령)이다. 시인은 다급하게 주님을 깨운다. "어찌하여" - '왜'이다. 시인은 하나님이 하셔야 할 일을 하지 않으신다고 생각한다. "주무시나이까" - '잠잔다.'(칼 미완료)이다. 하나님이 그들을 버리고 일하지 않으심을 비유한다. 그들은 "하나님은 이스라엘을 지키기 위해 졸지도 자지도 않는다."라고 믿었다(시

23

121:4). 그런데 지금은 이스라엘을 위해 아무 일도 하지 않으신다. 그 결과 이스라엘은 죽음에 처했다.

"일어나시고" - '깨운다.'(히필 명령)이다. 이제는 잠에서 깨어나셔 야 한다. "버리지" - '버린다.'(칼 미완료)이다. "마소서" - '~않다.'이 다. 그리하여 그들을 버리지 않아야 한다.

시인은 얼마나 안타까운가?

24, "어찌하여 주의 얼굴을 가리시고 우리의 고난과 압제를 잊으시나 이까"

"어찌하여" - '왜'이다. 시인은 하나님이 하셔야 할 일을 하지 않 으신다고 생각한다. "가리시고" - '감춘다.'(히필 미완료)이다. '얼굴을 가림'은 '그 사람을 무시함', '심판'을 뜻한다. 이스라엘은 하나님한테 무시당하거나 벌 받을 일을 하지 않았다. 그래서 기도한다. "어찌하 여 얼굴을 돌리십니까?" "우리의 고난과" - '고생'이다. "압제를" - '압박'이다. "잊으시나이까" - '잊는다.'(칼 미완료)이다.

그들은 어떤 상태에 있었는가?

25, "우리 영혼은 진토 속에 파묻히고 우리 몸은 땅에 붙었나이다"

"진토 속에" - '티끌'이다. '죽음'을 뜻한다. "파묻히고" - '비천하 다.'(칼 완료)이다. "땅" - '지구'이다. '죽음'을 뜻한다. "붙었나이다" - '달라붙는다.'(칼 완료)이다. 이스라엘은 죽은 사람처럼 살고 있다.

그들은 다시 무엇을 기도하는가?

26, "일어나 우리를 도우소서 주의 인자하심으로 말미암아 우리를 구 원하소서"

"일어나" - '일어난다.'(칼 명령)이다. 하나님께서 그들을 위해 일 하시도록 촉구한다. "우리를" - '~에게'이다. "도우소서" - '도움'이다. 하나님께서 일어나서 해야 할 일은 그들을 돕는 일이다.

주님이 행동하셔야 할 근거는 무엇인가? "주의 인자하심으 로"(חֶסֶד, chesed) - '인자'이다. 그분은 백성에게 당신을 언약하셨고,

'변함없는 사랑'을 약속하셨다. "말미암아" - '목적'이다. "우리를 구원하소서" - '속량한다.'(칼 명령)이다.

시인은 무엇에 근거하여 구원을 위해 기도하는가? '주님의 인자'이다. 그는 주님의 인자, '헤세드'에 근거하여 구원을 위해 기도한다. 지금 이스라엘을 불행에 빠뜨린 분은 하나님이시다. 하나님만이 그들을 불행에서 구원하실 수 있다.

오늘을 사는 우리도 삶의 어느 순간에 부당하게 벌을 받는다고 느낄 수 있다. 그때 우리도 하나님의 '헤세드'에 기초하여 기도해야 한다. 우리의 구원은 하나님의 '헤세드'에 근거한다. 이것은 어떤 역경도 우리를 그리스도 안에 있는 하나님의 사랑에서 끊을 수 없다고 단언한 바울의 반응이기도 하다(롬 8:36-39). 우리는 어떤 상황에 있든지 이 사랑에 근거하여 기도해야 한다.

03

## 주님의 보좌는 영원하며

말씀 시편 45:1-17
요절 시편 45:6
찬송 91장, 405장

1. 시인의 마음에는 무엇이 흘러넘치며, 그의 혀를 무엇에 비유했습니까(1)? 시인은 왕을 어떻게 묘사합니까(2)? 이 모습에서 무엇을 배웁니까? 왕은 어떤 모습을 보여야 합니까(3)?

2. 그는 무엇을 위해 싸워야 합니까(4)? 왕은 싸움에서 어떻게 이깁니까(5)?

3. 왕의 왕국은 어떻게 됩니까(6)? 왕의 나라에 관해 무엇을 배우며, 그 왕은 누구를 말합니까? 하나님은 왕에게 어떻게 기름을 부으셨습니까(7)? 왕의 옷은 어떠합니까(8)? 왕후는 어디에 있습니까(9)?

4. 왕후는 무슨 말에 귀 기울이어야 합니까(10)? 그리하면 어떤 은총을 받습니까(11-12)? 신부의 모습은 어떠합니까(13)? 신부는 누구와 함께 어디로 갑니까(14-15)?

5. 누가 왕의 조상을 계승합니까(16)? 시인은 무엇을 하며, 그 결과 만민은 무엇을 합니까(17)?

# 03

## 주님의 보좌는 영원하며

말씀 시편 45:1-17
요절 시편 45:6
찬송 91장, 405장

1. 시인의 마음에는 무엇이 흘러넘치며, 그의 혀를 무엇에 비유했습니까(1)? 시인은 왕을 어떻게 묘사합니까(2)? 이 모습에서 무엇을 배웁니까? 왕은 어떤 모습을 보여야 합니까(3)?

(고라 자손의 교훈시. 성가대 지휘자를 따라 백합화 곡조에 맞춰 부른 사랑의 노래, To the choirmaster: according to Lilies. A Maskil of the Sons of Korah; a love song.)
  "백합화" - '백합'이다. "곡조에" - '에 관하여', '의 위에'이다. "마스길" - '교훈'이다. "사랑의 노래" - '연인의 노래'이다. 이 시는 왕과 왕후의 '결혼 축하 노래(the wedding song)'이다. 다윗의 결혼, 솔로몬의 결혼, 예수님과 교회의 결혼을 생각할 수 있다. 이 시편은 '왕실 문체'를 사용하여 과장법이 있다.

  1, 시인의 말
  1, "내 마음이 좋은 말로 왕을 위하여 지은 것을 말하리니 내 혀는 글솜씨가 뛰어난 서기관의 붓끝과 같도다"

27

"내" - '나'이다. 시인 자신을 말한다. 17절에서 다시 "내가"라고 말한다. 시인의 정체를 밝힌다. "좋은" - '선한'이다. "좋은 말" - 좋은 의도와 방향을 가진 말이다. "(말)로" - '감동한다.'(칼 완료)이다. 시인의 마음은 좋은 말로 넘친다. "지은 것을" - '작품'이다. 시인이 왕을 위하여 지은 작품이다. "말하리니" - '말한다.'(칼 분사)이다. 시인은 왕께 드리는 노래를 지어 바친다. 그 노래는 그의 혀를 통해서 나온다. "내 혀는" - '혀'이다.

그 혀를 무엇에 비유하는가? "글솜씨가 뛰어난" - '능숙한'이다. "서기관" - '자세히 말한다.'(칼 분사)이다. 고대에서 서기관(scribe)은 궁전의 중요한 신하였다. 서기관은 궁전과 성전에서 일어나는 모든 일을 필요한 언어로 적절하게 다듬고 정리하는 역할을 했다. 이 시편에서 서기관은 직접 시를 지어 바치고 있다. "붓끝과 같도다" - '철필'이다. '내 혀는 필 객의 펜과 같다.'라는 뜻이다. 그는 글을 쓰는 데 매우 능숙한 사람(skillful writer)이다.

시인은 왕을 어떻게 묘사하는가?

2-5, 왕에게 하는 말

2, "왕은 사람들보다 아름다워 은혜를 입술에 머금으니 그러므로 하나님이 왕에게 영원히 복을 주시도다"

"아름다워" - '아름답다.'(히트파엘 완료)이다. 왕은 백성 중에서 가장 아름답다. 당시에 왕은 대부분 아름다웠다: 사울(삼상 9:2), 다윗(삼상 16:12). "입술에" - '입술'이다. 언어 기관이다. 왕의 아름다움은 언어에서부터 나타난다. 왕은 아름다운 말을 한다. 솔로몬은 지혜의 말을 하여 다른 이들의 존경을 받았다(왕상 10:8). "머금으니" - '쏟는다.'(호팔 완료)이다. 입술이 아름다움은 입술을 통해 나오는 좋은 말 때문이다.

하나님은 그에게 무엇을 하셨는가? "영원히"(עוֹלָם, 'olam) - '영원히'이다. 3절과 17절에서 '수미상관(首尾相關, rhyming couplets, inclusio)'을 이룬다. "복을 주시도다" - '축복한다.'(피엘 완료)이다. 하나님은 왕의 우아한 말 때문에 복을 주셨다.

이 모습에서 무엇을 배울 수 있는가? 왕은 입술로 그 백성에게 은혜를 베풀어야 한다. 왕은 말을 은혜롭게 해야 한다. 그것은 독재적인 방법(autocratic way), 자기만족(self-gratification), 그리고 권한을 남용하여 그 백성을 다스리지 않아야 함을 뜻한다. 하나님은 왕을 그 백성의 목자로 세우셨다. 목자는 은혜로운 말로 양 떼를 인도해야 한다.

그러면서 왕은 어떤 모습을 보여야 하는가?

3, "용사여 칼을 허리에 차고 왕의 영화와 위엄을 입으소서"

"용사여" - '용사'이다. 왕을 용사로 부른다. 왕은 군대 지휘관으로서 백성을 위해 적과 싸웠다. 백성을 평화와 번영으로 이끌어야 했다. "차고" - '허리띠를 졸라맨다.'(칼 명령)이다. '칼을 허리에 찬다.'라는 말은 왕으로서 위풍당당함, 즉 위엄을 표현한다. "왕의 영화와" - '광채(splendor)'이다. "위엄을 입으소서" - '장식'이다. '영화'와 '위엄'은 하나님한테만 사용하는 단어이다. 하나님은 왕에게 영예와 위엄을 주셨다. 왕은 '대왕(the Great King)'이신 하나님의 봉신(the vassal)으로서 신성한 왕도의 특권, 즉 영광과 위엄을 보여야 한다.

2. 그는 무엇을 위해 싸워야 합니까(4)? 왕은 싸움에서 어떻게 이깁니까(5)?

4, "왕은 진리와 온유와 공의를 위하여 왕의 위엄을 세우시고 병거에 오르소서 왕의 오른손이 왕에게 놀라운 일을 가르치리이다"

"진리와" - '진리'이다. "온유와" - '겸손'이다. "공의를" - '공의', '공정'이다. "위하여" - '때문에'이다. "왕의 위엄을 세우시고" - '장식'이다. "병거에" - '올라탄다.'(칼 명령)이다. '승리한다.'라는 뜻이다. "오르소서" - '앞으로 나간다.'(칼 명령)이다. '전차에 오르시고 영광스러운 승리를 거두십시오.'라는 뜻이다. 왕은 진리를 위하여, 정의를 위하여 전차에 오르시고 영광스러운 승리를 거두어야 한다.

"왕의 오른손이" - '오른손'이다. '왕의 힘'을 상징한다. "놀라운 일을" - '두려워한다.'이다. '두려움을 일으키는 하나님의 힘찬 행위'를 뜻한다. "가르치리이다" - '던진다.'(히필 미완료)이다. 그 승리는 두려움을 불러일으키는 하나님의 행위이다. 하나님은 크고 두려운 일을 하신다. 왕의 왕권은 하나님 왕국을 보여주는 거울이다.

왕은 어떻게 승리하는가?

5, "왕의 화살은 날카로워 왕의 원수의 염통을 뚫으니 만민이 왕의 앞에 엎드러지는도다"

"날카로워" - '날카롭게 한다.'(칼 분사)이다. "화살은 날카로워" - 화살의 날카로움은 왕의 군사력이 막강함을 뜻한다. "염통을 뚫으니" - '마음'이다. "엎드러지는도다" - '떨어진다.'(칼 미완료)이다. '완전한 굴복'을 뜻한다. 만민이 왕의 발 앞에 엎드린다.

3. 왕의 왕국은 어떻게 됩니까(6)? 왕의 나라에 관해 무엇을 배우며, 그 왕은 누구를 말합니까? 하나님은 왕에게 어떻게 기름을 부으셨습니까(7)? 왕의 옷은 어떠합니까(8)? 왕후는 어디에 있습니까(9)?

6-9, 신랑의 영광

6, "하나님이여 주의 보좌는 영원하며 주의 나라의 규는 공평한 규이니이다"

"하나님이여"(אֱלֹהִים, 'elohim) - '하나님(God)'이다. 지금까지 왕에 관해 말했다. 여기서 '하나님'은 '왕'을 말한다. 따라서 '하나님 같은 분'으로 옮길 수 있다. 하나님께서 그를 택하시고 보호하심을 뜻한다. "주의 보좌는" - '영예의 자리'이다. 왕권을 상징한다. "영원하며" - '계속되는 미래'이다. 그 보좌는 영원무궁토록 견고할 것이다. "주의 나라" - '왕권'이다. "규는" - '막대기'이다. 왕의 통치권을 상징한다. 왕은 즉위할 때 홀을 넘겨받았다. "공평한" - '똑바름'이다. "규이니이다" - '홀'이다. 왕의 통치는 정의의 통치이다.

여기서 왕의 나라에 관해 무엇을 배울 수 있는가? 첫째로, 왕의 나라는 영원하다. 둘째로, 왕의 나라는 공평하다.

그 왕은 누구를 말하는가? 다윗 왕을 생각할 수 있다. 하지만 다윗 왕의 보좌가 영원하지는 않았다. 이 세상의 그 어떤 왕권도 영원하지 않았다. 다윗 왕은 예수 그리스도의 그림자였다. 결국 이 왕은 예수 그리스도를 상징한다. 예수님은 다윗의 혈통에서 왕으로 나셨다. 예수님은 현재의 다스림과 장차 다스림을 통해 '신권정치의 이상(the theocratic ideals)'을 완성하신다. 다윗 왕에게 준 '기념(remembrance)', '영존(perpetuity)', 그리고 '영예(honor)'에 대한 약속을 예수 그리스도의 왕국에 적용할 수 있다. 예수 그리스도의 왕국만이 영원무궁토록 견고하다. 그리고 그 왕국만이 공평하다.

하나님은 그 왕을 어떻게 하셨는가?

7, "왕은 정의를 사랑하고 악을 미워하시니 그러므로 하나님 곧 왕의 하나님이 즐거움의 기름을 왕에게 부어 왕의 동료보다 뛰어나게 하셨나이다"

"정의를" - '공의'이다. "사랑하고" - '사랑한다.'(칼 완료)이다. "악을" - '부정'이다. "미워하시니" - '미워한다.'(칼 미완료)이다. 왕은 정의를 사랑했고, 악을 미워한다.

그러므로 하나님은 그 왕을 어떻게 하셨는가? "하나님" - '왕의 하나님'이다. "즐거움" - '기쁨'이다. "기름으로" - '기름(oil)'이다. "왕에게 부어" - '기름을 바른다.'(칼 완료)이다. 결혼식 때 신랑은 기름 부음을 받았다. 향기로 가득 한 왕복을 입었다. 결혼식 날은 가장 기쁜 날이어서 귀한 기름을 몸에 발랐다. 하나님께서 왕에게 기름을 바르셨다.

"왕의 동료보다 뛰어나게 하셨나이다" - '친구'이다. '다른 나라의 왕'이다. 하나님은 왕의 동료를 제치고 왕에게 '기쁨의 기름'을 부으셨다.

왕의 옷은 어떠한가?

8, "왕의 모든 옷은 몰약과 침향과 육계의 향기가 있으며 상아궁에서 나오는 현악은 왕을 즐겁게 하도다"

31

"몰약"(myrrh) - 아라비아에서 오는데, 성막과 제사장에게 기름을 부을 때 사용했다. "침향"(aloes) - 인도의 향나무에서 나왔다. "육계의 향기가 있으며" - '계피(cassia)'이다. 왕의 옷은 향기를 풍겼다. "상아궁" - '상아로 장식한 궁궐'이다. "에서 나오는" - '~로부터이다. "왕을 즐겁게 하도다" - '즐거워한다.'(피엘 완료)이다. 현악기 소리는 왕을 흥겹게 했다.

9, "왕이 가까이하는 여인들 중에는 왕들의 딸이 있으며 왕후는 오빌의 금으로 꾸미고 왕의 오른쪽에 서도다"

"왕이 가까이하는 여인들 중에는" - '귀중한'이다. 궁궐의 여인이다. "딸이 있으며" - '딸'이다. 왕의 권세가 국제적이어서 많은 왕이 자기 딸을 왕비로 주었다. 왕이 거느린 여인들 가운데는 여러 나라의 공주들이 있었다. "왕후는" - '왕비'이다. 신부로 나타난다. "오빌" - 품질이 우수한 금을 생산하는 지역이다. "금으로 꾸미고" - '금'이다. '오빌의 금'은 가장 좋은 금이다. "왕의 오른쪽에" - '오른손',이다. 영광스러운 자리이다. "서도다" - '선다.'(니팔 완료)이다. 왕의 우편에는 오빌의 순금으로 단장한 왕후가 서 있었다.

4. 왕후는 무슨 말에 귀 기울이어야 합니까(10)? 그리하면 어떤 은총을 받습니까(11-12)? 신부의 모습은 어떠합니까(13)? 신부는 누구와 함께 어디로 갑니까(14-15)?

10-12, 신부에게 하는 말
10, "딸이여 듣고 보고 귀를 기울일지어다 네 백성과 네 아버지의 집을 잊어버릴지어다"

"딸이여" - '딸'(단수)이다. 시인은 왕비를 '딸'로 부른다. 너무도 사랑스러워 '애칭'으로 불렀다. "듣고" - '듣는다.'(칼 명령)이다. "보고" - '바라본다.'(칼 명령)이다. "기울일지어다" - '내뻗는다.'(히필 명령)이다. 시인은 아버지가 딸에게 하듯이 말한다.

그 딸이 들어야 할 말은 무엇인가? "잊어버릴지어다" - '잊는다.'

(칼 명령)이다. '백성, 아버지 집을 잊어버리라.'라는 말은 왕비가 외국인임을 말한다. 그녀는 이제 자기 백성과 아버지 집안을 떠나야 한다. 그녀는 이스라엘 왕실로 자기 습관, 자기 종교, 그리고 자기의 과거를 가져와서는 안 된다.

그리하면 어떤 은총을 받는가?

11, "그리하면 왕이 네 아름다움을 사모하실지라 그는 네 주인이시니 너는 그를 경배할지어다"

"왕이" - '신랑'이다. "사모하실지라" - '간절히 기다린다.'(히트파엘 미완료)이다. 이 말은 '육체에 대한 갈망'을 가리킨다. 왕은 왕비의 아름다움에 빠진다. "네 주인이시니"(אדון, adon) - '주인'이다. 아내가 남편을 부르는 표현이다. 사라도 아브라함을 '주인'으로 불렀다(창 18:12). 남편을 주인으로 부를 때는 존경과 복종의 뜻이 있다. "경배할지어다" - '절한다.'(히트파엘 명령)이다. 왕이 왕후를 사모하면 왕후는 왕을 주인으로 경배한다. 왕은 하나님한테 기름 부음을 받았다. 따라서 왕에게 순종하는 사람은 하나님한테 순종하는 것과 같다.

또 어떤 은총을 받는가?

12, "두로의 딸은 예물을 드리고 백성 중 부한 자도 네 얼굴 보기를 원하리로다"

"두로" - 지중해 연안에 있는 베니게의 도시이다. 이스라엘에서 가깝고 매우 번창했다. "딸이" - '딸'이다. '두로의 공주', '두로 사람'이다. "드리고" - '얼굴'이다. 두로 사람은 선물을 들고 온다. "백성 중 부한 자도" - '가장 부자'이다. "네 얼굴 보기를 원하리로다" - '병들다.'(피엘 미완료)이다. '달래다.' '아첨을 떨다.'라는 뜻도 있다. 가장 부유한 사람이 왕후의 은혜를 구한다.

신부의 모습은 어떠한가?

13-15, 왕후의 영광

13, "왕의 딸은 궁중에서 모든 영화를 누리니 그의 옷은 금으로 수

놓았도다"

"딸이여" - '딸'(단수)이다. '왕후'를 뜻한다. "영화를 누리니" - '영광스러운'이다. "그의 옷은" - '가는 줄 세공품'이다. "수 놓았도다" - '의복'이다. 왕후의 아름다움과 영광은 옷으로 나타난다.

왕비는 누구와 함께 어디로 가는가?

14, "수 놓은 옷을 입은 그는 왕께로 인도함을 받으며 시종하는 친구 처녀들도 왕께로 이끌려 갈 것이라"

"수 놓은 옷을 입은" - '채색으로 된 것'이다. "인도함을 받으며" - '가져온다.'(호팔 미완료)이다. "시종하는" - '뒤에'이다. "친구 처녀들" - '동료 처녀'이다. 들러리 서기 위해 왔다. "이끌려 갈 것이라" - '들어온다.'(호팔 분사)이다. 왕비는 아름다운 여인들과 함께 왕에게 간다. 그런데 왕비는 이미 왕께 인도되었다(10). 이 시편은 시간 순서를 따르지 않는다.

15, "그들은 기쁨과 즐거움으로 인도함을 받고 왕궁에 들어가리로다"

"그들은" - '친구 처녀들'이다. "인도함을 받고" - '가져온다.'(호팔 미완료)이다. 그들은 기쁨과 즐거움으로 인도받는다. "들어가리로다" - '들어간다.'(칼 미완료)이다. 이로써 결혼식은 끝난다.

'왕후'는 누구인가? '왕후'는 왕의 신부인데, 구약에서 하나님과 그 백성의 관계를 남편과 아내로 표현했다(호 2:19). 신약에서도 이와 같은 상징적 표현이 등장한다(마 22:1, 엡 5:32). 왕후는 예수님을 믿는 믿음의 사람이며, 교회이다. 신랑 예수님과 신부 교회는 하나님 나라에서 결혼식을 한다. 그것을 요한계시록에서는 "어린양의 결혼식"이라고 불렀다(계 19:6).

5. 누가 왕의 조상을 계승합니까(16)? 시인은 무엇을 하며, 그 결과 만민은 무엇을 합니까(17)?

16-17, 마무리

16, "왕의 아들들은 왕의 조상들을 계승할 것이라 왕이 그들로 온 세계의 군왕을 삼으리로다"

"왕의 아들들은" - '아들'이다. "왕의 조상들을" - '아버지'이다. '아들'과 '조상'은 지속적인 계승을 나타낸다. "계승" - '아래에'이다. "할 것이라" - '˜이 일어난다.'(칼 미완료)이다. 왕의 부부는 후손을 낳는다. 그 후손은 왕을 대신한다. "군왕을" - '우두머리'이다. "삼으리로다" - '놓는다.'(칼 미완료)이다. 왕은 그 후손을 온 세계의 통치자로 삼을 것이다. 그 후손은 온 세상에 통치권을 확장한다.

시인은 무엇을 하는가?

17, "내가 왕의 이름을 만세에 기억하게 하리니 그러므로 만민이 왕을 영원히 찬송하리로다"

"내가" - '시인'이다. 자기 정체성을 밝힌다(원문에서는 직접 표현하지 않고, 1인칭 단수 동사를 사용했다). "왕의 이름을" - '이름'이다. 대대로 전해야 할 왕의 이름이다. "기억하게 하리니" - '기억한다.'(히필 미완료)이다. 시인은 왕의 이름을 영원히 알린다.

그러므로 만민은 무엇을 하는가? "만민이" - '민족'이다. "영(원히)"(עוֹלָם, 'olam) - '영원히'이다. 3절과 17절에서 '수미상관(首尾相關, rhyming couplets, inclusio)'을 이룬다. "찬송하리로다" - '감사한다.' '찬양한다.'(히필 미완료)이다. 만민은 왕을 길이길이 찬송할 것이다.

# 04
# 만군의 여호와께서 함께하신다

> 말씀 시편 46:1-11
> 요절 시편 46:7
> 찬송 585장, 586장

1. 하나님은 어떤 분입니까(1)? 그 하나님을 믿는 시인은 최악의 상황에서도 어떻게 삽니까(2-3)?

2. 뛰놀던 바다가 어떻게 변합니까(4)? 어떻게 그런 일이 가능합니까(5)? 하나님은 그 성을 어떻게 도와주셨습니까(6)?

3. 시인에게 하나님은 어떤 분입니까(7)? '만군의 여호와', '야곱의 하나님'은 어떤 분입니까? 우리가 믿는 그분은 누구십니까?

4. 시인은 무엇을 보도록 초청합니까(8)? 그분은 또 무엇을 하십니까(9)? 그러므로 그 백성은 무엇을 해야 합니까(10a)? '하나님인 줄 알라.'라는 말은 무슨 뜻입니까? 하나님은 우리를 통해 어떻게 되십니까(10b)?

5. 그분은 우리에게 어떤 분입니까(11)?

## 04
## 만군의 여호와께서 함께하신다

> 말씀 시편 46:1-11
> 요절 시편 46:7
> 찬송 585장, 586장

1. 하나님은 어떤 분입니까(1)? 그 하나님을 믿는 시인은 최악의 상황
   에서도 어떻게 삽니까(2-3)?

(고라 자손의 시. 성가대 지휘자를 따라 부른 노래, Of the Sons
of Korah. According to Alamoth. A Song)
   "따라 부른"(עֲלָמוֹת, alamot) - '처녀들을 위하여'이다. '음악적 또는
전례적 용어(a musical or liturgical term)'로도 생각한다.
   히스기야 왕 때 앗수르의 산헤립이 침공했다. 그때 예루살렘이
구원받은 사건을 배경으로 생각할 수 있다. 그들은 위기를 만났을
때 하나님을 끝까지 의지했다. 한편으로는 하나님이 예루살렘에서
왕위에 오르셨고, 모든 위협에서 그 백성을 보호하실 줄을 확신한다.
마르틴 루터(Martin Luther)가 "내 주는 강한 성이요(A Mighty
Fortress Is Our God)."라는 웅장한 찬송가를 쓴 본문이다.

   1-3, 우주 안에 계신 하나님
   1, "하나님은 우리의 피난처시요 힘이시니 환난 중에 만날 큰 도움이

시라"

"피난처시요" - '피난처'이다. 높은 산이나 바위처럼 안전한 장소를 말한다. "힘이시니" - '힘'이다. 하나님의 주권에 대한 확신을 강조한다. "환난 중에" - '고통'이다. "만날" - '찾는다.'(니팔 분사)이다. "큰" - '엄청나게'이다. "도움이시라" - '도움'이다. '큰 도움'은 매우 중요한 도움이다.

"피난처(refuge)", "힘(strength)", "도움(help)" - 세 가지 비유(metaphors)는 그 백성을 보호하는 하나님에 대한 묘사이다. 이 세 단어는 이스라엘 힘의 근원과 효과를 나타내는 동의어이다. 하나님은 그 백성에게 안식을 주고 보호하는 피난처이다. 피난처인 그분은 그 백성에게 힘을 준다. 힘인 그분은 그 백성이 어려움을 겪을 때마다 도와주신다.

시인은 최악의 상황에서도 어떻게 사는가?

2, "그러므로 땅이 변하든지 산이 흔들려 바다 가운데에 빠지든지"

"변하든지" - '바꾼다.'(히필 부정사)이다. "흔들려" - '비틀거린다.' 칼 부정사)이다. "가운데에 빠지든지" - '마음'이다. 이 모습은 지진으로 생긴 최악의 상황이다. 지진은 고대 시리아와 팔레스타인 사람에게 익숙한 일이면서 불안을 초래했다.

3, "바닷물이 솟아나고 뛰놀든지 그것이 넘침으로 산이 흔들릴지라도 우리는 두려워하지 아니하리로다(셀라)"

"솟아나고" - '분노한다.'(칼 미완료)이다. "뛰놀든지" - '거품이 일다.'(칼 미완료)이다. 이 모습은 혼돈에 대한 은유였다. "그것이 넘침으로" - '교만'이다. "흔들릴지라도" - '흔들린다.'(칼 미완료)이다. 지진으로 바다에 해일이 일어났다. 산이 바닷물의 위력에 뒤흔들린다.

그럴지라도 시인은 어떻게 하는가? "두려워하지" - '두려워한다.' (칼 미완료)이다. "아니하리로다" - '아니'이다. 시인은 이런 최악의 상황에서도 두려워하지 않는다. 왜냐하면 하나님께서 피난처이고 힘이고 큰 도움이시기 때문이다.

바벨론의 창조 서사시 "에누마 엘리시(*Eruma Elish*)"가 있는데, '마르둑(Marduk)' 신은 바다의 여신 '티아마트(Tiamat)'와 티아마트의 바다 괴물 군대와 용감하게 싸웠다. 마르둑은 티아마트와 그의 혼돈한 바다 괴물을 정복했다. 마르둑은 하늘과 땅을 빚고 바벨론을 다스리는 최고 통치자로 섰다.

그러나 실은 예루살렘의 하나님 여호와께서 물의 혼돈을 정복하고 예루살렘 보좌에서 통치하신다. 예수님과 제자들이 갈릴리 바다를 항해할 때 바다에 큰 놀이 일어나 배가 물결에 덮이게 되었다. 제자들은 죽을 지경이었다. 그때 예수님께서 바람과 바다를 꾸짖으시니 아주 잔잔했다(마 8:24-26). 그러므로 그분을 믿으면 어떤 최악의 상황에서도 두려워하지 않는다.

2. 뛰놀던 바다가 어떻게 변합니까(4)? 어떻게 그런 일이 가능합니까 (5)? 하나님은 그 성을 어떻게 도와주셨습니까(6)?

4-7, 심판 중에 계신 하나님

4, "한 시내가 있어 나뉘어 흘러 하나님의 성 곧 지존하신 이의 성소를 기쁘게 하도다"

"한 시내가 있어" - '강'이다. 계속해서 흐르는 강이다. 예루살렘에는 그런 강이 없다. 히스기야의 터널이나 기혼 샘을 생각할 수 있다. 상징적 표현으로 에덴동산의 강을 생각할 수 있다. "나뉘어 흘러" - '시내'이다. 인공수로로 물이 잔잔히 흐른다. "하나님의 성" - '예루살렘'이다. "지존하신 이" - '가장 높은'이다. "성소" - '거룩한 거처'이다. "기쁘게 하도다" - '기뻐한다.'(피엘 미완료)이다. 강은 마치 에덴동산의 강처럼(창 2:10) 하나님의 도성에서 생명수를 흐르게 하여 그곳을 기쁨으로 넘치게 한다. 하나님의 도성에서 흐르는 강은 하나님 섭리의 강으로 만물에 미친다. 여기서 중요한 점은 요란하게 뛰노는 바다(3)가 하나님의 성을 기쁘게 하는 강으로 바뀌었다는 점이다.

어떻게 그런 일이 가능한가?

5, "하나님이 그 성 중에 계시매 성이 흔들리지 아니할 것이라 새벽에 하나님이 도우시리로다"

"그 성 중에 계시매" - '내부'이다. 하나님은 그 성에 계신다. "성이 흔들리지" - '비틀거린다.'(니팔 미완료)이다. "아니할 것이라" - '아무것도 ~않다.'이다. 하나님이 그 성에 계시니 하나님의 도성은 흔들리지 않는다. 그 도성이 안전한 이유는 성벽이 튼튼해서가 아니다. 시온이 안전한 이유는 그 안에 하나님이 계시기 때문이다.

"새벽에" - '햇빛을 헤치고 나감', '새벽'이다. "도우시리로다" - '돕는다.'(칼 미완료)이다. 이스라엘은 해가 떠오를 때, 어둠이 빛으로 바뀔 때 하나님의 도움이 온다고 믿었다. 이스라엘은 아침에 큰 구원을 경험했다(출 14:30).

하나님은 그 성을 어떻게 도와주셨는가?

6, "뭇 나라가 떠들며 왕국이 흔들렸더니 그가 소리를 내시매 땅이 녹았도다"

"떠들며" - '크게 외친다.'(칼 완료)이다. 민족이 시온을 향해 쳐들어오는 모습이다. "흔들렸더니" - '흔들린다.'(칼 완료)이다. 왕국이 무너지는 모습이다. "그가 소리를" - '음성'이다. '천둥소리'를 뜻한다. "내시매" - '준다.'(칼 완료)이다. 주님께서 천둥소리를 내셨다. "녹았도다" - '녹는다.'(칼 미완료)이다. 천둥소리 같은 주님의 호령에 나라들이 놀라고 무너진다. 뭇 나라는 하나님의 목소리를 듣고 엄청난 두려움에 사로잡힌다. 주님은 그 백성의 원수를 쳐부수신다.

3. 시인에게 하나님은 어떤 분입니까(7)? '만군의 여호와', '야곱의 하나님'은 어떤 분입니까? 우리가 믿는 그분은 누구십니까?

7, "만군의 여호와께서 우리와 함께하시니 야곱의 하나님은 우리의 피난처시로다(셀라)"

"만군의"(צְבָא, tsaba) - '군대'이다. "만군의 여호와께서"(יהוה, yhwh) - 군대를 이끌고 싸우는 분이다. 하늘의 군대를 지휘하는 분이다. 그분은 온 세상을 다스리시는 '대왕(the Great King)'이시다. "우리와 함께하시니" - '~와 함께'이다. 역사 안에서 구원을 베푸신 만군의 여호와께서 우리와 함께하신다. 그분은 '임마누엘'이시다(사 7:14, 마 1:23).

임마누엘 하나님은 어떤 분인가? "야곱의 하나님"(אלהים, *'elohim*) - '이스라엘의 하나님'이시다. 이스라엘 역사에서 일하신 분, 구원 사역을 이루시는 분이다. "피난처시로다" - '피난처'이다. 그분은 피난처이다. 그분은 산성처럼 그 백성을 보호하신다. 따라서 시인은 '우리와 함께하시는 여호와', '산성이신 하나님' 외에는 그 어떤 것도 의지하지 않는다. 어떤 세력도, 어떤 인간도, 어떤 천사도, 어떤 피조물도 의지하지 않는다. 오직 만군의 여호와, 임마누엘 그분만을 의지한다.

우리가 믿는 그분은 누구신가? 임마누엘, 피난처이다. 우리가 사는 세상은 소란하고 혼란스럽다. 날뛰는 바다와 흔들리는 산 앞에 서 있듯이 어찌할 수 없는 일을 만난다. 그러나 하나님은 날뛰는 바다와 흔들리는 산을 잠잠하게 하신다. 그것들을 생명의 강물로 변화시켜 사람이 살 수 있는 장소로 만드신다. 그분은 오늘도 우리와 함께하시는 피난처이다.

4. 시인은 무엇을 보도록 초청합니까(8)? 그분은 또 무엇을 하십니까(9)? 그러므로 그 백성은 무엇을 해야 합니까(10a)? '하나님인 줄 알라.'라는 말은 무슨 뜻입니까? 하나님은 우리를 통해 어떻게 되십니까(10b)?

8-11, 이 땅에 계신 하나님
8, "와서 여호와의 행적을 볼지어다 그가 땅을 황무지로 만드셨도다"
"와서" - '간다.'(칼 명령)이다. "행적을" - '일'이다. "볼지어다" - '본다.'(칼 명령)이다. 시인은 여호와의 행적을 보도록 초대한다.

그 행적은 무엇인가? "만드셨도다" - '만들다.'(칼 완료)이다. 여호와께서 그 땅을 황무지로 만드셨다. 여호와께서 반대자를 쳐부순 일

41

이다.

그분은 또 무엇을 하시는가?

9, "그가 땅끝까지 전쟁을 쉬게 하심이여 활을 꺾고 창을 끊으며 수레를 불사르시는도다"

"쉬게 하심이여" - '그친다.'(히필 분사)이다. "꺾고" - '깨뜨린다.'(피엘 미완료)이다. "끊으며" - '자른다.'(피엘 완료)이다. "사르시는도다" - '불태운다.'(칼 미완료)이다. 활, 창, 수레 등을 불사른다. 여호와께서 군사력을 제거하신다. 여호와는 전쟁을 끝내신다. 주님은 전쟁에서 '만군의 여호와'로 싸워 평화를 이루신다.

그러므로 그 백성은 무엇을 해야 하는가?

10, "이르시기를 너희는 가만히 있어 내가 하나님 됨을 알지어다 내가 뭇 나라 중에서 높임을 받으리라 내가 세계 중에서 높임을 받으리라 하시도다"

"이르시기를 너희는 가만히 있어" - '가만히 있다.'(히필 명령)이다. "싸우는 손을 멈춰라." 긴급한 제지의 명령이다. 이 메시지는 거룩한 전쟁에서 나타난다. 싸우는 손을 멈추고 무엇을 해야 하는가?

"알지어다" - '알다.'(칼 명령)이다. '가만히 있어라. 내가 하나님인 줄 알라.'라는 뜻이다.

'하나님인 줄 알라.'라는 말은 무슨 뜻인가? '그분이 하신 일', '그분의 약속을 알아야 한다.'라는 뜻이다. 그들은 창조주 하나님이 만군의 여호와이심을 알아야 한다. 그들은 그분이 피난처이고, 힘이고, 도움임을 알아야 한다. 그들은 그분이 모든 혼돈의 세력을 진압하고, 역사의 소용돌이도 잠재우고 새로운 역사를 이루는 분임을 알아야 한다. 그들은 외세와 동맹을 맺거나, 군사력에 의존하거나, 우상 숭배와 이교도 방식을 따르려는 유혹이 들지라도, 끝까지 그분을 믿어야 한다. 그러면 하나님은 그들을 통해 어떻게 되시는가?

"높임을 받으리라" - '높다.'(칼 미완료)이다. 하나님은 뭇 나라 중에서 높임을 받으신다. "높임을 받으리라 하시도다" - '높다.'(칼 미완료)이다. 하나님은 세계 중에서 높임을 받으신다. 여호와는 드높고 뛰어난 분이다. 주님이 드높게 될 때 세상은 평화를 맛볼 수 있다.

5. 그분은 우리에게 어떤 분입니까(11)?

11, "만군의 여호와께서 우리와 함께하시니 야곱의 하나님은 우리의 피난처시로다(셀라)"

"만군의"(צָבָא, tsaba) - '군대'이다. "만군의 여호와께서"(יהוה, yhwh) - 군대를 이끌고 싸우는 분이다. "우리와 함께하시니" - '~와 함께'이다. 역사 안에서 구원을 베푸신 만군의 여호와께서 우리와 함께하신다. 그분은 '임마누엘'이시다(사 7:14, 마 1:23). "야곱의 하나님"(אלהים, 'elohim) - '이스라엘의 하나님'이시다. "피난처시로다" - '피난처'이다. 그분은 산성처럼 보호한다. 시인은 '피난처'인 하나님으로 시작하여 '피난처'인 하나님으로 마친다.

05

# 큰 왕이신 여호와

> 말씀 시편 47:1-9
> 요절 시편 47:2
> 찬송 617장, 626장

1. 만민은 무엇을 해야 합니까(1)? 왜 그렇게 해야 합니까(2)? '큰 왕'이 란 무슨 뜻입니까?

2. 큰 왕이신 여호와는 구원 사역에서 어떻게 일하셨습니까(3)? 여호 와는 나라를 복종하게 하신 후에 무엇을 하셨습니까(4)?

3. 하나님은 어디로 오르셨습니까(5)? 그 하나님께 무엇을 해야 합니 까(6)?

4. 하나님을 왜 찬양해야 합니까(7-8)? 그 결과 어떤 일이 일어났습니 까(9a)? '백성이 되도다.'라는 말은 무슨 뜻입니까? 어떻게 그런 일 이 가능합니까(9b)?

# 05

# 큰 왕이신 여호와

> 말씀 시편 47:1-9
> 요절 시편 47:2
> 찬송 617장, 626장

1. 만민은 무엇을 해야 합니까(1)? 왜 그렇게 해야 합니까(2)? '큰 왕'이
란 무슨 뜻입니까?

(고라 자손의 시. 성가대 지휘자를 따라 부른 노래, To the
choirmaster. A Psalm of the Sons of Korah)
하나님의 왕권을 찬양한다. 하나님은 이스라엘의 왕일 뿐만 아니
라, 모든 민족의 왕이시다. 유대인은 신년 예배 때 이 시를 노래했
다.

1-2, 하나님의 전능하심에 대한 찬양
1, "너희 만민들아 손바닥을 치고 즐거운 소리로 하나님께 외칠지어
다"
"만민들아" - '모든 백성'이다. 이스라엘이 아닌 이방 사람이다.
그들은 무엇을 해야 하는가? "치고" - '(손뼉을) 친다.'(칼 명령)이
다. "손바닥을 치고" - 온 세상은 손바닥을 쳐야 한다. 승리와 기쁨
의 반응이며, 하나님의 왕권을 환호로 맞이하는 표현이다. 앗수르의

몰락 소식을 들은 사람들이 기뻐서 손뼉을 쳤다(나훔 3:19). 유다 왕 요아스가 등극할 때 백성은 손뼉을 쳤다(왕하 11:12). "즐거운" - '울리는 외침'이다. "외칠지어다" - '소리친다.'(히필 명령)이다. 온 세상은 즐거운 소리로 하나님께 외쳐야 한다. 그분께 감사와 승리와 전리품을 드려야 한다. 모든 민족은 여호와를 마음으로 영접하고 감사하도록 요청받고 있다.

왜 그렇게 해야 하는가?

2, "지존하신 여호와는 두려우시고 온 땅에 큰 왕이 되심이로다"

"(왜냐하면)" - 모든 민족이 하나님을 찬양해야 하는 이유를 말한다. "지존하신" - '가장 높은'이다. 여러 신 중에서 최고의 신을 뜻한다. 고대 가나안 세계에서 '높은 신(the hight god)'은 '판테온(the pantheon, 신들을 모신 신전, 만신전(萬神殿))'의 우두머리였다. 그러나 성경에서는 하나님을 가장 높은 신으로 부른다. 살렘 왕 멜기세덱은 "지극히 높으신 하나님"의 제사장이었다(창 14:18). 신명기는 민족들에게 기업을 주시고, 인종을 나누시는 분을 "지극히 높으신 분"(신 32:8)으로 불렀다. 오직 여호와만이 최고의 신이다. 다른 신은 없다.

사람들은 그분을 어떻게 대해야 하는가? "여호와는" - 이스라엘의 하나님이시다. '하나님'(1)을 '여호와'로 받았다. "두려우시고" - '두려워한다.'(니팔 분사)이다. 가장 높으신 여호와는 두려워해야 할 분이다. "큰" - '위대한'이다. "왕이 되심이로다" - '왕'이다. 왜냐하면 여호와는 온 땅에 큰 왕이시기 때문이다.

'큰 왕'이란 무슨 뜻인가? 온 세상의 유일한 왕, 온 세상을 다스리는 왕을 뜻한다. 큰 왕은 온 세상 만물의 최고 통치자이다. 앗수르 왕은 자신을 '위대한 왕'으로 불렀다(왕하 18:19). 고대 근동에서 왕들은 이 칭호를 좋아했다. 왜냐하면 큰 왕은 우월성, 종주권, 그리고 봉신의 조약을 승인하는 권한을 가졌기 때문이다. '우월성(superiority)'은 우월한 성질이나 특성을 말한다. 큰 왕은 다른 사람과는 물론이고, 다른 왕보다 우월한 특성을 가졌다. '종주권

(suzerainty)'은 한 나라가 다른 나라의 내정과 외교를 관리하는 특수한 권력이다. '봉신(vassal)'은 주군에게 봉사하는 대가로 땅을 받은 사람이다. 큰 왕에게는 이런 막강한 권한이 있었다. 따라서 그 어떤 왕도 이 큰 왕과는 경쟁할 수 없었다.

그 큰 왕이 누구인가? 바로 여호와 하나님이시다. 여호와는 이스라엘뿐만 아니라, 온 세상을 다스리는 위대한 왕이시다.

2. 큰 왕이신 여호와는 구원 사역에서 어떻게 일하셨습니까(3)? 여호와는 나라를 복종하게 하신 후에 무엇을 하셨습니까(4)?

3-4, 여호와의 전능하심

3, "여호와께서 만민을 우리에게, 나라들을 우리 발아래에 복종하게 하시며"

"만민을" - '민족'이다. 가나안 민족과 이웃이다. 가나안 땅은 '바알(Baal)'의 것이었다. "우리에게" - '아래에'이다. "나라들을" - '국민', 이다. "아래에" - '아래에'이다. "복종하게 하시며" - '정복한다.'(히필 미완료)이다. 전쟁에서 승자가 패자의 목에 발을 얹었던 고대의 관행에서 나왔다(수 10:24).

여호와는 그 나라를 복종하게 하신 후에 무엇을 하셨는가?

4, "우리를 위하여 기업을 택하시나니 곧 사랑하신 야곱의 영화로다(셀라)"

"기업을" - '상속'이다. '약속의 땅'을 뜻한다. 이곳은 하나님이 이스라엘에 주신 '네게브에서 갈릴리까지 있는 산악 중심지'를 뜻한다. "택하시나니" - '선택한다.'(칼 미완료)이다. 여호와는 이스라엘을 위하여 그곳을 기업으로 택하셨다(chosen). "사랑하신" - '사랑한다.'(칼 완료)이다. 여호와는 야곱을 사랑하셨다(loved). 하나님은 야곱에게 그 땅을 주심으로 그 사랑을 확증하셨다. "영화로다" - '높임'이다. 그 땅은 그분이 사랑한 야곱의 자랑이었다.

47

3. 하나님은 어디로 오르셨습니까(5)? 그 하나님께 무엇을 해야 합니까(6)?

5-6, 여호와 승리의 왕권

5, "하나님께서 즐거운 함성중에 올라가심이여 여호와께서 나팔 소리 중에 올라가시도다"

"하나님께서" - '하나님'이다. "즐거운 함성중에" - '나팔 소리'이다. "올라가심이여" - '올라간다.'(칼 완료)이다. '올라가심'은 성전으로 언약궤가 올라감을 뜻한다. 하나님께서 궤를 타고 성전으로 올라가셨다. 이 모습은 전쟁에서 승리한 왕이 '승리의 행진(victory march)'을 하는 그것과 같다. 하나님은 큰 소리와 함께 올라가셨다.

"여호와께서" - '여호와'이다. "나팔 소리" - 신년 축제, 왕의 등극식 같은 특별한 절기와 관련이 있었다. "소리 중에 올라가시도다" - '음성'이다. 여호와는 나팔 소리와 함께 올라가셨다.

그 하나님께 무엇을 해야 하는가?

6, "찬송하라 하나님을 찬송하라 찬송하라 우리 왕을 찬송하라"

"찬송하라"(זָמַר, zamar) - '노래한다.'(피엘 명령)이다. 현악기로 반주하면서 부르는 찬송이다. "찬송하라" - '노래한다.'(피엘 명령)이다. "찬송하라" - '노래한다.'(피엘 명령)이다. "우리 왕을" - 하나님은 우리의 왕이시다. 하나님의 왕권을 찬양해야 한다. "찬송하라" - '노래한다.'(피엘 명령)이다.

4. 하나님을 왜 찬양해야 합니까(7-8)? 그 결과 어떤 일이 일어났습니까(9a)? '백성이 되도다.'라는 말은 무슨 뜻입니까? 어떻게 그런 일이 가능합니까(9b)?

7-8, 여호와는 왕이시다.

7, "하나님은 온 땅의 왕이심이라 지혜의 시로 찬송할지어다"

"(왜냐하면)" - 이유를 설명한다. "온" - '모든'이다. "땅의" - '지구'

이다. "왕이심이라" - '왕'이다. 하나님은 '온 누리의 왕'이시다. 왜냐하면 첫째로, 하나님은 온 땅의 왕이시기 때문이다. 여호와는 이스라엘의 왕만이 아니라, 온 세상의 왕이다. "지혜의 시로" - '마스길(*maskil*)', '묵상 시(a poem)'이다. '시와 함께(with a psalm)', '이해로(with understanding)'라는 뜻이다. "찬송할지어다" - '노래한다.'(피엘 명령)이다. 그들은 '시로', '이해하면서' 노래해야 한다.

8, "하나님이 뭇 백성을 다스리시며 하나님이 그의 거룩한 보좌에 앉으셨도다"

"뭇 백성" - '국민'이다. "다스리시며" - '왕이 된다.'(칼 완료)이다. 둘째로, 왕이신 하나님은 열방을 다스리신다. 그분의 다스림은 이스라엘뿐만 아니라, 온 백성에게 미친다. "그의 거룩한 보좌" - 하나님의 언약궤는 모세 시대부터 하나님의 보좌였다. 예루살렘이 주님의 보좌였다. 하늘이 주님의 보좌였다. "앉으셨도다" - '앉는다.'(칼 완료)이다. 하나님께서 살아 계셔서 세상을 다스리신다.

여호와를 찬송한 데는 무슨 뜻이 있는가? 그분을 큰 왕으로 고백함을 뜻한다. 그분이 나는 물론이고, 우리 가정과 교회, 그리고 이 나라를 다스림을 믿고 고백하는 삶의 표현이다.

그 결과 어떤 일이 일어났는가?

9, 여호와의 왕권에 대한 인식

9, "뭇 나라의 고관들이 모임이여 아브라함의 하나님의 백성이 되도다 세상의 모든 방패는 하나님의 것임이여 그는 높임을 받으시리로다"

"뭇 나라" - '백성'이다. "고관들이" - '고귀한'이다. "모임이여" - '모은다.'(니팔 완료)이다. 뭇 나라의 고관들이 모였다. "아브라함의 하나님" - '아브라함을 부르신 하나님', '아브라함과 약속하신 하나님', '아브라함에게 희망을 두신 하나님'이다. 그분은 아브라함을 부를 때 약속하셨다. "너는 복이 될지라."

"땅의 모든 족속이 너로 말미암아 복을 얻을 것이라"(창 12:2, 3). "백성이 되도다" - '백성'이다. 두 가지로 해석할 수 있다. 첫째는, 모여서 백성이 되었다. 세상의 작은 왕이 모여서 큰 왕 하나님의 백성이 되었습니다. 둘째는, 백성과 함께 모였다. 이방 통치자가 하나님 백성과 함께 모였다. 이제는 이방과 이스라엘의 차이가 없어졌다. 하나님의 백성은 혈통이나 국적으로 정해지지 않는다. 하나님을 '큰 왕 여호와'로 인정하면 모두 하나님의 백성이다. 이것은 시내산 언약보다 훨씬 이전에 하나님께서 아브라함에게 주신 약속에서부터 시작했다(창 12:2).

어떻게 이런 일이 가능한가? "(왜냐하면)" - 그 이유를 설명한다. "모든 방패는" - '작은 원형의 방패'이다. 왕을 가리키는 은유적 표현이다. "(것임)이여" - '마치~처럼'이다. "하나님의 것임이여" - '하나님의 종이다.'라는 뜻이다. 왜냐하면 세상의 방패는 하나님께 속했기 때문이다. 온 세상의 왕이 하나님께 복종했기 때문이다. 하나님께 복종한 지상의 왕은 그분의 소유가 되고, 큰 왕이신 주님의 신적 권위와 더는 경쟁하지 않는다. 세상 왕은 큰 왕 하나님의 봉신이다.

따라서 하나님은 어떻게 되는가? "받으시리로다" - '올라간다.'(니팔 완료)이다. 하나님은 만왕의 왕으로 높임을 받으신다. 하나님만 홀로 땅에서 높임을 받으신다. 그리하여 하나님의 원래 창조 목적을 회복한다.

## 06
## 시온, 하나님의 도성

> 말씀 시편 48:1-14
> 요절 시편 48:2
> 찬송 550장, 210장

1. 시인은 여호와를 어떤 분으로 찬양합니까(1)? 그분은 어디에 계십니까?

2. '거룩한 산'은 어떤 곳입니까(2)? '북방에 있다.'라는 말은 무슨 뜻입니까? '요새'는 무슨 뜻입니까(3)? 우리는 시온산을 통해 무엇을 배웁니까?

3. 시온산에 무슨 일이 일어났습니까(4)? 하지만 그 왕들은 어떻게 되었습니까(5-6)? 그들은 왜 이렇게 고통을 겪었습니까(7)?

4. 시인과 공동체는 무엇을 듣고 보았습니까(8)? 그들은 무엇을 생각했습니까(9-10)? 시온산은 왜 기뻐했습니까(11)?

5. 그들은 무엇을 해야 합니까(12)? 왜 이렇게 하도록 하셨을까요? 그들이 시온성을 자세히 살펴야 하는 또 다른 목적은 무엇입니까(13)? 우리가 전해야 할 하나님은 어떤 분입니까(14)?

## o6
## 시온, 하나님의 도성

> 말씀 시편 48:1-14
> 요절 시편 48:2
> 찬송 550장, 210장

1. 시인은 여호와를 어떤 분으로 찬양합니까(1)? 그분은 어디에 계십니까?

(노래로 부른 고라 자손의 시, A Song. A Psalm of the Sons of Korah)

오늘 시는 아름다운 시온산의 영광을 노래(song of Zion)한다. 시온산에는 예루살렘 성전이 있고, 하나님이 계신다. 그래서 그곳을 '하나님의 도성'이라고 부른다.

1-3, 위대한 왕

1, "여호와는 위대하시니 우리 하나님의 성, 거룩한 산에서 극진히 찬양 받으시리로다"

"여호와는" - '여호와(Yahweh)'이다. "위대하시니"(גָּדוֹל, gadol - '위대한'이다. 시인은 여호와에 대한 찬양으로 시작한다. 그분은 주권자이고, 전능하고, 영광스러운 분이다. "우리 하나님" - '하나님'이다. "성" - '성읍'이다. "거룩한 산" - '하나님의 도시'와 대구를 이룬다.

## 06 시온, 하나님의 도성(48:1-14)

하나님의 성은 거룩하다. 하나님의 성이 거룩한 이유는 그곳에 하나님이 계시기 때문이다. "극진히" - '엄청나게'이다. "찬양 받으시리로다" - '찬양한다.'(푸알 분사)이다. 위대하신 여호와 하나님은 거룩한 산에서 찬양받으신다.

2. '거룩한 산'은 어떤 곳입니까(2)? '북방에 있다.'라는 말은 무슨 뜻입니까? '요새'는 무슨 뜻입니까(3)? 우리는 시온산을 통해 무엇을 배웁니까?

2, "터가 높고 아름다워 온 세계가 즐거워함이여 큰 왕의 성 곧 북방에 있는 시온산이 그러하도다"

"터가 높고" - '높은 곳'이다. "아름다워" - '아름다운'이다. '높이가 아름다운', '우뚝 솟은 아름다운 봉우리'라는 뜻이다. "즐거워함이여" - '몹시 기뻐함'이다. '온 누리의 기쁨이다.'라는 뜻이다. 첫째로, 거룩한 산은 온 세상이 즐거워한다. 지질학적으로나 미학적으로 그 산은 주변의 산들만큼 높지도 않고 매력적이지도 않다. 그러므로 시온산에 대한 이런 묘사는 신학적 개념이다. 그곳이 아름답고 기쁨이 많은 이유는 여호와께서 그 안에 사시고, 사람이 그곳에서 여호와를 만나기 때문이다.

"큰"(רב, rab) - '두목', '우두머리'이다. "왕" - '왕'이다. "성" - '시(city)'이다. 둘째로, 그 산은 큰 왕의 도성이다. 옛적에 앗수르 왕을 큰 왕으로 불렀다. 그는 세상을 크게 다스렸기 때문이다. 하지만 큰 왕은 하나님이시다. 하나님은 만왕의 왕이시다. 왜냐하면 온 세상을 다스리기 때문이다.

"북"(צפון, tsapon) - '북쪽(차폰, north)'이다. "(북)방에 있는" - '옆구리'이다. 이곳을 '차폰 산(Zaphon Mountain)'이라고 부른다. 가나안 신화에서 북쪽은 신들이 모이는 장소였다. 신들은 '차폰 산'에서 모였다. 그 모임에서 바알(Baal)은 최고의 신으로 군림했다. "시온"(ציון, tsiyon) - '시온(Zion)'은 '보호받는', '양지바른'이다. '요새', '성'이란 뜻도 있다. 원래는 고대 여부스 족의 요새였다. 다윗이 그곳을 빼앗아

'다윗성'이라고 했다(삼하 5:7). 다윗은 그곳에 왕궁을 세웠고, 솔로몬은 성전을 지었다. 시온은 이스라엘의 중심지가 되었다. "산이 그러하도다" - '산', '언덕'이다. '하나님이 사는 산'을 뜻한다. 북쪽에는 바알산이 아닌 시온산, 즉 큰 왕이 사는 산이 있다. 그 큰 왕은 앗수르 왕이나 바알 신이 아니다. 우주의 유일한 통치자이신 하나님 여호와이다. 그분만 홀로 경배받고 찬양받아야 한다.

오늘 하나님은 어디에 계시는가? 일차적으로는 교회 공동체에 계신다. 따라서 옛적의 시온은 오늘의 교회 공동체를 상징한다. 교회 공동체는 하나님이 사시는 집이다. 그 점에서 교회를 하나님의 도성, 시온이라고 할 수 있다. 동시에 오늘의 시온은 예수님을 믿는 한 사람이다. 예수님을 믿는 그 사람 안에 하나님이 계시기 때문이다. 하나님이 사는 도시를 '하나님의 도성(the Holy City)'이라고 부르고, '하나님이 사는 사람'을 '성도(the Saints)'라고 부른다.

시온산은 또 어떤 곳인가?


3, "하나님이 그 여러 궁중에서 자기를 요새로 알리셨도다"
"그 여러 궁중에서" - '궁전'이다. "자기를 요새로" - '높은 곳'이다. 피난처인 하나님을 말한다. "알리셨도다" - '알다.'(니팔 완료)이다. 하나님은 그 성채에서 당신이 피난처임을 스스로 알리셨다. 하나님은 당신께 피하는 사람에게 요새, 피난처이다.

그러므로 오늘의 교회는 어떤 곳인가? 교회는 삶의 현장에서 가장 안전한 곳이다. 삶의 무거운 짐에서 벗어나 쉼을 얻을 수 있고, 생명의 위험으로부터 보호받을 수 있는 그곳이 교회이다(마 11:28). 누구든지 교회로 피하는 사람은 쉼을 누리며, 안전을 보장받는다.

3. 시온산에 무슨 일이 일어났습니까(4)? 하지만 그 왕들은 어떻게 되었습니까(5-6)? 그들은 왜 이렇게 고통을 겪었습니까(7)?

4-11, 완전하신 분
4, "왕들이 모여서 함께 지나갔음이여"

"(왜냐하면 보라)" - '보아라.'이다. "왕들이" - '왕'이다. '세상 왕', 즉 '시온을 반대하는 왕'을 뜻한다. "모여서" - '모은다.'(니팔 완료)이다. 그 왕들이 시온을 공격하려고 힘을 합쳤다. "지나갔음이여" - '건너간다.'(칼 완료)이다. 왕들이 함께 모여 쳐들어왔다.

하지만 그들은 어떻게 되었는가?

5, "그들이 보고 놀라고 두려워 빨리 지나갔도다"

"그들이" - '왕들'이다. "보고" - '본다.'(칼 완료)이다. 시인은 무엇을 보았는지에 관해 목적어를 말하지 않았다. 하지만 큰 왕이신 여호와, 또는 그분이 하신 일을 보았을 것이다.

그 반응은 어떠한가? "놀라고" - '깜짝 놀란다.'(칼 완료)이다. 세상 왕들은 놀랐다. "두려워" - '불안하다.'(니팔 완료)이다. 그들은 불안했다. "빨리 지나갔도다" - '도망친다.'(니팔 완료)이다. 그들은 도망쳤다.

6, "거기서 떨림이 그들을 사로잡으니 고통이 해산하는 여인의 고통 같도다"

"거기서" - 그들이 하나님의 위대하심을 보았던 그곳이다. "떨림이" - '두려움'이다. "그들을 사로잡으니" - '잡는다.'(칼 완료)이다. 그들은 두려움에 사로잡혔다. "해산하는 여인의 고통 같도다" - '진통을 일으킨다.'(칼 분사)이다. 그들이 두려움에 사로잡혔던 모습은 해산하는 여인과 같았다(사 13:8).

왜 그들은 이렇게 고통을 겪었는가?

7, "주께서 동풍으로 다시스의 배를 깨뜨리시도다"

"동풍으로" - '동쪽에서 부는 바람'이다. 바다에서 일어나는 '파괴적인 바람'을 일컫는다. 출애굽 때 홍해를 가르는 바람도 '동풍'이었다(출 14:21). "다시스"(Tarshish) - 바닷가에 사는 야벳의 자손 중 하나이다(창 10:4, 달시스, Tarshish). 요나가 하나님으로부터 도망할 때 다시스로 향하는 배를 탔다(욘 1:3). 지중해 연안에 있는 도시, 스페인에 있는 항구 도시이다. "다시스의 배" - 대양을 항해하는 배인데, 가장 견고하고 안전하고 호화로움을 상징한다(사 2:16). "깨뜨리시도다" - '깨뜨린다.'(피엘 미완료)이다. 하나님께서 이런 배도 동풍으로 깨뜨리신다. 이처럼 시온을 쳐들어온 왕의 멸망은 강풍으로 파손된 배가 바다 밑으로 가라앉는 그것과 같다. 여호와는 폭풍의 신 '바알-차폰(Baal-Zaphon)'보다 힘과 능력이 지극히 높다.

4. 시인과 공동체는 무엇을 듣고 보았습니까(8)? 그들은 무엇을 생각했습니까(9-10)? 시온산은 왜 기뻐했습니까(11)?

8, "우리가 들은 대로 만군의 여호와의 성, 우리 하나님의 성에서 보았나니 하나님이 이를 영원히 견고하게 하시리로다(셀라)"

"우리가 들은" - '듣는다.'(칼 완료)이다. "대로" - '~하는 (것)'이다. 그들은 들었다. '들음'은 전해져 내려오는 과거의 전통에 바탕을 둔다. "보았나니" - '본다.'(칼 완료)이다. 그들은 보았다. 그 들음을 봄으로 확인했다. 그들이 '듣고', '본' 일은 하나님의 구원 사역이다. 이방 왕이 함께 시온에 쳐들어왔지만, 하나님의 심판을 받고 망한 일이다. "견고하게 하시리로다" - '고정한다.'(포엘 미완료)이다. 하나님께서 그 성을 영원히 세우신다.

이 사건은 무엇을 말하는가? 주전 701년 앗수르 왕 산헤립(Sennacherib)이 유다를 침공하여 예루살렘을 포위했던 일을 생각할 수 있다. 산헤립은 주전 705~681년까지 앗수르를 다스렸다. 그는 유다의 46개의 성읍과 작은 여러 성읍을 점령하여 그곳 주민을 사로잡아 갔다(왕하 18:13). 오직 예루살렘은 무너지지 않았다. 하지만 그 예루살렘이 주전 586년 바벨론한테 무너졌다. 따라서 이 사건은 유다의 역사에서 완성된 일보다는 장차 예수님이 오셔서 도성을 세우실 그날을 상징한다.

시인과 공동체는 무엇을 생각했는가?

9, "하나님이여 우리가 주의 전 가운데에서 주의 인자하심을 생각하

였나이다"

"주의 전" - '성전'이다. "가운데에서" - '한가운데'이다. 시인은 성전 안에 있다. "주의 인자하심을"(חֶסֶד, hesed) - '한결같은 사랑(steadfast lov)'이다. "생각하였나이다" - '같다.'(피엘 완료)이다. 첫째로, 그들은 성전에서 주님의 사랑, 헤세드를 되새겨 보았다. 여호와의 도성을 견고하게 하신 일은 그분의 사랑에 기초하기 때문이다.

시인과 공동체는 또 주님의 무엇을 되새겼는가?

10, "하나님이여 주의 이름과 같이 찬송도 땅끝까지 미쳤으며 주의 오른손에는 정의가 충만하였나이다"

"주의 이름과 같이" - '이름'이다. 이름은 사람의 특성, 명예를 나타낸다. "찬송도" - '찬양', '찬양의 노래'이다. "까지 미쳤으며" - '~의 곁에'이다. 하나님의 이름에 어울리게 하나님을 찬양하는 소리가 땅끝까지 들린다. 세상 끝까지 널리 퍼진 주님의 명성으로 주님이 온 세상에서 찬송을 받으신다. "주의 오른손에는" - '오른손'이다. '능력'과 '힘'을 상징한다. "정의가"(צֶדֶק, tsedeq) - '공의'이다. "충만하였나이다" - '가득 찬다.'(칼 완료)이다. 둘째로, 그들은 성전에서 하나님의 오른손에 정의가 가득함을 되새겨 보았다.

11, "주의 심판으로 말미암아 시온산은 기뻐하고 유다의 딸들은 즐거워할지어다"

"주의 심판으로"(מִשְׁפָּט, mishpat) - '심판'이다. 원수로부터 그 백성에게 승리를 주시는 하나님의 구원 사역이다. "시온산" - '하나님의 산', '하나님의 백성'이다. "기뻐하고" - '기뻐한다.'(칼 미완료)이다. 시온산, 하나님의 백성은 하나님의 심판을 기뻐한다. "유다의 딸들은" - '유다의 여러 도시'이다. "즐거워할지어다" - '즐거워한다.'(칼 미완료)이다. 유다의 도시들은 하나님의 심판을 즐거워한다. 왜냐하면 하나님께서 적들을 물리치셔서 당신의 도성을 건설하기 때문이다.

5. 그들은 무엇을 해야 합니까(12)? 왜 이렇게 하도록 하셨을까요? 그

들이 시온성을 자세히 살펴야 하는 또 다른 목적은 무엇입니까
(13)? 우리가 전해야 할 하나님은 어떤 분입니까(14)?

## 12-14, 목자

12, "너희는 시온을 돌면서 그곳을 둘러보고 그 망대들을 세어 보라"
"돌면서" - '주위를 돌다.'(칼 명령)이다. 그들은 시온을 돌아야 한
다(walk). "그곳을 둘러보고" - '에워싼다.'(히필 명령)이다. 그들은 시
온을 둘러봐야 한다. "그 망대들을" - '탑(tower)'이다. 성읍의 요새를
견고히 하기 위해 세웠다. "세어 보라" - '센다.'(칼 명령)이다. 그들
은 망대를 세야 한다.

왜 이렇게 하도록 하셨는가? 최근에 있었던 적의 공격에도 도시
가 파괴되지 않았음을 확인하도록 함이다. 시온성은 하나님이 계셔
서 적들의 공격에도 안전하다. 안전과 하나님의 함께하심은 서로 긴
밀하게 연결된다.

그들이 시온을 살펴야 하는 또 다른 이유는 무엇인가?

13, "그의 성벽을 자세히 보고 그의 궁전을 살펴서 후대에 전하라"
"그의 성벽을" - '성벽(rampart)'이다. "자세히" - '이해력'이다. "보
고" - '놓는다.'(칼 명령)이다. 그들은 그 성벽을 자세히 생각해야 한
다. "그의 궁전을" - '성체(citadel)'이다. "살펴서" - '거듭해서 ~을 검
토한다.'(피엘 명령)이다. 그들은 성체도 거듭해서 검토해야 한다.
"전하라" - '자세히 말한다.'(피엘 미완료)이다. 후손에게 말해야 한다.

왜 그렇게 자세히 살펴야 하는가? 후대에 전해야 하기 때문이다.
무엇을 전해야 하는가? 적들의 공격에도 성벽이 무너지지 않았다는
사실이다. 하지만 그 성벽이 핵심이 아니라, 그 성벽을 지켜주신 하
나님이 핵심이다. 그들이 눈으로 보고 경험한 그 하나님을 다음 세
대에 전해야 한다.

우리가 전해야 할 그 하나님은 어떤 분인가?

14, "이 하나님은 영원히 우리 하나님이시니 그가 우리를 죽을 때까

지 인도하시리로다"

　"이 하나님은 영원히 우리 하나님이시니" - '시온의 하나님이 우리 하나님이시다.'라는 뜻이다. 시온에 계시고, 시온을 지켜주신 그분이 우리 하나님이시다. "우리를 죽을 때" - '죽는다.'(칼 부정사)이다. "까지" - '~위에'이다. '죽음으로', '죽음을 넘어'라는 뜻이다. "인도하시리로다" - '인도한다.'(피엘 미완료)이다. 목자가 양을 인도하는 모습이다. 시온의 하나님은 우리의 목자이시다. 하나님은 목자로서 우리를 죽음을 넘어 인도하신다. 즉 영원히 인도하신다. 하나님은 우리의 영원한 목자이시다.

# 07

# 재물을 의지하는 자의 어리석음

> 말씀 시편 49:1-20
> 요절 시편 49:6
> 찬송 556장, 310장

1. 시인은 누구를 초청합니까(1-2)? 모든 사람은 왜 시인의 말을 들어야 합니까(3)? 시인은 지혜와 명철을 어떤 형식으로 말합니까(4)? '오묘한 말'이란 무슨 뜻입니까?

2. 시인이 말하는 수수께끼의 내용은 무엇입니까(5-6)? '재물을 의지하는 사람'은 어떤 사람입니까? 시인은 왜 재물을 의지하는 자를 두려워하지 않습니까(7-9)?

3. 사람은 무엇을 보게 됩니까(10)? 그런데도 사람은 무엇을 합니까(11)? 그런 사람은 무엇과 같습니까(12)?

4. 어리석은 사람의 종말이 어떠합니까(13-14)? 시인은 어떻게 됩니까(15)? 그러므로 의인은 무엇을 하지 않아야 합니까(16)? 왜 두려워하지 말아야 합니까(17-19)?

5. 사람이 깨닫지 못하면 무엇과 같습니까(20)? '깨달음'이 얼마나 중요합니까? 우리는 무엇을 깨달아야 합니까?

*07*

# 재물을 의지하는 자의 어리석음

> 말씀 시편 49:1-20
> 요절 시편 49:6
> 찬송 556장, 310장

1. 시인은 누구를 초청합니까(1-2)? 모든 사람은 왜 시인의 말을 들어야 합니까(3)? 시인은 지혜와 명철을 어떤 형식으로 말합니까(4)? '오묘한 말'이란 무슨 뜻입니까?

(고라 자손의 시. 성가대 지휘자를 따라 부른 노래, To the choirmaster. A Psalm of the Sons of Korah)

시인은 지혜의 스승으로서 수수께끼 형식으로 인생의 참 의미를 가르친다. 그 핵심은 돈과 죽음, 그리고 깨달음이다. 돈은 사람의 생명을 죽음에서 구원하지 못한다. 그 사실을 깨닫지 못하면 짐승처럼 살다가 죽는다.

1-4, 들으라

1, "뭇 백성들아 이를 들으라 세상의 거민들아 모두 귀를 기울이라"

"백성들아" - '백성'이다. 시인은 이스라엘뿐만 아니라 세상 모든 사람을 초대한다. "들으라" - '듣는다.'(칼 명령)이다. "거민들아" - '머무른다.'(칼 분사)이다. "귀를 기울이라" - '경청한다.' (히필 명령)이다. 시인은 온 세상을 향해서 메시지를 전한다. 세상은 그 메시지를

61

들어야 하고, 귀를 기울이어야 한다.

2, "귀천 빈부를 막론하고 다 들을지어다"
"귀"(שׁיאִ, 'îsh) - '위대한 사람'이다. '중요한 사람(important person/ high)'이다. "천"(םָדָא, 'adam) - '아담', '인류'이다. '일반적인 사람(low)'을 뜻한다. "빈" - '궁핍한 사람'이다. '지위가 낮은 사람'이다. "부를" - '부'이다. '지위가 높은 사람', '영향력이 있는 사람'이다. "막론하고" - '심지어'이다. 사회의 모든 계층이다. "다 들을지어다" - '함께(together)'이다. 시인은 모든 계층을 다 부른다.
모든 사람은 왜 시인의 말을 들어야 하는가?

3, "내 입은 지혜를 말하겠고 내 마음은 명철을 작은 소리로 읊조리리로다"
"지혜를"(תוֹמְכָח, hakomot) - '지혜'(복수)이다. '지혜'를 강조하면서 '심오한 지혜(great wisdom)', '하나님의 성품으로서 지혜(wisdom as a divine attribute)'를 뜻한다. "말하겠고" - '말한다.'(피엘 미완료)이다. "명철을"(תוֹנוּבְתּ, tebnot) - '깨달음'(복수)이다. '깨달음'을 강조하면서 '깊은 깨달음'을 뜻한다. "작은 소리로 읊조리리로다" - '묵상'이다. 시인은 심오한 지혜와 깊은 깨달음을 말한다.
그것을 어떤 형식으로 말하는가?

4, "내가 비유에 내 귀를 기울이고 수금으로 나의 오묘한 말을 풀리로다"
"비유에" - '비유'이다. '이야기'를 뜻한다. "기울이고" - '허리를 굽힌다.'(히필 미완료)이다. 시인은 비유에 귀를 기울인다. "나의 오묘한 말을" - '이해하기 어려운 문제'이다. 심오한 지혜와 깊은 깨달음으로 풀어야 하는 어려운 내용이다. 수수께끼를 이용한 성경의 예는 삼손과 그의 혼인 잔치에 온 손님들 사이에 이루어진 이야기에서 볼 수 있다(삿 14:12-14). "풀리로다" - '수수께끼를 풀다.'(칼 미완료)이다. 시인은 자신의 수수께끼를 음악에 맞춰 풀 것이다.

# 07 재물을 의지하는 자의 어리석음(49:1-20)

2. 시인이 말하는 수수께끼의 내용은 무엇입니까(5-6)? '재물을 의지하는 사람'은 어떤 사람입니까? 시인은 왜 재물을 의지하는 자를 두려워하지 않습니까(7-9)?

5-6, 수수께끼

5, "죄악이 나를 따라다니며 나를 에워싸는 환난의 날을 내가 어찌 두려워하랴"

"죄악이" - '불법'이다. '내 발꿈치의 죄악'인데, '자신의 행적'이나 '자신의 실수'를 뜻한다. 여기서는 '나의 원수들'을 말한다. "나를 따라다니며" - '교활하게 공격하는 자'이다. "나를 에워싸는" - '에워싼다.'(칼 미완료)이다. '교활하게 공격하는 자들이 시인을 에워싼다.'라는 뜻이다. "환난" - '재난'이다. "날을" - '날'이다. '그 재난의 날'을 뜻한다.

그때 시인은 어떻게 하는가? "어찌" - '왜'이다. "두려워하랴" - '두려워한다.'(칼 미완료)이다.

6, "자기의 재물을 의지하고 부유함을 자랑하는 자는"

"자기의 재물" - '부'이다. 소유, 권력, 그리고 지위(status)까지도 말한다. "의지하고" - '믿는다.'(칼 분사)이다. "부" - '많음'이다. "유함을" - '부'이다. "자랑하는 자는" - '자랑한다.'(히트파엘 미완료)이다. 그들은 자기 재산을 의지하면서 많은 부를 자랑한다. 그들은 하나님보다 돈을 더 믿는다. 하나님을 자랑하기보다 돈을 더 자랑한다. 그런 사람은 하나님과 관계가 깨졌다. 그런 사람이 아무리 시인을 둘러싸도 두려워하지 않는다. 이것이 시인이 말하는 수수께끼의 내용이다.

왜 시인은 재물을 의지하는 사람을 두려워하지 않는가?

7-12, 죽음의 확실성

7, "아무도 자기의 형제를 구원하지 못하며 그를 위한 속전을 하나님께 바치지도 못할 것은"

　"아무도"(ʊ́ʃ, *ish*) - '사람', '위대한 사람(great man)'이다. "자기의 형제를" - '형제'이다. '다른 사람'을 뜻한다. "구원하지" - '속량한다.' (칼 미완료)이다. 돈을 지급하고 생명을 구원하는 것을 뜻한다. "못하며" - '아니'이다. 다른 사람의 몸값을 치를 수 있는 사람은 아무도 없다. 어떤 인간도 다른 사람을 죽음에서 구속할 수 없다. "그를 위한 속전을" - '호의를 얻기 위한 선물'이다. "바치지도" - '준다.'(칼 미완료)이다. "못할 것은" - '아니'이다. 하나님께 그 몸값을 지급할 사람은 없다. 하나님이 사람의 목숨을 요구하시면 대안이 없다.

　왜 사람은 그 몸값을 치를 수 없는가?

　8, "그들의 생명을 속량하는 값이 너무 엄청나서 영원히 마련하지 못할 것임이니라"

　"속량하는 값이" - '속전'이다. "너무 엄청나서" - '값비싸다.'(칼 미완료)이다. "마련하지 못할 것임이니라" - '억제한다.'(칼 완료)이다. '절대 충분하지 않다.'라는 뜻이다. 사람이 죽음에서 자유롭기 위해 하나님께 돈을 지급하는 일은 불가능하다. 왜냐하면 생명은 값을 매길 수 없을 정도로 비싸기 때문이다. 그러므로 죽음 앞에서 모든 부와 화려함(pomp)은 무용지물이다.

　9, "그가 영원히 살아서 죽음을 보지 않을 것인가"

　"살아서" - '살아 있다.'(칼 미완료)이다. "죽음을" - '구덩이'이다. '스올의 구덩이', '죽음'을 뜻한다. "보지" - '본다.'(칼 미완료)이다. "않을 것인가" - '아니'이다. 죽음을 피하고 영원히 살 생각도 하지 말아라.

3. 사람은 무엇을 보게 됩니까(10)? 그런데도 사람은 무엇을 합니까(11)? 그런 사람은 무엇과 같습니까(12)?

　10, "그러나 그는 지혜 있는 자도 죽고 어리석고 무지한 자도 함께 망하며 그들의 재물은 남에게 남겨 두고 떠나는 것을 보게 되리로다"

"(왜냐하면)" - 그 이유를 설명한다. "그러나 그는" - '일반적인 사람', '누구나'이다. "보게 되리로다" - '본다.'(칼 미완료)이다. 누구나 다 아는 보편적 앎이다.

그것은 무엇인가? "지혜 있는 자도" - '지혜로운'이다. 인생의 진리를 깨달은 사람이다. "죽고" - '죽는다.'(칼 미완료)이다. 지혜로운 사람도 죽는다. 그렇다면 나머지 사람은 말할 것도 없다. "어리석고" - '둔한 사람'이다. 의도적으로 하나님의 뜻을 거부하는 사람이다. 자기 재물을 믿고 자랑하는 자다. "무지한 자도" - '야만인(brutish person)'이다. 재물로 생명을 살 수 있다고 생각하고, 그 돈을 영원히 가질 수 있다고 생각한다. "망하며" - '멸망한다.'(칼 미완료)이다. 모든 사람이 다 아는 보편적 지식은 "모두가 죽는다."라는 사실이다. 죽음은 모든 사람을 평등하게 만든다. 죽음으로 모든 구별이 없어진다.

또 하나 모든 사람이 다 아는 사실은 무엇인가? "남겨 두고 떠나는 것을" - '남긴다.'(칼 완료)이다. 아무리 돈이 많은 사람도 죽으면 그 많은 재물을 남겨 둔다. 누구도 그 돈을 죽어서는 가지고 가지 못한다. 다른 사람에게 줄 수밖에 없다(눅 12:20).

그런데도 그들은 무엇을 했는가?

11, "그러나 그들의 속 생각에 그들의 집은 영원히 있고 그들의 거처는 대대에 이르리라 하여 그들의 토지를 자기 이름으로 부르도다"

"그러나 그들의 속 생각에" - '가운데'이다. "그들의 집은" - '가정'이다. '사람이 안식하는 장소'이다. "영원히 있고" - '영원'이다. 두 가지로 생각할 수 있다. 첫째는, 그들의 속생각은, 그들의 집은 영원하다는 것이었다. 둘째는, 그들의 무덤은 영원히 그들의 집이다. 부자는 자기 집에서 영원히 살 것으로 생각한다. 하지만 죽은 자들에게는 무덤이 그들의 영원한 집이 될 것이다.

"그들의 거처는" - '거처'이다. "(대)대에 이르리라 하여" - '세대'이다. "그들이 토지" - '땅'이다. "부르도다" - '부른다.'(칼 완료)이다. '자기 이름으로 땅을 등기한다.'라는 뜻이다. 법적 소유권을 나타낸다. 부자는 죽지 않음을 확인하려는 헛된 시도로 땅에 이름을 짓는다. 그러나 그들이 죽은 후에 차지할 수 있는 유일한 땅은 그들이 묻힌 무덤뿐이다.

돈만 믿는 사람은 무엇과 같은가?

12, "사람은 존귀하나 장구하지 못함이여 멸망하는 짐승 같도다"
"사람은" - '일반적 사람', '부자', '권세자' 등이다. "존귀하나" - '귀중함', '광휘(splendor)'이다. "장구하지" - '숙박한다.'(칼 미완료)이다. "못함이여" - '아무것도 ~않다.'이다. 화려하면 속에 있는 사람은 남아 있지 못한다. "멸망하는" - '파괴한다.'(니팔 완료)이다. "같도다" - '~와 같다.'(니팔 완료)이다. 사람의 운명은 멸망하는 짐승과 다르지 않다. 사람은 언젠가 죽음으로 조용히 누워 있고, 죽는 다른 생명체들과 같다.

4. 어리석은 사람의 종말이 어떠합니까(13-14)? 시인은 어떻게 됩니까(15)? 그러므로 의인은 무엇을 하지 않아야 합니까(16)? 왜 두려워하지 말아야 합니까(17-19)?

13-14, 부자의 어리석음
13, "이것이 바로 어리석은 자들의 길이며 그들의 말을 기뻐하는 자들의 종말이로다 (셀라)"
"이것이 바로" - '이것'이다. "어리석은 자들의" - '어리석음'이다. "길이며" - '인생 항로'이다. 이것이 돈을 믿는 어리석은 자들의 인생 항로이다. "말을" - '입'이다. 입에서 말이 나온다. "기뻐하는 자들의" - '기쁘다.'(칼 미완료)이다. 그들의 말을 인정하며 따르는 사람이다. "종말이로다" - '뒤에'이다. 이것이 그들의 말을 기뻐하며 따르는 자들의 운명이다. 논의 매력은 너무 커서 이런 어리석은 사람을 따르는 어리석은 사람을 만날 수 있다.

14, "그들은 양같이 스올에 두기로 작정되었으니 사망이 그들의 목자

일 것이라 정직한 자들이 아침에 그들을 다스리리니 그들의 아름다움은 소멸하고 스올이 그들의 거처가 되리라"

　"양 같이" - '양(sheep)'이다. "스올에"(Sheol) - '죽은 사람의 거처'로 헬라어 '하데스(Hades)'에 해당한다. "두기로 작정되었으니" - '지정한다.'(칼 완료)이다. 그들은 도살할 양같이 스올로 가기로 정해졌다. "그들의 목자일 것이라" - '풀을 뜯긴다.'(칼 미완료)이다. 죽음이 그들의 목자이다. 죽음을 인격화했다. 시인은 어리석은 사람과 그들의 죽음을 양과 목자로 비유했다. 시인의 목자는 주님인데, 어리석은 사람의 목자는 죽음이다. 양은 목자를 따른다. 목자는 양을 푸른 초장으로 인도하여 양으로 생명을 얻게 하고 더 풍성히 얻도록 한다(요 10:10). 그런데 죽음이 목자가 되어 그들을 죽음으로 인도한다.

　정직한 사람은 어떻게 되는가? "정직한 자들이" - '올바른'이다. "아침에" - '새 시대의 여명(a dawning of a new age, ESV)'을 뜻한다. 밤이 지나면 아침이 온다. "다스리리니" - '다스린다.'(칼 미완료)이다. 정직한 사람이 아침에 그들을 다스릴 것이다. "그들의 아름다움은" - '형상'이다. "소멸하고" - '써서 낡게 된다.'(부정사)이다. 그들의 형태는 시든다. "거처가 되리라" - '거주'이다. 그들은 스올에서 산다.

　그러나 시인은 어떻게 되는가?

### 15-20, 질문에 대한 대답

　15, "그러나 하나님은 나를 영접하시리니 이러므로 내 영혼을 스올의 권세에서 건져내시리로다 (셀라)"

　"그러나" - '그러나', '바로 지금'이다. "권세에서" - '손(hand)'이다. "건져내시리로다" - '구원한다.'(칼 미완료)이다. 그러나 하나님이 시인의 영혼을 스올의 권세에서 속량하신다. 아무리 많은 돈으로도 생명을 구할 수 없다. 그러나 하나님은 생명을 구원하신다. 왜냐하면 하나님은 스올의 권세를 이기기 때문이다. "나를 영접하시리니" - '취한다.'(칼 미완료)이다. 하나님이 에녹처럼 "데려가셨다."라는 뜻이다(창 5:24). 엘리야도 죽음을 보지 않고 하늘로 올라갔다(왕하 2:9).

시인도 이처럼 죽음을 보지 않고 하나님께서 데려가시길 기대한다. 악인의 종말은 어둠과 파멸이다. 하지만 의인의 종말은 지금부터 영원까지 영원히 하나님과 함께하는 생명이다. 이것이 수수께끼에 대한 답이다.

그러므로 의인은 무엇을 하지 않아야 하는가?

16, "사람이 치부하여 그의 집의 영광이 더할 때에 너는 두려워하지 말지어다"

"치부하여" - '부유하다.'(히필 미완료)이다. '사람이 부자가 될 때'이다. "더할" - '수가 많다.'(칼 미완료)이다. '사람 집의 영광이 더해질 때'이다. "너는 두려워하지" - '두려워한다.'(칼 미완료)이다. "말지어다" - '아니'이다. 두려워하지 말아야 한다.

돈의 위력이 대단하고, 돈의 좋음이 매우 매력적이다. 따라서 돈의 영광을 자랑할 때면 그 앞에서 상대적 빈곤감에 빠지기 쉽다. 내 미래를 두려워하기 쉽다. 하지만 두려워하지 않아야 한다.

왜 두려워하지 않아야 하는가?

17, "그가 죽으매 가져가는 것이 없고 그의 영광이 그를 따라 내려가지 못함이로다"

"그가 죽으매" - '죽음'이다. "가져가는" - '취한다.'(칼 미완료)이다. "것이" - '모두'이다. "없고" - '아니'이다. 그는 죽을 때 아무것도 가져가지 않을 것이기 때문이다. 돈을 의지하는 사람에게 이 사실은 대단히 큰 충격이다. 비극이다. 왜냐하면 그들은 가장 중요한 것을 잃기 때문이다. 부자도 가난한 사람도 죽을 때는 그 누구도 아무것도 가지고 갈 수 없다. 이 세상에서 부자라고 해서 죽어서도 부자일 수 없다. "그를 따라" - '뒤에'이다. "내려가지" - '내려간다.'(칼 미완료)이다. "못함이로다" - '아니'이다. 그의 영광이 그의 뒤를 따르지 않을 것이기 때문이다. 그는 모든 것을 남겨 두고 떠난다.

18, "그가 비록 생시에 자기를 축하하며 스스로 좋게 함으로 사람들

에게 칭찬을 받을지라도"

"생시에" - '살아있는'이다. "축하하며" - '축복한다.'(피엘 미완료)
이다. '그가 살아 있을 때 스스로 칭찬할지라도'라는 뜻이다. "좋게"
- '좋다.'(히필 미완료)이다. "함으로" - '마치~처럼'이다. "사람들에게
칭찬을 받을지라도" - '찬양한다.'(히필 미완료)이다. '그가 살아 있는
동안에 사람한테서 칭찬받을지라도'라는 뜻이다.

19, "그들은 그들의 역대 조상들에게로 돌아가리니 영원히 빛을 보지
못하리로다"

"그들의 역대" - '세대'이다. '죽은 사람의 영역'이다. "돌아가리니"
- '들어간다.'(칼 미완료)이다. 그의 영혼은 그 조상의 세대에게로 돌
아간다. 그들은 죽음을 피할 수 없다. "보지"- '본다..'(칼 미완료)이
다. "못하리로다" - '아니'이다. 다시는 빛을 보지 못한다. 스올은 영
원히 어둠이 지배하는 땅이다. 그 사람은 '무지의 어둠'에서 '스올의
어둠'으로 돌아간다. 그는 어둠에서 살다가 영원한 어둠에 갇힌다.

5. 사람이 깨닫지 못하면 무엇과 같습니까(20)? '깨달음'이 얼마나 중
   요합니까? 우리는 무엇을 깨달아야 합니까?

20, "존귀하나 깨닫지 못하는 사람은 멸망하는 짐승 같도다"

"존귀하나" - '귀중함', '광휘(splendor)'이다. "깨닫지" - '이해한다.'
(칼 미완료)이다. "못하는" - '아니'이다. '아무리 화려하게 살아도 깨
닫지 못하는 사람은'이라는 뜻이다.

깨닫지 못하는 사람은 무엇과 같은가? "멸망하는" - '멸망한다.'(니
팔 완료)이다. "같도다" - '~와 같다.'(니팔 완료)이다. 깨닫지 못하는
사람은 짐승과 같다. 짐승처럼 살다가 짐승처럼 죽는다.

사람과 짐승의 차이는 무엇인가? 깨달은 정도이다. 무엇을 깨달
아야 하는가? 사람은 죽을 수밖에 없는(mortality) 존재이다. 아무리
많은 재물도 사람의 죽음을 해결하지 못한다. 소유와 권력이 대단할
지라도 어떤 사람도 죽음에서 구원하지 못한다. 사람의 생명은 돈에

달리지 않았고 하나님께 달려 있다. 따라서 사람이 자기를 죽을 수밖에 없는 존재로 깨닫지 못하고, 하나님을 깨닫지 못한다면, 그는 멸망하는 짐승처럼 살다가 죽는다. 왜냐하면 재물을 의지하는 사람은 죽음을 이기지 못하기 때문이다. 반면 하나님을 의지하는 사람은 지혜롭다. 왜냐하면 죽음을 이기기 때문이다. 오늘 우리는 이 사실을 깨달아야 한다.

08

# 감사로 제사를 지내며

> 말씀 시편 50:1-23
> 요절 시편 50:14
> 찬송 66장, 72장

1. 시인은 하나님을 어떤 분으로 부릅니까(1a)? 그분은 무엇을 하셨습니까(1b)? 세상을 부르신 후에 무엇을 하셨습니까(2)? 그분은 어떻게 오셨습니까(3)?

2. 그분은 오셔서 무엇을 하십니까(4-5a)? 그 성도는 하나님과 어떤 관계입니까(5b)? 하늘은 무엇을 합니까(6)?

3. 하나님은 그 백성이 무슨 말씀을 듣기를 바라십니까(7-8)? 하나님께서 그들의 제물을 거절하신 첫 번째 이유는 무엇입니까(9-11)? 두 번째 이유는 무엇입니까(12-13)?

4. 하나님께서 그들에게 원하는 제사는 무엇입니까(14-15)? '감사제'와 '환난 날에 하나님을 부름'이 왜 그렇게 중요합니까?

5. 하나님께서 악인에 무엇을 말씀하셨습니까(16-17)? 그들은 언약을 어떻게 파기했습니까(18-20)? 그들은 하나님을 어떻게 오해했습니까(21a)? 그러나 하나님은 그들을 어떻게 하십니까(21b)? 그들은 어떻게 해야 합니까(22-23)?

<br>

## 08
## 감사로 제사를 지내며

> 말씀 시편 50:1-23
> 요절 시편 50:14
> 찬송 66장, 72장

1. 시인은 하나님을 어떤 분으로 부릅니까(1a)? 그분은 무엇을 하셨습니까(1b)? 세상을 부르신 후에 무엇을 하셨습니까(2)? 그분은 어떻게 오셨습니까(3)?

(아삽의 시, A Psalm of Asaph)

"아삽" - 예루살렘 성전의 레위 성가대 우두머리였다(대상 15:17, 19; 16:4-7). "시" - 아삽의 첫 시이다. 나머지 부분은 제3권인 73~83편에 나온다.

하나님께서 받지 않으시는 예배, 즉 공허하고 위선적인 예배를 고발한다. 하나님이 바라시는 예배는 감사의 마음이다.

1-6, 심판자, 하나님

1, "전능하신 이 여호와 하나님께서 말씀하사 해 돋는 데서부터 지는 데까지 세상을 부르셨도다"

"전능하신 이 여호와 하나님께서" - '전능하신 이, 하나님, 여호와께서(The Mighty One, God, Yahweh)'이다. "전능하신 이"(אֵל, 'el) - '하나님', '강한 자'이다. '신들 중의 신(the God of gods)'이다. 가나안의 가장 높은 신에 대한 호칭이었다. 가나안 신앙과 이스라엘 신앙을 연결한다. "여호와"(הוהי, *yhwh*) - '여호와(Yahweh)'이다. 이스라엘을 구원하신 인격적인 하나님을 뜻한다. "하나님께서"(םיהלא, *'elohim*) - '하나님'이다. 인간과 대조적으로 신성이 있는 하나님을 뜻한다. 여기서는 창조주 하나님(the Creator God)을 가리킨다.

시인은 이 세 칭호를 함께 사용한다. '엘', '엘로힘', '여호와'를 한 분 하나님으로 강조한다. 강조점은 언약의 하나님 여호와의 위엄에 있다.

그분은 무엇을 하셨는가? "말씀하사" - '말한다.'(피엘 완료)이다. 그분이 말씀하셨다.

무엇을 말씀하셨는가? "해 돋는 데서부터 지는 데까지" - '온 세상'을 뜻한다. "부르셨도다" - '부른다.' '불러낸다.'(칼 미완료)이다. 하나님은 온 세상을 부르신다.

세상을 부르신 후에 무엇을 하셨는가?


2, "온전히 아름다운 시온에서 하나님이 빛을 비추셨도다"

"온전히" - '완전'이다. "아름다운" - '아름다움'이다. "시온에서"(ןויצ, *tsiyon*) - '시온(치욘, Zion)'은 '보호받는', '양지바른'이다. '요새', '성'이란 뜻도 있다. 원래는 고대 여부스 족의 요새였다. 다윗이 그곳을 빼앗아 '다윗성'이라고 했다(삼하 5:7). 다윗은 그곳에 왕궁을 세웠고, 솔로몬은 성전을 지었다. 시온은 이스라엘의 중심지가 되었다. 이스라엘 전 국가, 즉 언약 공동체를 함축하기도 한다. 시온은 완벽한 아름다운 곳이다. 시온은 '아름답게 솟아오른 산'이다(48:3). "빛을 비추셨도다" - '비춘다.' '비치게 한다.'(히필 완료)이다. 완벽히 아름다운 그곳에서 하나님이 비추셨다. 그 모습은 하나님이 그곳에 오셨음, '출현(Epiphany)'을 뜻한다. 시내산에 오셨던 그 하나님을 생각나게 한다(출 19:18-19).

그분은 어떻게 오는가?


3, "우리 하나님이 오사 잠잠하지 아니하시니 그 앞에는 삼키는 불이

있고 그 사방에는 광풍이 불리로다"

"우리 하나님이" - '우리 하나님'이다. 인격적인 분이다. "오사" - '~안으로 간다.'(칼 미완료)이다. "잠잠하지" - '새긴다.'(칼 미완료)이다. "아니하시니" - '아니다.'이다. 우리 하나님은 조용히 오시지 않는다. "삼키는" - '게걸스럽게 먹는다.'(칼 미완료)이다. 그분 앞에는 삼키는 불이 있다. "불이 있고" - '불(fire)'이다. "(광)풍이 불리로다" - '공포로 털이 곤두선다.'(니팔 완료)이다. 그분 주위에는 강력한 폭풍우가 있다. '불'과 '폭풍'은 심판 때 나타나는데, 하나님의 오심을 묘사한다. 시내산에서 불과 폭풍으로 나타나셨던 그분이 시온으로 오신다.

2. 그분은 오셔서 무엇을 하십니까(4-5a)? 그 성도는 하나님과 어떤 관계입니까(5b)? 하늘은 무엇을 합니까(6)?

4, "하나님이 자기의 백성을 판결하시려고 위 하늘과 아래 땅에 선포하여"

"자기의 백성을" - '백성'이다. "판결하시려고" - '심판한다.'(부정사)이다. "하늘", "땅" - 여호와와 이스라엘 사이의 계약 협정에 대한 증인이었다(신 4:26). "선포하여" - '부른다.'(칼 미완료)이다. 하나님은 그 백성을 심판하려고, 위의 하늘과 아래의 땅을 증인으로 부르신다. 하나님은 이스라엘과 언약을 맺었을 때 하늘과 땅을 증인으로 삼았다(신 32:1). 하나님은 이스라엘을 고발하려고 하늘과 땅을 증인으로 부르신다.

5, "이르시되 나의 성도들을 내 앞에 모으라 그들은 제사로 나와 언약한 이들이니라 하시도다"

"이르시되 나의 성도들을" - '거룩한 사람'이다. 하나님께 헌신하는 사람이다. "모으라" - '모은다.'(칼 명령)이다.

그 성도는 하나님과 어떤 관계인가? "제사" - '희생제물'이다. "나와 언약한" - '언약'이다. "이들이니라 하시도다" - '포피를 잘라낸다.'

'언약을 자른다(cut (make) a covenant).'(칼 분사)이다. 성도는 제물로 하나님과 언약을 세웠다. 고대 근동에서는 언약을 맺을 때 엄숙한 의식을 치렀다. 아브람은 여러 짐승을 제단으로 가져와 그것들을 둘로 쪼개고 쪼갠 그것을 마주하여 놓았다. 해가 져서 어두울 때 연기나는 화로가 보이며 타는 횃불이 쪼갠 고기 사이로 지나갔다. 그날여호와께서 아브람과 더불어 언약을 세웠다(창 15:10, 17-18). 이런모습은 언약을 맺는 사람 중 어느 한쪽이 언약을 어기면 쪼갠 짐승처럼 될 것을 보여 준다.

하늘은 무엇을 하는가?

6, "하늘이 그의 공의를 선포하리니 하나님 그는 심판장이심이로다(셀라)"

"그의 공의를" - '공의'이다. "선포하리니" - '말한다.'(히필 미완료)이다. 하늘은 그분의 의로움을 선포한다. 하늘은 증언자이다.

왜 선포하는가? "심판장이심" - '재판한다.'(칼 분사)이다. "이로다" - '~이므로'이다. 왜냐하면 하나님은 스스로 심판하시기 때문이다. 그분은 재판장이시기 때문이다.

3. 하나님은 그 백성이 무슨 말씀을 듣기를 바라십니까(7-8)? 하나님께서 그들의 제물을 거절하신 첫 번째 이유는 무엇입니까(9-11)? 두 번째 이유는 무엇입니까(12-13)?

7-15, 바른 제사

7, "내 백성아 들을지어다 내가 말하리라 이스라엘아 내가 네게 증언하리라 나는 하나님 곧 네 하나님이로다"

"내 백성아" - 이스라엘은 여호와의 언약 백성이다. "들을지어다"(שְׁמַע, shama) - '듣는다.'(칼 명령)이다. 신명기의 "들으라!"(שְׁמַע, 쉐마, 신 6:4)의 전통을 이어받았다. "내가 말하리라" - '말한다.'(피엘미완료)이다. "증언하리라" - '반복한다.'(히필 미완료)이다.

그분은 누구신가? "나는 하나님 곧 네 하나님이로다"(אֱלֹהִים,

*'elohim*) - '나는 하나님, 너의 하나님(I am God, your God).'이다. 여호와의 자기소개 공식이다. 언약 백성은 언약을 맺은 하나님의 말씀을 들어야 한다.

그들은 무슨 말씀을 들어야 하는가?

8, "나는 네 제물 때문에 너를 책망하지는 아니하리니 네 번제가 항상 내 앞에 있음이로다"

"네 제물" - '희생제물(sacrifice)'이다. "때문에" - '˜ 때문에'이다. "너를 책망하지는" - '꾸짖는다.'(히필 미완료)이다. "아니하리니" - '아니'이다. 하나님은 그 백성이 바친 제물을 두고 탓하지는 않는다. "네 번제가" - '올라가는 것', '전체 번제(whole burnt offering)'이다. "내 앞에 있음이로다" - '˜의 앞에'이다. 그들은 한 번도 거르지 않고 늘 번제를 바쳤다.

그러나 하나님은 그 제물을 어떻게 하셨는가?

9, "내가 네 집에서 수소나 네 우리에서 숫염소를 가져가지 아니하리니"

"네 집에서", "네 우리에서" - 집에서 기른 짐승을 제물로 드려야 했다. 야생동물은 제물로 드릴 수 없었다. "수소", "숫염소" - 상대적으로 비싼 제물이었다. 백성은 하나님께서 이런 비싼 제물을 받을 줄 알았다. "가져가지" - '취한다.'(칼 미완료)이다. "아니하리니" - '아니'이다. 그러나 하나님은 그런 제물을 받지 않으신다.

왜 그 제물을 거절하시는가?

10, "이는 삼림의 짐승들과 뭇 산의 가축이 다 내 것이며"

"이는" - '˜라는 것 때문에'이다. "내 것이며" - '안에'이다. 숲속에 있는 모든 동물과 산짐승이 여호와의 것이기 때문이다. "네 집에서", "네 우리에서"와 "내 것이며"를 대조한다.

11, "산의 모든 새들도 내가 아는 것이며 들의 짐승도 내 것임이로

다"

"내가 아는 것이며" - '알다.'(칼 완료)이다. "내 것임이로다" - '˜와 함께'이다. 산의 새들도 하나님의 것이고, 들에 있는 짐승도 하나님의 것이다. 여기서도 "네 집에서", "네 우리에서"와 "내가 아는 것이며", "내 것임이로다"를 대조한다.

하나님께서 '그들의 집에서', '그들의 우리에서' 가져와 바친 그 제물을 거절하신 첫 번째 이유는 무엇인가? 잘못된 소유관 때문이다. 제사는 하나님의 소유물을 하나님께 드리는 일이다. 그런데 그 백성은 자기의 소유물을 하나님께 드린다고 생각했다. '이것은 내 집에서 내 우리에서 내가 키운 내 수소이며 내 숫염소입니다.' 그런 생각은 하나님이 만물의 창조주요, 주인임을 부인하는 행위이다. 그래서 하나님은 그 제사를 거부하셨다.

하나님이 제물을 거절하시는 두 번째 이유는 무엇인가?

12, "내가 가령 주려도 네게 이르지 아니할 것은 세계와 거기에 충만한 것이 내 것임이로다"

"주려도" - '배고프다.'(칼 미완료)이다. "이르지" - '말한다.'(칼 미완료)이다. "아니할 것은" - '아니', '아니다.'이다. 하나님은 배가 고플지라도 그 백성에게 달라고 하지 않으신다. "거기에 충만한 것이" - '가득 참'이다. "내 것임" - '안에'이다. "이로다" - '마치 ˜처럼'이다. 모든 것이 하나님의 것이기 때문이다.

13, "내가 수소의 고기를 먹으며 염소의 피를 마시겠느냐"

"먹으며" - '먹는다.'(칼 미완료)이다. "마시겠느냐" - '마신다.'(칼 미완료)이다.

하나님이 그들의 제사를 거절하는 두 번째 이유는 무엇인가? 잘못된 신관 때문이다. 고대 근동의 사람은 자기 신들이 제물을 먹는다고 생각했다(신 32:38). 또 그들은 제사를 통해 신을 조종할 수 있다고 생각했다. 이스라엘은 이런 신관에 물들었다. 그래서 하나님도 자기들이 바친 제물을 의존하여 산다고 여겼다. 그들은 이방 사람처럼 희생 제사를 의무적으로 하루 세 끼의 음식을 제공하는 것으로 생각했다.

그러나 하나님은 이교도의 신처럼 배고픔을 느끼는 연약한 신이 아니다. 하나님은 제물에서 영양분을 공급받지 않으신다. 비록 배가 고플지라도 사람에게 요구하지 않으신다. 왜냐하면 온 누리와 거기에 있는 모든 것이 다 당신의 것이기 때문이다.

4. 하나님께서 그들에게 원하는 제사는 무엇입니까(14-15)? '감사제'와 '환난 날에 하나님을 부름'이 왜 그렇게 중요합니까?

14-15, 감사로

14, "감사로 하나님께 제사를 드리며 지존하신 이에게 네 서원을 갚으며"

"감사로" - '감사'이다. "제사를 드리며" - '제물로 바친다.'(칼 명령)이다. 하나님이 원하시는 첫 번째 제사는 '감사 제사(thank offering)', '찬양 제사(a sacrifice of praise)'이다. '감사 제사'에는 동물 제사를 포함했다(대하 29:31). 하나님은 동물 제사 자체를 거부하시지 않는다. 제사에 대한 올바른 태도를 요청하신다.

감사(찬양)의 제사를 지내는 일이 '산 믿음(a living faith)'의 척도이다. 감사 없는 예배는 공허(hollow)하고, 시간이 지나면 위선(hypocritical)이 된다. 히브리서는 말씀한다. "그러므로 우리는 예수로 말미암아 항상 찬송의 제사를 하나님께 드리자 이는 그 이름을 증언하는 입술의 열매니라"(히 13:15).

두 번째로 받으시는 제사는 무엇인가? "지존하신 이에게" - '가장 높은'이다. "네 서원을" - '서원'이다. "갚으며" - '갚는다.'(피엘 명령)이다. 하나님이 원하시는 두 번째 제사는 서원을 갚는 일이다. 서원은 하나님께 헌신을 약속하는 행위이다.

세 번째 제사는 무엇인가?

15, "환난 날에 나를 부르라 내가 너를 건지리니 네가 나를 영화롭게

하리로다"

"환난" - '재난'이다. "나를 부르라" - '부른다.'(칼 명령)이다. 세 번째 제사는 하나님을 부르는 일이다. 하나님을 의지하고 도움을 청하는 일이다. 사람이 하나님을 의지해야지, 하나님이 사람을 의지하지 않는다. "내가 너를 건지리니" - '구원한다.'(피엘 미완료)이다. 하나님을 부르면 하나님이 건지신다. "네가 나를 영화롭게 하리로다" - '영예롭다.'(피엘 미완료)이다. 하나님께 도움을 청하는 일이 하나님을 영화롭게 하는 일이다. 하나님은 그 제사를 받으신다.

5. 하나님께서 악인에 무엇을 말씀하셨습니까(16-17)? 그들은 언약을 어떻게 파기했습니까(18-20)? 그들은 하나님을 어떻게 오해했습니까(21a)? 그러나 하나님은 그들을 어떻게 하십니까(21b)? 그들은 어떻게 해야 합니까(22-23)?

16-23, 바른 삶
16, "악인에게는 하나님이 이르시되 네가 어찌하여 내 율례를 전하며 내 언약을 네 입에 두느냐"

"악인에게는" - '죄를 지은'이다. '율법 교사'를 뜻한다. "이르시되" - '말한다.'(칼 완료)이다. 하나님께서 악인, 율법 교사에게 말씀하셨다. "전하며" - '자세히 말한다.'(부정사)이다. "두느냐" - '들어 올린다.'(칼 미완료)이다. 그들은 율례를 전파하고, 언약을 입에서 읊조린다. 하지만 그들은 율법을 알면서도 지키지 않았고, 말과 행동이 일치하지 않았다. 그들은 겉과 속이 달랐다.

그 이유가 무엇인가?

17, "네가 교훈을 미워하고 내 말을 네 뒤로 던지며"

"미워하고"- '미워한다.'(칼 완료)이다. 왜냐하면 그들은 교훈을 미워했기 때문이다. "던지며" - '던진다.'(히필 미완료)이다. 하나님의 말씀을 뒷전으로 흘렸기 때문이다.

그들의 실상은 어떠했는가?

18, "도둑을 본즉 그와 연합하고 간음하는 자들과 동료가 되며"

"본즉" - '본다.'(칼 완료)이다. "그와 연합하고" - '좋다.'(칼 미완료)이다. 첫째로, 그들은 도둑을 만나면 그와 친구가 된다. 악인은 "도둑질하지 말라."라는 제7계명을 어겼다. "동료가 되며" - '몫'이다. 둘째로, 그들은 간음하는 사람을 만나면 그와 한 패거리가 된다. 악인은 "간음하지 말라."라는 제8계명을 어겼다.

19, "네 입을 악에게 내어 주고 네 혀로 거짓을 꾸미며"

"네 입을" - '입'이다. '말'과 관련이 있다. "내어 주고" - '보낸다.'(칼 완료)이다. 셋째로, 그들은 입(말)으로 악을 꾸며냈다. "네 혀로" - '혀(tongue)'이다. '말'과 관련이 있다. "꾸미며" - '묶는다.'(히필 미완료)이다. 그들은 혀(말)로는 거짓을 지어내었다. 그들은 "네 이웃에 대하여 거짓 증거하지 말라."라는 제9계명을 어겼다.

그들은 누구에 관하여 거짓을 말했는가?

20, "앉아서 네 형제를 공박하며 네 어머니의 아들을 비방하는도다"

"앉아서" - '앉는다.'(칼 미완료)이다. 성문 광장에 앉는 모습이다. 그들은 가족을 대상으로 고발한다. "네 형제를" - '형제'이다. "공박하며" - '선언한다.'(피엘 미완료)이다. 그들은 형제의 허물을 들추어낸다. "아들을" - '아들'이다. "비방" - '과실'이다. "하는도다" - '준다.'(칼 미완료)이다. 그들은 가족을 비방한다.

그들은 하나님을 어떻게 오해했는가?

21, "네가 이 일을 행하여도 내가 잠잠하였더니 네가 나를 너와 같은 줄로 생각하였도다 그러나 내가 너를 책망하여 네 죄를 네 눈앞에 낱낱이 드러내리라 하시는도다"

"이 일을" - '이것들'이다. 앞에서 말한 악한 행위를 뜻한다. "행하여도" - '한다.'(칼 완료)이다. "내가 잠잠하였더니" - '새긴다.'(히필 완료)이다. 하나님께서 그들을 즉시 벌하지 않으셨다. "줄로" - '~이 일어난다.'(칼 부정사)이다. "생각하였도다" - '같다.'(피엘 완료)이다.

악인은 하나님이 자기들 편이라고 착각했다.

많은 사람은 아주 자주 하나님의 침묵(God's silence)을 그분의 승인(his approval)으로 생각한다. 하지만 하나님의 침묵은 승인이 아니라 인내이다. 하나님은 그들이 회개할 때까지 기다리며 참으신다. 그들은 그 하나님을 오해했다.

그러나 하나님은 때가 되면 그들을 어떻게 하시는가? "그러나 내가 너를 책망하여" - '꾸짖는다.'(히필 미완료)이다. 하나님은 그들을 호되게 꾸짖으신다. "낱낱이 드러내리라 하시는도다" - '정돈한다.'(칼 미완료)이다. 하나님은 그들의 눈앞에 그들의 죄상을 낱낱이 밝히신다.

그들은 어떻게 해야 하는가?

22, "하나님을 잊어버린 너희여 이제 이를 생각하라 그렇지 아니하면 내가 너희를 찢으리니 건질 자 없으리라"

"잊어버린 너희여" - '잊는다.'(칼 분사)이다. 악인은 하나님을 잊어버렸다. 그들은 입으로는 하나님의 말씀을 가르쳤지만, 실제 삶에서는 하나님을 인정하지 않았다. "이를" - '이것'이다. '아래의 내용'이다. "생각하라" - '생각한다.'(칼 명령)이다. 그들은 아래의 내용을 생각해야 한다. "내가 너희를 찢으리니" - '찢는다.'(칼 미완료)이다. 굶주린 짐승이 먹잇감을 찢는 그림에서 왔다. "건질 자" - '구해낸다.'(히필 분사)이다. "없으리라" - '그 외에'이다. 하나님께서 그들을 굶주린 사자가 먹잇감을 찢듯이 찢어서는 건질 자가 없게 하신다.

그들이 생각해야 할 내용은 무엇인가?

23, "감사로 제사를 드리는 자가 나를 영화롭게 하나니 그의 행위를 옳게 하는 자에게 내가 하나님의 구원을 보이리라"

"감사로" - '감사'이다. "제사를 드리는 자가" - '제물로 바친다.'(칼 분사)이다. "나를 영화롭게 하나니" - '영광스럽다.'(피엘 미완료)이다. 감사로 제사를 지내는 사람이 하나님을 영화롭게 한다. "그의 행위를" - '태도'이다. "옳게 하는 자에게" - '만들다.'(칼 완료)이다. "보이리라" - '본다.'(히필 미완료)이다. 그의 행위를 옳게 하는 자에게 하나님의 구원을 보이신다.

# 09
# 정한 마음을 창조하시고

> 말씀 시편 51:1-19
> 요절 시편 51:10
> 찬송 423장, 547장

1. 시인의 첫 번째 기도는 무엇입니까(1a)? 두 번째 기도는 무엇입니까(1b)? 세 번째와 네 번째 기도는 무엇입니까(2)? 죄를 용서하는 데 네 가지 용어를 사용한 데는 무슨 뜻이 있습니까?

2. 시인은 왜 하나님께 용서를 구합니까(3)? 그 죄와 주님과의 관계는 어떠합니까(4)? 그는 어떤 존재입니까(5)? 주님은 무엇을 원하십니까(6)?

3. 시인은 하나님께 다시 무엇을 기도합니까(7)? 그의 세 번째, 네 번째 기도는 무엇입니까(8-9)? 다섯 번째 기도는 무엇입니까(10)? '정한 마음을 창조하시고', '정직한 영을 새롭게 하소서.'라고 기도하는 시인을 통해 무엇을 배웁니까?

4. 그의 여섯 번째, 일곱 번째 기도는 무엇입니까(11-12)? 그는 무엇을 하려고 합니까(13-15)?

5. 주님께서 기뻐하시는 제사는 무엇입니까(16-17)? '상한 심령'은 무엇을 말합니까? 시인의 마지막 기도는 무엇입니까(18)? 그때 하나님은 무엇을 하십니까(19)?

09

# 정한 마음을 창조하시고

말씀 시편 51:1-19
요절 시편 51:10
찬송 423장, 547장

1. 시인의 첫 번째 기도는 무엇입니까(1a)? 두 번째 기도는 무엇입니까(1b)? 세 번째와 네 번째 기도는 무엇입니까(2)? 죄를 용서하는 데 네 가지 용어를 사용한 데는 무슨 뜻이 있습니까?

(다윗이 밧세바와 간음한 후 예언자 나단이 그에게 왔을 때 지은 시. 성가대 지휘자를 따라 부른 노래, To the choirmaster. A Psalm of David, when Nathan the prophet went to him, after he had gone in to Bathsheba)

"나단" - 다윗 왕 때의 선지자이다. 다윗의 죄를 꾸짖었다(삼하 12:1-13).

이 시는 7개의 '참회시(penitential psalms)'(시 6, 32, 38, 51, 102, 130, 143) 중 하나이다. 시인은 자신의 죄를 고백하고 용서를 간청한다. 그는 절망적인 상황에서 자신을 새롭게 창조해 주시도록 기도한다.

1-2, 은혜

1, "하나님이여 주의 인자를 따라 내게 은혜를 베푸시며 주의 많은

긍휼을 따라 내 죄악을 지워 주소서"

"하나님이여"(אֱלֹהִים, 'elohim) - '하나님'이다. "주의 인자를 따라" - '한결같은 사랑(steadfast love)'이다. 하나님의 놀라운 성품 중 하나이다. "내게 은혜를 베푸시며" - '자비롭다.'(칼 명령)이다. 시인은 가장 먼저 하나님께서 은혜를 베푸시도록 기도한다. 그런데 그 은혜는 주님의 인자에 기초한다.

"긍휼을 따라" - '불쌍히 여김'이다. 엄마가 자기 태 안에 있는 아기를 향해 가지는 사랑이다. 그 백성을 향한 하나님의 마음은 아기를 향한 엄마의 마음과 같다. "내 죄악을"(פֶּשַׁע, pesha') - '반역'이다. 하나님과의 관계, 공동체 내에서의 관계를 고의로 파괴하는 행위, 반항적 행위를 뜻한다. "지워 주소서" - '지운다.'(칼 명령)이다. 시인은 하나님의 긍휼에 기초하여 죄를 지워달라고 기도한다.

2, "나의 죄악을 말갛게 씻으시며 나의 죄를 깨끗이 제하소서"

"나의 죄악을"(עָוֹן, 'awon) - '불법', '길을 잃는다.'이다. '표준이나 방식에서 벗어난다.'라는 뜻이다. '표준(the standard)'은 '하나님의 말씀'이다. "말갛게" - '많다.'(히필 부정사)이다. '철저히'를 뜻한다. "씻으시며" - '씻는다.'(피엘 명령)이다. 시인은 자기 악을 말끔히 씻어주시도록 기도한다. "나의 죄를"(חַטָּאת, hatta'a) - '죄'이다. '과녁이나 목표에 이르지 못함'을 뜻한다. "깨끗이 제하소서" - '깨끗하다.'(피엘 명령)이다. 죄에서 깨끗하게 해달라고 기도한다.

죄에 관해 세 가지 용어- '내 죄악', '나의 죄악', '나의 죄'- 를 말했는데, 세 종류의 죄를 뜻하지 않는다. 하나님을 떠난 자기 모습을 강조한다. 동시에 자기 죄를 철저하게 고백함을 뜻한다.

죄를 용서하는 데는 네 가지 용어- '은혜를 베푸시며', '지워 주소서', '씻으시며', '깨끗이 제하소서'- 를 사용했다. 이 네 동사의 공통점은 '성소 의식(the sanctuary ritual)'에서 나타난다. 시인은 죄 용서를 더러운 옷을 빠는 것처럼, 또는 더러운 몸을 씻는 것처럼 말한다. 하나님이 죄인의 몸을 직접 씻으심을 뜻한다. 이 기도는 단순히 인간적인 후회나 실패, 또는 좌절에 대해 안타까움을 토로하지 않는다. 이 기도는 자기를 넘어서 하나님을 바라본다. 그는 하나님의 한 결같은 사랑과 긍휼을 의지하여 용서를 구한다.

시인은 왜 용서를 구하는가?

2. 시인은 왜 하나님께 용서를 구합니까(3)? 그 죄와 주님과의 관계는 어떠합니까(4)? 그는 어떤 존재입니까(5)? 주님은 무엇을 원하십니까(6)?

3-6, 죄과

3, "무릇 나는 내 죄과를 아오니 내 죄가 항상 내 앞에 있나이다"

"무릇" - '~이므로'이다. "내 죄과를"(פֶּשַׁע, pesha) - '반역'이다. "아오니" - '알다.'(칼 미완료)이다. 왜냐하면 그는 자신의 죄를 알기 때문이다. "내 죄가"(חַטָּאת, hatta'a) - '죄'이다. "내 앞에 있나이다" - '앞에'이다. 그의 죄는 항상 그 앞에 있다.

그 죄와 주님과의 관계는 어떠한가?

4, "내가 주께만 범죄하여 주의 목전에 악을 행하였사오니 주께서 말씀하실 때에 의로우시다 하고 주께서 심판하실 때에 순전하시다 하리이다"

"내가 주께" - '~에게'이다. "만" - '오직'이다. "범죄하여" - '죄를 짓는다.'(칼 완료)이다. '당신께에 대하여, 당신께만 내가 죄를 지었다.'라는 뜻이다. 사람한테는 어떤 영향도 주지 않았다는 말은 아니다. 주님과의 관계를 강조한다. 죄는 본질에서 하나님께 지은 것이기 때문이다.

"주의 목전에" - '눈(eye)'이다. "악을" - '악'이다. "행하였사오니" - '한다.'(칼 완료)이다. 시인은 주님의 눈앞에서 악한 짓을 저질렀다.

그 결과는 무엇인가? "주께서 말씀하실 때에" - '말한다.'(부정사)이다. "의로우시다 하고" - '공의롭다.'(칼 완료)이다. 주님의 판결은 옳다. "주께서 심판하실 때에" - '재판한다.'(칼 부정사)이다. "순전하시다 하리이다" - '순결하다.'(칼 미완료)이다. 주님의 심판은 정당하다. 시인은 하나님의 심판을 인정한다.

그는 죄와의 관계에서 어떤 존재인가?

5, "내가 죄악 중에서 출생하였음이여 어머니가 죄 중에서 나를 잉태하였나이다"

"(보라)" - '보라(behold)'이다. "죄악 중에서"(עָוֺן, 'awon) - '불법'이다. "출생하였음이여" - '산통처럼 괴로워한다.'(폴랄 완료)이다. "죄 중에서"(חֵטְא, ḥaṭṭā'a) - '죄'이다. "나 잉태하였나이다" - '임신한다.'(피엘 완료)이다. 시인은 출생뿐만 아니라 잉태의 순간에도 죄인이었음을 고백한다. 죄가 처음부터, 오랫동안 그를 지배했다. 그는 잉태의 순간부터 죄 아래에 있었고, 죄의 영향을 받았고, 죄인으로 살았다. 왜냐하면 그는 아담의 죄와 죽음을 이어받았기 때문이다. 따라서 그는 죄를 지을 수밖에 없는 존재이다.

시인은 단순히 몇 가지 죄를 고백하지 않는다. 그는 죄인인 자기를 고백한다. 특정한 죄에 대한 책임을 말하지 않는다. 그는 죄인인 자아를 고백한다.

주님은 무엇을 기뻐하시는가?

6, "보소서 주께서는 중심이 진실함을 원하시오니 내게 지혜를 은밀히 가르치시리이다"

"보소서" - '보라(behold)'이다. "주께서는 중심이" - '속 부분'이다. "진실함을" - '진리'이다. '흔들리지 않는 든든함'을 뜻한다. "원하시오니" - '바란다.'(칼 완료)이다. 주님은 마음의 진실을 기뻐하신다. "내게" - '막는다.'(칼 분사)이다. "지혜를" - 시인이 올바른 삶을 살도록 이끌어 주는 힘이다. "은밀히 가르치시리이다" - '알다.'(히필 미완료)이다. 시인의 마음 깊은 곳에 지혜를 가르치신다. 죄 아래에서 사는 시인에게 내면 깊은 곳에서 흔들리지 않는 든든함과 지혜는 하나님께 나가는 힘이다.

3. 시인은 하나님께 다시 무엇을 기도합니까(7)? 그의 세 번째, 네 번

째 기도는 무엇입니까(8-9)? 다섯 번째 기도는 무엇입니까(10)? '정한 마음을 창조하시고', '정직한 영을 새롭게 하소서.'라고 기도하는 시인을 통해 무엇을 배웁니까?

### 7-12, 창조

7, "우슬초로 나를 정결하게 하소서 내가 정하리이다 나의 죄를 씻어 주소서 내가 눈보다 희리이다"

"우슬초로" - '우슬초(hyssop)'이다. 담벼락에서 자라는 작은 초목으로(왕상 4:33), 정결 의식에서 피와 물을 바르는 데 사용했다. "나를 정결하게 하소서" - '더러움을 없앤다.'(피엘 미완료)이다. 첫째로, 그는 정결하게 해주시도록 기도한다.

"내가 정하리이다" - '정결하다.'(칼 미완료)이다. "나의 죄를 씻어 주소서" - '씻는다.'(피엘 미완료)이다. 둘째로, 그는 하나님께서 자기 죄를 씻어 주시도록 기도한다. "내가 눈보다" - '눈(snow)'이다. 순수하고(pure) 깨끗하며(clean) 밝음(bright)을 상징한다. "희리이다" - '희다.'(히필 미완료)이다. 내적 외적 깨끗함을 뜻한다.

셋째로, 그는 무엇을 기도하는가?

8, "내게 즐겁고 기쁜 소리를 들려주시사 주께서 꺾으신 뼈들도 즐거워하게 하소서"

"내게 즐겁고" - '즐거움'이다. "기쁜" - '기쁨'이다. "소리를 들려주시사" - '듣는다.'(히필 미완료)이다. "주께서 꺾으신" - '뭉개진다.'(피엘 완료)이다. "뼈들도" - '뼈'이다. 시인은 죄로 겪는 고통을 뼈가 뭉개짐에 비유했다. 죄는 하나님과의 관계를 파괴했다. 죄에는 그만큼 큰 고통이 따른다. "즐거워하게 하소서" - '즐거워한다.'(칼 미완료)이다. 셋째로, 시인은 기쁨과 즐거움을 듣도록 기도한다.

9, "주의 얼굴을 내 죄에서 돌이키시고 내 모든 죄악을 지워 주소서"

"주의 얼굴을" - '얼굴'이다. "내 죄에서" - '죄'이다. "돌이키시고" - '감춘다.'(히필 명령)이다. 넷째로, 시인은 하나님의 얼굴을 숨기시도록 기도한다. '얼굴을 숨긴다.'라는 말은 하나님의 분노를 나타내거나 죄인을 거절할 때 하는 모습이다.

그러나 여기서는 '내 허물에서 얼굴을 가려달라.' '내 죄를 보지 말라.'라는 뜻이다. 하나님과의 관계 회복은 하나님이 그의 죄에서 얼굴을 가리실 때 가능하다.

"죄악을" - '불법'이다. "지워 주소서" - '씻는다.'(칼 명령)이다. '얼굴을 돌이키심'은 죄를 지워버림과 같다.

다섯 번째로, 시인은 무엇을 기도하는가?

10, "하나님이여 내 속에 정한 마음을 창조하시고 내 안에 정직한 영을 새롭게 하소서"

"내 속에" - '~안에'이다. 인간의 근본적인 힘을 상징한다. "정한" - '순수한'이다. "마음을" - '마음'이다. '정한 마음'은 뜻이 나누어지지 않는 오직 한 가지 마음, 하나님의 뜻을 따를 수 있는 한결같은 마음이다. "창조하시고"(בְּרָא, bara) - '창조한다.'(칼 명령)이다. 다섯 번째로, 시인은 자기 안에 정한 마음을 창조해 주시도록 기도한다. '창조한다.'라는 단어는 오직 하나님만을 주어로 한다(창 1:1). 이전에 없던 것을 존재하게 하는 것을 뜻한다. 시인은 하나님만이 자기를 존재의 근원에서부터 새롭게 창조하실 수 있다고 믿었다.

"내 안에" - '한가운데'이다. "정직한" - '확실한'이다. "영을" - '마음'이다. '정직한 영'은 마음과 뜻이 하나님을 향해 굳게 정해진 상태로서 일관성 있게 실천할 수 있는 마음이다. "새롭게 하소서" - '새롭게 한다.'(피엘 명령)이다. 오직 하나님만이 새롭게 하신다. 하나님은 그 백성에게 새 영과 새 마음을 주신다(겔 36:26).

'정한 마음을 창조하시고', '정직한 영을 새롭게 하소서.'라고 기도하는 시인을 통해 무엇을 배우는가? 시인은 "내가 처한 상황, 현실을 바꾸어 주소서."라고 기도하지 않았다. 그는 자기가 문제임을 알았기 때문이다. 내 존재가 변해야 함을 알았기 때문이다. 그래서 그는 오히려 '나를 창조하소서, 나를 새롭게 하소서.'라고 기도했다.

4. 그의 여섯 번째, 일곱 번째 기도는 무엇입니까(11-12)? 그는 무엇을 하려고 합니까(13-15)?

11, "나를 주 앞에서 쫓아내지 마시며 주의 성령을 내게서 거두지 마소서"

"나를 주 앞에서" - '얼굴'이다. '주님의 함께하심에서'이다. '주님의 함께하심에서 산다.'라는 말은 충만한 생명을 누림을 뜻한다. "쫓아내지" - '던진다.'(히필 미완료)이다. "마시며" - '아니'이다. 여섯 번째로, 시인은 주님 앞에서 쫓아내지 말도록 기도한다. 주님한테서 쫓겨남은 주님과의 분리를 뜻한다. 주님과의 분리는 기쁨과 생명의 원천으로부터 분리를 뜻한다. 시인에게 가장 중요한 점은 주님과 함께함, 주님과의 사귐이다.

"주의 성(령)" - '거룩함'이다. "(성)령을" - '마음'이다. '주 앞에서'와 같은 뜻이다. "거두지" - '취한다.'(칼 미완료)이다. "마소서" - '아니'이다. '성령님을 거두심'은 버림을 뜻한다. 성령님은 사울과 함께하셨다. 그런데 사울이 죄를 짓자 성령님이 떠나셨다(삼상 15:19; 16:14). 그를 버리셨다. 다윗은 성령님께서 자기를 버리지 않도록 기도한다.

12, "주의 구원의 즐거움을 내게 회복시켜 주시고 자원하는 심령을 주사 나를 붙드소서"

"주의 구원" - '구원'이다. "즐거움을" - '즐거움'이다. "회복시켜 주시고" - '돌아간다.'(히필 명령)이다. 일곱 번째로, 그는 즐거움을 회복해 주시도록 기도한다.

"자원하는" - '자발적인'이다. "심령을 주사" - '영'이다. '자원하는 심령'은 '자발적인 영', '고결한 영'이다. 구속받지 않은 상태에서 스스로 마음이 움직여 행하는 자발성을 뜻한다. "나를 붙드소서" - '기댄다.'(칼 미완료)이다. 시인은 주님께서 그에게 자발적인 마음을 주셔서 주님을 기댈 수 있기를 바란다.

그리하면 그는 무엇을 하고자 하는가?

13-15, 노래

13, "그리하면 내가 범죄자에게 주의 도를 가르치리니 죄인들이 주께 돌아오리이다"

"그리하면 내가 범죄자에게" - '죄를 짓는다.'이다. "주의 도를" - '태도'이다. "가르치리니" - '가르친다.'(피엘 미완료)이다. 첫째로, 시인은 죄인에게 주님의 길을 가르치려고 한다.

"돌아오리이다" - '돌아간다.'(칼 미완료)이다. 그 목적은 죄인이 하나님께로 돌아오도록 하는 데 있다. 그는 구원의 기쁨을 혼자만 누리지 않고 다른 죄인과 함께 나누고자 한다.

14, "하나님이여 나의 구원의 하나님이여 피 흘린 죄에서 나를 건지소서 내 혀가 주의 의를 높이 노래하리이다"

"하나님이여 나의 구원의 하나님이여" - 하나님은 구원의 하나님이다. 하나님은 죄인이 죽지 않고 그 죽음에서 구원받기를 바라신다. "피 흘린 죄에서" - '피'이다. '피를 흘린 죄'를 뜻한다. 죄 없는 사람의 피를 흘린 살인을 말한다. 다윗이 밧세바의 남편 우리야를 죽인 일이다(삼하 11:17). "나를 건지소서" - '구원한다.'(히필 명령)이다. 시인은 구원을 위해 기도한다.

그러면 그는 무엇을 할 것인가? "주의 의를" - '공의'이다. "높이 노래하리이다" - '기뻐 소리친다.'(피엘 미완료)이다. 둘째로, 그는 주님의 의로움을 기뻐 소리칠 것이다.

그가 찬양하려면 어떻게 해야 하는가?

15, "주여 내 입술을 열어 주소서 내 입이 주를 찬송하여 전파하리이다"

"주여"(אֲדֹנָי, adonai) - '나의 주(my Lord)'이다. 하나님의 이름(야훼 YHWH)을 망령되이 일컫는 위험을 피하려고 경건한 유대인은 '야훼' 대신 '아도나이'라는 말을 사용했다. "내 입술을" - '입술'이다. "열어 주소서" - '열다.'(칼 미완료)이다. 그는 주님께서 입술을 열어 주시도록 기도한다. '입술을 열어 주심'은 하나님과의 회복을 뜻한다.

"내 입이" - '입'이다. "주를 찬송하여" - '찬양'이다. "전파하리이다" - '알게 한다.'(히필 미완료)이다. 그는 주님을 찬양하는 노래를 입술로 전파하려고 한다.

5. 주님께서 기뻐하시는 제사는 무엇입니까(16-17)? '상한 심령'은 무엇을 말합니까? 시인의 마지막 기도는 무엇입니까(18)? 그때 하나님은 무엇을 하십니까(19)?

### 16-17, 상한 심령

16, "주께서는 제사를 기뻐하지 아니하시나니 그렇지 아니하면 내가 드렸을 것이라 주는 번제를 기뻐하지 아니하시나이다"

"주께서는 제사를" - '희생제물(sacrifice)'이다. 기뻐하지" - '~을 즐거워한다.'(칼 미완료)이다. "아니하시나니" - '아니'이다. "그렇지 아니하면 내가 드렸을 것이라" - '준다.'(칼 미완료)이다. "주는 번제를" - '전번제(whole burnt offering)', '오르막'이다. "기뻐하지" - '기쁘다.'(칼 미완료)이다. "아니하시나이다" - '아니다.'이다. 하나님은 희생제물을 반기지 않으신다. 하나님이 제사 자체를 거부하심을 뜻하지 않는다. 참 제사를 강조한다.

하나님이 구하시는 제사는 무엇인가?

17, "하나님께서 구하시는 제사는 상한 심령이라 하나님이여 상하고 통회하는 마음을 주께서 멸시하지 아니하시리이다"

"하나님께서 구하시는"(אֱלֹהִים, 'elohim) - '하나님'이다. "제사는" - '희생제물(sacrifice)'이다. "상한" - '깨뜨린다.'(니팔 분사)이다. '회개의', '겸손한'을 뜻한다. "심령이라" - '영'이다. '깨뜨린 영'을 뜻한다. "하나님의 희생제물은 깨진 심령(broken spirit)이다." "하나님께 드리는 참된 제사는 찢어진 심령이다." 그것은 자기 자신, 자기 마음을 바치는 제사이다.

"상하고" - '깨뜨린다.'(니팔 분사)이다. "통회하는" - '죄를 깊이 뉘우친다.'(니팔 분사)이다. "마음을" - '마음'이다. '꺾인 마음과 죄를 깊이 뉘우친 마음'을 뜻한다. 반대말은 '자기만족에 빠진 교만한 마음'이다. "주께서 멸시하지" - '업신여긴다.'(칼 미완료)이다. "아니하시리이다" - '아니.'이다. 하나님은 찢어지고 짓밟힌 마음을 업신여기지 않으신다. 반면, 이런 마음 없이 물질의 제사만 드리면 받지 않으신다. 바른 제사는 바른 마음에서 나온다.

18-19, 선을 행함
18, "주의 은택으로 시온에 선을 행하시고 예루살렘 성을 쌓으소서"
"주의 은택으로" - '호의'이다. "시온에" - 예루살렘 성전이 있는 곳으로 이스라엘의 중심지이다. "선을 행하시고" - '좋게 한다.'(히필 명령)이다. 하나님께서 시온을 새롭게 하심을 뜻한다. "예루살렘" - 예배의 중심지였고, 바른 제사를 지낼 수 있는 유일한 장소였다. '시온'과 같은 말이다. "성을" - '담(wall)'이다. "쌓으소서" - '세운다.'(칼 미완료)이다. '예루살렘 성을 쌓는 일'은 외적으로 보이는 그것 이상을 뜻한다. 그것은 하나님 백성의 자리를 회복하는 일이다.
그때 하나님은 무엇을 하시는가?

19, "그 때에 주께서 의로운 제사와 번제와 온전한 번제를 기뻐하시리니 그 때에 그들이 수소를 주의 제단에 드리리이다"
"그 때에" - 하나님이 시온을 회복하실 때이다. "의로운" - '공의'이다. "제사와" - '희생제물(sacrifice)'이다. "번제와" - '전번제(whole burnt offering)', '오르막'이다. 제사를 지내는 사람이 제물을 드린 후에 그 일부를 취하지 않고 모두 태워 바치는 제사이다. "온전한 번제를" - '온전한 번제'이다. "기뻐하시리니" - '˜을 즐거워한다.'(칼 미완료)이다. 그때 하나님은 의로운 제사와 번제와 온전한 번제를 기뻐하신다.
"그 때에 그들이 수소를" - '어린 황소(young bull)', '수소(bullock)'이다. "드리리이다" - '올라간다.'(칼 미완료)이다. 그때 사람들은 주님의 제단에 수송아지를 드릴 것이다. 그때 사람들은 상한 심령, 상하고 통회하는 마음으로 제물을 드리니 하나님께서 기뻐하신다.

# 10
# 인자하심을 영원히 의지하리로다

말씀 시편 52:1-9
요절 시편 52:8
찬송 65장, 304장

1. 시인은 누구에게 무엇을 묻습니까(1a)? 하나님의 인자하심은 어떠합니까(1b)?

2. 포악한 자의 악함이 어떻게 나타납니까(2)? 사람과 혀의 관계가 어떠합니까? 그의 가치관은 어떠합니까(3-4)?

3. 하나님은 그를 어떻게 하십니까(5)? 악인을 심판하시는 하나님에 대한 의인의 반응은 어떠합니까(6)? 의인은 악인의 어떤 점을 비웃습니까(7)?

4. 그러나 시인은 자신에 관해서는 무엇을 말합니까(8)? '푸른 감람나무'는 무엇을 상징합니까? 악인의 삶과 시인의 삶이 다른 이유가 무엇입니까?

5. 시인은 왜 주님을 찬양합니까(9a)? '주님께서 행하신 일'은 무엇입니까? 그는 왜 주님의 이름에 희망을 품습니까(9b)? '이름이 선하다'라는 말은 무슨 뜻입니까?

10 인자하심을 영원히 의지하리로다(52:1-9)

## 10

## 인자하심을 영원히 의지하리로다

> 말씀 시편 52:1-9
> 요절 시편 52:8
> 찬송 65장, 304장

1. 시인은 누구에게 무엇을 묻습니까(1a)? 하나님의 인자하심은 어떠합니까(1b)?

(다윗의 교훈시. 에돔 사람 도엑이 사울에게 가서 다윗이 아히멜렉의 집에 왔다고 말했을 때 지은 것. 성가대 지휘자를 따라 부른 노래, To the choirmaster. A Maskil of David, when Doeg, the Edomite, came and told Saul, "David has come to the house of Ahimelech")

"도엑" - 사울의 목자장이었다(삼상 21:8). 그는 다윗이 아히멜렉 제사장에게 도움을 받았다고 사울에게 일렀다(삼상 22:9-10). "다윗이 아히멜렉의 집에 왔다" - 사울은 다윗의 인기가 높아지자 그를 죽이려고 했다. 다윗은 사울을 피해 제사장 아히멜렉에게로 갔다(삼상 21:1). "아히멜렉" - 사울 당시 제사장이었다. "말했을 때" - 도엑의 말을 듣고 사울은 제사장 85명을 죽였다(삼상 22:18).

오늘의 시는 의인의 길과 악인의 길, 하나님의 인자와 심판을 대조한다.

# 10 인자하심을 영원히 의지하리로다(52:1-9)

### 1-4, 악인의 길

1, "포악한 자여 네가 어찌하여 악한 계획을 스스로 자랑하는가 하나님의 인자하심은 항상 있도다"

"포악한 자여" - '강한 사람'이다. 여기서는 조롱하는 표현으로 '악한 사람', '악명 높은 사람'을 뜻한다. 그는 의인의 적이다. "네가 어찌하여" - '왜'이다. 시인은 포악한 자에게 묻는다. "왜 악을 자랑하느냐?" "스스로 자랑하는가" - '비춘다.'(히트파엘 미완료)이다. 그는 하나님을 자랑하지 않고 자신의 악행을 자랑한다. 그는 하나님의 능력이 아닌 자기의 능력을 믿는다. "인자하심은"(חֶסֶד, *hesed*) - '한결같은 사랑(steadfast love)'이다. "항(상)" - '모두'이다. "(항)상 있도다" - '날'이다. 하나님의 변함없는 사랑은 항상 있다. 포악한 사람이 악을 자랑하는 일과 하나님의 변하지 않는 사랑을 대조한다. 하나님의 변하지 않는 사랑은 포악한 사람의 자랑을 어리석게 만든다.

2. 포악한 자의 악함이 어떻게 나타납니까(2)? 사람과 혀의 관계가 어떠합니까? 그의 가치관은 어떠합니까(3-4)?

2, "네 혀가 심한 악을 꾀하여 날카로운 삭도 같이 간사를 행하는도다"

"네 혀가" - '혀'이다. '입', '말'을 뜻하는데, 위험한 삭도에 비유했다. "심한 악을" - '파멸'이다. "꾀하여" - '계획한다.'(칼 미완료)이다. 그의 혀는 파멸을 계획한다. "날카로운" - '날카롭게 한다.'(푸알 분사)이다. "삭도 같이" - '면도칼'이다. 그의 혀는 면도칼과 같다. "간사를" - '속임'이다. "행하는도다" - '한다.'(칼 분사)이다. 그는 속임수의 명수이다.

사람과 혀의 관계가 어떠한가? 사람의 인격과 가치관은 혀로 나타난다. 혀는 사람을 죽이기도 하고 살리기도 한다. 죽고 사는 그것이 혀의 힘에 달렸다(잠 18:21). 도엑의 혀는 면도칼과 같았다. 그의 말은 많은 사람을 죽였다.

그 사람의 가치관은 어떠했는가?

3, "네가 선보다 악을 사랑하며 의를 말함보다 거짓을 사랑하는도다 (셀라)"

"선보다" - '좋은'이다. "악을" - '악한'이다. "사랑하며" - '사랑한다.'(칼 완료)이다. 그는 좋은 일보다 나쁜 일을 더 사랑했다. "의를" - '올바름'이다. "말함보다" - '말한다.'(피엘 부정사)이다. "거짓을 사랑하는도다" - '거짓말'이다. 그는 진실을 말하기보다는 거짓을 더 좋아했다.

"(셀라)" - 3절과 4절을 이어서 생각해야 한다.

4, "간사한 혀여 너는 남을 해치는 모든 말을 좋아하는도다"

"간사한" - '속임'이다. "혀여" - '혀'이다. 전체적인 인간을 말한다. 속임과 변절을 일삼은 인간이다. "너는 남을 해치는" - '삼킴'이다. "좋아하는도다" - '사랑한다.'(칼 완료)이다. 속이는 혀, 너는 삼키는 모든 말을 사랑했다. 그의 가치관은 완전히 왜곡되었다. 왜곡된 가치관에서 면도칼 같은 혀가 나타났다.

3. 하나님은 그를 어떻게 하십니까(5)? 악인을 심판하시는 하나님에 대한 의인의 반응은 어떠합니까(6)? 의인은 악인의 어떤 점을 비웃습니까(7)?

5, 심판

5, "그런즉 하나님이 영원히 너를 멸하심이여 너를 붙잡아 네 장막에서 뽑아내며 살아 있는 땅에서 네 뿌리를 빼시리로다 (셀라)"

"그런즉" - '다시'이다. "너를 멸하심이여" - '파괴한다.'(칼 미완료)이다. 하나님은 그를 무너뜨리신다. "너를 붙잡아" - '잡아챈다.'(칼 미완료)이다. "네 장막에서" - '천막'이다. 악인의 편안한 집이다. "뽑아내며" - '뽑아버린다.'(칼 미완료)이다. 하나님은 그의 편안한 집에서 그를 빼앗아 찢으신다. "살아 있는" - ''살아있는'이다. "땅에서" - '땅'이다. '생명의 땅', '산 이들의 땅'이다. 이것은 '죽은 사람이 사는 세상'과는 반대 개념으로 '살아 있는 사람의 세상'을 뜻한다.

"(그리고)" - '와우(ו) 계속법'이다. 앞 문장의 시제로 다음 문장의 시제를 해석한다. "네 뿌리를 빼시리로다" - '뿌리째 뽑는다.'(피엘 완료)이다. 하나님이 그를 살아 있는 땅에서 뽑으신다.

악인을 심판하시는 하나님에 대한 의인의 반응은 어떠한가?

### 6-7, 의인의 길

6, "의인이 보고 두려워하며 또 그를 비웃어 말하기를"

"보고" - '본다.'(칼 미완료)이다. "두려워하며" - '두려워한다.'(칼 미완료)이다. 의인은 하나님이 악인에게 하신 일을 보고 두려워한다. 그러나 그것은 절망적인 두려움이 아니라 주님을 경외하는 마음이다. "비웃어 말하기를" - '조롱한다.'(칼 미완료)이다. 악인의 파멸에 대한 비웃음이다.

의인은 악인에 관해 무엇을 조롱하는가?

7, "이 사람은 하나님을 자기 힘으로 삼지 아니하고 오직 자기 재물의 풍부함을 의지하며 자기의 악으로 스스로 든든하게 하던 자라 하리로다"

"(보라)" - '보라(behold)'이다. "이 사람은" - '힘의 절정에 있는 남자'이다. '포악한 사람'(1절)이며, '혀가 면도칼 같은 사람'이다. "자기 힘으로" - '안전한 장소'이다. "삼지" - '놓는다.'(칼 미완료)이다. "아니하고" - '아니'이다. '하나님을 의지하지 않는다.' '하나님을 피난처로 삼지 않는다.'라는 뜻이다. "의지하며" - '믿는다.'(칼 미완료)이다. 그는 자기의 풍부한 재물을 믿는다. "자기의 악으로" - '그의 파괴적인 일'이다. "스스로 든든하게 하던 자라 하리로다" - '강하다.'(칼 미완료)이다. 그는 다른 사람을 파괴하면서 강해진다. 겉으로 보면 그는 대단한 사람처럼 보인다. 하지만 시인은 악인의 그런 점을 비웃는다.

4. 그러나 시인은 자신에 관해서는 무엇을 말합니까(8)? '푸른 감람나무'는 무엇을 상징합니까? 악인의 삶과 시인의 삶이 다른 이유가

무엇입니까?

8-9, 의지와 찬양

8, "그러나 나는 하나님의 집에 있는 푸른 감람나무 같음이여 하나님의 인자하심을 영원히 의지하리로다"

"그러나 나는" - '나'이다. '그러나 나에 관해서는'를 뜻한다. "하나님의 집에 있는" - '성전'이다. "푸른" - '싱싱한'이다. "감람나무 같음이여" - '올리브 나무(olive tree)'이다. 그 나무는 100년 동안 자란다. 장수(longevity), 번성(fertility/ flourishing), 생명력(vitality)을 상징했다.

성전은 나무가 자라기에 비옥하고 안전하다. 그곳에서 자란 나무는 열매를 잘 맺는다. 그런데 시인은 자신을 '성전에서 자란 푸른 감람나무 같다.'라고 말했다. 그만큼 시인은 번성하고, 생명력이 넘침을 강조하고 있다.

그런 생명력은 어디에서 왔는가? "인자하심을"(חֶסֶד, *hesed*) - '변하지 않는 사랑(steadfast love)'이다. "의지하리로다" - '믿는다.'(칼 완료)이다. 시인은 하나님의 변함없는 사랑을 믿었다. 그 결과 하나님의 성전에서 자라는 푸른 감람나무처럼 자랐다.

악인의 삶과 시인의 삶이 다른 이유가 무엇인가? 그들이 의지하는 그것이 달랐기 때문이다. 포악한 자는 자기를 의지하고, 악을 의지하고, 힘과 재산을 의지했다. 그러나 하나님은 나무를 뽑듯이 그를 심판하셨다. 그런데 시인은 하나님의 인자를 의지했다. 그랬을 때 하나님은 시인을 성전에서 자라는 푸른 올리브나무처럼 풍성하게 축복하셨다.

5. 시인은 왜 주님을 찬양합니까(9a)? '주님께서 행하신 일'은 무엇입니까? 그는 왜 주님의 이름에 희망을 품습니까(9b)? '이름이 선하다.'라는 말은 무슨 뜻입니까?

9, "주께서 이를 행하셨으므로 내가 영원히 주께 감사하고 주의 이름이 선하시므로 주의 성도 앞에서 내가 주의 이름을 사모하리이다"

"주께서 이를 행하셨으므로" - '한다.'(칼 완료)이다. 하나님은, 시인이 당신의 인자하심을 의지했을 때 푸른 감람나무처럼 키워주셨다. 시인은 그 일을 하신 주님께 감사한다. "주께 감사하고" - '찬양한다.'(히필 미완료)이다. "주의 이름이 선하시므로" - '선한'이다. "주의 성도" - '신실한'이다. '당신의 성도들(your saints)', 즉 공동체를 뜻한다. "주의 이름을" - '이름'이다. 주님의 이름은 '여호와'이다. 이름은 그분의 존재를 나타낸다. 그분은 '선한 분'이다. 그분은 변하지 않는 사랑을 베푸신다. "사모하리이다" - '희망한다.'(피엘 미완료)이다. 시인은 성도 앞에서 주님의 이름에 희망을 둔다. 그 희망은 심판과 축복이다. 하나님은 악인을 심판하고 의인을 축복하신다.

# 11
## 어리석은 사람은

말씀 시편 53:1-6
요절 시편 53:1
찬송 541장, 542장

1. 어리석은 자는 무엇을 단언합니까(1a)? 어리석은 사람의 어리석음은 무엇입니까? '하나님이 없다.'라는 말은 무슨 뜻입니까?

2. 어리석은 사람은 어떻게 살았습니까(1b)? 하나님은 무엇을 하셨습니까(2)? 그 결과는 어떠했습니까(3)?

3. 죄악을 행하는 자들은 어떻게 살았습니까(4)? '떡 먹듯이'란 무슨 뜻입니까?

4. 그들은 무엇을 경험했습니까(5a)? 그들은 왜 크게 두려워했습니까(5b)?

5. 시인은 무엇을 희망합니까(6a)? 그때 누가 즐거워합니까(6b)?

## 11

## 어리석은 사람은

말씀 시편 53:1-6
요절 시편 53:1
찬송 541장, 542장

1. 어리석은 자는 무엇을 단언합니까(1a)? 어리석은 사람의 어리석음은 무엇입니까? '하나님이 없다.'라는 말은 무슨 뜻입니까?

(다윗의 교훈시. 성가대 지휘자를 따라 마할랏이란 슬픈 곡조에 맞춰 부른 노래, To the choirmaster: according to Mahalath. A Maskil of David.)

"마할랏" - 곡조의 명칭, 플루트(flute) 같은 악기 이름이다. '춤(dance)', '질병'을 뜻하기도 한다.

14편과 거의 닮았다(duplicate). 14편은 이스라엘 안에 있는 어리석은 사람을 말했는데, 53편은 이스라엘 밖에 있는 어리석은 사람을 말한다. 그는 어떤 사람인가?

1a, 어리석은 사람

1, "어리석은 자는 그의 마음에 이르기를 하나님이 없다 하도다 그들은 부패하며 가증한 악을 행함이여 선을 행하는 자가 없도다"

"어리석은 자는"(נָבָל, nabal) - '어리석은'이다. 시 52편은 '포악한 자'로 시작했다. 오늘의 시는 '어리석은 자'로 시작한다. '민족'을 말할 때도 있고, '개인'을 말할 때도 있다. 개인의 대표는 '나발'이었다.

어리석은 사람의 특징은 무엇인가? "그의 마음에" - '마음'이다. 의지 작용의 중심이다. 여기서는 고의성을 강조한다. 그는 단순히 머리로 말하지 않고, 의지로, 즉 고의로 말한다. "이르기를" - '말한다.' (칼 완료)이다. 어리석은 사람의 마음에는 어리석은 확신이 있다. "하나님이"(אֱלֹהִים, 'elohim) - '천지 만물을 창조하신 창조주 하나님', '온 세상을 다스리시는 하나님', '세상을 심판하고 구원하시는 하나님'이다. "없다 하도다" - '없어진다.'이다. 그들은 의지 작용의 중심에서 "하나님은 없다."라고 단정한다.

어리석은 사람의 어리석음은 무엇인가? "하나님이 없다." 하나님의 존재를 부인하는 일이다. 그들은 '하나님은 세상에 계시지 않는다.' '하나님은 세상에서 일하지 않으신다.'라고 단정한다. 이것은 철학적 표현이나 일반적 무신론을 말하지 않는다. 그들은 하나님의 존재 자체는 인정하지만, 그분의 인격성을 부인한다. 그분이 세상을 창조했지만, 더는 세상을 간섭하지 않는다고 주장한다. 오늘을 사는 사람에게 전혀 영향을 미치지 않는다고 여긴다. 그들은 하나님이 존재하지 않으신 것처럼 행동한다. 이런 신관을 '이신론(理神論, deism)'이라고 부른다. 그들은 그릇된 세계관으로 하나님이 세상 안에 세워 놓은 정의와 질서를 깨닫지 못한다. 그들을 '실천적 무신론자(a practical atheist)'라고 한다.

어리석음의 반대는 지혜이다. 성경에서 가르치는 지혜는 무엇인가? 잠언은 말씀한다. "여호와를 경외하는 것이 지식의 근본이거늘 미련한 자는 지혜와 훈계를 멸시하느니라"(잠 1:7). 지혜는 여호와를 경외함이다. 여호와를 경외함은 그분의 살아 계심, 인격적 일하심, 사랑과 능력을 믿는 삶이다. 그분의 말씀대로 사는 삶이다.

2. 어리석은 사람은 어떻게 살았습니까(1b)? 하나님은 무엇을 하셨습니까(2)? 그 결과는 어떠했습니까(3)?

1b-4, 완전한 부패

# 11 어리석은 사람은(53:1-6)

"그들은 부패하며" - '부패시킨다.'(히필 완료)이다. 어리석은 사람은 첫째로, 부패했다. 이 단어는 노아 홍수 때 처음 사용했다(창 6:11-12). 그 말은 도덕적 부패와 영적 부패를 포함한다. 하나님께서 심판하실 수밖에 없음을 뜻한다. "가증한" - '가증스럽게 행한다.'(히필 완료)이다. "악을 행함이여" - '불법한 자'이다. 어리석은 사람은 둘째로, 그들은 죄악을 가증스럽게 행했다.

"선을" - '좋은'이다. "행하는 자가" - '행한다.'(칼 분사)이다. "없도다" - '어느 쪽도 ~아니다.'이다. 그들은 사람은 아무도 선을 행하지 않았다. 실천적 무신론자나 불신자도 그들의 삶에서 좋은 일을 한다고 말한다. 하지만 하나님의 렌즈로 보면 그들은 선하지 않았다. 왜냐하면 그들은 하나님께 영광을 돌리지 않았기 때문이다.

어리석은 사람이 부패하며 가증한 악을 행할 때 하나님은 무엇을 하셨는가?

2, "하나님이 하늘에서 인생을 굽어살피사 지각이 있는 자와 하나님을 찾는 자가 있는가 보려 하신즉"

"인(생)" - '아담'이다. "(인)생" - '아들'이다. '사람의 아들들'을 뜻한다. 모든 인류보다는 어리석은 사람을 뜻한다. "굽어살피사" - '내려다본다.'(히필 완료)이다. 하나님은 사람을 내려다보셨다. "여호와께서 사람들이 건설하는 그 성읍과 탑을 보려고 내려오셨더라"(창 11:5). "내가 이제 내려가서 그 모든 행한 것이 과연 내게 들린 부르짖음과 같은지 그렇지 않은지 내가 보고 알려 하노라"(창 18:21).

"지각이 있는 자와" - '지혜롭다.'(히필 분사)이다. "찾는 자가" - '찾는다.'(칼 분사)이다. "있는가" - '존재'이다. "보려 하신즉" - '바라본다.'(칼 부정사)이다. 하나님은 지혜로운 사람이 있는지, 하나님을 찾는 사람이 있는지를 내려다보셨다.

그 결과는 어떠했는가?

3, "각기 물러가 함께 더러운 자가 되고 선을 행하는 자 없으니 한 사람도 없도다"

# 11 어리석은 사람은(53:1-6)

　"각기" - '모두'이다. "물러가" - '물러간다.'(칼 완료)이다. 첫째로, 그들 모두는 다른 길로 빗나갔다. "더러운 자가 되고" - '도덕적으로 타락한다.'(니팔 완료)이다. 둘째로, 그들은 타락했다. "행하는 자" - '한다.'(칼 분사)이다. "없으니" - '어느 쪽도 ˜아니다.'이다. "없도다" - '어느 쪽도 ˜아니다.'이다. 그들 중에는 좋은 일을 하는 사람이 하나도 없었다. 사도 바울은 이 말씀에 기초하여 말했다. "기록된 바 의인은 없나니 하나도 없으며"(롬 3:10).

3. 죄악을 행하는 자들은 어떻게 살았습니까(4)? '떡 먹듯이'란 무슨 뜻입니까?

　4, "죄악을 행하는 자들은 무지하냐 그들이 떡 먹듯이 내 백성을 먹으면서 하나님을 부르지 아니하는도다"

　"죄악을" - '거짓'이다. "행하는 자들은" - '한다.'(칼 분사, 복수)이다. '어리석은 사람들'을 뜻한다. "무(지하냐)" - '아니'이다. "(무)지하냐" - '알다.'(칼 완료)이다. '악을 행하는 사람은 왜 깨닫지 못하는가?'라는 뜻이다. 그들은 자기가 무엇을 하는지를 몰랐다.

　그들은 무슨 일을 했는가? "떡" - '빵'이다. "먹듯이" - '먹는다.'(칼 완료)이다. '빵 먹듯이'란 일상적인 일을 뜻한다. "먹으면서" - '먹는다.'(칼 분사)이다. '내 백성을 빵 먹듯 집어삼키는 그들'이라는 뜻이다. 문자적으로는 '사람을 먹는(cannibalism)'이다. 첫째로, 그들은 하나님의 백성을 빵 먹듯이 먹었다. 가난하고 힘없는 사람을 착취하는 일에 대한 은유이다. 그들의 착취는 빵을 먹듯이 일상적인 일이었다. 그들은 죄의식도 없이 당연하게 그런 일을 했다.

　"부르지" - '부른다.'(칼 완료)이다. "아니하는도다" - '아니'이다. '하나님을 부르지 않는 저들'이라는 뜻이다. 그들은 둘째로, 하나님을 부르지 않았다. 하나님께 예배하지 않았다. 그들은 하나님을 의지하지 않았다. 하나님의 존재와 사랑과 능력을 부인했다.

4. 그들은 무엇을 경험했습니까(5a)? 그들은 왜 크게 두려워했습니까

# 11 어리석은 사람은(53:1-6)

(5b)?

## 5, 심판

5, "그들이 두려움이 없는 곳에서 크게 두려워하였으니 너를 대항하여 진 친 그들의 뼈를 하나님이 흩으심이라 하나님이 그들을 버리셨으므로 네가 그들에게 수치를 당하게 하였도다"

"그들이 두려움이" - '공포'이다. "없는" - '아니'이다. "곳에서" - '그곳'이다. 공간적 시간적 의미를 모두 나타낸다. 악인이 악을 행하고 하나님을 생각하지 않은 곳이다.

그곳에서 그들은 무엇을 경험했는가? "두려워하였으니" - '두려워한다.'(칼 완료, 복수)이다. '두려운 일을 두려워했다.'라는 뜻이다. 그들은 두려움이 없는 곳에서도 크게 두려워했다.

그 이유는 무엇인가? "너를 대항하여 진 친 그들의" - '진을 친다.'(칼 분사, 단수)이다. "흩으심이라" - '흩뜨린다.'(피엘 완료)이다. 하나님께서 그들의 뼈를 흩으셨기 때문이다. "그들을 버리셨으(므로)" - '거절한다.'(칼 완료, 단수)이다. 하나님께서 그 원수를 버리셨기 때문이다. "네가 그들에게 수치를 당하게 하였도다" - '부끄러워한다.'(히필 완료, 단수)이다. 그들이 패배의 수치를 당했다.

이 사건은 앗수르 왕 산헤립이 예루살렘을 침공했다가 물러간 일을 생각할 수 있다. 여호와께서 당신과 다윗을 위하여 예루살렘을 보호하여 구원하셨다. 여호와께서 앗수르 군인 18만 5천 명을 쳐서 모두 주검으로 만들었다. 산헤립은 패전의 굴레를 쓰고 고국으로 돌아가서 그의 신전에서 경배했는데, 그곳에서 살해당했다(왕하 19:32-37). 산헤립의 패배는 하나님을 부인했던 악인들에게는 엄청난 충격이었다. 그들은 공포와 파멸로 압도당했다.

5. 시인은 무엇을 희망합니까(6a)? 그때 누가 즐거워합니까(6b)?

## 6, 희망

6, "시온에서 이스라엘을 구원하여 줄 자 누구인가 하나님이 자기 백

성의 포로된 것을 돌이키실 때에 야곱이 즐거워하며 이스라엘이 기뻐하
리로다"

　"시온에서" - 하나님이 그 백성과 함께 계신 곳이다. "구원하여" -
'구원'이다. "줄 자" - '준다.'(칼 미완료)이다. "누구인가" - '누구'이다.
이스라엘을 위한 구원이 시온으로부터 온다. 하나님은 시온에 계시
고, 그 시온에서부터 구원 사역은 시작한다. 시인은 하나님께서 시온
을 구원해 주시도록 희망한다. "포로된 것을" - '포로 상태'이다. "돌
이키실 때에" - '돌아간다.'(칼 부정사)이다. '땅으로 되돌려보내실
때', '다시 번영하게 하실 때'를 뜻한다. 하나님께서 이스라엘을 회복
할 그날을 희망한다.

　그때 누가 즐거워하는가? "야곱" - '시온'을 야곱으로 받았다. "즐
거워하며" - '기뻐한다.'(칼 미완료)이다. "이스라엘" - '야곱'을 이스라
엘로 받았다. '시온', '야곱', 그리고 '이스라엘'을 '어리석은 사람'과
대조한다. '어리석은 사람'은 하나님을 모른다. 하지만 '시온'은 하나
님을 안다. "기뻐하리로다" - '즐거워한다.'(칼 미완료)이다. 시온은 하
나님께 구원을 희망한다. 하나님께서 구원하시는 그때 야곱은 즐거
워할 것이고, 이스라엘은 기뻐할 것이다.

　오늘도 많은 사람은 "하나님이 없다."라고 주장한다. 하지만 그는
어리석은 사람이다. 왜냐하면 하나님은 살아 계시며 세상을 다스리
기 때문이다. 하나님은 악인을 심판하고 의인을 구원하시기 때문이
다. 우리는 그분이 이 세상을 죄의 포로 상태에서 돌이킬 그날을 희
망한다. 그리고 그날 우리도 기뻐하며 즐거워할 것이다.

## 12

## 나를 돕는 분

> 말씀 시편 54:1-7
> 요절 시편 54:4
> 찬송 73장, 481장

1. 시인은 무엇을 기도합니까(1-2)? '주의 이름으로', '주의 힘으로'는 무슨 뜻입니까? 그는 왜 이렇게 기도합니까(3)? '포악한 자들'은 어떤 사람입니까?

2. 그때 시인은 어떤 확신이 있었습니까(4)? 시인의 확신을 통해 우리는 무엇을 배웁니까? 시인은 원수가 어떻게 되도록 기도합니까(5)? 우리는 어떻게 오늘도 기도할 수 있습니까?

3. 시인은 하나님께 무엇을 합니까(6)? 주님의 이름은 왜 선합니까(7)?

## 12 나를 돕는 분(54:1-7)

*12*

*나를 돕는 분*

> 말씀 시편 54:1-7
> 요절 시편 54:4
> 찬송 73장, 481장

1. 시인은 무엇을 기도합니까(1-2)? '주의 이름으로', '주의 힘으로'는 무슨 뜻입니까? 그는 왜 이렇게 기도합니까(3)? '포악한 자들'은 어떤 사람입니까?

(다윗의 교훈시. 십 사람들이 사울에게 가서 다윗이 그들 가운데 숨어 있다고 말했을 때 지은 것. 성가대 지휘자를 따라 부른 노래, To the choirmaster: with stringed instruments. A Maskil of David, when the Ziphites went and told Saul, "Is not David hiding among us?")

"숨어 있다고 말할 때" - 다윗은 사울을 피해 도망쳤다. 그때 십 사람들이 사울에게 다윗이 숨어 있다고 일렀다. 사울은 부하를 이끌고 다윗을 찾아 나섰다(삼상 23:15, 19-25).

위기의 때 하나님의 이름을 부르는 사람은 구원받는다.

1-3, 기도

1, "하나님이여 주의 이름으로 나를 구원하시고 주의 힘으로 나를 변

호하소서"

"하나님이여"(אֱלֹהִים, 'elohim) - '하나님'이다. "주의 이름으로" - '이름'이다. '존재', '권능', 그리고 '구원과 심판의 행위'를 뜻한다. 이름을 3번 말하면서 강조한다(1, 6, 7). "나를 구원하시고" - '구원한다.'(히필 명령)이다. 시인은 하나님의 이름으로 자기를 구원해 주시도록 간청한다. 세 번의 명령형이 나타난다. "구원하소서(save)." "변호하소서(vindicate)." "들으소서(hear)"(2). "주의 힘으로" - '힘'이다. '주의 이름으로'를 받는다. "나를 변호하소서" - '정당함을 입증한다.' (칼 미완료)이다. 시인은 자기의 정당함을 입증해 주시도록 기도한다.

2, "하나님이여 내 기도를 들으시며 내 입의 말에 귀를 기울이소서"
"내 기도를" - '기도'이다. "들으시며" - '듣는다.'(칼 명령)이다. "귀를 기울이소서" - '귀를 기울인다.'(히필 명령)이다. '아주 가까이 듣는다.'라는 뜻이다. 그는 하나님께서 자기의 기도를 들으시고, 그 입으로 아뢰는 말씀에 귀를 기울여 주시기를 바란다.
그는 왜 이렇게 기도하는가?

3, "낯선 자들이 일어나 나를 치고 포악한 자들이 나의 생명을 수색하며 하나님을 자기 앞에 두지 아니하였음이니이다 (셀라)"
"(왜냐하면)" - '왜냐하면'이다. "낯선 자들이" - '모르는 사람'이다. "일어나" - '일어난다.' '선다.'(칼 완료)이다. "나를 치고" - '~을 넘어서'이다. 시인이 기도하는 이유는 낯선 사람들이 그를 치려고 일어났기 때문이다. "포악한 자들이" - '두려움을 일으키는'이다. '무자비하게 공격하는 사람'을 뜻한다. '낯선 사람'을 '포악한 사람'으로 받았다. "수색하며" - '찾는다.'(피엘 완료)이다. 포악한 사람들이 시인의 생명을 수색했다.
포악한 사람들은 어떤 사람인가? "두지" - '정한다.'(칼 완료)이다. "아니하였음" - '아니'이다. "이니이다" - '~이므로'이다. 그들은 하나님을 자기 눈앞에 모시지 않았다. 그들은 하나님께 관심이 없었다. 그들은 하나님을 두려워하지 않았고, 하나님의 뜻을 따르지 않았다.

## 12 나를 돕는 분(54:1-7)

그들은 교활한 수단과 폭력을 사용하여 시인을 공격했다.

'낯선 사람'은 누구인가? 다윗 시대 때의 십 사람이다. 사울은 다 윗을 죽이려 했고, 다윗은 그런 다윗을 피해 도망 다녔다. 다윗이 십 광야 수풀에 있었다(삼상 23:15). 그때 십 사람 몇이 사울에게 다 윗이 숨어 있는 장소를 밀고했다. 사울은 십 사람들을 대단히 좋게 여기고, 그들과 다윗을 잡을 합동 작전을 준비했다. 십 사람들이 먼 저 가서 다윗을 포위했고, 사울도 부하를 이끌고 그곳으로 갔다(삼 상 23:19-25). 다윗은 위기에 처했다.

2. 그때 시인은 어떤 확신이 있었습니까(4)? 시인의 확신을 통해 우리 는 무엇을 배웁니까? 시인은 원수가 어떻게 되도록 기도합니까 (5)? 우리는 어떻게 오늘도 기도할 수 있습니까?

4-5, 확신

4, "하나님은 나를 돕는 이시며 주께서는 내 생명을 붙들어 주시는 이시니이다"

"(보라)" - '보라(behold)'이다. 시인은 위기에 처했을 때 하나님을 보았다.

그가 본 하나님은 어떤 분인가? "돕는 이시며" - '돕는다.'(칼 분 사)이다. 하나님은 시인을 돕는 분이다. 그는 하나님의 도움을 확신 한다. "주께서는" - '나의 주님(my Lord)'이다. "붙들어 주시는 이시 니이다" - '기댄다.'(칼 분사)이다. 주님은 시인을 '옹호하는 분 (upholder/ supporter)', 주님은 그 삶의 후원자이시다. 그는 위기의 순간에 하나님을 돕는 분, 붙드는 분으로 확신했다. 그래서 그는 그 분께 기도했고, 의지했다.

우리는 무엇을 배우는가? 우리는 어떤 위기의 순간에도 하나님은 나를 돕는 분이고, 붙드는 분임을 확신해야 한다. 그분은 나를 돕는 분이고, 붙드는 분임을 확신해야 한다. 그러면 우리는 그분의 이름을 믿고 기도할 수 있다.

시인은 원수가 어떻게 되기를 기도하는가?

12 나를 돕는 분(54:1-7)

5, "주께서는 내 원수에게 악으로 갚으시리니 주의 성실하심으로 그들을 멸하소서"

"내 원수에게" - '원수'이다. "갚으시리니" - '돌아간다.'(히필 미완료)이다. 시인은 원수들이 행하는 그 악을 그들에게 돌려주시도록 기도한다. "주의 성실하심으로" - '진리'이다. "그들을 멸하소서" - '끝낸다.'(히필 명령)이다. 하나님께서 그들 끝내기를 바란다.

3. 시인은 하나님께 무엇을 합니까(6)? 주님의 이름은 왜 선합니까(7)?

6-7, 감사

6, "내가 낙헌제로 주께 제사하리이다 여호와여 주의 이름에 감사하오리니 주의 이름이 선하심이니이다"

"내가 낙헌제로" - '자원 제물(freewill offering)'이다. '자발적으로 드리는 감사제'를 뜻한다. "제사하리이다" - '제물로 바친다.'(칼 미완료)이다. 시인은 자발적으로 제물을 바친다. "감사하오리니" - '감사한다.'(히필 미완료)이다. 그는 여호와의 이름에 감사한다.

그 이유는 무엇인가? "주의 이름이 선하심" - '선한'이다. "이니이다" - '~라는 것 때문에'이다. 주님의 이름이 선하기 때문이다. 주님의 존재, 능력, 하신 일이 좋기 때문이다. 시인은 주님의 존재와 능력을 좋게 여겨서 자발적으로 제사하고 찬양한다.

왜 주님의 이름은 선한가?

7, "참으로 주께서는 모든 환난에서 나를 건지시고 내 원수가 보응받는 것을 내 눈이 똑똑히 보게 하셨나이다"

"참으로" - '~이므로'이다. "나를 건지시고" - '구해낸다.'(히필 완료)이다. 왜냐하면 온갖 어려움에서 시인을 건져주셨기 때문이다. "내 원수가 보응 받는 것을" - '원수'이다. "똑똑히 보게 하셨나이다" - '본다.'(칼 완료)이다. 시인은 눈으로 원수의 멸망을 의기양양하게 보도록 하셨기 때문이다. 그분은 '돕는 이(Helper)'이시고, '붙드는 분(Sustainer)'이다.

시인은 어떻게 보았는가? 사울이 다윗을 잡으려고 그를 포위했다. 하지만 그때 사울에게 전령이 와서 "블레셋이 쳐들어왔으니 어서 돌아가야 한다."라고 보고했다. 사울은 다윗을 추격하다 말고 돌아가서 블레셋과 싸워야 했다. 다윗은 사울을 피해 엔게디 산성으로 올라갔다(삼상 23:26-29).

원수가 득세하는 세상에서 하나님이 원수를 심판하실 것이라는 확신은 쉽지 않다. 그러나 하나님은 그 일을 하셨다. 정의는 지연될 수 있다. 하지만 정의가 최종 결과이다. 그러므로 우리는 '나를 돕는 분'이 하나님이심을 믿고 기도할 수 있다.

# 13

## 네 짐을 여호와께 맡겨라

> 말씀 시편 55:1-23
> 요절 시편 55:22
> 찬송 83장, 337장

1. 시인은 하나님께 무엇이라고 기도합니까(1-2a)? 그는 왜 이렇게 기도합니까(2b)? 시인이 불평하며 방랑하는 이유는 무엇입니까(3)? 시인의 내적 외적 상태가 어떠합니까(4-5)?

2. 시인은 그 공포로부터 어떻게 하고자 합니까(6-8)? 그는 하나님께서 악인을 어떻게 하기를 바랍니까(9-11)? 시인을 비난하는 사람은 누구입니까(12-14)?

3. 시인은 그 친구가 어떻게 되기를 바랍니까(15a)? 그 이유는 무엇입니까(15b)?

4. 그러나 시인은 무엇을 하며, 하나님은 그 기도에 어떻게 응답하셨습니까(16-18)? 하나님은 악인을 어떻게 하십니까(19a)? 하나님은 왜 악인을 낮추십니까(19b-21)?

5. 시인은 무엇을 말합니까(22a)? '짐'은 무엇이며, '여호와께 맡긴다.'라는 말은 무슨 뜻입니까? 여호와께서는 어떻게 하십니까(22b)? 악인은 어떻게 됩니까(23a)? 그러나 시인은 어떻게 삽니까(23b)?

114

# 13

# 네 짐을 여호와께 맡겨라

> 말씀 시편 55:1-23
> 요절 시편 55:22
> 찬송 83장, 337장

1. 시인은 하나님께 무엇이라고 기도합니까(1-2a)? 그는 왜 이렇게 기도합니까(2b)? 시인이 불평하며 방랑하는 이유는 무엇입니까(3)? 시인의 내적 외적 상태가 어떠합니까(4-5)?

(다윗의 교훈시. 성가대 지휘자를 따라 현악기에 맞춰 부른 노래, To the choirmaster: with stringed instruments. A Maskil of David)

"다윗의 교훈시" - 다윗의 시편 집의 다섯 번째(51편~71편)이다. 이 시의 배경은 다윗의 아들 압살롬이 다윗의 고문 아히도벨과 함께 다윗에게 반역했을 때이다(삼하 15:12).

시인은 폭력과 불신, 그리고 배신의 아픔을 주님께 맡긴다.

1-2, 기도

1, "하나님이여 내 기도에 귀를 기울이시고 내가 간구할 때에 숨지 마소서"

"내 기도에" - '기도'이다. "귀를 기울이시고" - '귀를 기울인다.'(히필 명령)이다. 시인은 먼저 "내 기도에 귀를 기울여 주십시오."라고 기도한다. "내가 간구할 때에" - '은혜를 위한 탄원'이다. "숨지" - '숨긴다.'(히트파엘 미완료)이다. '못 본 체한다.' '할 가치가 없다.'라는 뜻이다. "마소서" - '아니'이다. 시인은 "나의 간구를 외면하지 마소서."라고 기도한다.

2, "내게 굽히사 응답하소서 내가 근심으로 편하지 못하여 탄식하오니"

"굽히사" - '주의를 기울인다.'(히필 명령)이다. "응답하소서" - '대답한다.'(칼 명령)이다. 시인은 기도할 때 네 종류의 단어를 표현했다: "귀를 기울이시고(give ear)", "숨지 마소서(hide not)", "굽히소서(Attend to)", "응답하소서(answer)."

그는 왜 이렇게 기도하는가? "내가 근심으로" - '불평'이다. "편하지 못하여" - '불안하게 또는 쉼 없이 돌아다닌다.'(히필 미완료)이다. 그는 불평으로 안절부절못하고 있다. "탄식하오니" - '방랑한다.'(히필 미완료)이다. 그는 방랑하고 있다.

그 이유는 무엇인가?

3-5, 토로

3, "이는 원수의 소리와 악인의 압제 때문이라 그들이 죄악을 내게 더하며 노하여 나를 핍박하나이다"

"소리와" - '음성'이다. '원수의 고함'이다. 왜냐하면 원수의 고함 때문이다. "압제" - '억압'이다. '악인의 억압'을 뜻한다. "때문이라" - '마치~처럼'이다. 왜냐하면 악인의 억압 때문이다. "죄악을" - '불행'이다. "더하며" - '떨어지게 한다.'(히필 미완료)이다. 왜냐하면 그들은 시인에게 고통을 쏟기 때문이다. "노하여" - '화'이다. "나를 핍박하나이다" - '미워한다.'(칼 미완료)이다. 왜냐하면 그들이 시인에게 화를 내며 미워하기 때문이다.

시인의 내적 외적 상태가 어떠한가?

4, "내 마음이 내 속에서 심히 아파하며 사망의 위험이 내게 이르렀

도다"

"내 속에서" - '한가운데'이다. "심히 아파하며" - '몸부림치며 괴로워한다.'(칼 미완료)이다. '해산의 고통'을 뜻한다. 시인은 내적으로 산모가 진통하듯 뒤틀려 찢기고 있다. "위험이" - '무서움'이다. "이르렀도다" - '떨어진다.'(칼 완료)이다. 죽음의 공포가 그를 엄습했다. 그는 외적으로 죽음의 공포를 느꼈다.

5, "두려움과 떨림이 내게 이르고 공포가 나를 덮었도다"

"두려움과" - '두려워함'이다. "떨림이" - '전율'이다. "이르고" - '닥친다.'(칼 미완료)이다. 두려움과 떨림이 그에게 닥친다. "공포가" - '떪'이다. "나를 덮었도다" - '덮는다.'(피엘 미완료)이다. 죽음의 공포가 그를 덮는다(삼하 15:13-14).

2. 시인은 그 공포로부터 어떻게 하고자 합니까(6-8)? 그는 하나님께서 악인을 어떻게 하기를 바랍니까(9-11)? 시인을 비난하는 사람은 누구입니까(12-14)?

6-8, 피함

6, "나는 말하기를 만일 내게 비둘기같이 날개가 있다면 날아가서 편히 쉬리로다"

"나는 말하기를" - '말한다.'(칼 미완료)이다. "만일 내게 비둘기같이" - '비둘기'이다. 멀리 날아가 접근하기 어려운 벼랑 틈새에 둥지를 튼다. "날개가" - '날개'이다. "있다면" - '놓는다.'(칼 미완료)이다. "내가 했으면 좋겠어."라는 뜻이다. "날아가서" - '날다.'(칼 미완료)이다. "편히 쉬리로다" - '거주한다.'(칼 미완료)이다. 시인은 비둘기같이 날개가 있다면 날아가서 쉬려고 한다. 그는 안식처로 날아가려는 상상력을 펼친다. 그는 탈출구를 찾는다.

7, "내가 멀리 날아가서 광야에 머무르리로다 (셀라)"

"내가 멀리" - '멀리 있다.'(히필 미완료)이다. "날아가서" - '떠난'

다.'(칼 부정사)이다. "광야에" - '황무지'이다. 광야는 악마의 장소이다. 그곳에는 사람은 없고 짐승만 있다. 밤의 추위와 낮의 더위로 사람이 살 수 없는 황량한 곳이다. 폭풍과 광풍이 있는 곳이다. 그러나 여기서는 '멀고 안전한 곳'을 상징한다. "머무르리로다" - '숙박한다.'(칼 미완료)이다. 시인은 멀고 안전한 곳으로 가서 살려고 한다.

8, "내가 나의 피난처로 속히 가서 폭풍과 광풍을 피하리라 하였도다"

"내가 나의 피난처로" - '피함'이다. "속히 가서" - '재촉한다.'(히필 미완료)이다. 시인은 피난처로 가려고 서두른다. 그는 피난처를 그리워한다. "폭(풍)" - '(폭풍의) 돌진'이다. "(폭)풍과" - '바람'이다. "광풍을 피하리라 하였도다" - '회리 바람'이다. 그는 폭풍과 광풍을 피하려고 한다. 시인은 공포의 도시보다는 피난처에서 살려고 한다. 그는 원수와 함께 도시에서 사느니 차라리 광야에서 살고자 한다.

선지자 예레미야는 예루살렘의 타락을 보고 견딜 수 없어서 광야로 도망치고 싶어 했다(렘 9:1-2). 광야에는 도시의 혼란이 없기 때문이다.

그는 하나님께서 악인을 어떻게 하기를 바라는가?

9-15, 공의를 위한 기도

9, "내가 성내에서 강포와 분쟁을 보았사오니 주여 그들을 멸하소서 그들의 혀를 잘라 버리소서"

"내가 성내에서" - '성읍'이다. 시인이 사는 공동체를 뜻한다. "강포와" - '폭력'이다. "분쟁을" - '다툼'이다. "보았" - '본다.'(칼 완료)이다. "사오니" - '마치 ~처럼'이다. 강포와 분쟁이 성을 지배하고 있다. "그들을 멸하소서" - '파괴한다.'(피엘 명령)이다. "그들의 혀를" - '혀'이다. '강포와 분쟁의 말'을 뜻한다. "잘라 버리소서" - '쪼갠다.'(피엘 명령)이다. 시인은 그런 말을 쪼개버리도록 기도한다.

10, "그들이 주야로 성벽 위에 두루 다니니 성 중에는 죄악과 재난이 있으며"

"그들이" - '폭력과 다툼'을 의인화했다. "두루 다니니" - '두루 다닌다.'(포엘 미완료)이다. 폭력과 다툼이 성벽을 돌아다닌다. "죄악과" - '거짓'이다. "재난이 있으며" - '고생'이다.

11, "악독이 그중에 있고 압박과 속임수가 그 거리를 떠나지 아니하도다"

"악독이" - '욕망'이다. "그중에 있고" - '한가운데'이다. "압박과" - '압박'이다. "속임수가" - '속임'이다. "그 거리를" - '장터(marketplace)'이다. "떠나지" - '출발한다.'(히필 미완료)이다. "아니하도다" - '아니'이다. 악독, 압박과 속임수가 그 광장에서 떠나지 않는다.

그 모든 뿌리는 혀, 즉 말이다. 폭력적인 말과 다툼의 말은 사람을 괴롭히고, 죽음에 이르게 한다. 인간관계를 끊는다. 하나님과의 관계를 파괴한다. 그래서 시인은 하나님께서 그들을 멸하시도록 기도한다. 이 기도는 바벨탑을 생각나게 한다(창 11:5-9).

시인을 비난하는 사람은 누구인가?

12, "나를 책망하는 자는 원수가 아니라 원수일진대 내가 참았으리라 나를 대하여 자기를 높이는 자는 나를 미워하는 자가 아니라 미워하는 자일진대 내가 그를 피하여 숨었으리라"

"나를 책망하는 자는" - '비난한다.'(피엘 미완료)이다. "아니라" - '아니다.'이다. 시인을 비난하는 사람은 원수가 아니다. "원수일진대 내가 참았으리라" - '버틴다.'(칼 미완료)이다. 시인을 비난하는 자가 차라리 원수였다면 견딜 수 있었을 것이다. "나를 대하여" - '~에 대해'이다. "자기를 높이는 자는" - '위대해지거나 중요하게 된다.'(히필 완료)이다. "나를 미워하는 자가" - '미워한다.'(피엘 분사)이다. "아니라" - '아니다.'이다. "미워하는 자일진대 내가 그를 피하여" - '~로부터'이다. "숨었으리라" - '숨긴다.'(니팔 미완료)이다. 그랬다면 시인은

13 네 짐을 여호와께 맡겨라(55:1-23)

그를 피해 숨었을 것이다. 시인을 미워하는 자가 차라리 자기가 잘 났다고 자랑하는 원수였다면, 시인은 그들을 피해서 숨기라도 했을 것이다.

그 원수는 누구인가?

13, "그는 곧 너로다 나의 동료, 나의 친구요 나의 가까운 친우로다"
"그는" - '사람'이다. "곧 너로다" - '당신'(단수)이다. 시인을 비난 하는 사람은 바로 '너'이다. "나의 동료" - '순서'이다. '나의 동등한' 을 뜻한다. "나의 친구요" - '친한 친구'이다. '나의 동료'를 뜻한다. "나의 가까운 친우로다" - '다른 사람과 인격적이며 친숙한 관계를 맺는다.'(푸알 분사)이다. 시인을 모욕하고 거드름을 피운 사람은 외 부의 적이 아니었다. 가장 친한 친구가 배신자이다. 시인은 친구가 자기를 배신할 줄 몰라서 그 친구를 피해 숨지 못했다.

시인은 그 친구와 어떤 시절을 보내고 있는가?

14, "우리가 같이 재미있게 의논하며 무리와 함께하여 하나님의 집 안에서 다녔도다"
"우리가 같이" - '하나 됨'이다. "재미있게" - '즐겁다.'(히필 미완 료)이다. "의논하며" - '의논'이다. 그들은 함께 달콤한 조언을 하곤 한다. "무리와 함께하여" - '무리'이다. 하나님의 집에 있는 공동체를 뜻한다. 배신자는 공동체 예배에 함께하는 동역자이다. "하나님의 집 안에서" - '성전'을 뜻한다. "다녔도다" - '걷는다.'(피엘 미완료)이다. 그들은 단순한 친구 사이가 아니다. 영적인 동역자이다. 아들 압살롬 과 다윗의 고문인 아히도벨이다. 그들이 다윗을 배신했다.

3. 시인은 그 친구가 어떻게 되기를 바랍니까(15a)? 그 이유는 무엇입 니까(15b)?

15, "사망이 갑자기 그들에게 임하여 산 채로 스올에 내려갈지어다 이는 악독이 그들의 거처에 있고 그들 가운데에 있음이로다"

“사망이 갑자기” - ‘죽음’이다. “그들에게 임하여” - ‘~위에’이다. ‘갑자기 임한다.’라는 뜻도 있다. 시인은 죽음이 그들을 훔치도록 기도한다. “내려갈지어다” - ‘내려간다.’(칼 미완료)이다. 그들이 살아서 스올로 내려가기를 바란다. 시인은 원수의 단순한 몰락을 바라지 않는다. 하나님의 공의로운 심판을 기대한다.

그 이유가 무엇인가? “이는” - ‘마치 ~처럼’이다. “그들의 거처에 있고” - ‘체류하는 곳’이다. “그들 가운데에 있음이로다” - ‘한가운데’이다. 왜냐하면 악이 그들의 거처와 마음에 있기 때문이다.

4. 그러나 시인은 무엇을 하며, 하나님은 그 기도에 어떻게 응답하셨습니까(16-18)? 하나님은 악인을 어떻게 하십니까(19a)? 하나님은 왜 악인을 낮추십니까(19b-21)?

16-21, 공의에 대한 확신

16, “나는 하나님께 부르짖으리니 여호와께서 나를 구원하시리로다”

“(그러나)” - ‘그러나’이다. “부르짖으리니” - ‘부른다.’(칼 미완료)이다. 시인은 ‘그러나’ 하나님께 기도한다. “나를 구원하시리로다” - ‘구원한다.’(히필 미완료)이다. 시인은 하나님께 기도하고, 여호와는 그를 구원하신다.

그는 어느 정도 기도하는가?

17, “저녁과 아침과 정오에 내가 근심하여 탄식하리니 여호와께서 내 소리를 들으시리로다”

“저녁과” - 당시에는 하루를 ‘저녁’, 즉 해질 때부터 시작했다. “저녁”, “아침”, “정오” - ‘온종일’을 뜻한다. 다니엘은 하루에 세 번씩 기도했다(단 6:11). “내가 근심하여” - ‘탄식한다.’(칼 미완료)이다. “탄식하리니” - ‘시끄럽게 한다.’(칼 미완료)이다. “들으시리로다” - ‘듣는다.’(칼 미완료)이다. 여호와는 그의 탄식을 들으신다.

18, “나를 대적하는 자 많더니 나를 치는 전쟁에서 그가 내 생명을

구원하사 평안하게 하셨도다"

"나를 대적하는 자" - '~와 함께'이다. "많(더니)" - '많은'이다. "(많)더니" - '~이 일어난다.'(칼 완료)이다. 시인에게 대적자가 많았다. "나를 치는" - '~에 관하여'이다. "구원하사" - '속량한다.'(칼 완료)이다. "평안하게 하셨도다" - '평화'이다. 그러나 하나님께서 그의 기도를 들으시고, 전쟁에서 안전하게 구원하셨다.

하나님은 악인을 어떻게 하시는가?

19, "옛부터 계시는 하나님이 들으시고 그들을 낮추시리이다 (셀라) 그들은 변하지 아니하며 하나님을 경외하지 아니함이니이다"

"계시는" - '앉는다.'(칼 분사)이다. '아주 먼 옛날부터 보좌에 앉아 계시는 하나님'을 뜻한다. 하나님은 영원토록 세상의 통치자이시다. 따라서 그는 그 하나님께 기도할 수 있다. "들으시고" - '듣는다.'(칼 미완료)이다. 그분은 시인의 기도를 들으신다.

그리고 무엇을 하시는가? "낮추시리이다" - '낮춘다.'(칼 미완료)이다. 그분은 그들을 낮추신다.

왜 그렇게 하시는가? "그들은 변하지" - '변화'이다. "아니하며" - '~을 제외하고'이다. "경외하지" - '두려워한다.'(칼 완료)이다. "아니함이니이다" - '아니'이다. 그들은 변하지 않고 하나님을 두려워하지 않기 때문이다.

20, "그는 손을 들어 자기와 화목한 자를 치고 그의 언약을 배반하였도다"

"그는" - '동료'(14절)이다. "들어" - '뻗친다.'(칼 완료)이다. 시인의 옛친구가 그 친구에게 손을 뻗쳤다. "자기와 화목한 자를 치고" - '평화'이다. "그의 언약을" - '언약'이다. 다윗과 요나단의 언약처럼 사랑과 신실함의 언약이다(삼상 18:3). "배반하였도다" - '약속을 어긴다.'(피엘 완료)이다. 그는 언약을 깨뜨렸다.

21, "그의 입은 우유 기름보다 미끄러우나 그의 마음은 전쟁이요 그

의 말은 기름보다 유하나 실상은 뽑힌 칼이로다”

“우유 기름보다” - ‘엉긴 우유 같은’이다. “미끄러우나” - ‘매끄럽다.’(칼 완료)이다. 그의 말은 부드럽다. 그 의도를 숨긴 거짓말을 뜻한다. “전쟁이요” - ‘싸움’이다. 그의 마음은 전쟁터와 같다. “유하나” - ‘부드럽다.’(칼 완료)이다. “뽑힌 칼이로다” - ‘뽑힌 칼(drawn sword)’이다. ‘사람을 헤친다.’라는 뜻이다. 그의 말은 비수(匕首, a dagger, 예리하고 짧은 칼)와 같다. 그는 말로 사람을 죽이려고 한다.

5. 시인은 무엇을 말합니까(22a)? ‘짐’은 무엇이며, ‘여호와께 맡긴다.’라는 말은 무슨 뜻입니까? 여호와께서는 어떻게 하십니까(22b)? 악인은 어떻게 됩니까(23a)? 그러나 시인은 어떻게 삽니까(23b)?

22-23, 확신

22, “네 짐을 여호와께 맡기라 그가 너를 붙드시고 의인의 요동함을 영원히 허락하지 아니하시리로다”

“네 짐을” - ‘짐’, ‘그가 너에게 준 것’(남성 단수 2인칭)이다. 강포와 분쟁, 속임과 배신이 가득한 세상에서 의인으로 살면서 겪는 고통, 아픔, 배신 등이다. 그것은 실은 하나님께서 주신 것이다. “맡기라” - ‘던진다.’(히필 명령)이다. 시인은 이 말씀을 누구에게 하는 것인가? 시인 자신인가? 일반적 의인(the righteous/ the faithful)인가? 시인 자신을 포함한 의인이다.

“네 짐을 여호와께 맡기라”라는 말은 무슨 뜻인가? 의인으로서 겪는 짐, 염려, 하나님께서 주신 것을 여호와께 던지는 것을 뜻한다. 그것은 여호와를 믿고, 기도하는 것이다.

시인은 강포와 분쟁, 속임과 배신의 시대에서 믿음으로 사느라 아픔, 고통, 두려움, 그리고 상처를 겪었다. 그 짐을 스스로 해결할 수 없었다. 그러나 이제 그는 그 짐을 지느라 더는 슬퍼하거나 화내지 않아야 한다. 그는 친구마저 배반하고 세상의 모든 관계가 다 변해도 여호와만은 변하지 않음을 믿어야 한다. 그는 모든 염려를 여호와께 던져야 한다.

# 13 네 짐을 여호와께 맡겨라(55:1-23)

여호와는 어떻게 하시는가? "그가 너를 붙드시고" - '떠받친다.' (필렐 미완료)이다. 여호와께서 그를 붙들어 주신다. 여호와께서 "그 짐을 없앤다."라고 말하지 않는다. 여호와께서 힘을 주셔서 그 짐을 지도록 도와주신다. "요동함을" - '비틀거림'이다. "허락하지" - '준다.'(칼 미완료)이다. "아니하시리로다" - '아니'이다. 그분은 의인이 흔들리는 일을 절대 허락하지 않으신다.

"네 짐을 여호와께 맡기라."라는 말씀을 통해 우리는 무엇을 배우는가? 우리가 이 부조리한 세상을 살아가는 지혜를 배운다. 우리가 삶에서 배신과 두려움의 롤러코스터를 만날 때 어떻게 해야 하는지를 배운다. 강포와 분쟁, 속임과 배신의 시대에서 오직 여호와만이 의와 평화와 신뢰를 세우신다. 그분은 어떤 상황에서도 일하신다. 그리고 그분은 우리에게 그 일을 하신다고 약속하셨다. 역경의 때에 도와주신다는 하나님의 약속은 무거운 짐을 진 우리에게 큰 위로이며 희망이다.

하나님께서 악인을 어떻게 하시는가?

23, "하나님이여 주께서 그들로 파멸의 웅덩이에 빠지게 하시리이다 피를 흘리게 하며 속이는 자들은 그들의 날의 반도 살지 못할 것이나 나는 주를 의지하리이다"

"파멸의" - '멸망'이다. "웅덩이에" - '구덩이'이다. "빠지게 하시리이다" - '쓰러뜨린다.'(히필 미완료)이다. 하나님은 악인을 멸망의 구덩이로 내려가게 하신다. "피를 흘리게 하며" - '피'이다. "반도 살지" - '인생의 반을 살다.'(칼 미완료)이다. "못할 것이나" - '아니'이다. 피 흘리기 좋아하고, 속이기를 좋아하는 사람은 자기 목숨의 절반도 살지 못할 것이다.

그러나 시인은 어떻게 사는가? "(그러나)" - 시인은 분명한 확신을 발한다. "수를" - '~와 함께'이다. "의지하리이다" - '믿는다.'(칼 미완료)이다. 그는 주님만 확신한다. 주님에 대한 확신은 이제까지 그를 지탱한 힘이었다. 누구든지 주님을 의지하면 주님께서 그 사람을 붙드신다.

# 14
## 내가 하나님을 의지하고

> 말씀 시편 56:1-13
> 요절 시편 56:4
> 찬송 556장, 312장

1. 시인은 하나님께 무엇을 기도하며, 그 이유는 무엇입니까(1-2)? 그때 시인은 무엇을 합니까(3)? 그가 하나님을 의지하니 무엇을 합니까(4a)? 그는 사람에 대해 어떤 렌즈를 가집니까(4b)?

2. 사람은 시인을 어떻게 했습니까(5-6)? 시인은 하나님께 무엇을 기도합니까(7)? 그는 자신에 관해서는 무엇을 믿습니까(8)?

3. 시인은 무엇을 알았습니까(9)? 그는 무엇을 합니까(10-11a)? 그는 무엇을 확신합니까(11b)?

4. 시인은 하나님께 무엇을 드리려 합니까(12)? 그는 왜 감사제를 지내려고 합니까(13a)? 주님께서 그를 건지신 목적은 무엇입니까(13b)? 우리는 두려울 때 무엇을 해야 합니까?

# 14

# 내가 하나님을 의지하고

> 말씀 시편 56:1-13
> 요절 시편 56:4
> 찬송 556장, 312장

1. 시인은 하나님께 무엇을 기도하며, 그 이유는 무엇입니까(1-2)? 그때 시인은 무엇을 합니까(3)? 그가 하나님을 의지하니 무엇을 합니까 (4a)? 그는 사람에 대해 어떤 렌즈를 가집니까(4b)?

(다윗이 가드에서 블레셋 사람들에게 잡혔을 때 지은 시. 성가대 지휘자를 따라 멀리 상수리나무에 앉은 비둘기란 곡조에 맞춰 부른 노래, To the choirmaster: according to The Dove on Far-off Terebinths. A Miktam of David, when the Philistines seized him in Gath.)

"(다윗)이"(מִכְתָּם, miktam) - '죄를 가리는 노래', '속죄의 노래'를 뜻한다. 또는 돌판 위에 황금 문자로 새긴 비문과 같이 '새기는 것'을 뜻한다. 6개의 시편 제목으로 사용했다. 항상 '다윗의', '다윗에 속하는'과 연결했다(56-60편). 네 편은 다윗이 블레셋(시 56편), 사울(시 57편, 시 59편), 그리고 아람족(시 60편)과 싸우는 모습을 언급한다.

"가드" - 블레셋의 5대 도시(아스돗, 아스글론, 에그론, 가드, 가사) 중 하나였다.

126

14 내가 하나님을 의지하고(56:1-13)


　"잡혔을 때" - 다윗이 사울을 피해서 가드로 도망쳤을 때를 배경으로 한다. 그때 아기스의 신하들이 "그 땅의 왕 다윗이 아니니까."라고 말했다. 다윗은 심히 두려워서 그들 앞에서 미친 체했다(삼상 21:10-15).

　주제는 하나님을 의지함이다(In God I Trust, 3, 4, 11)이다.


1-2, 탄식

　1, "하나님이여 내게 은혜를 베푸소서 사람이 나를 삼키려고 종일 치며 압제하나이다"

　"내게 은혜를 베푸소서" - '불쌍히 여긴다.'(칼 명령)이다. 시인은 하나님께서 불쌍히 여겨주시도록 기도한다. 그 이유는 무엇인가?

　"사람이" - '사람'이다. 단순히 인간적 기준을 따라 사는 사람이다. "나를 삼키려고" - '삼킨다.(칼 완료)이다. 첫째로, 사람이 시인을 짓밟았기 때문이다. "치며" - '싸움한다.'(칼 분사)이다. "압제하나이다" - '압박한다.'(칼 미완료)이다. 둘째로, 사람이 시인을 공격하면서 압박하기 때문이다. 사람은 시인을 힘과 권력으로 괴롭힌다.


　2, "내 원수가 종일 나를 삼키려 하며 나를 교만하게 치는 자들이 많사오니"

　"내 원수가" - '사람'(1절)을 받는다. 그 사람은 원수이다. "나를 삼키려 하며" - '삼킨다.'(칼 완료)이다. 원수가 시인을 종일 삼켰다. "교만하게" - '높음'이다. '높으신 분(Exalted One)', 즉 하나님께 사용하는 단어이다. 원수가 하나님의 위치에까지 올라서 시인을 삼켰다. 또는 '오 지극히 높은 분이여'라고 번역한다. "치는 자들이" - '싸움한다.'(칼 분사)이다. "(많사)오니" - '~라는 것 때문에'이다. 두 가지로 해석할 수 있다. 첫째는, '교만하게 나를 대적하는 자가 많다.'라는 뜻이다. 둘째는, '나를 대적하는 자들이 많다. 오, 지극히 높으신 분이여.'라는 뜻이다. 시인은 극심한 괴로움을 겪고 있다.

　그때 시인은 무엇을 하는가?

3-4, 하나님을 의지함

3, "내가 두려워하는 날에는 내가 주를 의지하리이다"

"내가 두려워하는" - '두려워한다.'(칼 미완료)이다. 그는 지금 두려움에 빠졌다. "주를" - '~안으로'이다. "의지하리이다" - '믿는다.'(칼 미완료)이다. 두려움이 그를 온통 휩싸는 그날에 주님을 의지한다. 그의 두려움은 하나님을 의지함으로 바뀐다.

그가 하나님을 의지하니 무엇을 하는가?

4, "내가 하나님을 의지하고 그 말씀을 찬송하올지라 내가 하나님을 의지하였은즉 두려워하지 아니하리니 혈육을 가진 사람이 내게 어찌하리이까"

"내가 하나님을 의지하고"(אֱלֹהִים, 'elohim) - '하나님'이다. '하나님을(in God)'를 뜻한다. 하나님은 '가장 높으신 분'이다. 그분은 세상에서 활동하는 모든 권세 위에 뛰어난 주권자이시다. "그 말씀을" - '말'이다. 하나님께서 주신 그 말씀이다. 그분은 말씀하시고, 그 말씀을 통해서 일하신다. 그분의 말씀은 반드시 이루어진다. 따라서 그분을 의지함은 그분의 말씀을 믿음을 뜻한다. "찬송하올지라" - '찬양한다.'(피엘 미완료)이다. 그분의 말씀을 믿음은 그분의 말씀을 찬양함으로 나타난다.

"내가 하나님을"(אֱלֹהִים, 'elohim) - '하나님'이다. '하나님을(in God)'를 뜻한다. "의지하였은즉" - '믿는다.'(칼 미완료)이다. "내가 하나님을 믿는다." 이 시편의 핵심 구절이다. "두려워하지" - '두려워한다.'(칼 미완료)이다. "아니하리니" - '아니'이다. 시인은 하나님을 의지하고 두려워하지 않는다.

그는 사람에 대해 어떤 렌즈를 가지는가? "혈육을 가진 사람이"(בָּשָׂר, basar) - '살(flesh)'이다. 피조물인 인간의 태생적 한계를 나타낸다. 본질에서 연약한 존재임을 말한다. "어찌" - '무엇'이다. "하리이까" - '형성한다.'(칼 미완료)이다. 시인은 육체에 불과한 사람이 자신을 어찌할 수 없음을 확신한다. 그는 창조주 하나님과 피조물인 사람을 대조한다. 하나님과 사람은 전혀 상대가 안 된다. 히 13:6은

이 말씀을 인용했다. "그러므로 우리가 담대히 말하되 주는 나를 돕는 이시니 내가 무서워하지 아니하겠노라 사람이 내게 어찌하리요 하노라."

2. 사람은 시인을 어떻게 했습니까(5-6)? 시인은 하나님께 무엇을 기도합니까(7)? 그는 자신에 관해서는 무엇을 믿습니까(8)?

### 5-11, 고난과 의지

5, "그들이 종일 내 말을 곡해하며 나를 치는 그들의 모든 생각은 사악이라"

"종일" - '종일'이다. 악인의 끈질김을 강조한다. "내 말을" - '말'이다. '말들', '주장'을 뜻한다. "곡해하며" - '왜곡한다.'(피엘 미완료)이다. 첫째로, 그들은 시인의 말을 왜곡한다. "나를 치는" - '˜ 위에'이다. "생각은" - '생각'이다. "사악이라" - '악'이다. 그들의 모든 생각은 시인을 대적하여 악을 행한다.

6, "그들이 내 생명을 엿보았던 것과 같이 또 모여 숨어 내 발자취를 지켜보나이다"

"내 생명을" - '생명'이다. "엿보았던" - '기다린다.'(피엘 완료)이다. "또 모여" - '모인다.'(칼 미완료)이다. "숨어" - '숨긴다.'(히필 미완료)이다. "내 발자취를" - '발굽'이다. "지켜보나이다" - '지킨다.'(칼 미완료)이다. 둘째로, 원수는 시인의 목숨을 없앨 기회를 노리고 있다.

시인은 하나님께 무엇을 기도하는가?

7, "그들이 악을 행하고야 안전하오리이까 하나님이여 분노하사 뭇백성을 낮추소서"

"행하고야" - '˜에 관하여'이다. "안전하오리이까" - '도피한다.'(피엘 명령)이다. 문자적으로는 '악 때문에, 그들을 위한 구원'이다. "그들이 죄를 짓고도 피할 수 있겠는가?" "˜구원받을 것인가?" "분노하사" - '화'이다. "뭇 백성을" - '백성'이다. 시인의 원수이다. 원수는

14 내가 하나님을 의지하고(56:1-13)

한 개인이 아니라 많은 사람, 공동체이다. "낮추소서" - '내려간다.'
(히필 명령)이다. 시인은 하나님께서 진노하심으로 원수를 엎드러뜨
리도록 기도한다.

그는 자신에 관해서는 무엇을 믿는가?

8, "나의 유리함을 주께서 계수하셨사오니 나의 눈물을 주의 병에 담
으소서 이것이 주의 책에 기록되지 아니하였나이까"

"나의 유리함을"(דֹנ, nod) - '정처 없는 도망자의 방랑'이다. "계수
하셨사오니" - '계산한다.'(칼 완료)이다. '관찰하고 고려한다.'라는 뜻
이다. "나의 눈물을" - 시인이 삶에서 겪은 고통과 고난이다. "주의
병에"(דֹאנ, no'd) - '가죽', '병(bottle)'이다. "유리함"과 "병"은 히브리어
로는 언어유희이다. "담으소서" - '놓는다.'(칼 명령)이다. 하나님께서
고통 속에서 흘리는 눈물을 귀중한 포도주 부대에 보관하듯 소중히
여겨달라는 것이다.

"이것이 주의 책에 기록되지" - '책'이다. "아니하였나이까" - '아
니'이다. 시인은 자기의 삶이 책에 기록되었다고 믿는다. 하나님은
시인이 흘린 눈물을 가죽 부대에 담아 두신다. 그리고 그 사정을 책
에 기록하신다(말 3:16). 주님은 그 백성의 고통을 소중히 기억하는
'가장 위대한 기억하는 분'이시다.

3. 시인은 무엇을 알았습니까(9)? 그는 무엇을 합니까(10-11a)? 그는 무
엇을 확신합니까(11b)?

9, "내가 아뢰는 날에 내 원수들이 물러가리니 이것으로 하나님이 내
편이심을 내가 아나이다"

"내가 아뢰는" - '부른다.'(칼 완료)이다. 시인은 원수 앞에서 두려
워했다. 하지만 하나님께 부르짖었다. "물러가리니" - '돌아간다.'(칼
미완료)이다. 원수는 물러갈 것이다. "이것으로 하나님이 내 편이" -
'하나님'이다. '하나님이 나를 위하신다(God is for me).' '당신은 나의
하나님이시다(You are my God, ESV).'라는 뜻이다. "심을" - '~라는
것 때문에'이다. "하나님이 내 편이기 때문이다." "내가 아나이다" -

130

'알다.'(칼 완료)이다. 그는 하나님은 자기편인 줄 알았다. 하나님이 시인의 편이어서 원수는 물러갈 수밖에 없었다. 원수의 패배는 하나님이 시인을 위해 행동하신다는 확실한 증거이다.

그는 무엇을 하는가?

10, "내가 하나님을 의지하여 그의 말씀을 찬송하며 여호와를 의지하여 그의 말씀을 찬송하리이다"

"내가 하나님을 의지하여"(אלהים, 'elohim) - '하나님(God)'이다. "그의 말씀을" - '말'이다. "찬송하며" - '찬양한다.'(피엘 미완료)이다. 4절의 반복이다. '하나님을 의지하고 말씀을 찬송한다.'라는 뜻이다. "여호와를 의지하여"(יהוה, yhwh) - '여호와(Yahweh)'이다. 여호와는 인격적인 분이시다. "그의 말씀을" - '말'이다. "찬송하리이다" - '찬양한다.'(피엘 미완료)이다. '여호와를 의지하고 그분의 말씀을 찬양한다.'라는 뜻이다.

11, "내가 하나님을 의지하였은즉 두려워하지 아니하리니 사람이 내게 어찌하리이까"

"내가 하나님을"(אלהים, 'elohim) - '하나님(God)'이다. "의지하였은즉" - '믿는다.'(칼 완료)이다. "내가 믿는 하나님 안에서(in God I trust)." 그는 고통 가운데서도 하나님을 계속해서 의지한다. "두려워하지" - '두려워한다.'(칼 미완료)이다. "아니하리니" - '아니다.'이다. 그러므로 그는 두려워하지 않는다. 그는 두려움에 빠졌었다(3). 하지만 이제는 두려워하지 않는다. 왜냐하면 그는 하나님을 의지했기 때문이다. 하나님은 '두려움'을 '두려움 없음'으로 바꾸신다.

"사람이"(אדם, 'adam) - '아담'이다. '혈육을 가진 사람'(4절)을 받았다. 인간의 덧없음과 태생적으로 연약한 존재를 나타낸다. "어찌" - '무엇?'이다. "하리이까" - '한다.'(칼 미완료)이다. "사람이 나에게 무엇을 할 수 있겠는가?" 사람은 아무도 그를 어찌하지 못한다.

4. 시인은 하나님께 무엇을 드리려 합니까(12)? 그는 왜 감사제를 지

내려고 합니까(13a)? 주님께서 그를 건지신 목적은 무엇입니까(13b)? 우리는 두려울 때 무엇을 해야 합니까?

**12-13, 감사**

12, "하나님이여 내가 주께 서원함이 있사온즉 내가 감사제를 주께 드리리니"

"내가" - '~에 대해'이다. '나에게(upon me)', '나에게 의무가 있다.' '그것은 내 책임이다.'라는 뜻이다. "주께 서원함이 있사온즉" - '서원 제물(votive offering)'이다. '당신에게 서원'을 뜻한다. 직역하면 '나에게, 하나님이여, 주의 서원'이다. '하나님이여, 내가 서원을 지키리이다.'라는 뜻이다. "감사제를" - '찬양'이다. "주께" - '~에게'이다. "드리리니" - '~에 보답한다.'(피엘 미완료)이다. 시인은 과거 고통 가운데서 하나님께 했던 서원을 갚고자 한다. 그는 서원한 그대로 감사제를 지내고자 한다.

그는 왜 감사제를 지내려고 하는가?

13, "주께서 내 생명을 사망에서 건지셨음이라 주께서 나로 하나님 앞, 생명의 빛에 다니게 하시려고 실족하지 아니하게 하지 아니하셨나이까"

"(왜냐하면)" - 이유를 설명한다. "건지셨(음이라)" - '구해낸다.'(히 필 완료)이다. "(건지셨)음이라" - '~라는 것 때문에'이다. 주님께서 그의 생명을 죽음에서 건지셨기 때문이다.

주님께서 건지신 목적은 무엇인가? "주께서 나로 하나님" - '하나님'이다. "앞" - '얼굴(face)'이다. "생명의 빛에" - '생명의 빛 안에'이다. "다니게 하시려고" - '걷는다.'(히트파엘 부정사)이다. '하나님 앞에서, 생명의 빛 안에 다니도록'이라는 뜻이다. 하나님은 시인이 하나님 앞에서 살도록, 생명의 빛 가운데 다니도록 죽음에서 건지셨다. "실족하지 아니하게 하지" - '넘어지지 않음'이다. "아니하게 하지 아니하셨나이까" - '아니다.'이다. 하나님은 시인이 넘어지지 않도록 건지셨다. 그는 그 하나님을 의지함으로 모든 두려움을 이겼다. 그래서 그는 하나님께 감사제를 드린다.

　우리는 두려울 때 무엇을 해야 하는가? 그 순간 우리는 하나님을 의지할 수 있다. 하나님을 의지해야 한다. 하나님을 의지하는 사람은 두려움을 이기고, 그분의 말씀을 찬양하며 생명의 빛 안에서 산다.

15
## 굳건한 마음

> 말씀 시편 57:1-11
> 요절 시편 57:7
> 찬송 212장, 214장

1. 시인은 하나님께 무엇을 기도합니까(1a)? 그는 왜 그렇게 기도합니까(1b)? 그가 기도하는 하나님은 어떤 분입니까(2)?

2. 하나님은 시인을 어떻게 구원하십니까(3)? 그는 어떤 상태에 있습니까(4)? 그는 무엇을 기도합니까(5)? 악인은 어떻게 되었습니까(6)?

3. 그때 시인의 마음은 어떠합니까(7a)? '굳건한 마음'은 무슨 뜻입니까? 그는 무엇을 합니까(7b)?

4. 시인은 어떻게 노래합니까(8-9)? 그는 왜 찬양합니까(10)? 그는 무엇을 원합니까(11)? 우리는 오늘 시를 통해 무엇을 배웁니까?

## 15
## 굳건한 마음

```
말씀 시편 57:1-11
요절 시편 57:7
찬송 212장, 214장
```

1. 시인은 하나님께 무엇을 기도합니까(1a)? 그는 왜 그렇게 기도합니까(1b)? 그가 기도하는 하나님은 어떤 분입니까(2)?

(다윗이 사울을 피하여 굴에 숨어 있을 때 지은 시. 성가대 지휘자를 따라 '멸하지 말라.'는 곡조에 맞춰 부른 노래, To the choirmaster: according to Do Not Destroy. A Miktam of David, when he fled from Saul, in the cave.)

"굴에 숨어 있을 때" - 다윗은 사울을 피하여 아둘람 굴로 피했다(삼상 22:1). 그는 또 소금 바다 근처의 엔게디 요새로도 피했다(삼상 23:29).

이 시는 개인 탄원이다. 주요 내용은 믿음과 찬양이다. 하나님이 기도를 들으시고 위험을 없애신다는 확신에서 찬양한다.

1-5, 간구

1, "하나님이여 내게 은혜를 베푸소서 내게 은혜를 베푸소서 내 영혼이 주께로 피하되 주의 날개 그늘 아래에서 이 재앙들이 지나기까지 피

하리이다"

"하나님이여"(אֱלֹהִים, 'elohim) - '하나님'이다. 전능하신 하나님, 살아 계신 하나님이다. "내게 은혜를 베푸소서" - '불쌍히 여긴다.'(칼 명령)이다. "내게 은혜를 베푸소서" - '불쌍히 여긴다.'(칼 명령)이다. '은혜를 베푼다.'라는 말은 죽음의 두려움에서 건져졌음을 뜻한다.

그는 왜 이렇게 기도하는가? "주께로" - '~ 안에'이다. "피하되" - '보호받기 위해 도망한다.'(칼 완료)이다. 왜냐하면 그는 주님 안에서 피난처를 찾았기 때문이다. 그는 안전하게 머물 곳(asylum)이 필요했는데, 그곳을 찾았다.

그 피난처는 어떤 곳인가? "주의 날개 그늘 아래" - 그 피난처는 '날개 그늘'이다. 자기 새끼를 날개 아래로 모아 보호하는 암탉의 표상이다. 성전 언약궤 앞에서, 그리고 그림자를 드리우는 '스랍'의 날개 아래에서 보호소를 찾는 그것과 연결할 수 있다. "이 재앙들이" - '깊은 구렁'이다. '파멸의 폭풍'을 뜻한다. "지나기" - '건너간다.'(칼 미완료)이다. "피하리이다" - '보호받기 위해 도망한다.'(칼 완료)이다. 그는 파멸의 폭풍이 지날 때까지 주님의 날개 그늘에 피할 것이다.

2, "내가 지존하신 하나님께 부르짖음이여 곧 나를 위하여 모든 것을 이루시는 하나님께로다"

"지존하신" - '높은'이다. 하나님은 지극히 높으신 분이다. '위엄(majesty)', '주권(sovereignty)', 그리고 '능력(power)'을 강조한다. 그분은 온 세상을 지으셨고, 다스리신다. 시인은 그분 같은 분은 세상에 없다고 믿었다. 그분은 가나안 신전에서 최고의 하나님이시고, 유일하신 분이다. 그분은 적대적인 세력으로부터 시인을 보호하신다. "부르짖음이여" - '부른다.'(칼 미완료)이다. 그는 그분께 부르짖는다. "곧 나를 위하여" - '~에 대해'이다. '나를 도우시는'이라는 뜻이다. "모든 것을 이루시는" - '마친다.'(분사)이다. '복수한다.'라는 뜻도 있다. "하나님께로다"(אֵל, 'el) - '강한 자'이다. 그분은 시인을 위해 복수하시는 하나님이시다. 그는 하나님께서 신실하심과 언약적 사랑으로 개입하셔서 현재의 파멸에서 구원하실 줄 믿는다. 그래서 그는 그분께 부르짖는다.

2. 하나님은 시인을 어떻게 구원하십니까(3)? 그는 어떤 상태에 있습니까(4)? 그는 무엇을 기도합니까(5)? 악인은 어떻게 되었습니까(6)?

3, "그가 하늘에서 보내사 나를 삼키려는 자의 비방에서 나를 구원하실지라 (셀라) 하나님이 그의 인자와 진리를 보내시리로다"

"보내사" - '보낸다.'(칼 미완료)이다. 그분은 하늘에서 보내신다. "나를 삼키려는 자의" - '간절히 바란다.'(칼 분사)이다. "비방에서" - '조롱한다.'(피엘 완료)이다. "나를 구원하실지라" - '구원한다.'(히필 미완료)이다. 시인을 조롱하는 사람한테서 구원하실 것이다. "그의 인자와" - '한결같은 사랑(steadfast love)'이다. "진리를" - '신실'이다. "보내시리로다" - '보낸다.'(칼 미완료)이다. 하나님은 인자와 진리, 즉 한결같은 사랑과 신실을 보내신다. '인자와 진리'는 하나님을 경호하는 두 사람과 같다. 하나님한테 피신한 사람을 보호한다.

시인은 어떤 상태에 있는가?

4, "내 영혼이 사자들 가운데에서 살며 내가 불사르는 자들 중에 누웠으니 곧 사람의 아들들 중에라 그들의 이는 창과 화살이요 그들의 혀는 날카로운 칼 같도다"

"사자들" - '사자', '암사자(lioness)'이다. "가운데에서 살며" - '한가운데'이다. 사자들이 그를 둘러싸고 있다. 그는 몹시 굶주린 사자들의 으르렁거리는 소리를 들으면서 짓밟힌 느낌이다. 사자 굴에 던져진 다니엘이 생각난다(단 6:16). "내가 불사르는 자들 중에" - '태운다.'(칼 분사)이다. "누웠으니" - '드러눕는다.'(칼 미완료)이다. 다니엘서의 풀무 불 사건을(단 3:19-20) 생각할 수 있다. "곧 사람의" - '아담'이다. "아들들 중에라" - '아들'이다. '삼키는 사람이 사람을 먹고 있다.' '삼키는 사람은 사람의 아들들이다.'라는 뜻이다. "그들의 이는 창과 화살이요" - 사자의 이빨은 창과 화살이다. '무장한 군대'를 상징한다. "그들의 혀는 날카로운 칼 같도다" - 사자의 혀는 칼이다.

이것들은 전쟁용 무기이다. 원수들은 이 무기를 이용하여 시인을 죽이려고 한다.

시인은 무엇을 기도하는가?

5, "하나님이여 주는 하늘 위에 높이 들리시며 주의 영광이 온 세계 위에 높아지기를 원하나이다"

"높이 들리시며" - '일어난다.'(칼 명령)이다. '하늘 높이 높임을 받으시고'라는 뜻이다. "주의 영광이" - '영광'이다. 하나님의 '성품(the very nature)', '본질(essence)'을 설명한다. "위에 높아지기를 원하나이다" - '~위에'이다. '주님의 영광을 온 땅 위에 떨치시고'라는 뜻이다. 하나님은 하늘과 땅의 위대한 왕이시다. 시인은 온 세상의 왕이신 하나님께서 오셔서 원수를 심판하시도록 기도한다. 하나님이 악한 사람을 심판하고 그 백성을 구원하시면, 그분의 위엄과 영광이 온 세상에 나타난다.

악인은 어떻게 되었는가?

6, 악인

6, "그들이 내 걸음을 막으려고 그물을 준비하였으니 내 영혼이 억울하도다 그들이 내 앞에 웅덩이를 팠으나 자기들이 그중에 빠졌도다 (셀라)"

"내 걸음을 막으려고" - '때림'이다. "그물" - '그물'이다. "준비하였으니" - '준비한다.'(히필 완료)이다. "억울하도다" - '굴복한다.'(칼 완료)이다. '풀이 죽는다.'라는 뜻이다. "웅덩이"- '구덩이'이다. "팠으나" - '판다.'(칼 완료)이다. '그물'과 '웅덩이'는 사냥의 표상이다. 그들, 악인은 사냥꾼과 같았다. 시인은 위기에 처했다. "빠졌도다" - '떨어진다.'(칼 완료)이다. 하지만 원수들이 그곳에 빠졌다. 그들은 자기늘이 놓은 덫에 걸렸다.

3. 그때 시인의 마음은 어떠합니까(7a)? '굳건한 마음'은 무슨 뜻입니까? 그는 무엇을 합니까(7b)?

# 15 굳건한 마음(57:1-11)

7-11, 찬송 (108:1-5과 같다.)

7, "하나님이여 내 마음이 확정되었고 내 마음이 확정되었사오니 내가 노래하고 내가 찬송하리이다"

"내 마음이" - '마음'이다. "확정되었고" - '확고하다.'(니팔 분사)이다. "확정되었사오니" - '확고하다.'(니팔 분사)이다. '마음이 확정되었다.'라는 말은 '마음이 굳건하다.' 즉 '굳건한 마음'을 뜻한다.

'굳건한 마음'은 무슨 뜻인가? 굳건한 믿음이다. 하나님을 향한 시인의 흔들리지 않는 믿음이다. 그의 굳건한 믿음은 어디에서 왔는가? 기도의 응답, 구원을 체험한 데서 왔다. 원수가 덫을 놓았는데, 그 덫에 원수가 빠지는 것을 본 데서 왔다(6). 하나님 구원의 손길을 삶에서 체험한 데서 왔다.

그는 무엇을 하는가? "내가 노래하고" - '노래 부른다.'(칼 미완료)이다. "내가 찬송하리이다" - '찬양한다.'(피엘 미완료)이다.

4. 시인은 어떻게 노래합니까(8-9)? 그는 왜 찬양합니까(10)? 그는 무엇을 원합니까(11)? 우리는 오늘 시를 통해 무엇을 배웁니까?

8, "내 영광아 깰지어다 비파야, 수금아, 깰지어다 내가 새벽을 깨우리로다"

"내 영광아"(כבוד, kabod) - '영광'이다. '나의 영광', '나의 영혼(my soul)'을 뜻한다. "깰지어다" - '깬다.'(칼 명령)이다. "비파야" - 옛날의 현악기(psaltery)인데, 하단부에 불룩한 울림통이 있는 것으로 보아 가죽 부대와 관련이 있는 것 같다. "수금아" - '수금(lyre)'이다. 현악기의 하나이며, 현과 내부 뼈대로 이루어져 있다. "깰지어다" - '깬다.'(칼 명령)이다. "내가 새벽을" - '해뜨기 직전의 시간'이다. "깨우리로다" - '깬다.'(히필 미완료)이다. 그는 성전에서 기도하면서, 그리고 하나님의 구원 약속을 기다리면서 온 밤을 보냈다. 그는 노래로 새벽을 깨운다.

9, "주여 내가 만민 중에서 주께 감사하오며 뭇 나라 중에서 주를 찬

송하리이다"

"주께 감사하오며" - '감사한다.'(히필 미완료)이다. 시인은 백성 가운데서 찬송한다. "뭇 나라 중에서" - '백성'이다. 백성은 절기를 지키려고 예루살렘에 모여들었다. "주를 찬송하리이다" - '찬양한다.' (피엘 미완료)이다.

시인은 왜 찬양하는가?

10, "무릇 주의 인자는 커서 하늘에 미치고 주의 진리는 궁창에 이르나이다"

"(왜냐하면)"- 주님을 찬송하고 노래하는 이유를 설명한다. "주의 인자는" - '한결같은 사랑(steadfast love)'이다. "커서" - '위대한'이다. 주님의 인자는 측량할 수 없이 크다. "하늘" - '하늘들'이다. "미치고" - '~까지'이다. 그 사랑 너무 높아서 하늘에 이른다. "주의 진리" - '신실'이다. "궁창" - '구름'이다. "이르나이다" - '~까지'이다. 진리는 구름까지 닿는다. 그러므로 시인은 그분을 찬양한다.

11, "하나님이여 주는 하늘 위에 높이 들리시며 주의 영광이 온 세계 위에 높아지기를 원하나이다"

"하나님이여" - '하나님'이다. 6절을 반복한다. "위에" - '~위에', 이다. "높이 들리시며" - '높다.'(칼 명령)이다. '하나님은 하늘 높이 높임을 받으시고'라는 뜻이다. "위에 높아지기를 원하나이다" - '~위에'이다. '하나님의 영광 온 땅 위에 떨치소서'라는 뜻이다. 하나님이 영광중에 오르시면 악인은 사라지고, 하나님을 향해 굳건한 마음을 가진 사람이 인정받는다.

16

심판하시는 하나님이 계신다

말씀 시편 58:1-11
요절 시편 58:11
찬송 9장, 594장

1. '통치자들'은 무엇을 해야 합니까(1)? 하지만 그들은 무엇을 합니까 (2)? '중심'과 '손'은 각각 어떤 곳을 뜻합니까?

2. 악인은 어떤 존재입니까(3)? 그런 그들을 무엇에 비유합니까(4-5)?

3. 이런 가슴 아픈 현실을 누가 바꿀 수 있습니까(6)? 시인은 원수가 어떻게 되도록 기도합니까(7-9)?

4. 의인은 왜 기뻐합니까(10)? 그때 사람은 어떤 두 가지를 말합니까 (11)? '의인에게 갚음이 있고', '심판하시는 하나님이 계신다.'라는 말 은 무슨 뜻입니까?

# 16

# 심판하시는 하나님이 계신다

말씀 시편 58:1-11
요절 시편 58:11
찬송 9장, 594장

1. '통치자들'은 무엇을 해야 합니까(1)? 하지만 그들은 무엇을 합니까
(2)? '중심'과 '손'은 각각 어떤 곳을 뜻합니까?

(다윗의 시. 성가대 지휘자를 따라 '멸하지 말라.'라는 곡조에 맞
춰 부른 노래, To the choirmaster: according to Do Not Destroy. A
Miktam of David.)
하나님께서 악한 사람을 벌하셔서 하나님의 정의를 나타내도록
기도한다.

1-2, 고발
1, "통치자들아 너희가 정의를 말해야 하거늘 어찌 잠잠하냐 인자들
아 너희가 올바르게 판결해야 하거늘 어찌 잠잠하냐"
"통치자들아 너희가 정의를 말해야 하거늘 이찌 잠잠하나" - "신
들이여, 당신은 참으로 정의를 선언하는가?" "너희 통치자들은 참으
로 정의롭게 말하는가?" "통치자들아 너희가" - '강력한 군주들
(mighty lords)', '신들(gods)'이다. '이방의 신만큼 강력한 세상의 통치

자'를 뜻한다. "정의"(ק֫דֶצ, *tsedeq*) - '공의'이다. 11절에서 '의인(קידִּצ, *tsaddiq*)'으로 받는다. '정의'는 윤리적, 도덕적 표준을 뜻한다. 특별히 진실하고 편견 없는 재판, 부자이든 가난한 사람이든 법을 똑같이 적용하는 그것을 말한다.

"말해야" - '말한다.'(피엘 미완료)이다. "하거늘 어찌" - '진실로'이다. "잠잠하냐"(םֶלֵא, *'elem*) - '침묵'이다. 맛소라(Masora)는 "침묵"(םֶלֵ א)"을 '신들(gods)'로 읽는다. '엘림'은 심판석에 있는 신적 존재들이다. '심판하시는 하나님'(11절)과 대조한다. 그들은 그렇게 하지 않는다. 시인은 냉소적인 말로 그들이 정의를 말하지 않음을 계속 꼬집는다.

"인자들아 너희가 올바르게 판결해야 하거늘 어찌 잠잠하냐" - "사람의 아들들아, 네가 공의롭게 판단하느냐?" "당신은 사람들을 올바르게 재판하는가?" "인자들" - '사람의 아들들'이다. '사람들'을 뜻한다. 호격으로 볼 수 있고, 목적어로 볼 수 있다. "너희가 올바르게" - '정직함'이다. "판결해야 하거늘 어찌 잠잠하냐" - '재판한다.'(칼 미완료)이다. '통치자들'은 '사람들'을 정직하게 재판해야 하는데, 그렇게 하지 않는다.

그들은 무엇을 하는가?

2, "아직도 너희가 중심에 악을 행하며 땅에서 너희 손으로 폭력을 달아 주는 도다"

"아직도" - '뿐만 아니라'이다. "너희가 중심에" - '마음'이다. 사람의 본성(nature)을 뜻하는데, 죄가 시작하는 곳이다. "악을" - '불의'이다. "행하며" - '만들다.'(칼 미완료)이다. 마음은 무슨 일을 결정하는 곳인데, 이곳이 병들어 악을 만든다. "너희 손" - '손'이다. 죄를 행하는 곳이다. "(손)으로 폭력을" - '폭력'이다. "달아 주는 도다" - '무게를 잰다.'(피엘 미완료)이다. 손으로 폭력을 일삼는다. 세상에는 폭력이 가득하고 정의가 없다.

2. 악인은 어떤 존재입니까(3)? 그런 그들을 무엇에 비유합니까(4-5)?

3-5, 죄의 뿌리

3, "악인은 모태에서부터 멀어졌음이여 나면서부터 곁길로 나아가 거짓을 말하는도다"

"악인은" - '악한'이다. '통치자들'(1절)이다. "모태에서부터" - '자궁(womb)'이다. "멀어졌음이여" - '멀어지게 된다.'(칼 완료)이다. 그들은 배 속에 있을 때부터 잘못되었다. "나면서부터" - '배(belly)'이다. "곁길로 나아가" - '길에서 벗어난다.'(칼 완료)이다. "말하는도다" - '말한다.'(칼 분사)이다. 그들은 태어날 때부터 거짓말을 하면서 곁길로 나갔다. 그들은 태생적으로 악했다.

그들을 무엇에 비유하는가?

4, "그들의 독은 뱀의 독 같으며 그들은 귀를 막은 귀머거리 독사 같으니"

"독은" - '독약(poison)'이다. "뱀"- '뱀(serpent/ snake)'이다. "같으며" - '닮음(likeness)'이다. 그들은 뱀의 독과 같은 독을 가지고 있다. 거짓말은 독을 품고 있는데, 사람을 해치기 때문이다. "막은" - '막는다.'(히필 미완료)이다. "독사" - '독 있는 뱀(venomous serpent/ adder)'이다. "같으니" - '~와 같이'이다. 그들은 고의로 귀를 막는 독사와 같다. 그들은 말씀에 순종하기를 의도적으로 거부한다. 그들은 스데반의 메시지 앞에서 "큰 소리를 지르며 귀를 막고 일제히 달려들었던" '부형들'과 같다(행 7:2, 57).

5, "술사의 홀리는 소리도 듣지 않고 능숙한 술객의 요술도 따르지 아니하는 독사로다"

"술사의 홀리는" - '마법을 걸다.'(피엘 분사)이다. "듣지" - '듣는다.'(칼 미완료)이다. "않고" - '아니'이다. 고대에서 마법사는 홀리는 소리로 독사를 사로잡았다. 하지만 귀먹은 독사는 홀리는 소리를 듣지 못하여 잡지 못한다. "능숙한 술객의" - '지혜롭게 행동한다.'(푸알 분사)이다. "요술도" - '제휴'이다. "따르지 아니하는" - '결합한다.'(칼 분사)이다. "독사로다" - '~하는 (것)'이다. 능숙한 술객의 요술도

## 16 심판하시는 하나님이 계신다(58:1-11)

따르지 않는다. 악인은 너무나 악해서 그 누구도 그 악을 어떻게 하지 못한다.

이런 가슴 아픈 현실을 누가 바꿀 수 있는가?

3. 이런 가슴 아픈 현실을 누가 바꿀 수 있습니까(6)? 시인은 원수가 어떻게 되도록 기도합니까(7-9)?

6-9, 저주

6, "하나님이여 그들의 입에서 이를 꺾으소서 여호와여 젊은 사자의 어금니를 꺾어 내시며"

"하나님이여"(אֱלֹהִים, 'elohim) - '하나님'이다. '통치자들(신들)'(1절)과 대조한다. "이를" - '이(tooth)'이다. "꺾으소서" - '깨뜨린다.'(칼 명령)이다. "어금니를" - '동물의 엄니(the fangs)'이다. "꺾어 내시며" - '깨뜨린다.'(칼 명령)이다. '이를 꺾고 어금니를 꺾는다.'라는 말은 '힘을 없앤다.'라는 뜻이다. 시인은 하나님께서 뱀과 사자의 힘을 없애도록 기도한다. 하나님만이 그 일을 하실 수 있기 때문이다.

시인은 원수가 어떻게 되기를 기대하는가?

7, "그들이 급히 흐르는 물 같이 사라지게 하시며 겨누는 화살이 꺾임 같게 하시며"

"급히 흐르는" - '간다.'(히트파엘 미완료)이다. "사라지게 하시며" - '사라진다.'(니팔 미완료)이다. 시인은 그들이 물이 흘러 없어지듯이 흔적도 없이 사라지기를 기대한다. 또는 '와디(wadi, 평소에는 물이 흐르지 않지만, 큰비가 내리면 일시적으로 큰물이 흐르는 곳)'에서 급류가 금방 사라지듯이 악인도 금방 사라지기를 기대한다. "겨누는" - '구부린다.'(칼 미완료)이다. "꺾임" - '할례를 행한다.'(히트폴렐 미완료)이다. "같게 하시며" - '~와 같이'이다. 겨누는 화살이 꺾인 화살이 되도록 기도한다.

8, "소멸하여 가는 달팽이 같게 하시며 만삭되지 못하여 출생한 아이

가 햇빛을 보지 못함 같게 하소서"

"소멸하여" - '녹는(melting away)'이다. "가는" - '간다.'(칼 미완료)이다. 달팽이처럼 되기를 바란다. 달팽이는 점액 자국을 남기고 금방 사라진다. "만삭되지 못하여 출생한" - '조산(untimely birth)', '낙태(abortion)'이다. "보지" - '본다.'(칼 완료)이다. "못함 같게 하소서" - '아무것도 ~않다.'이다. 햇빛을 보지 못하는 유산하는 태아처럼 되도록 기도한다. 악이 아예 태어나지 않도록, 그 싹이 나오지 못하도록 잘라버림을 뜻한다.

9, "가시나무 불이 가마를 뜨겁게 하기 전에 생나무든지 불붙는 나무든지 강한 바람으로 휩쓸려가게 하소서"

"가시나무 불이" - '가시나무(bramble)'이다. "뜨겁게 하기" - '지각한다.'(칼 미완료)이다. "강한 바람으로 휩쓸려 가게 하소서" - '휩쓸어 버린다.'(칼 미완료)이다. 시인은 가시나무 불이 가마를 뜨겁게 하기 전에 생것과 불붙은 것을 강한 바람에 휩쓸려 가게 하듯이, 그들을 그렇게 하도록 기도한다. 강한 바람은 생나무이든 마른나무든 가리지 않고 쓸어버린다.

4. 의인은 왜 기뻐합니까(10)? 그때 사람은 어떤 두 가지를 말합니까(11)? '의인에게 갚음이 있고', '심판하시는 하나님이 계신다.'라는 말은 무슨 뜻입니까?

10-11, 기쁨

10, "의인이 악인의 보복 당함을 보고 기뻐함이여 그의 발을 악인의 피에 씻으리로다"

"악인의 보복 당함을" - '복수(vengeance)'이다. "보고" - '본다.'(칼 미완료)이다. "기뻐함이여" - '기뻐한다.'(칼 미완료)이다. 의인은 악인이 당하는 보복을 보고 기뻐한다. "씻으리로다" - '씻는다.'(칼 미완료)이다. 의인은 악인의 피로 발을 씻는다. 이 표현은 과장법이다. 악인은 심판받고 의인은 구원받음을 뜻한다.

그때 사람은 무엇을 말하는가?

11, "그 때에 사람의 말이 진실로 의인에게 갚음이 있고 진실로 땅에서 심판하시는 하나님이 계시다 하리로다"

"사람의"(אָדָם, 'adam) - '아담'(단수)이다. 대부분 '사람들(men)'로 번역했는데, 집합 명사로 사용했다. "말이" - '말한다.'(칼 미완료)이다. 그때 사람(들)은 두 가지를 말할 것이다. "진실로" - '확실히'이다. "의인에게"(צַדִּיק, tsaddiq) - '의로운'이다. "갚음이 있고" - '열매', 이다. 첫째로, 의인에게는 반드시 상이 있다. 하나님은 악인을 제거하고 의인의 헌신을 보상하신다. 그 상은 끝까지 믿음의 길을 완주하는 일이다. 이 세상에서의 승리이고, 하나님 나라에서의 면류관이다.

"진실로" - '확실히'이다. "심판하시는" - '재판한다.'(칼 분사)이다. "하나님이여"(אֱלֹהִים, 'elohim) - '하나님'이다. '통치자들(신들)'(1절)과 대조한다. "계시다 하리로다" - '현존(existence)'이다. 둘째로, 이 세상에는 반드시 심판하시는 하나님이 계신다. 통치자들은 그릇되게 심판했다(1절). 하지만 하나님은 의롭고 공평하게 다스리신다. 하나님은 세상의 불의와 악행을 심판하시는 심판장이시다. 하나님은 불의한 세상에 정의를 실현하는 분이다. 시인은 세상의 악보다도 심판하시는 하나님, 정의를 실행하시는 하나님께 희망을 둔다. 그 하나님이 시인 곁에 계시고, 그 하나님께서 시인의 기도를 들으시기 때문이다. 그분이 우리의 희망이다.

*17*

**나의 힘이시여**

> 말씀 시편 59:1-17
> 요절 시편 59:17
> 찬송 377장, 419장

1. 시인은 무엇을 위해 기도했습니까(1-2)? 그는 왜 그렇게 기도했습니까(3)? 그는 하나님께서 무엇을 하시도록 기도합니까(4)?

2. 그가 믿는 하나님은 어떤 분입니까(5a)? 그는 그분께 무엇을 기도합니까(5b)?

3. 악인은 언제, 어떻게 활동합니까(6-7)? 그러나 하나님은 어떤 분입니까(8-9)? '요새', '힘'은 무엇을 뜻합니까? 시인은 어떤 확신이 있습니까(10)?

4. 시인은 원수가 어떻게 되도록 기도합니까(11-13)? 원수는 무엇을 합니까(14-15)?

5. 그러나 시인은 무엇을 합니까(16-17)? '나의 힘이시여'라고 찬송하는 시인으로부터 무엇을 배웁니까?

## 17
## 나의 힘이시여

> 말씀 시편 59:1-17
> 요절 시편 59:17
> 찬송 377장, 419장

1. 시인은 무엇을 위해 기도했습니까(1-2)? 그는 왜 그렇게 기도했습니까(3)? 그는 하나님께서 무엇을 하시도록 기도합니까(4)?

(다윗의 시. 사울이 사람을 보내 다윗을 죽이려고 그 집을 지키던 때에 지은 것. 성가대 지휘자를 따라 '멸하지 말라.'라는 곡조에 맞춰 부른 노래, To the choirmaster: according to Do Not Destroy. A Miktam of David, when Saul sent men to watch his house in order to kill him.)

"다윗을 죽이려고" - 사울은 그의 딸 미갈과 함께 있는 다윗을 죽이려고 사람을 보냈다(삼상 19:11).

이 시는 적들의 공격에서 구원받기를 바라는 기도이다.

1-4, 구원

1, "나의 하나님이여 나의 원수에게서 나를 건지시고 일어나 치려는 자에게서 나를 높이 드소서"

"나의 하나님이여"(אֱלֹהַי, 'elohim) - '하나님'이다. "나를 건지시고"

# 17 나의 힘이시여(59:1-17)

- '구해낸다.'(히필 명령)이다. 시인은 자신을 "구원해 달라."라고 요청한다. "일어나 치려는 자에게서" - '일어난다.'(히트폴렐 분사)이다. "나를 높이 드소서" - '도달하기 어려울 정도로 높다.' '안전하게 높은 곳에 둔다.'(피엘 미완료)이다. 높은 곳은 원수가 올 수 없어서 안전하다. 시인은 자신을 "보호해 달라."라고 기도한다.

2, "악을 행하는 자에게서 나를 건지시고 피 흘리기를 즐기는 자에게서 나를 구원하소서"

"악을" - '사악'이다. "행하는 자에게서" - '한다.'(칼 분사)이다. "나를 건지시고" - '구해낸다.'(히필 명령)이다. 시인은 자신을 "건져달라."라고 기도한다. "피 흘리기를" - '피(blood)'이다. "즐기는 자에게서" - '인간'이다. 원수이며(1절), 악을 행하는 사람(2a)이다. 목적을 이루기 위해 수단을 가리지 않는 파렴치한 사람을 뜻한다. "나를 구원하소서" - '구해낸다.'(히필 명령)이다. 시인은 "구원해달라."라고 기도한다.

왜 그는 그렇게 기도하는가?

3, "그들이 나의 생명을 해하려고 엎드려 기다리고 강한 자들이 모여 나를 치려 하오니 여호와여 이는 나의 잘못으로 말미암음이 아니요 나의 죄로 말미암음도 아니로소이다"

"(왜냐하면)" - '왜냐하면 ~이니까'이다. 이유를 설명한다. "(보라)" - '보라'이다. "그들이 나의 생명을 해하려고" - '생명(life)', '영혼(soul)'이다. "엎드려 기다리고" - '숨어서 기다린다.'(칼 완료)이다. '왜냐하면 보라, 그들이 내 생명을 기다리고 있기 때문이다.'라는 뜻이다. "강한 자들이" - '강한'이다. "모여" - '모인다.'(칼 미완료)이다. "나를 치려 하오니" - '~에 대해'이다. 강한 자들이 시인을 치려고 모이는가. "이는 나의 살못으로 말미암음이" - '반역'이다. "아니요" - '아니'이다. 시인이 반역해서가 아니다. "나의 죄로 말미암음도" - '죄가 되는 일'이다. "아니로소이다" - '아니'이다. 시인이 죄를 지어서도 아니다.

17 나의 힘이시여(59:1-17)

그는 하나님께서 무엇을 하시도록 기도하는가?

4, "내가 허물이 없으나 그들이 달려와서 스스로 준비하오니 주여 나를 도우시기 위하여 깨어 살펴 주소서"

"내가 허물이" - '허물'이다. "없으나" - '닳는(wearing out)'이다. 시인에게는 아무런 잘못이 없다. "그들이 달려와서" - '뛴다.'(칼 미완료)이다. "스스로 준비하오니" - '준비한다.'(히트폴렐 미완료)이다. 그들이 달려와서 싸울 준비를 한다. "주여 나를 도우시기 위하여" - '우연히 만난다.'(칼 부정사)이다. '나를 만나러 오세요.'라는 뜻이다. "깨어" - '깬다.'(칼 명령)이다. "살펴 주소서" - '본다.'(칼 명령)이다. 그는 주님께서 자신을 만나려고 깨어나시고, 살펴달라고 기도한다. 그는 그만큼 하나님을 믿는다.

2. 그가 믿는 하나님은 어떤 분입니까(5a)? 그는 그분께 무엇을 기도합니까(5b)?

5, 심판

5, "주님은 만군의 하나님 여호와, 이스라엘의 하나님이시오니 일어나 모든 나라들을 벌하소서 악을 행하는 모든 자들에게 은혜를 베풀지 마소서 (셀라)"

"주님은 만군의"(צבא, tsaba) - '만군(hosts)', '군대'이다. '가장 강한 용사(the Divine Warrior)'를 뜻한다. "하나님"(אלהים, 'elohim) - '하나님'이다. "여호와"(יהוה, yhwh) - '여호와(Yahweh)'이다. "하나님이시오니"(אלהים, 'elohim) - '하나님'이다. "당신, 만군의 하나님 여호와, 이스라엘의 하나님(You, Yahweh God of hosts, are God of Israel, ESV)." 시인은 그 하나님을 믿고, 기도한다.

그는 그분께 무엇을 기도하는가? "일어나" - '깨운다.'(히필 명령)이다. '하나님 깨어나소서'라는 뜻이다. "벌하소서" - '벌한다.'(칼 부정사)이다. "악을" - '사악'이다. "행하는" - '불성실하게 행동한다.'(칼 분사)이다. "모든 자들에게" - '모두'이다. '악을 행하는 자'(2절)와 같

151

다. "은혜를 베풀지" - '불쌍히 여긴다.'(칼 미완료)이다. "마소서" - '아니다'이다. 시인은 만군의 하나님 여호와께서 일어나셔서 원수를 멸하여 은혜를 베풀지 않도록 기도한다.

3. 악인은 언제, 어떻게 활동합니까(6-7)? 그러나 하나님은 어떤 분입니까(8-9)? '요새', '힘'은 무엇을 뜻합니까? 시인은 어떤 확신이 있습니까(10)?

6-7, 원수

6, "그들이 저물어 돌아와서 개처럼 울며 성으로 두루 다니고"

"그들이 저물어" - '저녁'이다. '아침'(17절)과 짝을 이룬다. "돌아와서" - '돌아간다.'(칼 미완료)이다. 그들은 해가 지면 돌아온다. "개처럼" - '개'이다. 사람을 무시할 때 개로 비유했다(삼상 17:43, 삼하 9:8). "울며" - '크게 외친다.'(칼 미완료)이다. 그들은 개처럼 짖는다. "두루 다니고" - '돌아다닌다.'(포엘 미완료)이다. 그들은 성안을 쏘다닌다.

7, "그들의 입으로는 악을 토하며 그들의 입술에는 칼이 있어 이르기를 누가 들으리요 하나이다"

"악을 토하며" - '솟아 나온다.'(히필 미완료)이다. 그들은 입에 거품을 물고 있다. "그들의 입술에는" - '입술'이다. "칼이 있어 이르기를" - '칼(sword)'이다. '그들의 입술에는 칼을 물고서'라는 뜻이다. 원수가 말로 하는 공격을 뜻한다. "들으리요" - '듣는다.'(칼 분사)이다. "하나이다" - '마치 ~처럼'이다. 그들은 '누가 우리의 말을 듣겠느냐?'라고 생각한다. 수사의문문이다. 그들은 자신들의 공격적이고 폭력적인 말을 들을 수 있는 사람은 없다고 생각한다. 그들은 그 누구도 자기 말에 도전할 수 없다고 생각한다. 심지어 하나님도 듣지 않을 줄 생각한다.

그러나 하나님은 어떤 분인가?

8-10, 확신

8, "여호와여 주께서 그들을 비웃으시며 모든 나라들을 조롱하시리이다"

"비웃으시며" - '웃는다.'(칼 미완료)이다. 악인에 대한 하나님의 반응이다. "조롱하시리이다" - '조롱한다.'(칼 미완료)이다. 악인은 하나님이 듣지 않는다고 생각했다. 하지만 시인은 그들의 생각과는 달리 하나님은 들으신다고 믿는다. 하나님은 악인의 폭력적인 말이나 시인의 기도를 다 들으신다.

9, "하나님은 나의 요새이시니 그의 힘으로 말미암아 내가 주를 바라리이다"

다른 번역본은 이렇게 표현한다: "나의 힘이여, 내가 당신만 쳐다봅니다. 하나님은 나의 요새, 나의 사랑."

"나의 요새이시니" - '높은 곳'이다. 악인은 거리를 서성거리며 무정부 상태를 가져올지라도, 주님은 요새이시다. "그의 힘으로 말미암아" - '힘'이다. 주님은 시인에게 힘이시다. 악인도 힘이 있다. 하지만 주님은 그 악인의 힘과 비교할 수 없는 힘이시다. 원수는 '강한 자'(3절)였지만, 하나님은 그 원수와 비교할 수 없을 정도로 힘이 있다. "바라리이다" - '감시한다.'(칼 미완료)이다. 시인은 새벽을 기다리는 파수꾼처럼(시 130:6) 하나님을 기다린다. 그는 하나님께서 일하심을 믿고 지켜본다. 비록 원수가 의인을 공격할지라도 하나님은 시인의 요새이다. 사랑의 하나님께서 일하심으로 그 백성이 번성할 줄을 기대한다.

시인은 어떤 확신이 있는가?

10, "나의 하나님이 그의 인자하심으로 나를 영접하시며 하나님이 나의 원수가 보응 받는 것을 내가 보게 하시리이다"

"그의 인자하심으로" - '한결같은 사랑(steadfast love)'이다. "나를 영접하시며" - '앞서간다.'(피엘 미완료)이다. 시인은 그분을 만날 줄 확신한다. "나의 원수가 보응 받는 것을" - '원수'이다. "내가 보게 하시리이다" - '바라본다.'(히필 미완료)이다. 시인은 원수가 하나님한테 보응 받는 일을 본다.

4. 시인은 원수가 어떻게 되도록 기도합니까(11-13)? 원수는 무엇을 합니까(14-15)?

11-15, 보응
11, "그들을 죽이지 마옵소서 나의 백성이 잊을까 하나이다 우리 방패 되신 주여 주의 능력으로 그들을 흩으시고 낮추소서"

"그들을 죽이지" - '죽인다.'(칼 미완료)이다. "마옵소서" - '아니'이다. "잊을까" - '잊는다.'(칼 미완료)이다. "하나이다" - '~하지 않도록'이다. 원수가 갑자기 죽으면 다른 사람에 대한 경고로서 잊어버릴 수 있기 때문이다. 하나님은 악인을 심판할 때 경고로 삼으신다. "그들을 흩으시고" - '흔들린다.'(히필 명령)이다. '정처 없이 떠돌아다님'을 뜻한다. "낮추소서" - '내려간다.'(히필 명령)이다. 하나님께서 그들을 흩으시고, 낮추도록 기도한다.

12, "그들의 입술의 말은 곧 그들의 입의 죄라 그들이 말하는 저주와 거짓말로 말미암아 그들이 그 교만한 중에서 사로잡히게 하소서"

"그들의 입술" - '입술'이다. "말은" - '말'이다. "그들의 입" - '입'이다. "죄라" - '죄'이다. 그들은 말로 죄를 짓는다. 그들은 "아무도 듣는 사람이 없느냐?"라고 소리쳤다(7). "그들이 말하는" - '자세히 말한다.'(피엘 미완료)이다. "저주와" - '엄숙한 진술', '(맹세를 파기한 데 대한) 저주'이다. "거짓말로 말미암아" - '거짓말을 함'이다. "그들이 그 교만한 중에서" - '교만'이다. "사로잡히게 하소서" - '사로잡는다.'(니팔 미완료)이다. 그들의 교만이 그들을 사로잡는 덫이 되도록 기노한다.

13, "진노하심으로 소멸하시되 없어지기까지 소멸하사 하나님이 야곱 중에서 다스리심을 땅끝까지 알게 하소서 (셀라)"

# 17 나의 힘이시여(59:1-17)

"진노하심으로" - '격노'이다. "소멸하시되" - '다 써버린다.'(피엘 명령)이다. "없어지기까지" - '없어진다.'이다. "소멸하사" - '다 써버린다.'(피엘 명령)이다. 원수를 완전히 없애달라고 기도한다. 앞에서는 "그들을 죽이지 마옵소서"라고 기도했다(11). 하지만 원수는 사라져야 한다. 왜냐하면 그들은 저주와 거짓말을 하기 때문이다(12). "다스리심을" - '통치한다.'(칼 분사)이다. "알게 하소서" - '알다.'(칼 미완료)이다. 하나님의 심판을 통해 그분의 다스림이 야곱에게 나타나고, 땅끝까지 알려지기를 바란다.

원수는 무엇을 하는가?

14, "그들에게 저물어 돌아와서 개처럼 울며 성으로 두루 다니게 하소서"

"그들에게 저물어" - '해 질 녘'이다. "돌아와서" - '돌아간다.'(칼 미완료)이다. '해만 지면 돌아와서'라는 뜻이다. "울며" - '크게 외친다.'(칼 미완료)이다. "두루 다니게 하소서" - '돌아다닌다.'(포엘 미완료)이다.

15, "그들은 먹을 것을 찾아 유리하다가 배부름을 얻지 못하면 밤을 새우려니와"

"먹을 것을 찾아" - '먹는다.'(칼 부정사)이다. "유리하다가" - '비틀거린다.'(히필 미완료)이다. "배부름을 얻지" - '만족한다.'(칼 미완료)이다. "못(하면)" - '아니'이다. "(못)하면" - '만일 ~이면'이다. "밤을 새우려니와" - '밤을 지낸다.'(히필 미완료)이다. 앞에서는 무섭던 개(6-7)가 여기서는 먹을 것을 찾아 헤매는 불쌍한 존재로 나타난다.

5. 그러나 시인은 무엇을 합니까(16-17)? '나의 힘이시여'라고 찬송하는 시인으로부터 무엇을 배웁니까?

16-17, 노래
16, "나는 주의 힘을 노래하며 아침에 주의 인자하심을 높이 부르오

# 17 나의 힘이시여(59:1-17)

리니 주는 나의 요새이시며 나의 환난 날에 피난처심이니이다"

"(그러나)" - 전환이 일어난다. "주의 힘을"(עֹז, *ʿōz*) - '힘', '능력'이다. 하나님의 본질적 속성이다. 하나님은 당신의 백성을 위해 그 원수에게 그 힘을 나타내신다. "노래하며" - '노래 부른다.'(칼 미완료)이다. 그러나 시인은 주님의 힘을 노래한다. "아침에" - '저물어'(14절)와 대조한다. 개들은 저물 때 활동한다. 하지만 시인은 아침에 활동한다. "높이 부르오리니" - '기뻐 소리친다.'(피엘 미완료)이다. 시인은 주님의 변함없는 사랑을 크게 소리친다.

왜 그렇게 하는가? "요새" - '높은 곳'이다. "이시며" - '~이 일어난다.'(칼 완료)이다. 왜냐하면 시인에게 하나님은 요새였기 때문이다. "피난처심이니이다" - '은신처'이다. 환난 날에 피난처였기 때문이다.

17, "나의 힘이시여 내가 주께 찬송하오리니 하나님은 나의 요새이시며 나를 긍휼히 여기시는 하나님이심이니이다"

"나의 힘이시여"(עֹז, *ʿōz*) - '힘'이다. 하나님은 원수의 공격을 막아줄 힘이시다. 그는 하나님이 자기 힘의 원천임을 믿는다. "찬송하오리니" - '찬양한다.'(피엘 미완료)이다. 그는 힘이신 하나님을 찬송한다. "(왜냐하면)" - '왜냐하면 ~이니까'이다. "나의 요새이시며" - '높은 곳'이다. 왜냐하면 하나님은 그의 요새이기 때문이다. "나를 긍휼히 여기시는" - '한결같은 사랑(steadfast love)'이다. "이니이다" - '~이므로'이다. 하나님은 당신의 한결같은 사랑을 보여 주기 때문이다.

'나의 힘이시여'라고 찬송하는 시인으로부터 무엇을 배우는가? 그는 힘인 하나님이 함께하심을 믿었다. 비록 자기는 힘이 없어도 자기와 함께하시는 하나님은 힘이 있음을 믿었다. 그 힘을 받으면, 어떤 원수도 이길 수 있음을 믿었다. 그래서 그는 그분께 기도했고, 그분을 체험했다. 그는 그분을 찬양했다. 힘인 하나님은 의인을 괴롭히는 악하고 교만한 사람을 심판함으로 그 힘을 나타내신다. 여호와는 진실로 영적 용사(the Divine warrior)이시다.

# 18
# 우리를 도와주소서

말씀 시편 60:1-12
요절 시편 60:11
찬송 71장, 383장

1. 하나님께서 이스라엘을 어떻게 하셨습니까(1a)? 그런 중에도 시인은 어떤 희망을 품습니까(1b)? 주님께서 땅을 어떻게 하셨습니까(2a)? 시인은 하나님께서 어떻게 해주시도록 기도합니까(2b)?

2. 그 백성은 어떤 상태였습니까(3)? 시인은 그런 중에도 어떤 확신이 있었습니까(4)?

3. 시인은 무엇을 기도합니까(5)? 하나님은 시인의 기도에 어떻게 응답하셨습니까(6a)? 그 첫 번째 내용은 무엇입니까(6b)? '나누고 측량하신 하나님'은 어떤 분입니까? 기도 응답의 두 번째 내용은 무엇입니까(7-8)? 이 하나님은 어떤 분입니까?

4. 시인의 안타까움은 무엇입니까(9-10)? 그는 하나님께 무엇을 요청합니까(11a)? 왜 그렇게 기도합니까(11b)? 그들은 하나님이 도와주시면 무엇을 할 수 있습니까(12)? '우리를 도와주소서'라고 기도하는 시인으로부터 무엇을 배웁니까?

## 18

# 우리를 도와주소서

말씀 시편 60:1-12
요절 시편 60:11
찬송 71장, 383장

1. 하나님께서 이스라엘을 어떻게 하셨습니까(1a)? 그런 중에도 시인은 어떤 희망을 품습니까(1b)? 주님께서 땅을 어떻게 하셨습니까(2a)? 시인은 하나님께서 어떻게 해주시도록 기도합니까(2b)?

(다윗이 교훈하기 위해서 지은 것으로 그가 아람- 나하라임과 아람- 소바와 싸울 때 요압이 돌아와 '소금 골짜기'에서 에돔 사람 12,000명을 죽였을 때 지은 시. 성가대 지휘자를 따라 '언약의 백합화'란 곡조에 맞춰 부른 노래, To the choirmaster: according to Shushan Eduth. A Miktam of David; for instruction; when he strove with Aram-naharaim and with Aram-zobah, and when Joab on his return struck down twelve thousand of Edom in the Valley of Salt.)

"아람" - 아브라함은 아람의 조상 나홀의 형제이다(창 22:20-21). 이삭(창 25:20)과 야곱(창 28:5)은 모두 아람의 여자와 결혼했다. 주전 10세기 후반에 아람인의 정치적 지배력은 상부 메소포타미아에서 절정에 달했다. "소바" - 아람 사람의 작은 나라였다. "소금 골짜기" - 다윗은 에돔과 모압과 암몬 사람들과 블레셋 사람들과 싸웠다. 그는 '소금 골짜기'에서 에돔 사람 18,000명을 죽이고 돌아와서 이름을 떨쳤다(삼하 8:13). 그런데 다윗은 이 시편에서는 큰 패배를 전제한다. "에돔 사람" - 에서의 후손이 사는 땅이다. "언약의" - '증거'이다. "백합화" - '백합(lily/ shushan)'이다.

하나님께 도움을 구하는 공동체의 기도이다.


1-4, 거절과 회복

1, "하나님이여 주께서 우리를 버려 흩으셨고 분노하셨사오나 지금은 우리를 회복시키소서"

시인은 현재 상황을 7가지 동사(1-3)로 표현했다.

"주께서 우리를 버려" - '버린다.'(칼 완료)이다. 첫째로, 하나님은 그들을 거절했다. 이스라엘은 전쟁에서 크게 졌다. 이스라엘이 졌다는 사실은 하나님께서 그들을 버리셨음을 뜻한다. 그들은 전쟁에서 이기고 짐이 하나님한테서 온다고 믿었다. "흩으셨고" - '깬다.'(칼 완료)이다. 둘째로, 하나님은 그들의 방어선을 무너뜨렸다. "분노하셨사오나" - '불쾌하게 여긴다.'(칼 완료)이다. 셋째로, 하나님은 그들에게 화를 냈다.

그러나 시인은 무엇을 하는가? "회복시키소서" - '회복한다.'(폴렐 미완료)이다. 시인은 하나님께서 그들을 회복시켜 주시도록 기도한다. 하나님께서 그 백성을 버리셨지만, 완전히 버리지는 않았다. 시인은 그 사실을 알기에 회복을 위해 기도한다.

주님께서 땅을 어떻게 하셨는가?


2, "주께서 땅을 진동시키사 갈라지게 하셨사오니 그 틈을 기우소서 땅이 흔들림이니이다"

"진동시키사" - '떤다.'(히필 완료)이다. 넷째로, 하나님은 땅을 흔드셨다. "갈라지게 하셨사오니" - '쪼갠다.'(칼 완료)이다. 다섯째로, 하나님은 땅을 찢어서 갈라지게 하셨다. 하나님께서 그 백성을 버리심은 마치 땅이 진동하는 그것과 같다. 지진은 하나님의 심판을 상징한다.

그러나 시인은 무엇을 하는가? "그 틈을" - '파괴'이다. "기우소서"(רָפָה, rapa) - '건강하게 한다.'(칼 명령)이다. 시인은 땅의 파멸을 치료해 주시도록 기도한다. 그것은 하나님과 그 백성의 회복을 뜻한다. "땅이 흔들림" - '흔들린다.'(칼 완료)이다. "이니이다" - '~라는 것 때문에'이다. 왜냐하면 땅이 흔들리기 때문이다.

2. 그 백성은 어떤 상태였습니까(3)? 시인은 그런 중에도 어떤 확신이 있었습니까(4)?

3, "주께서 주의 백성에게 어려움을 보이시고 비틀거리게 하는 포도주를 우리에게 마시게 하셨나이다"

"어려움을" - '잔인한'이다. 이 어려움은 이스라엘이 애굽에서 겪었던 그 어려움이다. "보이시고" - '본다.'(히필 완료)이다. 여섯째로, 하나님은 그 백성에게 어려움을 겪도록 하셨다. 이스라엘은 애굽에서 겪었던 그 어려움을 겪었다. "비틀거리게 하는" - '비틀거림'이다. 하나님께서 그 백성에게 겪게 하신 '그 어려움'이다. "우리에게 마시게 하셨나이다" - '마시게 한다.'(히필 완료)이다. 일곱째로, 하나님은 그들에게 포도주를 마시게 하셨다. 그들이 겪는 어려움은 술에 취한 사람처럼 비틀거리는 것이다.

시인은 그런 중에도 어떤 확신이 있었는가?

4, "주를 경외하는 자에게 깃발을 주시고 진리를 위하여 달게 하셨나이다 (셀라)"

"주를 경외하는 자에게" - '두려워한다.'(칼 분사)이다. '하나님을 경외하는 사람'을 뜻한다. "깃발을" - '기(ensign/ banner)'이다. 전장에서 '가시성(visibility)'을 위해 나타내는 표시이다. '하나님의 좋은 선물'을 상징한다. 모세는 애굽에서 나왔을 때 선언했다. "여호와 닛시(여호와는 나의 깃발, The Yahweh is my Banner)"(출 17:15). "주시고" - '준다.'(칼 완료)이다. 하나님은 당신을 경외하는 사람에게 깃발을 주셨다.

왜 주셨는가? "위하여" - '얼굴'이다. "달게 하셨나이다" - '도망한
다.'(히트폴렐 부정사)이다. 두 가지로 생각할 수 있다: "그들이 진리
를 위해 깃발을 달도록 하심이었다." 하나님은 당신을 경외하는 사
람이 진리를 드러내도록 깃발을 달도록 하셨다. "그들이 활을 피하
여 도망하도록 함이었다." 하나님은 당신을 경외하는 사람이 화살을
피하도록 깃발을 달도록 하셨다.

3. 시인은 무엇을 기도합니까(5)? 하나님은 시인의 기도에 어떻게 응
   답하셨습니까(6a)? 그 첫 번째 내용은 무엇입니까(6b)? '나누고 측량
   하신 하나님'은 어떤 분입니까? 기도 응답의 두 번째 내용은 무엇
   입니까(7-8)? 이 하나님은 어떤 분입니까?

60:5-12는 108:6-13과 같다.
5-8, 신탁
5, "주께서 사랑하시는 자를 건지시기 위하여 주의 오른손으로 구원
하시고 응답하소서"
"주께서 사랑하시는 자를" - '사랑하는'(복수)이다. 하나님의 백성
인 이스라엘 공동체이다. 이스라엘은 고통 속에서도 하나님의 사랑
을 받는 존재이다. "건지시기" - '끌어낸다.'(니팔 미완료)이다. "건져
주십시오." "위하여" - '목적'이다. "주의 오른손으로" - '오른손'이다.
주님의 힘을 뜻한다. "구원하시고" - '구원한다.'(히필 명령)이다. "응
답하소서" - '대답한다.'(칼 명령)이다.
하나님은 시인의 기도에 어떻게 응답하셨는가?

6, "하나님이 그의 거룩하심으로 말씀하시되 내가 뛰놀리라 내가 세
겜을 나누며 숙곳 골짜기를 측량하리라"
"그의 거룩하심으로" - '구별'이다. '성소'를 뜻한다. "말씀하시되"
- '말한다.'(피엘 완료)이다. 하나님은 성소에서 말씀하셨다. 하나님은
말씀으로 기도에 응답하셨다.
그 내용은 무엇인가? 6b-8절까지이다. "내가 뛰놀리라" - '날뛴

다.'(칼 미완료)이다. 전쟁에서 이길 때 기뻐하는 모습이다. "세겜을" - 요단강 서쪽에 있었다. "나누며" - '분배한다.'(피엘 미완료)이다. 하나님은 세겜을 나눈다. "숙곳" - 요단강 동쪽에 있는데, 텔 데이르 알라(Tell Deir Alla)와 같은 곳이다. "측량하리라" - '잰다.'(피엘 미완료)이다. 하나님은 숙곳을 측량하신다.

'나누고 측량하신 하나님'은 어떤 분인가? 땅의 주인님이시다. 그분은 정복한 땅을 백성에게 나눠주신다. 왜냐하면 그분은 그 땅의 주인님이시기 때문이다. 하나님은 가나안 땅과 그 주변 모든 나라의 주인님이시다.


7, "길르앗이 내 것이요 므낫세도 내 것이며 에브라임은 내 머리의 투구요 유다는 나의 규이며"

"길르앗이" - 요단강 동쪽의 산악지역이다. "내 것이요" - '~안에'이다. "므낫세도" - 요단강 서쪽 지역이다. "내 것이며" - '~안에'이다.

이 말씀에서 무엇을 배우는가? "에브라임은" - 주전 722년까지 북이스라엘의 중심지였다. "투구요" - '안전한 방편'이다. 군인이 머리를 보호하기 위해 쓰는 투구(helmet)이다. 주님은 북쪽 이스라엘을 투구로 삼으신다. "유다는" - 남왕국의 중심지였다. "나의 규이며"(scepter) - '통치자'이다. '지배', '통치'를 상징한다. 주님은 남쪽 유다를 지휘봉으로 삼으신다.


8, "모압은 나의 목욕통이라 에돔에는 나의 신발을 던지리라 블레셋아 나로 말미암아 외치라 하셨도다"

"모압은" - 롯이 큰딸에게서 낳은 아들, 그 후손이 사는 땅이다. 이스라엘을 동쪽에서 둘러싸고 있는 적국이다. "나의 목욕" - '목욕'이다. "통이라" - '항아리'이다. 모압은 이스라엘이 전장에서 돌아 목욕하는 그릇이다. "에돔" - 에서의 별명이며, 에돔의 영토를 말한다. 이스라엘을 동쪽에서 둘러싸고 있는 적국이다. "던지리라" - '던진다.'(히필 미완료)이다. '신발을 던진다.'라는 말은 소유권을 뜻한다(룻

4:7). "블레셋아" - 이스라엘의 남쪽 지중해 연안이며, 블레셋 사람이 사는 땅이다. 이스라엘 서쪽에 있는 원수이다. "나로 말미암아" - '~에 관하여'이다. "외치라 하셨도다" - '소리를 높인다.'(히트폴렐 명령)이다. 두 가지로 해석할 수 있다: "내가 블레셋을 이기고 외친다." "오 블레셋아, 승리를 외치라."

이 하나님은 어떤 분인가? 세상을 지배하는 분이다. 최강 블레셋도 하나님께 복종했다. 하나님은 이스라엘은 물론이고 주변 나라를 다스리신다. 하나님은 세상의 주인님이면서, 세상의 왕이다.

4. 시인의 안타까움은 무엇입니까(9-10)? 그는 하나님께 무엇을 요청합니까(11a)? 왜 그렇게 기도합니까(11b)? 그들은 하나님이 도와주시면 무엇을 할 수 있습니까(12)? '우리를 도와주소서'라고 기도하는 시인으로부터 무엇을 배웁니까?

9-11, 도움

9, "누가 나를 이끌어 견고한 성에 들이며 누가 나를 에돔에 인도할까"

"나를 이끌어" - '이끌다.'(히필 미완료)이다. "성에 들이며" - '성읍(city)'이다. '에돔의 수도'인데, 오늘날의 요르단의 페트라(Petra)이다. 암벽으로 이루어진 천연 요새이다. "에돔" - 에서의 별명이며, 에돔의 영토를 말한다. "인도할까" - '인도한다.'(칼 완료)이다. 그는 에돔을 공격하려고 한다. 하지만 그를 이끌 사람이 없다.

10, "하나님이여 주께서 우리를 버리지 아니하셨나이까 하나님이여 주께서 우리 군대와 함께 나아가지 아니하시나이다"

"우리를 버리지" - '버린다.'(칼 완료)이다. "아니하셨나이까" - '아니다'이다. 그들은 하나님께 버림받았다고 여겼다. "주께서 우리 군대와 함께" - '군대'이다. "나아가지" - '앞으로 간다.'(칼 미완료)이다. "아니하시나이다" - '아니다'이다. 그들은 하나님께서 그들을 인도하지 않는다고 여겼다.

그는 하나님께 무엇을 요청하는가?

11, "우리를 도와 대적을 치게 하소서 사람의 구원은 헛됨이니이다"
"도와" - '도움'이다. "대적을 치게" - '재앙'이다. '적과 맞서서'라는 뜻이다. "하소서" - '~에 돌린다.'(칼 명령)이다. '우리에게 도움을 주소서.'라는 뜻이다. '우리가 대적과 맞서도록 도와달라.'라는 말이다. 시인은 에돔이 강하다고 해서 피하지 않는다. 그는 오히려 에돔과 맞설 수 있도록 도움을 청한다.

그는 왜 하나님께 도움을 청하는가? "사람의" - '아담'이다. "구원은" - '구원'이다. "헛됨이니이다" - '허무'이다. 왜냐하면 사람의 구원은 헛되기 때문이다. 사람의 도움으로 에돔과의 싸움에서 이길 수 없다. 전쟁에서 이기고 짐은 무기가 좋고 나쁨에 있지 않다. 하나님께 달려 있다. 하나님의 도움 없이는 전쟁에서 이길 수 없다. 그러므로 사람의 힘을 의지하는 일은 헛된 일이다. 구원과 승리는 오직 하나님한테서 온다.

그들은 하나님이 도와주시면 무엇을 할 수 있는가?

12, 승리
12, "우리가 하나님을 의지하고 용감하게 행하리니 그는 우리의 대적을 밟으실 이심이로다"
"하나님을 의지하고" - '하나님'이다. "용감하게" - '힘'이다. "행하리니" - '한다.'(칼 미완료)이다. 하나님께서 그들을 도와주시면 그들은 하나님을 의지하고 용감하게 행할 수 있다. 그들은 하나님 없이는 실패하지만, 하나님의 도움과 함께 하면 승리할 수 있다. "우리의 대적을" - '재앙'이다. "밟으실 이심이로다" - '짓밟는다.'(칼 미완료)이다. 그분은 대적을 짓밟으신다.

'우리를 도와주소서!'라고 기도하는 시인으로부터 무엇을 배우는가? 모든 일이 실패한 것처럼 보이는 그 압박의 시기에도 하나님께 도움을 청해야 함을 배운다. 하나님이 계시지 않고, 아무 일도 하지 않으신 것처럼 보일 때도 그분을 믿고 도움을 청해야 한다. 하나님의 사람은 그분과 함께하면 어떤 대적과도 맞서서 용감하게 싸울 수 있음을 믿어야 한다. 우리를 도울 수 있는 유일한 분은 하나님뿐이시다. 오직 하나님만이 우리의 기도에 응답하신다. 그러므로 우리는 이렇게 기도해야 한다. "하나님, 우리를 도와주소서! 사람의 구원은 헛됩니다."

19

# 나보다 높은 바위

말씀 시편 61:1-8
요절 시편 61:2
찬송 70장, 402장

1. 시인은 하나님께 어떻게 기도합니까(1)? 그는 왜 그렇게 다급하고 간절합니까(2a)? 그는 무엇을 기도합니까(2b)? '나보다 높은 바위'라고 고백하는 시인을 통해 우리는 무엇을 배웁니까?

2. 시인은 왜 '나보다 높은 바위로 인도해 달라.'라고 기도합니까(3)? 그러므로 시인은 어떻게 하려고 합니까(4)? 왜 시인은 그리로 피하려고 합니까(5)?

3. 시인은 누구를 위해 기도합니까(6a)? 그 기도의 내용은 무엇입니까(6b-7)? 왜 시인은 왕을 위해 이렇게 기도합니까? 시인은 주님이 기도를 응답하시면 무엇을 할 겁니까(8)?

19 나보다 높은 바위(61:1-8)

# 19
## 나보다 높은 바위

말씀 시편 61:1-8
요절 시편 61:2
찬송 70장, 402장

1. 시인은 하나님께 어떻게 기도합니까(1)? 그는 왜 그렇게 다급하고 간절합니까(2a)? 그는 무엇을 기도합니까(2b)? '나보다 높은 바위'라고 고백하는 시인을 통해 우리는 무엇을 배웁니까?

(다윗의 시. 성가대 지휘자를 따라 현악기에 맞춘 노래, To the choirmaster: with stringed instruments. Of David.)

시인은 하나님한테서 멀리 떨어져 있다. 그는 주님의 함께하심을 체험하기가 쉽지 않다. 그런데도 그는 하나님께 기도한다.

61편~63편은 스타일과 주제에서 연결되어 있다. 스타일은 왕의 기도이고, 주제는 하나님의 임재에 대한 갈망이다.

1-2, 높은 바위

1, "하나님이여 나의 부르짖음을 들으시며 내 기도에 유의하소서"

"하나님이여"(אֱלֹהִים, *elohim*) - '하나님'이다. 시인은 하나님을 부르므로 시작한다. "나의 부르짖음을" - '울리는 외침'이다. "들으시며" - '듣는다.'(칼 명령)이다. "유의하소서" - '청종한다.'(히필 명령)이다. 시

167

인은 '들으소서', '유의하소서'를 반복한다. 자신의 다급함과 간절함을 표현한다.

그는 왜 그렇게 다급하고 간절한가?

2, "내 마음이 약해질 때에 땅끝에서부터 주께 부르짖으오리니 나보다 높은 바위에 나를 인도하소서"

"약해질 때에" - '기력이 없다.'(칼 부정사)이다. '마음이 약할 때'이다. 그는 절망, 소외를 느끼고, 낙심하고 있다. "땅끝에서부터" - '장소로 멀리 떨어져 있다.' '심리로 멀리 떨어져 있다.'라는 뜻이다. 그는 성전에서 멀리 떨어져 있고, 하나님한테서 멀리 떨어져 있다. '자기 능력이 한계에 도달했고, 더는 어찌할 수 없는 상황'을 비유적으로 표현하고 있다. '마음이 약할 때'와 같은 뜻이다.

그때 시인은 무엇을 하는가? "주께 부르짖으오리니" - '부른다.'(칼 미완료)이다. 시인은 마음이 약할 때, 땅끝에서부터 주님을 부른다.

무엇을 기도하는가? "높은" - '높다.'(칼 미완료)이다. "바위" - '반석'이다. '높은 바위'는 '보호', '피난처'이다. 적으로부터 도망한 사람에게 안전을 보장하는 높이 솟은 장소, 요새이다. 그곳은 원수가 올 수 없다. 그곳은 '성소'이며, '여호와'를 상징한다. "나보다" - '~보다 더'이다. '내 힘으로 오를 수 없는'을 뜻한다. '높은 바위'는 시인의 힘으로 오를 수 없다. "나를 인도하소서" - '인도한다.'(히필 미완료)이다. 시인은 가장 안전한 곳인 하나님의 품으로 하나님께서 인도해 주시도록 기도한다. 오직 하나님만이 그를 안전한 그곳으로 인도하실 수 있다. 그는 여호와 외에는 누구의 보호도 바라지 않는다.

'나보다 높은 바위'라고 고백하는 시인을 통해 우리는 무엇을 배우는가? 첫째로, 내 마음이 약할 때 주님을 불러야 한다. 하나님은 우리가 약할 때, 하나님한테서 멀어졌다고 생각할 그때 우리를 찾으신다. 우리의 기도를 들으신다.

둘째로, 하나님은 나보다 높은 바위임을 믿어야 한다. 우리는 안전과 보호가 필요할 때 그분이 나를 인도해 주시도록 기도해야 한다.

# 19 나보다 높은 바위(61:1-8)

2. 시인은 왜 '나보다 높은 바위로 인도해 달라.'라고 기도합니까(3)? 그러므로 시인은 어떻게 하려고 합니까(4)? 왜 시인은 그리로 피하려고 합니까(5)?

3-5, 피난처

3, "주는 나의 피난처시요 원수를 피하는 견고한 망대이심이니이다"

"(왜냐하면)" - 그 이유를 설명한다. "(피난처)시오" - '~이다.'(칼 완료)이다. 왜냐하면 여호와는 그의 피난처였기 때문이다. "피하는" - '얼굴'이다. "견고한" - '힘'이다. "망대" - '탑(tower)'이다. "이니이다" - '~이므로'이다. 여호와는 그의 망대, '방어 탑(a tower of defense)'이기 때문이다. '망대'는 도시 안에서 사람에게 피신처를 제공하여 보호하고, 적을 공격하도록 기회를 주는 곳이다. 시인은 현재의 고통 속에서 주님께서 함께하셨던 과거를 회상한다.

그러므로 시인은 어떻게 하려고 하는가?

4, "내가 영원히 주의 장막에 머물며 내가 주의 날개 아래로 피하리이다 (셀라)"

"주의 장막에" - '거처'이다. '만남의 천막(회막)'을 뜻한다. "머물며" - '머무른다.'(칼 미완료)이다. 시인은 과거에 피난처였던 주님의 장막에 영원히 머물려고 한다. "주의 날개" - '날개', '끝(extremity)'이다. "아래로" - '숨는 곳', '피할 곳(the shelter)'이다. '스랍의 날개 그늘'이며 '보호'를 뜻한다. 예루살렘 성전을 말한다. "피하리이다" - '보호받기 위해 도망한다.'(칼 미완료)이다. 시인은 견고한 망대였던 그분의 날개 아래로 피하려고 한다.

왜 그는 그리로 피하려고 하는가?

5, "주 하나님이여 주께서 나의 서원을 들으시고 주의 이름을 경외하는 자가 얻을 기업을 내게 주셨나이다"

"(왜냐하면)" - 그 이유를 설명한다. "나의 서원을" - '서원 제물(votive offering)'이다. 어려운 일을 만날 때 주님께 하는 맹세이다.

# 19 나보다 높은 바위(61:1-8)

"들으시고" - '듣는다.'(칼 완료)이다. 왜냐하면 하나님께서 시인의 서원을 들으셨기 때문이다. "경외하는 자가" - '경외한다.'(칼 분사)이다. 하나님을 의지하고 섬기는 사람이다. "얻을 기업을" - '유산'이다. 하나님께서 열두 지파에 주신 '땅'을 뜻한다. "내게 주셨나이다" - '준다.'(칼 완료)이다. 하나님은 당신의 이름을 경외하는 사람이 얻을 유산, 즉 땅을 시인에게 주셨기 때문이다.

3. 시인은 누구를 위해 기도합니까(6a)? 그 기도의 내용은 무엇입니까 (6b-7)? 왜 시인은 왕을 위해 이렇게 기도합니까? 시인은 주님이 기도를 응답하시면 무엇을 할 겁니까(8)?

6-8, 보호

6, "주께서 왕에게 장수하게 하사 그의 나이가 여러 대에 미치게 하시리이다"

"주께서 왕에게" - '왕'이다. 시인은 이제 왕을 위해 기도한다.

그 내용은 무엇인가? "장(수)" - '날'이다. "(장)수" - '시간'이다. "하게 하사" - '~위에'이다. '왕의 날을 더하소서.' '왕의 수명을 연장하소서.'라는 뜻이다. "그의 나이" - '해(year)'이다. "미치게 하시리이다" - '늘린다.'(히필 미완료)이다. '그의 해가 모든 세대에 지속되기를'이라는 뜻이다.

7, "그가 영원히 하나님 앞에서 거주하리니 인자와 진리를 예비하사 그를 보호하소서"

"앞에서" - '얼굴'이다. "거주하리니" - '머무른다.'(칼 미완료)이다. '오래도록 왕위에 앉아 있게 하시고'라는 뜻이다. "인자와 진리" - 이스라엘은 하나님의 인자와 진리에 기초하여 세워졌고, 유지되었다. "예비하사" - '지명한다.'(피엘 명령)이다. "그를 보호하소서" - '지킨다.'(칼 미완료)이다. '왕을 지켜주소서.'라는 뜻이다. 시인은 주님의 한결같은 사랑과 진리로 왕을 지켜주시도록 기도한다.

왜 시인은 왕을 위해 이렇게 기도하는가? 나라의 현재와 미래는 왕의 현재와 미래에 달려 있기 때문이다. 왕이 건강하고 오래 살면 그 나라도 건강하게 오래 간다. 왕이 하나님의 사랑과 진리 안에 살면 그 나라도 하나님의 사랑과 진리 안에서 산다. 왕은 곧 그 나라를 대변한다. 왕을 위한 기도는 곧 그 나라, 그 공동체를 위한 기도이다. 영국 국가(British National Anthem - "God Save The Queen")는 이 시에서 가사를 따왔다.

시인은 주님이 기도를 응답하시면 무엇을 할 것인가?

8, "그리하시면 내가 주의 이름을 영원히 찬양하며 매일 나의 서원을 이행하리이다"

"그리하시면" - '그와 같이'이다. "주의 이름을" - '이름'이다. 그분 자체를 뜻한다. 여호와는 '안전하고 높은 바위', '강한 탑', 그리고 '안전한 피난처(a safe shelter)'이다. "영원히" - '계속되는 미래'이다. '영원(eternity)'보다는 '계속(continuity)'을 뜻한다. "찬양하며" - '찬양한다.'(피엘 미완료)이다. "매(일)" - '날(day)'이다. "매(일)" - '날(day)'이다. '날마다'를 뜻한다. "이행하리이다" : '평화 언약을 맺는다.' '완성한다.'(피엘 부정사)이다. '서원을 이행하는 일'은 성전에서 희생 제사를 지내면서 공적으로 하는 행위이다. 시인은 하나님께서 왕을 오랫동안 지켜주시면, 날마다 서원을 지키면서 하나님을 계속해서 찬양할 것이다.

20

## 하나님만 바람이여

말씀 시편 62:1-12
요절 시편 62:1
찬송 543장, 343장

1. 시인은 무엇을 합니까(1a)? '잠잠히 하나님만 바란다.'라는 말은 무슨 뜻입니까? 그는 어떻게 그렇게 할 수 있었습니까(1b)? 왜 그분께서 구원하십니까(2)? 우리는 무엇을 배웁니까?

2. 원수는 무엇을 합니까(3)? 원수는 시인을 어떻게 공격합니까(4)?

3. 시인은 무엇을 합니까(5)? 하나님은 누구십니까(6)? 시인이 흔들리지 않는 이유는 무엇입니까(7)? 그러므로 백성은 어떻게 해야 합니까(8)?

4. 인생은 어떤 존재입니까(9)? 그러므로 무엇을 의지하지 않아야 합니까(10)? 왜 하나님만을 의지해야 합니까(11-12a)? 하나님은 능력과 사랑으로 무엇을 하십니까(12b)?

## 20

## 하나님만 바람이여

> 말씀 시편 62:1-12
> 요절 시편 62:1
> 찬송 543장, 343장

1. 시인은 무엇을 합니까(1a)? '잠잠히 하나님만 바란다.'라는 말은 무슨 뜻입니까? 그는 어떻게 그렇게 할 수 있었습니까(1b)? 왜 그분께서 구원하십니까(2)? 우리는 무엇을 배웁니까?

(다윗의 시. 성가대 지휘자를 따라 여두둔의 창법으로 부른 노래, To the choirmaster: according to Jeduthun. A Psalm of David.)

"여두둔" - 성전 음악이나 성전 문을 관리하는 책임을 맡았던 레위 사람이다(대상 16:41).

이 시는 주님을 확신하는 믿음을 아름답게 표현한다.

1-2, 반석

1, "나의 영혼이 잠잠히 하나님만 바람이여 나의 구원이 그에게서 나오는 도다"

"나의 영혼이" - '생명'이다. 시인 자신을 말한다. 오늘의 시는 다윗이 그의 아들 압살롬의 반란으로 피난할 때 지은 시로 알려졌다(삼하 15:14). 다윗은 그때가 그 삶에서 가장 어렵고 힘든 시기였다.

그는 생명의 위험을 느끼고 있다.

그때 그는 무엇을 했는가? "잠잠히" - '조용히 기다림'이다. 하나님의 도움에 대한 기대와 신뢰의 침묵을 나타낸다. "만 바람이여"(אַךְ, 'ak) - '만'이다. 여섯 번 문장 앞에 나왔다(1, 2, 4, 5, 6, 9). 시인의 영혼은 오직 하나님만을 위하여 잠잠히 기다린다. 그는 근심과 걱정을 하나님께 맡겼다. 그런 그는 하나님 안에서 평안하다. 그런 모습은 아기가 엄마 품에 있는 그것과 같다.

그는 어떻게 하나님께 맡길 수 있었는가? "나의 구원이" - '구원'이다. "그에게서 나오는 도다" - '~로부터'이다. 그분한테서 구원이 나오기 때문이다. 그는 하나님만이 자기를 구원하실 줄 믿었다.

왜 그분께서 구원하시는가?

2, "오직 그만이 나의 반석이시요 나의 구원이시요 나의 요새이시니 내가 크게 흔들리지 아니하리로다"

"오직" - '만'이다. "나의 반석이시오" - '반석'이다. 그분은 흔들리지 않는 바위이다. 안전과 힘을 상징한다. 바위인 그분께 불안과 근심을 내려놓을 수 있다. "나의 구원이시오" - '구원'이다. 하나님은 위험과 어려움, 그리고 환난에서 구원하는 분이다. "나의 요새이시니" - '높은 곳', '피난처'이다. 억눌린 사람을 보호하고, 약한 사람에게 피신처를 제공하는 하나님을 상징한다. "흔들리지" - '흔들린다.'(니팔 미완료)이다. "아니하리로다" - '아니다'이다. 시인은 어떤 어려움에서도 그 믿음이 흔들리지 않는다. 하나님을 향한 기다림이 흔들리지 않는다. 그는 바위, 구원, 그리고 요새인 하나님을 잠잠히 바라기 때문이다.

우리는 무엇을 배우는가? 보통 사람은 삶의 현장에서 어려움을 만날 때 '누구를', 또는 '무엇을' 바라는가? 시인은 고백한다. "우리가 우여곡절의 삶을 만났을 때 요새와 희망을 줄 수 있는 분은 오직 하나님뿐이시다."

2. 원수는 무엇을 합니까(3)? 원수는 시인을 어떻게 공격합니까(4)?

3-4, 공격

3, "넘어지는 담과 흔들리는 울타리같이 사람을 죽이려고 너희가 일제히 공격하기를 언제까지 하려느냐"

"넘어지는" - '기울인다.'(칼 분사)이다. "흔들리는" - '비틀거린다.'(칼 분사)이다. "사람" - '사람'이다. 두 가지로 해석할 수 있다. 첫째는, "기울어진 벽, 흔들리는 울타리처럼"이다. 둘째는, "기우는 담과 넘어지는 울타리 같은 사람을"이다. "죽이려고" - '살인한다.'(푸알 미완료)이다. "너희가 일제히" - '모두'이다. "공격하기를" - '공격한다.'(폴렐 미완료)이다. 원수는 시인을 공격하는데, 기울어진 벽과 흔들리는 울타리처럼 일제히 공격한다. 원수는, 기우는 담과 같고 넘어지는 울타리 같은 시인을 죽이려고 다 함께 공격한다. "언제까지" - '언제까지 그리하겠느냐?'라는 뜻이다.

원수는 시인을 어떻게 공격하는가?

4, "그들이 그를 그의 높은 자리에서 떨어뜨리기만 꾀하고 거짓을 즐겨 하니 입으로는 축복이요 속으로는 저주로다 (셀라)"

"그의 높은 자리에서" - '높임'이다. 시인은 높은 자리에 있다. 시인은 사회적 지위가 높은 중요한 인물이다. "떨어뜨리기만" - '몰아낸다.'(히필 부정사)이다. "꾀하고" - '~하려고 생각한다.'(칼 완료)이다. 원수는 시인을 떨어뜨리려고 궁리했다. "즐겨 하니" - '호의적이다.'(칼 미완료)이다. 원수는 거짓말을 즐긴다. "축복이요" - '축복한다.'(피엘 미완료)이다. "저주로다" - '하찮다.'(피엘 미완료)이다. '가볍게 대한다.' '무시한다.'라는 뜻이다. 입으로는 축복하지만, 속으로는 저주를 퍼붓는다.

3. 시인은 무엇을 합니까(5)? 하나님은 누구십니까(6)? 시인이 흔들리지 않는 이유는 무엇입니까(7)? 그러므로 백성은 어떻게 해야 합니까(8)?

5-8, 요새

5, "나의 영혼아 잠잠히 하나님만 바라라 무릇 나의 소망이 그로부터 나오는 도다"

"나의 영혼아" - 시인은 자기에게 말한다. "바라라" - '만'이다. "무릇" - '~라는 것 때문에'이다. "나의 소망이" - '줄(cord)', '소망'이다. '간절한 기대감으로 고대한다.'라는 뜻에서 나왔다. 1절에서 '나의 구원'이라고 말했다. "그로부터 나오는 도다" - '~로부터'이다. 소망은 하나님한테서 온다. 그는 하나님을 소망하기에 잠잠히 하나님만 바란다.

하나님은 누구신가?

6, "오직 그만이 나의 반석이시요 나의 구원이시요 나의 요새이시니 내가 흔들리지 아니하리로다"

"오직" - '만'이다. "나의 반석이시오" - '반석'이다. "나의 구원이시오" - '구원'이다. "나의 요새이시니" - '높은 곳'이다. "흔들리지" - '흔들린다.'(니팔 미완료)이다. "아니하리로다" - '아니다'이다. 2절을 반복한다. 시인은 흔들리지 않는다.

그 이유는 무엇인가?

7, "나의 구원과 영광이 하나님께 있음이여 내 힘의 반석과 피난처도 하나님께 있도다"

"있음이여'" - '~에 대해'이다. "내 힘" - '능력'이다. "하나님께 있도다" - '하나님'이다. 시인의 구원과 영광은 하나님께 있다. 하나님은 견고한 반석이고 피난처이다. 하나님은 원수의 공격에서 시인을 보호하신다.

그러므로 백성은 어떻게 해야 하는가?

8, "백성들아 시시로 그를 의지하고 그의 앞에 마음을 토하라 하나님은 우리의 피난처시로다 (셀라)"

"시(시로)" - '정해진 때'이다. "(시)시로" - '전체'이다. "의지하고" - '믿는다.'(칼 명령)이다. 언제든지, 무슨 일을 겪든지 하나님만을 믿어야 한다. "토하라" - '붓는다.'(칼 명령)이다. 그분께 속마음을 털어놓아야 한다. 그분께 모든 소원과 희망을 털어놓아야 한다. 한나와 히스기야는 하나님께 모든 일을 토하였다(삼상 1:15, 왕하 19:16-19). "우리의" - '~안에'(복수)이다. "피난처시로다" - '피난처'이다. 그분은 피난처이다. 시인은 자기만의 피난처가 아닌 '우리의 피난처'라고 말한다. 누구든지 어려움을 겪을 때 하나님께로 나가면 그분께서 피난처가 되신다.

4. 인생은 어떤 존재입니까(9)? 그러므로 무엇을 의지하지 않아야 합니까(10)? 왜 하나님만을 의지해야 합니까(11-12a)? 하나님은 능력과 사랑으로 무엇을 하십니까(12b)?

### 9-10, 사람

9, "아, 슬프도다 사람은 입김이며 인생도 속임수이니 저울에 달면 그들은 입김보다 가벼우리로다"

"아, 슬프도다" - '만'이다. "사람은" - '아담'이다. '낮은 지위에 있는 사람'을 뜻한다. "입김이며" - '숨(breath)', '헛됨'이다. 낮은 지위에 있는 사람은 숨에 불과하다. "인생도" - '사람'이다. '높은 지위에 있는 사람'을 뜻한다. "속임수이니" - '거짓말'이다. 높은 지위에 있는 사람은 거짓에 불과하다. "달면" - '올라간다.'(부정사)이다. "그들은 입김보다" - '숨(breath)', '헛됨'이다. "가벼우리로다" - '결합 됨'이다. 그들 모두를 저울에 올려놓아도 입김보다 가볍다. 인간을 바위이며 요새인 하나님과 대조한다. 하나님은 견고하며 무겁고 영원하다. 하지만 인생은 신분과 귀천을 떠나서 본질에서 덧없고, 숨결보다 가벼운 존재에 불과하다.

그러므로 무엇을 의지하지 않아야 하는가?

10, "포악을 의지하지 말며 탈취한 것으로 허망하여지지 말며 재물이 늘어도 거기에 마음을 두지 말지어다"

"의지하지" - '믿는다.'(칼 미완료)이다. "말며" - '아니다.'이다. 사람은 강압을 의지하지 않아야 한다. "탈취한 것으로" - '약탈'이다. "허망하여지지" - '헛되이 행한다.'(칼 미완료)이다. "말며" - '아니다'이다. 도둑질에 헛된 희망을 두지 않아야 한다. "늘어도" - '열매를 맺는다.'(칼 미완료)이다. "두지" - '놓는다.'(칼 미완료)이다. "말지어다" - '아니다'이다. 재물이 늘어도 그것에 마음을 두지 않아야 한다. 오직 하나님만 완전히 의지해야 한다.

그 이유는 무엇인가?

**11-12, 권능과 인자**

11, "하나님이 한두 번 하신 말씀을 내가 들었나니 권능은 하나님께 속하였다 하셨도다"

"한" - '하나(one)'이다. '하나님은 한번 말씀하셨다.'라는 뜻이다. "두 번" - '둘(two)'이다. '시인은 두 가지를 들었다.'라는 뜻이다. "하신 말씀을" - '말한다.'(피엘 완료)이다. "내가 들었나니" - '듣는다.'(칼 완료)이다. '첫째 하나님이 말씀하셨고, 내가 두 가지를 들었다.'라는 뜻이다.

그 내용은 무엇인가? "하나님께 속하였다" - '하나님'이다. "하셨도다" - '~라는 것 때문에'이다. 첫째로, 권세는 하나님께 속했다. 원수도 권세가 있다. 하지만 하나님의 권세와는 비교할 수 없다. 그들의 권세는 아무것도 아니다.

12, "주여 인자함은 주께 속하오니 주께서 각 사람이 행한 대로 갚으심이니이다"

"주여"(אֲדֹנָי, adonai) - '나의 주(my Lord)'이다. "인자함은" - '한결같은 사랑(steadfast love)'이다. "주께 속하오니" - '~안에'이다. 둘째로, 한결같은 사랑은 하나님께 속했다. 권세도 한결같은 사랑도 다 하나님께 속했다. 권세와 사랑은 동전의 양면과 같다. 권세의 절정은 사랑이다. 진정한 권세는 사랑에서 나온다. 사랑이 없는 권세는 폭력이다. 하나님은 권세와 사랑을 모두 가지셨다.

그것으로 무엇을 하시는가? "행한 대로" - '행위'이다. "갚으심" -

'평화 언약을 맺고 있다.'(피엘 미완료)이다. "이니이다" - '˜라는 것 때문에'이다. 하나님은 권세와 사랑으로 사람이 행한 대로 갚으신다. 믿는 사람을 구원하고, 믿지 않는 사람을 심판하신다. 하나님은 사람을 구원할 수 있는 권세도 있고, 심판할 권세도 있다.

## 21
# 내 영혼이 주를 갈망하며

> 말씀 시편 63:1-11
> 요절 시편 63:1
> 찬송 309장, 362장

1. 시인은 하나님을 어떤 분으로 부릅니까(1a)? 그는 그분께 무엇을 합니까(1b)? 그는 왜 주님을 애타게 찾습니까(1c)? 그는 무엇을 바라보았습니까(2)? 하나님을 갈망하는 시인으로부터 무엇을 배웁니까?

2. 시인은 왜 주님을 찬양합니까(3)? 시인은 왜 '하나님의 인자가 자기 생명보다 좋다.'라고 찬양할까요? 이러므로 그는 무엇을 합니까(4-5)?

3. 시인은 침상에서 무엇을 합니까(6)? 그는 왜 그렇게 했습니까(7-8)?

4. 어떤 사람이 있습니까(9-10)? 그러나 왕은 무엇을 합니까(11a)? 시인은 어떤 두 사람을 대조합니까(11b)?

## 21
## 내 영혼이 주를 갈망하며

> 말씀 시편 63:1-11
> 요절 시편 63:1
> 찬송 309장, 362장

1. 시인은 하나님을 어떤 분으로 부릅니까(1a)? 그는 그분께 무엇을 합니까(1b)? 그는 왜 주님을 애타게 찾습니까(1c)? 그는 무엇을 바라보았습니까(2)? 하나님을 갈망하는 시인으로부터 무엇을 배웁니까?

(다윗이 유다 광야에 있을 때 지은 시, A Psalm of David, when he was in the wilderness of Judah.)

"광야에 있을 때" - 다윗은 사울을 피해 광야에 있었다(삼상 23:14).

하나님을 그리워하는 영혼의 목마름을 표현한다.

1-2, 갈망

1, "하나님이여 주는 나의 하나님이시라 내가 간절히 주를 찾되 물이 없어 마르고 황폐한 땅에서 내 영혼이 주를 갈망하며 내 육체가 주를 앙모하나이다"

"하나님이여"(אֱלֹהִים, 'elohim) - '하나님'이다. 시인은 하나님을 부름으로 시작한다. "주는" - '당신'이다. "나의 하나님이시라"(אֵל, 'el) -

'하나님', '강한 분'이다. '하나님, 주님은 나의 하나님입니다.'라는 뜻이다. 강한 분과 시인의 관계는 인격적이다.

시인은 그 하나님께 무엇을 하는가? "내가 간절히 주를 찾되" - '간절하게 찾는다.'(피엘 미완료)이다.

왜 애타게 찾는가? "없어" - '닳아 떨어짐(wearing out)'이다. "마르고" - '메마름'이다. 물이 없음, 목마름을 하나님의 벌로 생각했다. 풍부한 물은 하나님의 축복을 말한다. "황폐한" - '기운이 빠진'이다. "땅에서" - '땅'이다. '물기 없는 땅, 메마르고 황폐한 땅'을 뜻한다. 이런 모습은 시인의 현재 삶을 상징한다. "내 영혼이" - '생명'이다. "갈망하며" - '갈망한다.'(칼 완료)이다. '애타게 그리워한다.'라는 뜻이다. "내 육체가" - '육체'이다. "앙모하나이다" - '애타게 그리워한다.'(칼 완료)이다. 시인은 몸이 약해질 정도로 주님을 애타게 그리워했다.

그래서 그는 무엇을 회상했는가?

2, "내가 주의 권능과 영광을 보기 위하여 이와 같이 성소에서 주를 바라보았나이다"

"이와 같이" - '그러므로'이다. "주의 권능과 영광을" - '주님의 함께하심', '주님이 하셨던 사역'을 뜻한다. "보기 위하여" - '본다.'(칼 부정사)이다. "성소에서" - '신성함(sacredness)'이다. '하나님이 계시는 성전'을 뜻한다. "주를 바라보았나이다" - '바라본다.'(칼 완료)이다. 시인은 지난날 성소에서 만족했던 때를 바라보았다. 그는 과거에 일하셨던 그 하나님을 바라보면서 오늘도 그분을 갈망한다.

하나님을 갈망하는 시인으로부터 무엇을 배우는가? 삶의 어려움에서 하나님을 갈망했다는 점이다. 삶이 어려우면, 살기가 팍팍하면 하나님보다도 세상을 갈망하기 쉽다. 그러나 시인은 하나님을 애타게 찾았다. 그는 비가 오지 않아 메마른 땅이 간절히 비를 기다리듯이, 하나님의 도움을 애타게 찾고 갈망했다.

2. 시인은 왜 주님을 찬양합니까(3)? 시인은 왜 '하나님의 인자가 자

기 생명보다 좋다.'라고 찬양할까요? 이러므로 그는 무엇을 합니까(4-5)?

3-8, 만족

3, "주의 인자하심이 생명보다 나으므로 내 입술이 주를 찬양할 것이라"

"주의 인자하심이" - '한결같은 사랑(steadfast love)'이다. "생명보다" - '살아있는'이다. "나으(므로)" - '선한'이다. "(나으)므로" - '~라는 것 때문에'이다. 왜냐하면 한결같은 사랑이 생명보다 더 좋기 때문이다. "주를 찬양할 것이라" - '찬양한다.'(피엘 미완료)이다. 시인은 하나님을 찬양한다.

시인은 왜 '하나님의 인자가 자기 생명보다 더 좋다.'라고 고백할까? 사람의 생명은 시간과 함께 환경에 따라 계속해서 변한다. 하지만 하나님의 한결같은 사랑은 어제나 오늘이나, 어떤 상황에서도 변하지 않는다. 시인은 그 사랑을 체험했기에 자기 생명보다 그 사랑이 더 좋다고 찬양한다.

이러므로 그는 무엇을 하는가?

4, "이러므로 나의 평생에 주를 송축하며 주의 이름으로 말미암아 나의 손을 들리이다"

"주를 송축하며" - '찬양한다.'(피엘 미완료)이다. 시인은 주님을 평생 찬양한다. "주의 이름으로 말미암아" - '이름'이다. "들리이다" - '들어 올린다.'(칼 미완료)이다. '손을 들어 올린다.'라는 말은 기도할 때의 모습이다. 시인은 기도한다.

5, "골수와 기름진 것을 먹음과 같이 나의 영혼이 만족할 것이라 나의 입이 기쁜 입술로 주를 찬송하되"

"골수와" - '지방질(fat)'이다. '기름'을 뜻한다. 귀하고 만족을 주는 최상의 음식이다. "기름진 것을 먹음과" - '기름(fatness)'이다. '기름진 것'을 뜻한다. 가장 좋은 부분이다. 이스라엘 사람은 기름을 먹으면

안 된다. 기름은 하나님의 것이기 때문이다(레 3:17). "만족할 것이라" - '만족한다.'(칼 미완료)이다. 그런데 시인은 그런 최고의 음식을 배불리 먹은 듯 만족한다. 하나님을 목말라했던 그가 그분 안에서 만족한다. "기쁜" - '울리는 외침'이다. "주를 찬송하되" - '찬양한다.' (피엘 미완료)이다. 그는 기쁨에 가득 찬 입술로 주님을 찬양한다.

3. 시인은 침상에서 무엇을 합니까(6)? 그는 왜 그렇게 했습니까(7-8)?

6, "내가 나의 침상에서 주를 기억하며 새벽에 주의 말씀을 작은 소리로 읊조릴 때에 하오리니"

"내가 나의 침상에서" - '침대'이다. 잠자는 시간은 원수한테 공격받을 수 있는 때이다. "주를 기억하며" - '기억한다.'(칼 완료)이다. 그런데 시인은 침상에서 하나님을 기억했다. "새벽에" - '경(watch)'이다. '경'은 해 뜰 때부터 해 질 때까지를 나누어 일컫는 시간의 이름이다. 구약에서는 밤을 4시간 단위(four hours)로 3경(three watches) 으로 나누었다. '야경들(in the watches of the night)', '밤을 새워가며' 를 뜻한다. "작은 소리로 읊조릴 때에 하오리니" - '속삭인다.' '묵상한다.'(칼 미완료)이다. 시인은 밤을 새우면서 말씀을 작은 소리로 읊조린다.

그는 왜 그렇게 했는가?

7, "주는 나의 도움이 되셨음이라 내가 주의 날개 그늘에서 즐겁게 부르리이다"

"되셨(음이라)" - '˜이다.'(칼 완료)이다. "(되셨)음이라" - '˜라는 것 때문에'이다. 주님께서 그를 도우셨기 때문이다. 주님은 시인이 어려울 때 돕는 분이셨다. "그늘에서" - '그늘'이다. '큰 날개를 가진 새'와 같은 여호와를 상징한다(신 32:11). "즐겁게 부르리이다" - '기뻐 소리친다.'(피엘 미완료)이다. 시인은 주님의 날개 그늘에서 즐거이 노래할 것이다.

8, "나의 영혼이 주를 가까이 따르니 주의 오른손이 나를 붙드시거니와"

"주를 가까이" - '다음에'이다. "따르니" - '달라붙는다.'(칼 완료)이다. 그는 하나님께 달라붙었다. 그는 하나님의 보호하심에 절대 의존했다. "붙드시거니와" - '붙잡는다.'(칼 완료)이다. 주님께서 친히 그를 붙잡아주셨다.

4. 어떤 사람이 있습니까(9-10)? 그러나 왕은 무엇을 합니까(11a)? 시인
   은 어떤 두 사람을 대조합니까(11b)?

9-11, 자랑
9, "나의 영혼을 찾아 멸하려 하는 그들은 땅 깊은 곳에 들어가며"

"(그러나)" - 반전이 있다. "찾아" - '요구한다.'(피엘 미완료)이다. "멸하려 하는" - '파멸'이다. "그들은" - '그들'이다. 시인의 목숨을 노리는 자가 나타난다. "깊은 곳에" - '아래쪽의'이다. "들어가며" - '들어간다.'(칼 미완료)이다. '땅 아래 깊은 곳으로 떨어질 것이다.'라는 뜻이다. 시인은 생명의 위험 속에서도 원수가 죽어 지하 세계로 갈 줄 안다.

10, "칼의 세력에 넘겨져 승냥이의 먹이가 되리이다"

"넘겨져" - '쏟아져 나온다.'(히필 미완료)이다. 원수는 칼에 의해 죽는다. "승냥이" - '여우', '자칼(jackal)'이다. "되리이다" - '~이다.'(칼 미완료)이다. 그런데 그 주검은 짐승의 밥이 된다. 시신이 묻히지 못하고 짐승의 밥이 되는 그것은 끔찍한 저주 가운데 하나였다. 그들은 죽어서도 안식을 얻지 못한다.

그러나 왕은 어떠한가?

11, "왕은 하나님을 즐거워하리니 주께 맹세한 자마다 자랑할 것이나 거짓말하는 자의 입은 막히리로다"

"(그러나)" - 왕과 거짓말하는 사람을 대조한다. "왕은" - '그 왕'이

다. 시인 자신을 말하면서 시인의 왕을 말한다. "즐거워하리니" - '기뻐한다.'(칼 미완료)이다. '우리의 왕은 하나님을 기뻐한다.'라는 뜻이다. "주께" - '~안에'이다. '하나님에 의해(by God)'를 뜻한다. "맹세한 자마다" - '맹세한다.'(니팔 분사)이다. '하나님의 이름으로 맹세하는 사람들'이다. "자랑할 것이나" - '자랑한다.'(히트파엘 미완료)이다. 하나님의 이름으로 맹세한 사람은 자랑한다.

"(왜냐하면)" - 그 이유를 설명한다. "거짓말하는 자의" - '거짓말하는 사람들'이다. 시인의 영혼을 찾아 멸하려 했던 원수이다. "막히리로다" - '막는다.'(니팔 미완료)이다. 거짓말쟁이의 입은 막힐 것이기 때문이다. 찬양하는 입은 열리지만, 거짓말하는 입은 닫힌다.

## ZZ
## 다 자랑하리로다

> 말씀 시편 64:1-10
> 요절 시편 64:10
> 찬송 41장, 573장

1. 시인은 하나님께 무엇을 기도합니까(1-2)?

2. 악한 사람은 시인을 무엇으로, 어떻게 공격합니까(3-4)? 그들은 얼마나 교만합니까(5-6)?

3. 그러나 하나님께서 그들을 어떻게 하십니까(7)? 그들은 어떻게 쓰러집니까(8)? 모든 사람의 반응은 어떠합니까(9)?

4. 의인의 반응은 어떠합니까(10)? 오늘의 시를 통해 무엇을 배웁니까?

22

# 다 자랑하리로다

> 말씀 시편 64:1-10
> 요절 시편 64:10
> 찬송 41장, 573장

**1.** 시인은 하나님께 무엇을 기도합니까(1-2)?

(다윗의 시. 성가대 지휘자를 따라 부른 노래, To the choirmaster. A Psalm of David.)

시인은 악인으로부터 목숨을 위협받지만, 여호와로 말미암아 찬양한다.

1-2, 기도

1, "하나님이여 내가 근심하는 소리를 들으시고 원수의 두려움에서 나의 생명을 보존하소서"

"하나님이여" - 이 시는 하나님을 급하게 부름으로 시작한다. "근심하는" - '불평'이다. "들으시고" - '듣는다.'(칼 명령)이다. 시인은 하나님께 '들어주시도록' 기도한다. "두려움에서" - '공포'이다. 그는 원수의 공격으로 생명의 위협을 받고 있다. "보존하소서" - '보호한다.'(칼 미완료)이다. 시인은 하나님께 '생명을 보존해 주시도록' 기도한다. 그는 하나님께서 듣고 행동하시길 바란다.

그는 계속해서 무엇을 기도하는가?

2, "주는 악을 꾀하는 자들의 음모에서 나를 숨겨 주시고 악을 행하는 자들의 소동에서 나를 감추어 주소서"

"악을 꾀하는 자들" - '악하다.'(히필 분사)이다. '나쁜 사람'을 뜻한다. "음모에서" - '비밀 모의(the secret plots)'이다. "나를 숨겨 주시고" - '숨긴다.'(히필 미완료)이다. 시인은 '나쁜 사람의 모임에서 숨겨 주소서.'라고 기도한다. "악을 행하는 자들" - '거짓을 만들다.'(칼 분사)이다. '거짓을 만드는 사람'을 뜻한다. "소동에서 나를 감추어 주소서" - '음모를 꾸밈'이다. 시인은 '거짓을 만드는 사람들로부터 숨겨 주소서.'라고 기도한다.

시인은 세 가지 동사를 통해서 현재의 위급한 상황을 강조했다: "들으시고(hear)", "보존하소서(preserve)", "숨겨 주시고(hide)." 그는 원수에 대한 두려움을 호소하고, 그 두려움에서 보호받고자 한다. 그는 하나님의 사랑과 능력을 믿기 때문이다.

2. 악한 사람은 시인을 무엇으로, 어떻게 공격합니까(3-4)? 그들은 얼마나 교만합니까(5-6)?

3-6, 원수들의 행동

3, "그들이 칼같이 자기 혀를 연마하며 화살같이 독한 말로 겨누고"

"자기 혀를" - '혀'이다. 그들의 파괴적인 행위는 '혀', 말을 통해서 나타났다. "연마하며" - '날카롭게 한다.'(칼 완료)이다. 그들의 말은 날카로운 칼과 같았다. 그들은 말을 무기로 삼고, 그것을 갈고 다듬었다. "화살같이" - '화살(arrow)'이다. '칼'과 '화살'은 사람을 공격하는 무기이다. "독한" - '쓴(bitter)'이다. "겨누고" - '밟는다.'(칼 완료)이다. 그들의 말은 화살처럼 날아갔다.

그들은 어떻게 공격하는가?

4, "숨은 곳에서 온전한 자를 쏘며 갑자기 쏘고 두려워하지 아니하는

도다"

"숨은 곳에서" - '은밀한 장소'이다. "온전한 자를" - '흠이 없는'이다. 악인의 공격을 받을지라도 시인은 온전한 사람이다. 시인이 죄가 있어서가 아니라, 악인이 악해서 공격받는다. "갑자기" - '돌연히'이다. "쏘며" - '쏜다(shoot).'(칼 부정사)이다. "쏘고" - '쏜다(shoot).'(히필 미완료)이다. 원수는 아무 경고도 없이 은밀한 곳에서 나타나 갑자기 공격한다. "두려워하지" - '무서워한다.'(칼 미완료)이다. "아니하는도다" - '아니다'이다. 원수는 하나님을 두려워하지 않는다.

그들은 얼마나 교만한가?

5, "그들은 악한 목적으로 서로 격려하며 남몰래 올무 놓기를 함께 의논하고 하는 말이 누가 우리를 보리요 하며"

"격려하며" - '튼튼하게 한다.'(피엘 미완료)이다. 그들은 악한 일을 두고 서로 격려한다. "함께 의논하고 하는 말이" - '자세히 말한다.'(피엘 미완료)이다. 그들은 남몰래 올가미를 치려고 모의한다. "보리요" - '본다.'(칼 미완료)이다. "하며" - '말한다.'(칼 완료)이다. "누가 눈치를 채랴?"라고 큰소리친다.

6, "그들은 죄악을 꾸미며 이르기를 우리가 묘책을 찾았다 하나니 각 사람의 속뜻과 마음이 깊도다"

"그들은 죄악을" - '불법'이다. "꾸미며 이르기를" - '변장한다.'(칼 미완료)이다. 그들은 불법을 찾는다. "우리가 묘책을" - '빈틈없는 계획'이다. "찾았다 하나니" - '끝낸다.'(칼 완료)이다. '우리는 빈틈없는 계획을 끝냈다.'라는 뜻이다. "깊도다" - '탐지할 수 없는'이다. 악인은 스스로 감탄한다. "사람의 속마음은 깊다." 원수는 자기 지혜에 스스로 놀란다. 그들은 그만큼 교만하다.

3. 그러나 하나님께서 그들을 어떻게 하십니까(7)? 그들은 어떻게 쓰러집니까(8)? 모든 사람의 반응은 어떠합니까(9)?

7-9, 하나님

7, "그러나 하나님이 그들을 쏘시리니 그들이 갑자기 화살에 상하리로다"

"그러나" - 전환이 일어난다. "그들을 쏘시리니" - '쏜다(shoot).'(히필 미완료)이다. 그러나 하나님께서 활을 쏘실 것이다. "그들이 갑자기" - '별안간'이다. "상(하리로다)" - '타격(blow)', '상처(wound)'이다. "(상)하리로다" - '~이 일어난다.'(칼 완료)이다. 원수가 의인을 갑자기 공격했던 것처럼, 그들도 갑자기 상처를 입을 것이다. 하나님도 그들을 돌연히 공격하기 때문이다.

그들은 어떻게 쓰러지는가?

8, "이러므로 그들이 엎드러지리니 그들의 혀가 그들을 해함이라 그들을 보는 자가 다 머리를 흔들리로다"

"이러므로 그들이 엎드러지리니" - '비틀거린다.'(히필 미완료)이다. "그들의 혀가" - '혀'이다. "그들을 해함이라" - '~의 곁에'이다. 그들은 그들의 혀 위에 넘어진다. 하나님은 그들이 의인을 공격할 때 사용했던 그 무기, 즉 혀로 그들을 상하게 한다. 그들의 말이 그들이 무너지는 원인이다. "머리를 흔들리로다" - '흔들다.'(히트폴렐 미완료)이다. 멸시나 비웃음(scorn)의 표현이다(마 27:39). 그들을 보는 모든 사람은 머리를 흔들었다. 그들은 의인을 은밀하게 공격했지만, 그들은 공개적으로 조롱을 당했다.

모든 사람의 반응은 어떠한가?

9, "모든 사람이 두려워하여 하나님의 일을 선포하며 그의 행하심을 깊이 생각하리로다"

"모든" - '모두'이다. "사람이" - '사람'이다. '모든 사람'은 악인을 포함한 일반적인 사람이다. "두려워하여" - '무서워한다.'(칼 미완료)이다. 모든 사람이 두려움에 사로잡힌다. "하나님의 일" - '하나님이 하셨던 일'을 뜻한다. 원수를 심판하신 일이다. "선포하며" - '알게 한다.'(히필 미완료)이다. 하나님이 하셨던 그 일을 선포한다. "그의 행하심을" - '행위'이다. '하나님의 일'과 같다. "깊이 생각하리로다" - '현명하게 대처한다.'(히필 완료)이다. 그분이 하셨던 일을 깊이 생각했다.

4. 의인의 반응은 어떠합니까(10)? 오늘의 시를 통해 무엇을 배웁니까?

10, 자랑

10, "의인은 여호와로 말미암아 즐거워하며 그에게 피하리니 마음이 정직한 자는 다 자랑하리로다"

"의인은" - '올바른'이다. "여호와로 말미암아" - '여호와 안에서'이다. "즐거워하며" - '기뻐한다.'(칼 미완료)이다. 의인은 여호와 안에서 기뻐한다. "피하리니" - '보호를 받으려고 도망한다.'(칼 완료)이다. 의인은 여호와께로 피한다. "정직한 자는" - '똑바른'이다. '마음이 정직한 자'는 '의인'을 뜻한다. "자랑하리로다" - '찬양한다.'(히트파엘 미완료)이다. 정직한 사람은 여호와를 자랑한다. 이 시는 '들으시고'(1절)로 시작하여 '자랑하리로다'로 끝났다. 시인은 여호와께 기도로 시작하여 여호와를 자랑으로 끝났다.

오늘의 시를 통해 무엇을 배우는가? 첫째로, '독한 말'의 파괴력이다. 독한 말은 강력한 무기와 같다. 교회도 그런 말로 마음의 상처를 받거나, 낙심한다.

둘째로, 악한 말로 공격을 받을 때 오직 하나님께 도움을 청해야 한다. 시인은 악인의 공격 앞에서 하나님을 믿고 기도했다.

# 23
## 은혜의 하나님, 영광의 하나님

말씀 시편 65:1-13
요절 시편 65:11
찬송 621장, 616장

1. 시인은 하나님께 무엇을 고백합니까(1)? 그는 왜 서원을 지킵니까 (2)? 하나님은 그의 기도를 어떻게 들으십니까(3)?

2. 누가 복이 있습니까(4)? 하나님은 어떻게 응답하십니까(5)?

3. 하나님은 무엇을 하십니까(6-7)? 땅끝에 사는 사람은 어떻게 반응합니까(8)?

4. 하나님께서 그들에게 주신 첫 번째 복은 무엇입니까(9)? 두 번째 복은 무엇입니까(10)? 세 번째 복은 무엇입니까(11-13a)? 그들은 무엇을 합니까(13b)?

## 23
## 은혜의 하나님, 영광의 하나님

> 말씀 시편 65:1-13
> 요절 시편 65:11
> 찬송 621장, 616장

1. 시인은 하나님께 무엇을 고백합니까(1)? 그는 왜 서원을 지킵니까 (2)? 하나님께서 시인에게 무슨 은혜를 주십니까(3)?

(다윗의 시. 성가대 지휘자를 따라 부른 노래, To the choirmaster. A Psalm of David. A Song.)

하나님은 사람의 죄를 용서하고 구원하신다. 세상을 창조하고 질서를 세우신다. 그리고 복을 주신다. 시인은 구원자(redeemer)이며 창조주(creator)이신 하나님께 감사하며 찬양한다.

1-4, 허물을 사하시는 하나님

1, "하나님이여 찬송이 시온에서 주를 기다리오며 사람이 서원을 주께 이행하리이다"

"찬송이" - '찬양할 만한 행위'이다. "기다리오며" - '침묵'이다. '찬양은 침묵 속에서 당신을 기다립니다.' '하나님을 찬양함이 마땅하다.'를 뜻한다. "시온에서" - 하나님이 계시는 '하나님의 도시'이다. 이스라엘의 종교 정치의 중심지이다. 시인은 시온에서 하나님을 찬양함이 마땅하다고 고백한다. "서원을" - '맹세'이다. '어떤 일을 하겠다고 하나님께 스스로 약속하는 것'을 뜻한다. "이행하리이다" - '실행한다.'(푸알 미완료)이다. 시인은 하나님께 했던 서원을 지킨다. 찬양은 하나님께서 그 백성에게 베푸신 많은 은혜에 대한 합당한 표현이다.

그는 왜 서원을 지키는가?

2, "기도를 들으시는 주여 모든 육체가 주께 나아오리이다"
"기도를" - '기도'이다. "들으시는 주여" - '듣는다.'(칼 분사)이다. 그가 서원을 지키는 이유는 하나님께서 기도를 들으시기 때문이다. "모든 육체가" - '모든 인류'를 뜻한다. 이 표현은 사람의 일시적이고 궁핍한 모습을 표현한다. "모든 육체는 풀과 같다"(사 40:6). "나아오리이다" - '들어온다.'(칼 미완료)이다. 그분은 기도를 들으시니 모든 사람이 그분께 들어온다. 그 일은 매년 추수감사절마다 예루살렘 성전으로 가는 일을 통해 나타났다.

하나님은 그의 기도를 어떻게 들으시는가?

3, "죄악이 나를 이겼사오니 우리의 허물을 주께서 사하시리이다"
"죄악이" - '죄악의 말들'이다. "이겼사오니" - '우세하다.'(칼 완료)이다. '죄가 너무나 무거웠다.' 즉 시인은 많은 죄를 지었다.
그러나 하나님은 어떻게 하는가? "우리의 허물을" - '반역'이다. "사하시리이다" - '덮는다.'(피엘 미완료)이다. 하나님께서 그 허물을 덮으신다. 하나님께서 그 죄를 용서하신다.

2. 누가 복이 있습니까(4)? 하나님은 어떻게 응답하십니까(5)?

4, "주께서 택하시고 가까이 오게 하사 주의 뜰에 살게 하신 사람은 복이 있나이다 우리가 주의 집 곧 주의 성전의 아름다움으로 만족하리이다"
"주께서 택하시고" - '선택한다.'(칼 미완료)이다. "가까이 오게 하사” - ‘가까이 온다.’(피엘 미완료)이다. 주님께 가까이 오게 하신다. 주님과 사귐을 가진다.

“주의 뜰에” - ‘울로 둘러싼 담’이다. “살게 하신 사람은” - ‘임시로 거주한다.’(칼 미완료)이다. ‘주님의 뜰’, 즉 ‘믿음의 공동체’ 안에서 산다. “복이 있나이다” - ‘행복’이다. 이런 사람은 복이 있다. “우리가 주의 집” - ‘집’, ‘건물’이다. “아름다움으로” - ‘좋은 것’이다. 성전 예배에 참석하고, 제사 음식을 나누는 영적 교제 등을 뜻한다. “곧 주의 성전” - ‘거룩한 궁전’이다. “만족하리이다” - ‘만족한다.’(칼 미완료)이다. 우리는 주님 집의 아름다움과 주님 성전의 거룩함으로 만족한다.

하나님은 어떻게 응답하시는가?

### 5-8, 땅을 지으시고 다스리는 하나님

5, “우리 구원의 하나님이시여 땅의 모든 끝과 먼바다에 있는 자가 의지할 주께서 의를 따라 엄위하신 일로 우리에게 응답하시리이다”

“우리 구원의 하나님” - ‘허물을 사하신 하나님’(3절)이다. “땅의 모든 끝과 먼바다에 있는 자가” - ‘땅끝까지, 먼바다 끝까지, 온 세상 사람’을 뜻한다. “의지할 주께서” - ‘신뢰’, ‘희망(hope)’이다. 하나님은 온 세상 사람이 의지하는 희망이시다. “의를 따라” - ‘올바름’이다. “엄위하신 일로” - ‘무서워한다.’(니팔 분사)이다. ‘엄위하신 일’은 사람의 허물을 용서하신 일이며, 구원하신 일이다. “우리에게 응답하시리이다” - ‘대답한다.’(칼 미완료)이다. ‘의를 따라 엄위하신 일로 응답하신다.’ ‘엄위하신 일로 의로 응답하신다.’라는 뜻이다. 사람의 허물을 용서하심으로 당신의 의로움을 나타내신다.

3. 하나님은 무엇을 하십니까(6-7)? 땅끝에 사는 사람은 어떻게 반응합니까(8)?

6, “주는 주의 힘으로 산을 세우시며 권능으로 띠를 띠시며”

“주는 주의 힘으로” - ‘능력’이다. “산” - 영원하고 견고함을 상징

23 은혜의 하나님, 영광의 하나님(65:1-13)

한다. "세우시며" - '확립한다.'(히필 분사)이다. "권능으로" - '세력'이
다. "띠를 띠시며" - '허리를 졸라맨다.'(니팔 분사)이다. 주님은 그
힘과 능력으로 허리에 띠를 동이시고 산들이 뿌리를 내리게 하셨다.

7, "바다의 설렘과 물결의 흔들림과 만민의 소요까지 진정하시나이
다"
"설렘과" - '울부짖음(roaring)'이다. "흔들림과" - '울부짖음(roaring)'
이다. "소요까지" - '소란'이다. '설렘', '흔들림', 그리고 '소요' 등은
혼란을 뜻한다. "진정하시나이다" - '가라앉힌다.'(히필 분사)이다. 주
님은 바다와 파도, 그리고 사람의 소요를 잔잔하게 하신다. 하나님은
세상을 지으셨고, 세상을 다스리신다. 이 하나님이신 예수님은 거센
풍랑을 잠잠하게 하셨다(막 4:39).
땅끝에 사는 사람은 어떻게 반응하는가?

8, "땅끝에 사는 자가 주의 징조를 두려워하나이다 주께서 아침 되는
것과 저녁 되는 것을 즐거워하게 하시며"
"땅끝에 사는 자가" - '가장 멀리 떨어져 산다.'(칼 분사)이다. '하
나님한테서 멀리 떨어진 사람', '세상 변두리에서 사는 사람'을 뜻한
다. "주의 징조를" - '표시(sign)'이다. 바다와 물결, 그리고 사람의 소
요를 잔잔하게 하신 일이다. "두려워하나이다" - '두려워한다.'(칼 미
완료)이다. 그런 사람도 주님의 징조를 보고 경외심을 품는다. "아침
되는 것과 저녁 되는 것을" - '아침저녁으로', '언제 어디서나'를 뜻한
다. "되는 것과" - '근원'이다. "즐거워하게 하시며" - '기뻐 소리친
다.'(히필 미완료)이다. 주님은 해 뜨는 곳과 해 지는 곳에서 즐거운
노래를 부르게 하신다.

4. 하나님께서 그들에게 주신 첫 번째 복은 무엇입니까(9)? 두 번째
복은 무엇입니까(10)? 세 번째 복은 무엇입니까(11-13a)? 그들은 무엇
을 합니까(13b)?

9-13, 복을 주시는 하나님

9, "땅을 돌보사 물을 대어 심히 윤택하게 하시며 하나님의 강에 물이 가득하게 하시고 이같이 땅을 예비하신 후에 그들에게 곡식을 주시나이다"

"땅을" - '세상'이다. "돌보사" - '방문한다.'(칼 완료)이다. 하나님은 땅을 찾아오셨다. "물을 대어" - '풍부하다.'(폴렐 미완료)이다. 물을 풍부하게 하신다. 물의 풍부함은 하나님의 복이다. "윤택하게 하시며" - '부유하게 한다.'(히필 미완료)이다. 땅을 풍요롭게 하신다. "강에" - '냇물'이다. '하나님의 강'은 하늘에서 흘러나오는 신비롭고 마르지 않는 시냇물이다. 하나님은 풍요의 근원이다. "가득하게 하시고" - '가득 찬다.'(칼 완료)이다. 하나님은 당신의 강에 물을 가득 채우셨다. "이같이" - '따라서'이다. "땅을 예비하신" - '준비한다.'(히필 미완료)이다. "그들에게 곡식을" - '곡식'이다. 하나님은 그들의 곡물을 제공하신다. "주시나이다" - '준비한다.'(히필 미완료)이다. 그분은 준비하신다.

두 번째 복은 무엇인가?

10, "주께서 밭고랑에 물을 넉넉히 대사 그 이랑을 평평하게 하시며 또 단비로 부드럽게 하시고 그 싹에 복을 주시나이다"

"밭고랑에" - '밭고랑(furrow)'이다. "물을 넉넉히 대사" - '~을 흠뻑 적신다.'(피엘 부정사)이다. 주님께서 밭이랑에 물을 흠뻑 적시게 하신다. "그 이랑을" - '갈아 놓은 밭의 한 두둑과 한 고랑(ridge)'이다. "평평하게 하시며" - '내려간다.'(피엘 부정사)이다. 하나님은 이랑으로 물을 내려가게 하신다. "또 단비로" - '많은 비'이다. "부드럽게 하시고" - '부드럽게 한다.'(폴렐 미완료)이다. 일찍 내리는 비는 땅을 부드럽게 한다. "그 싹에" - '싹(sprout)', '생장(growth)'이다. "복을 주시나이다" - '축복한다.'(피엘 미완료)이다. 새싹이 잘 자라도록 축복하신다.

세 번째 복은 무엇인가?

11, "주의 은택으로 한 해를 관 씌우시니 주의 길에는 기름방울이 떨어지며"

"주의 은택으로" - '좋은 것'이다. 주님이 주시는 풍성한 곡식을 뜻한다. "한 해를" - '해(year)'이다. '그해(the year)'를 뜻한다. "관 씌우시니" - 관을 쓴다.'(피엘 완료)이다. 주님은 풍성한 곡식으로 그해를 꾸미셨다. "주의 길에는" - '길'이다. '전차의 흔적', '짐차의 흔적'이다. "떨어지며" - '똑똑 떨어진다.'(칼 미완료)이다. 주님이 가시는 길마다 풍부함이 흘러넘친다. 농부이신 하나님이 수레 가득히 곡식을 싣고 집으로 오면 수레에서 곡식이 흘러넘쳐 흔적을 남긴다.

12, "들의 초장에도 떨어지니 작은 산들이 기쁨으로 띠를 띠었나이다"

"들" - '황무지'이다. "떨어지니" - '똑똑 떨어진다.'(칼 미완료)이다. 주님의 은택은 광야에도 흘러넘친다. 거친 들판이 푸른 초장으로 옷을 갈아입는다. "작은 산들이" - '언덕'이다. "띠를 띠었나이다" - '허리띠를 졸라맨다.'(칼 미완료)이다. 언덕마다 기쁨의 소리가 울려 퍼진다.

13, "초장은 양 떼로 옷 입었고 골짜기는 곡식으로 덮였으매 그들이 다 즐거이 외치고 또 노래하나이다"

"초장은" - '목장(pasture)'이다. "옷 입었고" - '옷을 입는다.'(칼 완료)이다. 목장은 양 떼로 가득했다. "덮였으매" - '덮어서 싼다.'(칼 미완료)이다. 골짜기는 곡식으로 가득하다.

그것들은 무엇을 하는가? "그들이 다 즐거이 외치고" - '소리를 높인다.'(히트폴렐 미완료)이다. 기쁨의 함성이 터진다. "노래하나이다" - '노래한다.'(칼 미완료)이다. 노랫소리가 그치지 않는다. 자연도 하나님을 찬양한다. 하나님은 죄를 용서하시고, 풍성한 곡식을 주신다. 그 복은 기도에 대한 응답이다. 응답받은 시인은 물론이고, 자연도 하나님을 찬양한다. 그분은 은혜의 하나님이시며, 영광의 하나님이시다.

## 24
## 하나님을 찬송하리로다

> 말씀 시편 66:1-20
> 요절 시편 66:20
> 찬송 131장, 249장

1. 시인은 누구를 초대합니까(1a)? 그들에게 무엇을 하도록 합니까 (1b-2)? 또 온 세상은 하나님께 무엇을 해야 합니까(3-4)?

2. 시인은 그들이 와서 무엇을 보도록 합니까(5)? 하나님께서 행하신 일은 무엇이었습니까(6)? 그 하나님은 어떤 분이며, 그분 앞에서 무엇을 해서는 안 됩니까(7)?

3. 만민은 왜 하나님을 찬양해야 합니까(8-9)? 하나님은 왜 실족을 허락하지 않으셨습니까(10-12a)? 그들은 어떻게 연단을 이길 수 있었습니까(12b)?

4. 시인은 무엇을 합니까(13)? 그는 왜 서원했으며, 주님께 무엇을 드립니까(14-15)?

5. 시인은 누구를, 왜 초청합니까(16)? 하나님께서 시인에게 하셨던 일은 무엇입니까(17-19)? 시인은 왜 하나님을 찬양합니까(20)? 오늘 우리는 왜 하나님을 찬양해야 합니까?

# 24
# 하나님을 찬송하리로다

말씀 시편 66:1-20
요절 시편 66:20
찬송 131장, 249장

1. 시인은 누구를 초대합니까(1a)? 그들에게 무엇을 하도록 합니까 (1b-2)? 또 온 세상은 하나님께 무엇을 해야 합니까(3-4)?

(성가대 지휘자를 따라 부른 찬양 시, To the choirmaster. A Song. A Psalm.)

하나님을 찬양하고 감사한다.

**1-12, 공동체 찬양**

**1, "온 땅이여 하나님께 즐거운 소리를 낼지어다"**

"온 땅이여" - '모든 땅'이다. '온 세상', '온 우주'를 뜻한다. 시인은 '온 땅'을 초대한다.

그들에게 무엇을 하도록 하는가? "즐거운 소리를 낼지어다" - '기쁨을 외친다.' '소리를 높인다.'(히필 명령, 복수)이다. 단순한 환호가 아닌 승리의 외침이다. 시인은 온 세상을 불러 첫째로, 하나님께 승리의 외침을 높이도록 한다.

2, "그의 이름의 영광을 찬양하고 영화롭게 찬송할지어다"

"그의 이름의" - '그분의 존재'이다. "영광을" - '그분이 하신 놀라운 일'을 뜻한다. "찬양하고" - '찬양한다.'(피엘 명령)이다. 둘째로, 그분이 하신 놀라운 일을 노래하도록 한다. "찬송" - '찬양'이다. "할지어다" - '임명한다.' '만들다.'(칼 명령)이다. 셋째로, 그분에게 영광스러운 찬양을 돌리도록 한다.

또 온 세상은 하나님께 무엇을 해야 하는가?

3, "하나님께 아뢰기를 주의 일이 어찌 그리 엄위하신지요 주의 큰 권능으로 말미암아 주의 원수가 주께 복종할 것이며"

"아뢰기를" - '말한다.'(칼 명령)이다. 그들은 하나님께 이렇게 말해야 한다. 그 내용은 무엇인가? 3b-4까지이다. "주의 일이" - '행위'이다. '주님께서 하신 사역'을 뜻한다. "엄위하신지요" - '두려워한다.'(니팔 분사)이다. "당신이 하신 일이 얼마나 두려운 일입니까!" "주의 큰 권능으로" - '주님의 크신 힘'을 뜻한다. "복종할 것이며" - '복종한다.'(피엘 미완료)이다. 온 세상은 "주님께서 하신 큰일을 보고 원수는 굽실거립니다."라고 말해야 한다.

4, "온 땅이 주께 경배하고 주를 노래하며 주의 이름을 노래하리이다 할지어다 (셀라)"

"온 땅이" - '온 세상'이다. '원수'와 대조한다. "경배하고" - '절한다.'(히트팔렐 미완료)이다. "노래하며" - '찬양한다.'(피엘 미완료)이다. "노래하리이다 할지어다" - '찬양한다.'(피엘 미완료)이다. 온 세상은 주님께 "온 세상은 주님을 경배하고, 주님을 찬양하고, 주님의 이름을 노래합니다."라고 말해야 한다.

2. 시인은 그들이 와서 무엇을 보도록 합니까(5)? 하나님께서 행하신 일은 무엇이었습니까(6)? 그 하나님은 어떤 분이며, 그분 앞에서 무엇을 해서는 안 됩니까(7)?

5, "와서 하나님께서 행하신 것을 보라 사람의 아들들에게 행하심이 엄위하시도다"

"와서" - '온다.'(칼 명령)이다. "행하신 것을" - '행위'이다. '하나님께서 하신 일'을 뜻한다. "보라" - '본다.'(칼 명령)이다. 시인은 하나님께서 하신 일을 "와서 보라."라고 초대한다. "사람의 아들들" - '사람'이다. "에게" - '˜에 대해'이다. '사람에 대한', '사람 주변에서'를 뜻한다. "행하심이" - '행위'이다. "엄위하시도다" - '두려워한다.'(니팔 분사)이다. '사람들에게 하신 그 일이 놀랍다.'라는 뜻이다.

그 일은 무엇인가?

6, "하나님이 바다를 변하여 육지가 되게 하셨으므로 무리가 걸어서 강을 건너고 우리가 거기서 주로 말미암아 기뻐하였도다"

"바다를" - '바다(sea)'이다. "변하여" - '전복시킨다.'(칼 완료)이다. "육지가 되게 하셨으므로" - '마른 땅'이다. "걸어서" - '발(foot)'이다. "강을" - '시내(stream)'이다. "건너고" - '건너간다.'(칼 미완료)이다.

두 사건을 생각할 수 있다. 첫째는, 홍해를 육지같이 발로 건넜던 사건이다. 모세가 바다 위로 손을 내밀매 여호와께서 큰 동풍이 밤새도록 바닷물을 물러가게 하시니 물이 갈라져 바다가 마른 땅이 되었다(출 14:21). 둘째는, 요단강을 발로 건넜던 사건이다. 이스라엘이 마른 땅을 밟고 건너가는 동안 여호와의 법궤를 멘 제사장들은 그들이 완전히 건널 때까지 요단강 한복판에 서 있었다(수 3:17).

그때 그들은 무엇을 하는가? "우리가 거기서" - '그곳'이다. 백성이 걸어서 강을 건넌 그곳이다. "주로 말미암아" - '˜안에'이다. "기뻐하였도다" - '기뻐한다.'(칼 미완료)이다. 그들은 놀라운 일을 하신 그분 '안에서', 그분과 '함께' 기뻐한다. 옛적에 조상은 홍해에서 행하신 하나님의 놀라운 일을 보았다. 그들은 노래했다(출 15:1). 시인은 그때의 기쁨을 느낀다. 하나님께서 과거에 하신 일은 단순한 과거의 사건이 아니다. 오늘 우리도 그 일에 함께 참여하여 경험한다.

하나님은 어떤 분인가?

7, "그가 그의 능력으로 영원히 다스리시며 그의 눈으로 나라들을 살피시나니 거역하는 자들은 교만하지 말지어다 (셀라)"

"다스리시며" - '통치한다.'(칼 분사)이다. '능력으로 영원히 다스리는 분'을 뜻한다. "살피시나니" - '지켜본다.'(칼 미완료)이다. 두 눈으로 뭇 나라를 살피신다. 애굽에서 그 백성을 인도하신 하나님은 온 세상을 다스리시는 분이다. "여호와께서 영원무궁하도록 다스리시도다 하였더라"(출 15:18).

그분 앞에서 무엇을 해서는 안 되는가? "교(만하지)" - '~안에'이다. "(교)만하지" - '높다.'(칼 미완료)이다. "말지어다" - '아니다'이다. 그분 앞에서는 머리를 들어서는 안 된다. 하나님은 당신의 영광스러운 통치를 방해하는 어떤 세력도 용납하지 않으신다(사 2:17).

3. 만민은 왜 하나님을 찬양해야 합니까(8-9)? 하나님은 왜 실족을 허락하지 않으셨습니까(10-12a)? 그들은 어떻게 연단을 이길 수 있었습니까(12b)?

8, "만민들아 우리 하나님을 송축하며 그의 찬양 소리를 들리게 할지어다"

"만민들아" - '온 세상 사람'을 뜻한다. 이스라엘을 넘어선 온 세상이다. "송축하며" - '축복한다.'(피엘 명령)이다. "들리게 할지어다" - '듣는다.'(히필 명령)이다. 온 세상은 그분을 찬양하는 노랫소리를 크게 울려 퍼지게 해야 한다.

왜 그렇게 해야 하는가?

9, "그는 우리 영혼을 살려 두시고 우리의 실족함을 허락하지 아니하시는 주시로다"

"그는 우리 영혼을" - '영혼'(복수)이다. 여기서는 '육체'와 대조보다는 '공동체'를 뜻한다. "살려" - '살아있는'이다. "두시고" - '정한다.'(칼 분사)이다. "실(족)" - '미끄러짐'이다. "(실)족함을" - '발(foot)'이다. '발의 미끄러짐'은 재앙이나 실패, 더 나아가 죽음으로 빠지는 것까지를 뜻한다. "허락하지" - '둔다.'(칼 완료)이다. "아니하시는 주 시로다" - '아니다'이다. '죽음에 이르지 않게 하셨다.' '죽음에서 구해 주셨다.'라는 뜻이다. 그분은 우리 공동체를 지켜주셔서 죽음에서 구 해주셨다.

왜 하나님은 실족을 허락하지 않으셨는가?

10, "하나님이여 주께서 우리를 시험하시되 우리를 단련하시기를 은 을 단련함 같이 하셨으며"

"(왜냐하면)" - '왜냐하면 ~이니까'이다. "주께서 우리를 시험하시 되" - '시험한다.'(칼 완료, 복수)이다. 왜냐하면 주님께서 우리를 시 험하셨기 때문이다.

어떻게 시험하셨는가? 그 내용은 10b-12a까지이다. "우리를 단련 하시기를" - '제련한다.'(칼 완료)이다. "단련함 같이 하셨으며" - '제 련한다.'(칼 부정사)이다. 첫째로, 하나님은 우리를, 은을 연단 하듯이 연단 하셨다.

11, "우리를 끌어 그물에 걸리게 하시며 어려운 짐을 우리 허리에 매 어 두셨으며"

"우리를 끌어" - '들어간다.'(히필 완료)이다. "그물에 걸리게 하시 며" - '그물에 걸린 희생물(net prey)'이다. 둘째로, 하나님은 우리를 그물에 걸린 새처럼 하셨다. 하나님이 사냥꾼으로, 우리는 참새로 등 장했다. "어려운 짐을" - '고난'이다. "매어 두셨으며"- '정한다.'(칼 완 료)이다. 셋째로, 하나님은 우리 허리에 고통의 짐을 지우셨다.

12, "사람들이 우리 머리를 타고 가게 하셨나이다 우리가 불과 물을 통과하였더니 주께서 우리를 끌어내사 풍부한 곳에 들이셨나이다"

"타고 가게 하셨나이다" - '타고 간다(ride).'(히필 완료)이다. 넷째 로, 하나님은 사람들이 우리 머리를 타고 가도록 하셨다. 전쟁에서 이긴 군대가 진 군인의 머리 위를 짓밟는 모습이다. 이스라엘이 다 른 민족한테 지배당했던 모습이다.

우리는 그 시험 앞에서 어떻게 했는가? "불과 물을" - '감당하기 매우 심각한 시험'을 뜻한다. "통과하였더니" - '들어간다.'(칼 완료)이다. 그들은 매우 심각한 시험을 통과했다.

어떻게 통과했는가? "(그러나, yet)" - 반전이 있다. "주께서 우리를 끌어내사" - '나간다.'(히필 미완료, 복수)이다. "풍부한 곳에 들이셨나이다" - '넘침'이다. '젖과 꿀이 풍부한 약속의 땅', '축복의 땅'을 뜻한다. 그러나 주님께서 그들을 풍부한 곳으로 인도하신다. 애굽에서 나온 이스라엘은 광야에서 크고 작은 사건을 통해서 훈련받았다. 하나님은 그들을 불기둥과 구름 기둥으로 보호하며 인도하셨다. 노예 백성 이스라엘을 하나님은 거룩한 제사장 나라로 만드셨다(출 19:5-6). 이처럼 하나님은 지금도 그 백성을 시험하고, 축복의 땅으로 인도하신다. 하나님이 시험하시지만, 그 시험에서 끌어내시니 시험을 통과할 수 있다.

4. 시인은 무엇을 합니까(13)? 그는 왜 서원했으며, 주님께 무엇을 드립니까(14-15)?

13-20, 개인 감사

13, "내가 번제물을 가지고 주의 집에 들어가서 나의 서원을 주께 갚으리니"

"내가 번제물을 가지고" - '불로 태워 바치는 제물(whole burnt offering)'(단수)이다. '우리'(복수)에서 '내가'(단수)로, '찬양'에서 '번제물'로 바뀌었다. 공동체 찬양에서 개인 감사로 바뀌었다. '나'는 왕이나 지도자이다. "주의 집에" - '집'이다. '하나님의 집', '성전'을 뜻한다. '광야'에서 '성전'으로 바뀌었다. "들어가서" - '들어온다.'(칼 미완료)이다. 그는 번제를 드리러 주님의 집으로 왔다. "나의 서원을" - '맹세'이다. "주께 갚으리니" - '완성한다.'(피엘 미완료)이다. 그는 서원을 완성하려고 왔다.

그는 왜 서원했는가?

14, "이는 내 입술이 낸 것이요 내 환난 때에 내 입이 말한 것이니이다"

"낸 것이요" - '열다.'(칼 완료)이다. 그 서원은 내 입술이 열었던 그것이다. "말한 것이니이다" - '말한다.'(피엘 완료)이다. 그 서원은 내 입이 말했던 그것이다. "내 환난 때" - '고통'이다. 그는 고통을 겪었을 때 하나님께 서원했다. 이제 그는 그 서원을 갚고자 한다. 그는 약속에 대한 책임을 진다(신 23:23).

그는 주님께 무엇을 드리는가?

15, "내가 숫양의 향기와 함께 살진 것으로 주께 번제를 드리며 수소와 염소를 드리리이다 (셀라)"

"살진 것으로" - '살찐 가축(fat animal)'이다. '좋은 가축'을 뜻한다. "드리며" - '올라간다.'(히필 미완료)이다. "드리리이다" - '성취한다.'(칼 미완료)이다.

5. 시인은 누구를, 왜 초청합니까(16)? 하나님께서 시인에게 하셨던 일은 무엇입니까(17-19)? 시인은 왜 하나님을 찬양합니까(20)? 오늘 우리는 왜 하나님을 찬양해야 합니까?

16, "하나님을 두려워하는 너희들아 다 와서 들으라 하나님이 나의 영혼을 위하여 행하신 일을 내가 선포하리로다"

"두려워하는 너희들아" - '경외하는 사람'이다. 시인은 서원 제물을 드린 후에 하나님을 경외하는 사람을 초청한다.

왜 초청하는가? "와서" - '온다.'(칼 명령)이다. "들으라" - '듣는다.'(칼 명령)이다. 시인은 '듣도록' 초청한다.

그 내용은 무엇인가? "나의 영혼을 위하여" - '숨 쉬는 존재'(단수)이다. '우리 영혼'(9절)과 대조한다. '개인'을 뜻한다. "행하신" - '성취한다.'(칼 완료)이다. 하나님께서 시인을 위해 하신 일이다. "내가 선포하리로다" - '계산한다.'(피엘 미완료)이다. 시인은 하나님께서 자기에 하셨던 그 일을 선포할 터인데, 그들이 와서 듣기를 바란다.

하나님께서 시인에게 하셨던 일은 무엇인가?

17, "내가 나의 입으로 그에게 부르짖으며 나의 혀로 높이 찬송하였
도다"

"부르짖으며" - '부른다.'(칼 완료)이다. 시인은 서원한 대로 그 입
으로 그분께 부르짖었다. "(혀)로" - '로(with)'이다. "높이 찬송하였도
다" - '높인다.'(폴알 완료)이다. "그분은 내 혀로 높임을 받았다." "내
혀에 높은 찬양이 있었다." 시인은 입으로 기도했고, 혀로 찬양했다.
그는 어떤 마음으로 기도했는가?

18, "내가 나의 마음에 죄악을 품었더라면 주께서 듣지 아니하시리
라"

"품었더라면" - '관심을 품는다.'(칼 완료)이다. "듣지" - '듣는다.'
(칼 미완료)이다. "아니하시리라" - '아니다'이다. 그런 마음이 있었다
면 하나님께서 기도를 듣지 않으시고, 찬양을 듣지 않으신다.

19, "그러나 하나님이 실로 들으셨음이여 내 기도 소리에 귀를 기울
이셨도다"

"들으셨음이여" - '듣는다.'(칼 완료)이다. 그러나 하나님은 시인의
기도를 들으셨다. "귀를 기울이셨도다" - '청종한다.'(히필 완료)이다.
하나님께서 시인의 기도를 들으셨음은 그에게 악한 마음이 없었음을
보여 준다. 하나님은 악한 마음을 품지 않은 사람의 기도를 들으신
다. 찬양을 들으신다.
시인은 왜 하나님을 찬양하는가?

20, "하나님을 찬송하리로다 그가 내 기도를 물리치지 아니하시고 그
의 인자하심을 내게서 거두지도 아니하셨도다"

"찬송하리로다" - '축복한다.'(칼 분사)이다. "물리치지" - '외면한
다.'(히필 완료)이다. "아니하시고" - '아니'이다. 하나님은 시인의 기
도를 거절하지 않으셨다. "그의 인자하심을" - '한결같은 사랑

(steadfast love)'이다. "내게서 거두지도 아니하셨도다" - '~와 함께'이다. 하나님은 당신의 한결같은 사랑을 거절하지 않으셨다. 시인에게 하나님은 기도를 들으시는 분이고, 한결같은 사랑을 베푸시는 분이다. 그래서 그는 그분을 찬양한다.

왜 우리는 하나님을 찬양하는가? 하나님은 우리의 기도를 거절하지 않기 때문이다. 한결같은 사랑을 우리한테서 거절하지 않기 때문이다. 하나님은 우리의 기도를 들으시고, 우리를 변함없이 사랑하신다. 그래서 우리도 그분을 찬양한다.

## 25
# 모든 끝이 하나님을 경외하리로다

> 말씀 시편 67:1-7
> 요절 시편 67:7
> 찬송 391장, 477장

1. 시인은 하나님께 무엇을 기도합니까(1)? 하나님께서 얼굴을 비추는 목적은 무엇입니까(2)? 구원을 안 그들은 무엇을 해야 합니까(3)?

2. 온 백성은 왜 노래해야 합니까(4)? 공평히 심판하고 다스리는 하나님을 노래하는 그들로부터 무엇을 배웁니까? 민족은 무엇을 해야 합니까(5)?

3. 하나님은 그 백성을 어떻게 축복하십니까(6)? 하나님이 이스라엘을 축복하신 목적은 무엇입니까(7)? 오늘 우리 교회에 주는 의미는 무엇입니까?

## 25
## 모든 끝이 하나님을 경외하리로다

말씀 시편 67:1-7
요절 시편 67:7
찬송 391장, 477장

1. 시인은 하나님께 무엇을 기도합니까(1)? 하나님께서 얼굴을 비추는 목적은 무엇입니까(2)? 구원을 안 그들은 무엇을 해야 합니까(3)?

(성가대 지휘자를 따라 현악기에 맞춰 부른 노래. 찬양 시, To the choirmaster: with stringed instruments. A Song. A Psalm.)
"찬양 시" - 다윗의 시편이 아니다.
이스라엘은 물론이고 온 세상이 하나님을 찬양하기를 바란다.

1-3, 복을 주소서
1, "하나님은 우리에게 은혜를 베푸사 복을 주시고 그의 얼굴빛을 우리에게 비추사 (셀라)"

"우리에게 은혜를 베푸사" - '은혜가 넘친다.'(피엘 미완료, 복수)이다. '은혜'는 하나님 복의 기초이며, 사랑의 표현이다. "우리에게 은혜를 베푸소서." "복을 주시고" - '축복한다.'(피엘 미완료)이다. "우리를 축복하소서." "그의 얼굴빛을" - '얼굴'이다. 그분의 영광 속에 나타나는 신비한 '광휘(光輝, 환하고 아름답게 빛남, splendor)이다.

211

"비추사" - '빛을 준다.'(히필 미완료)이다. 하나님이 얼굴을 드시거나 얼굴을 비추시면 구원받고 평화를 누린다. 반면 하나님이 얼굴을 감추거나 돌리시면 은혜를 거두신다(민 6:23-26). 추수 때 사람들은 이 축복을 들었다. 그리고 그들은 계속해서 풍성한 추수와 하나님의 인도하심을 구했다. 그런데 민수기에서의 "네게(you)"가 "우리(us)"로 바뀌었다. 시인은 하나님께서 그 얼굴빛을 우리에게 비춰주시도록 노래한다.

하나님께서 우리에게 얼굴을 비추는 목적은 무엇인가?

2, "주의 도를 땅 위에, 주의 구원을 모든 나라에게 알리소서"

"주의 도를" - '하나님의 길'이다. "땅 위에"(אֶרֶץ, eretz) - '땅'이다. '세상'을 뜻한다. "주의 구원을" - '구원'이다. '하나님의 통치, 복, 그리고 약속'을 포함한다. "주의 도", "주의 구원"을 대조한다. '구원'은 '도'의 본질이다. 하나님의 길은 하나님의 구원으로 나타난다. "나라에게"(גּוֹי, goy) - '국민'이다. '특정한 단체', '사람들의 무리'를 뜻한다. "알리소서" - '이해한다.'(칼 부정사)이다. '알려지도록(may be known)', '알게 하여(to know)'를 뜻한다. '주님의 도를 세상이 알고, 주님의 구원을 모든 나라가 알도록'이라는 뜻이다. "땅 위에", "모든 나라" - 아론의 축복은 이스라엘에 한정했다(민 6:23-26).

하지만 하나님의 길과 구원은 온 세상 만민에게 해당한다. 하나님께서 이스라엘에 복을 주신 목적은 하나님의 도와 구원을 모든 나라에 알리기 위함이다. 하나님은 아브라함을 구원하시고 말씀하셨다(창 12:3b). 하나님은 모든 민족의 구원자이시다.

구원을 알게 된 땅과 모든 나라는 무엇을 하는가?

3, "하나님이여 민족들이 주를 찬송하게 하시며 모든 민족들이 주를 찬송하게 하소서"

"민족들이"(עַם, 'am) - '민족'이다. '일반적인 백성의 집단'을 뜻한다. 찬양의 대상은 구원의 대상과 같다. 그들은 주님의 길과 구원을 알았다. "주를 찬송하게 하시며" - '찬양한다.'(히필 미완료)이다. 하나님의 복은 하나님을 찬송하도록 한다. "주를 찬송하게 하소서" - '찬양한다.'(히필 미완료)이다. 구원이 모든 민족으로 이어지니 모든 민족이 하나님을 찬양한다.

2. 온 백성은 왜 노래해야 합니까(4)? 공평히 심판하고 다스리는 하나님을 노래하는 그들로부터 무엇을 배웁니까? 민족은 무엇을 해야 합니까(5)?

4, 다스리소서

4, "온 백성은 기쁘고 즐겁게 노래할지니 주는 민족들을 공평히 심판하시며 땅 위의 나라들을 다스리실 것임이니이다 (셀라)"

"온 백성은"(לאם, leom) - '백성'이다. "기쁘고" - '기뻐한다.'(칼 미완료)이다. "즐겁게 노래할지니" - '큰 소리로 부른다.'(피엘 미완료)이다.

왜 그들은 즐겁게 노래해야 하는가? "민족들을"(עם, 'am) - '민족'이다. "공평히" - '정직함'이다. "심판하시며" - '재판한다.'(칼 미완료)이다. 하나님은 백성을 공의로 심판하시기 때문이다. "땅 위의"(ארץ, eretz) - '땅'이다. "나라들을"(לאם, leom) - '국민'이다. "다스리실 것" - '인도한다.'(히필 미완료)이다. "임이니이다" - 'ㄴ라는 것 때문에'이다.

공평히 심판하고 다스리는 하나님을 노래하는 그들로부터 무엇을 배우는가? 공평은 사람을 기쁘게 한다. 노래하게 한다. 반면 공평하지 않음은 사람을 슬프게 하고 화나게 한다. 특히 통치자가 공평하지 않을 때 그 백성은 정말로 슬퍼하고 화를 낸다. 그런데 우리의 통치자이신 하나님은 공평히 심판한다. 그리고 그분은 목자가 양 떼를 인도하듯이 인도하신다. 하나님은 광야에서 이스라엘이 행군할 수 있도록 낮에는 구름 기둥으로 앞서가시며 길을 인도하시고, 밤에는 불기둥으로 앞길을 비추셨다(출 13:21). 그러니 그들은 노래하지 않을 수 없었다.

민족들은 무엇을 해야 하는가?

5, 찬송하게 하소서

5, "하나님이여 민족들이 주를 찬송하게 하시며 모든 민족으로 주를 찬송하게 하소서"

"민족들이"(עַם, 'am) - '민족'이다. "주를 찬송하게 하시며" - '찬양한다.'(히필 미완료)이다. "주를 찬송하게 하소서" - '찬양한다.'(히필 미완료)이다. 구원받은 모든 민족은 하나님을 찬송해야 한다. 3절을 반복한다.

"땅", "모든 나라", "민족들"이 "온 백성"으로 이어진다.

3. 하나님은 그 백성을 어떻게 축복하십니까(6)? 하나님이 이스라엘을 축복하신 목적은 무엇입니까(7)? 오늘 우리 교회에 주는 의미는 무엇입니까?

6-7, 복을 주소서

6, "땅이 그의 소산을 내어 주었으니 하나님 곧 우리 하나님이 우리에게 복을 주시리로다"

"그의 소산을" - '산물'이다. "내어 주었으니" - '준다.'(칼 완료)이다. 땅이 그 생산물을 내었다. "하나님, 곧 우리 하나님이" - 하나님과 이스라엘의 특별한 관계를 강조한다. "우리에게 복을 주시리로다" - '축복한다.'(피엘 미완료)이다. 하나님, 곧, 우리의 하나님께서 우리에게 복을 내려 주셨기 때문이다. 땅에서는 나는 생산물은 하나님 축복의 열매이다.

복을 주신 목적은 무엇인가?

7, "하나님이 우리에게 복을 주시리니 땅의 모든 끝이 하나님을 경외하리로다"

"우리에게 복을 주시리니" - '축복한다.'(피엘 미완료)이다. 하나님은 복을 주신다. "땅의 모든 끝이" - '지구의 끝'이다. 이스라엘을 뛰어넘어 온 세상을 뜻한다.

"하나님을" - '그를'이다. "경외하리로다" - '존경한다.'(칼 미완료)

이다. 온 세상은 하나님을 경외해야 한다. "모든 나라에 알리소서"(2
절)가 "하나님을 경외하리이다."로 나타난다.

하나님이 이스라엘을 축복하신 목적은 무엇인가? 온 세상이 하나
님을 경외하도록 하는 데 있다. 이스라엘이 복을 받는 모습을 통해
온 세상은 하나님께 관심을 품는다. 그리고 하나님을 경외한다.

오늘 우리 교회에 주는 의미는 무엇인가? 예수님께서 세상에 오
심으로 유대인과 이방인의 역할이 바뀌었다. 교회는 하나님의 길과
구원을 아는 이방인으로 구성되었다. 이제는 이방인을 통해 유대인
이 하나님께 관심을 품고 경외하는 일이 일어나야 한다. 교회는 유
대인이 예수님을 그리스도로 믿도록 기도해야 한다. 그뿐만 아니라,
세상이 교회를 보면서 하나님을 경외하도록 해야 한다.

## 26

## 하나님이 일어나시니

> 말씀 시편 68:1-35
> 요절 시편 68:1
> 찬송 517장, 518장

1. 시인은 무엇을 기도합니까(1a)? 하나님이 일어나시면 무슨 일이 일어납니까(1b)? 하나님 앞에서 도망하는 원수의 모습은 무엇과 같습니까(2)? 오늘 우리에게 주는 의미는 무엇입니까?

2. 의인은 무엇을 합니까(3-4)? 그분은 누구십니까(5-6)? 하나님이 광야에서 행진하셨을 때 무슨 일이 있었습니까(7-10)? 주님께서 말씀을 주시니 무슨 일이 일어났습니까(11-14)?

3. 어떤 산이 하나님께서 계시려는 산을 시기합니까(15-18)? 주님은 어떤 분입니까(19-21)? 주님은 무엇을 말씀하셨습니까(22-23)?

4. 하나님은 어디로 행차하셨습니까(24)? 그 모습이 어떠합니까(25-27)?

5. 시인은 무엇을 기도합니까(28)? 왕들은 무엇을 합니까(29)? 시인은 또 무엇을 기도합니까(30)? 그러면 무슨 일이 일어납니까(31)? 땅의 왕국은 무엇을 해야 합니까(32-35)?

## 26

# 하나님이 일어나시니

말씀 시편 68:1-35
요절 시편 68:1
찬송 517장, 518장

1. 시인은 무엇을 기도합니까(1a)? 하나님이 일어나시면 무슨 일이 일
   어납니까(1b)? 하나님 앞에서 도망하는 원수의 모습은 무엇과 같습
   니까(2)? 오늘 우리에게 주는 의미는 무엇입니까?


(다윗의 시. 성가대 지휘자를 따라 부른 노래, To the
choirmaster. A Psalm of David. A Song.)

하나님을 찬양하는 시이다. 그 배경은 하나님께서 이스라엘을 인
도하실 때 시내 산에서 출발하여 광야를 거쳐서 약속의 땅에 이르는
과정이다.

"드보라와 바락의 노래"(삿 5:1, 4-5), "모세의 축복"(신 33:27), "언
약궤의 노래"(민 10:35), "고아의 아버지, 과부의 보호자"(출 22:22)
등을 배경으로 했다.

하나님의 이름: "엘로힘"(אֱלֹהִים, 1), "야흐"(יָהּ, 4), "아도나이"(אֲדֹנָי,
11), "전능하신 이"(שַׁדַּי, shadday, 14), "여호와"(יהוה, 16), "여호와야
웨"(יהוה, 20), "나의 왕"(מֶלֶךְ, melek, 24) 등이 나온다.

1-4, 일어나시는 하나님

1, "하나님이 일어나시니 원수들은 흩어지며 주를 미워하는 자들은 주 앞에서 도망하리이다"

"하나님이"(אֱלֹהִים, 'elohim) - '하나님'이다. "일어나시니" - '일어난다.'(칼 미완료)이다. 하나님은 일어나실 것이다. '하나님의 일어나심'은 인도와 보호를 상징한다.

하나님이 일어나시면 무슨 일이 일어나는가? "원수들은" - '원수'이다. "흩어지며" - '흩어진다.'(칼 미완료)이다. 원수들은 흩어질 것이다. "주를 미워하는 자들은" - '미워한다.'(피엘 분사)이다. "주 앞에서" - '얼굴'이다. "도망하리이다" - '달아난다.'(칼 미완료)이다. 미워하는 사람은 하나님 앞에서 달아난다.

그들은 일어나시는 하나님 앞에서 존재감을 나타낼 수 없다. 이 말씀은 광야에서 언약궤를 이동할 때 모세가 선포했던 말씀을 생각나게 한다(민 10:35). '언약궤'는 하나님의 함께하심과 보호를 상징한다.

하나님 앞에서 도망하는 원수의 모습은 마치 무엇과 같은가?

2, "연기가 불려 가듯이 그들을 몰아내소서 불 앞에서 밀이 녹음 같이 악인이 하나님 앞에서 망하게 하소서"

"연기" - '연기'인데, '하나님의 나타나심', '하나님의 진노' 등을 상징한다. 또는 '실체 없이 사라짐'을 뜻한다. "불려 가듯이" - '흩뿌린다.'(니팔 부정사)이다. "그들을 몰아내소서" - '흩뿌린다.'(칼 미완료)이다. 그들은 바람에 날아가는 연기처럼 허무하게 사라진다. "밀이" - '밀랍(wax)', 초'이다. "녹음 같이" - '녹는다.'(니팔 부정사)이다. "망하게 하소서" - '멸망한다.'(칼 미완료)이다. 그들은 초가 불에 녹듯이 하나님 앞에서 순식간에 망할 것이다.

오늘 우리에게 주는 의미는 무엇인가? 우리의 본질적 원수는 죄와 죽음이다. 그리고 삶의 현장에서 우리의 힘으로 어찌할 수 없는 한계 상황이다. 그런데 하나님이 우리와 함께하시고 보호하시면 그런 원수가 도망친다. 죄와 죽음도 흩어지고, 우리가 도저히 어찌할 수 없는 한계 상황도 연기처럼 사라진다. 그러므로 우리는 한계 상황을 만날 때 하나님께서 일어나시도록 기도해야 한다.

스코틀랜드 장로교회의 창시자 존 녹스(John Knox, 1513~1572)는 "스코틀랜드 신앙고백(The Scottish Confession)" 결론에서 이 말씀을 기초로 기도했다. "주여, 일어나셔서 당신의 원수들을 쳐부수소서. 당신의 거룩한 이름을 미워하는 그들이 당신 앞에서 도망쳐 가게 하소서. 당신의 종에게 힘을 주셔서 확신을 두고 용감하게 당신의 말씀을 전하게 하소서. 모든 백성이 당신의 참된 지식을 알게 하소서. 아멘".

2. 의인은 무엇을 합니까(3-4)? 그분은 누구십니까(5-6)? 하나님이 광야에서 행진하셨을 때 무슨 일이 있었습니까(7-10)? 주님께서 말씀을 주시니 무슨 일이 일어났습니까(11-14)?

3, "의인은 기뻐하여 하나님 앞에서 뛰놀며 기뻐하고 즐거워할지어다"

"의인은" - '그러나 의인들은'이다. "기뻐하여" - '기뻐한다.'(칼 미완료)이다. 그러나 의인들은 기뻐할 것이다. "뛰놀며" - '날뛴다.'(칼 미완료)이다. 그들은 하나님 앞에서 즐거워할 것이다. "기뻐하고" - '기쁨'이다. "즐거워할지어다" - '기뻐한다.'(칼 미완료)이다. 그들은 기쁨에 겨워서 크게 즐거워할 것이다.

4, "하나님께 노래하며 그의 이름을 찬양하라 하늘을 타고 광야에 행하시던 이를 위하여 대로를 수축하라 그의 이름은 여호와이시니 그의 앞에서 뛰놀지어다"

"노래하며" - '노래 부른다.'(칼 명령)이다. 의인은 하나님께 노래해야 한다. "찬양하라" - '찬양한다.'(피엘 명령)이다. 그분의 이름을 찬양해야 한다. "하늘을 타고" - '올라탄다.'(칼 분사)이다. '구름을 탄다.' '구름을 타는 사람(the Cloud Rider)'을 뜻한다. 가나안에서는 '바알'에 대한 호칭이었다. "광야에" - '아라바(Arabah)', '평지'이다. "행하시던 이를 위하여” - ‘올라탄다.’(칼 분사)이다. ‘광야를 타는 사람 (the Wilderness Rider)’을 뜻한다. ‘구름을 타는 사람’은 ‘광야를 타는 사람’이다. 가나안 폭풍의 신, 풍요의 신 바알을 그렇게 불렀다. 하지만 여기서는 바알이 아닌 여호와이시다. 여호와께서 자연을 다스리는 분이다.

“대로를 수축하라” - ‘쌓아 올린다.’(칼 명령)이다. 그분께 노래를 들어올려야 한다. “여호와이시니”(יָהּ, yah) - ‘여호와(יהוה)’의 축약형이다. ‘그분의 이름은 다름 아닌 야(여호와)이시다.’라는 뜻이다. “뛰놀 지어다” - ‘기뻐 날뛴다.’(칼 명령)이다. 그분의 이름은 여호와시니, 그분 앞에서 즐거워해야 한다.

그분은 누구신가?

5-6, 고아의 아버지 하나님

5, “그의 거룩한 처소에 계신 하나님은 고아의 아버지시며 과부의 재판장이시라”

“처소에 계신” - ‘거처’이다. ‘예루살렘 성전’이면서 ‘하늘 성전’을 뜻한다. “고아의” - ‘아버지가 없는 아이’이다. 사회적 신분이 낮고 힘이 없는 사람이다. “아버지시며” - ‘보호자’이다. 가족을 대표하고, 경제적 공급을 책임졌다. 하나님은 ‘아버지 없는 사람의 아버지이시다(a father to the fatherless). “과부의” - 남편의 사망으로 사회적 경제적 위치를 잃어버린 여인을 말한다. “재판장이시라” - 공정하게 판결한다. 약자를 돌보는 역할을 했다. 하나님께서 과부에게 그 역할을 하신다.

6, “하나님이 고독한 자들은 가족과 함께 살게 하시며 갇힌 자들은 이끌어 내사 형통하게 하시느니라 오직 거역하는 자들의 거처는 메마른 땅이로다”

“고독한 자들은” - ‘외로운’이다. 자기 권리를 보호해 줄 가족이나 친척, 그리고 친구 없이 혼자 사는 사람이다. “가족과 함께” - ‘가정’이다. “살게 하시며” - ‘머무른다.’(히필 분사)이다. 하나님은 외로운

# 26 하나님이 일어나시니(68:1-35)

사람에게 가족을 주신다. 버려진 사람에게 가정을 제공하신다. "갇힌 자들은" - '노예'이다. "이끌어 내사" - '앞으로 간다.'(히필 분사)이다. "형통하게 하시느니라" - '형통'이다. 갇힌 자를 풀어내서 형통하게 하신다. "거역하는 자들의" - '완고하다.'(칼 분사)이다. 하나님을 인정하지 않는 사람이다. "거처는" - '거주한다.'(칼 완료)이다. "메마른 땅이로다" - '마른 땅'이다. 거역하는 사람은 메마른 땅에서 산다.

### 7-10, 풍요롭게 하시는 하나님

7, "하나님이여 주의 백성 앞에서 앞서 나가사 광야에서 행진하셨을 때에 (셀라)"

"앞에서" - '얼굴'이다. "앞서 나가사" - '나온다.'(칼 부정사)이다. "행진하셨을 때에" - '행진한다.'(칼 부정사)이다. 하나님은 그 백성의 군대 대장으로서 애굽에서 그 백성을 인도하셨다(출 13:21). 그분은 '신성한 용사'이시다.

그때 무슨 일이 일어났는가?

8, "땅이 진동하며 하늘이 하나님 앞에서 떨어지며 저 시내 산도 하나님 곧 이스라엘의 하나님 앞에서 진동하였나이다"
- "땅이 진동하고 하늘이 비를 내리며, 시내 산의 그분, 하나님 앞에서, 이스라엘의 하나님, 하나님 앞에서(before God, the One of Sinai, before God, the God of Israel, ESV)."

"진동하며" - '떨다.'(칼 완료)이다. 땅이 진동했다. 지진은 하나님의 오심을 뜻한다. "떨어지며" - '물방울이 떨어진다.'(칼 완료)이다. 하늘에서 비가 왔다. 비는 하나님의 오심을 뜻한다. "저 시내 산도" - '시내 산의 그분(the One of Sinai)'이다. "하나님" - '하나님 앞에서'이다. "곧 이스라엘의 하나님 앞에서" - '하나님, 곧 이스라엘의 하나님 앞에서(before God, the God of Israel, ESV)'이다. "앞에서 진동하였나이다" - '얼굴(face)'이다.

9, "하나님이여 주께서 흡족한 비를 보내사 주의 기업이 곤핍할 때에

주께서 그것을 견고하게 하셨고"

"흡족한" - '자원 제물(freewill offering)'이다. "비" - '늦가을에 내리는 많은 비'이다. "보내사" - '이리저리 움직인다.'(히필 미완료)이다. 하나님은 넉넉한 비를 뿌리신다. "주의 기업이" - '유산'이다. '가나안'을 뜻한다. "곤핍할 때에" - '쇠약해진다.'(니팔 완료)이다. 주님의 기업이 쇠약해졌다. "그것을 견고하게 하셨고" - '확고하다.'(폴렐 완료)이다. 하나님은 그 백성과 메마른 땅에 생명과 활기를 불어넣으셨다.

10, "주의 회중을 그 가운데에 살게 하셨나이다 하나님이여 주께서 가난한 자를 위하여 주의 은택을 준비하셨나이다"

"주의 회중을" - '살아있는'이다. '당신의 양 떼', '당신의 회중'을 뜻한다. "살게 하셨나이다" - '머무른다.'(칼 완료)이다. 주님의 회중을 그곳에서 살도록 하셨다. "가난한 자를 위하여" - '가난한'이다. '애굽에서 종으로 살면서 억압받았던 이스라엘'을 뜻한다.

"주의 은택을" - '좋은'이다. "준비하셨나이다" - '확고하다.'(히필 미완료)이다. 그것은 하나님께서 가난한 사람을 위해 좋은 것을 준비하신 것이다.

주님께서 무슨 말씀을 하는가?

11-14, 세상 왕을 흩으시는 하나님

11, "주께서 말씀을 주시니 소식을 공포하는 여자들은 큰 무리라"

"주께서"(אֲדֹנָי, adonai) - '나의 주님'이다. "주시니" - '준다.'(칼 미완료)이다. 주님이 말씀하신다. "소식을 공포하는 여자들은" - '소식을 가져온다.'(피엘 분사)이다. 그들은 노래와 춤으로 승리의 소식을 전하는 여인들이다. "무리라" - '군대(host)'이다. 그 소식을 전하는 여자들은 큰 군대이다. 미리암과 그의 동료를 생각나게 한다(출 15:20).

그 여인이 전한 소식은 무엇인가?

12, "여러 군대의 왕들이 도망하고 도망하니 집에 있던 여자들도 탈취물을 나누도다"

"왕들이" - '왕'이다. 가나안의 왕을 뜻한다. "도망하고" - '도망한다.'(칼 미완료)이다. "도망하니" - '도망한다.'(칼 미완료)이다. "군대의 왕들이여, 그들이 도망친다, 그들이 도망친다!" 그 여인들은, 가나안 왕들이 전리품을 남기고 군사를 거느리고 어떻게 도망했는지를 노래한다. 만군의 여호와 앞에서 그 어떤 왕도 아무것도 아니다. 왕들은 완전히 패했다. "나누도다" - '분배한다.'(피엘 미완료)이다. 집에 남아 있던 여자들도 전리품을 나눈다.

13, "너희가 양우리에 누울 때에는 그 날개를 은으로 입히고 그 깃을 황금으로 입힌 비둘기 같도다"

"양우리" - '양 우리(sheepfolds)'이다. "누울 때에는" - '드러눕는다.'(칼 미완료)이다. '비록 양 우리에 누웠으나', '양 우리에서 편히 쉬고 있지만'이라는 뜻이다. "입히고" - '씌운다.'(니팔 완료)이다. "입힌" - '씌운다.'(니팔 분사)이다. "비둘기" - 날개는 은으로 싸여 있고, 그 깃털은 빛나는 금으로 싸여 있는 비둘기 같다.

14, "전능하신 이가 왕들을 그중에서 흩으실 때에는 살몬에 눈이 날림 같도다"

"전능하신 이가"(שַׁדַּי, *shaddai*) - '전능자'이다. 하나님의 호칭(출 6:3)이다. "흩으실 때에는" - '펼친다.'(피엘 부정사)이다. "살몬에"(Zalmon) - 세겜 부근에 있는 산이다(삿 9:48). "눈이 날림 같도다" - '눈이 내린다.'(히필 미완료)이다. 살몬은 낮은 지대여서 눈이 내리지 않았다. 따라서 '살몬의 눈'은 하나님의 오심을 상징한다. 전능하신 하나님이 살몬 산에서 왕들과 그 군사들을 파하신 승리의 장면을 눈이 내린 것에 비추어 묘사한 것이다. 가나안 족속의 왕들과 군사들이 대패하여 도망치는 모습이 마치 살몬 산에 눈이 바람에 날려서 흩어지는 것과 같음을 말한다.

3. 어떤 산이 하나님께서 계시려는 산을 시기합니까(15-18)? 주님은 어떤 분입니까(19-21)? 주님은 무엇을 말씀하셨습니까(22-23)?

15-18, 지성소에 계신 하나님

15, "바산의 산은 하나님의 산임이여 바산의 산은 높은 산이로다" - "오 하나님의 산이여, 바산의 산이여, 오 봉우리가 많은 산이여, 바산의 산이여!"

"바산" - 시인은 '살몬(Zalmon)'에서 '바산(Bashan)'으로 눈을 돌린다. 바산은 갈릴리 동부 평야 지대이다. 초원 지대에서 살진 암소와 힘센 송아지, 그리고 사자가 살았다. 그곳은 풍요롭고 힘이 셈을 상징한다. "산임이여" - '산지'이다. "높은" - '봉우리'이다. 매우 높은 산은 바산의 산이다.

16, "너희 높은 산들아 어찌하여 하나님이 계시려 하는 산을 시기하여 보느냐 진실로 여호와께서 이 산에 영원히 계시리로다"

"높은" - '봉우리'이다. "산들아" - '여러 봉우리가 있는 산'이다. 그 산을 '하나님이 계시는 산'과 대조한다. "계시려" - '살다.'(칼 부정사)이다. "하는" - '갈망한다.'(칼 완료)이다. "산을" - 성소와 예루살렘 성전이 있는 시온산(Mount Zion)이다. 시온산은 높지도 장엄하지도 않고, 바위가 많았다. "시기하여 보느냐" - '시기하여 본다.'(피엘 미완료)이다. '왜 미워하는 눈으로 바라보느냐, 오 높은 산이여, 하나님이 거하실 산에서'라는 뜻이다. 바산의 산은 시온산을 시기하는 눈으로 본다. "계시리로다" - '머물다.'(칼 미완료)이다. 여호와께서 영원히 거하실 곳이다. 시온산에는 하나님이 계신다.

17, "하나님의 병거는 천천이요 만만이라 주께서 그중에 계심이 시내산 성소에 계심 같도다"

"(천)천이요" - '되풀이'이다. "그중에 계심이" - '~와 함께'이다. "시내산" - 이스라엘은 시내산에서 언약을 맺었다(출 19:20). "성소에 계심 같도다" - '신성함'이다. 주님께서 수많은 전차 가운데 계시니,

마치 시내 산 성소에 계심과 같다. 주님은 시내 산을 떠나 성소로 오셨다.

18, "주께서 높은 곳으로 오르시며 사로잡은 자들을 취하시고 선물들을 사람들에게서 받으시며 반역자들로부터도 받으시니 여호와 하나님이 그들과 함께 계시기 때문이로다"

"높은 곳으로" - '높은 곳'이다. '하늘 보좌', '시온산'을 뜻한다. "오르시며" - '올라간다.'(칼 완료)이다. 전쟁에서 이긴 왕이 왕궁으로 올라가듯이, 주님은 왕궁으로 올라가셨다. "사로잡은 자들을" - '포로'이다. '이스라엘을 공격했던 가나안 왕들'을 뜻한다. "취하시고" - '포로로 잡는다.'(칼 완료)이다. 하나님은 많은 포로를 잡으셨다. "선물들" - '선물'이다. 정복자가 패배자한테 받는 예물이다. "사람들에게서 받으시며" - '아담'이다. "반역자들로부터도" - '반항적이다.'(칼 분사)이다. 전쟁에서 진 이방 사람이다. "받으시니" - '취한다.'(칼 완료)이다. "그들과 함께 계시기 때문이로다" - '정착한다.'(칼 부정사)이다. 여호와 하나님은 그곳에 머물려고 선물을 받으셨다.

그분은 누구신가?

19-23, 짐을 지시는 하나님
19, "날마다 우리 짐을 지시는 주 곧 우리의 구원이신 하나님을 찬송할지로다 (셀라)"

"날(마다)" - '날'이다. "(날)마다" - '날'이다. "짐을 지시는" - '짐을 나른다.'(칼 미완료)이다. 하나님은 짐을 지시는 짐꾼이시다. "우리의 구원이신" - '구원'이다. 하나님은 그 백성을 구원하는 분이다. 하나님은 그 백성을 구원하려고 짐을 지신다. 예수님이 그분이시다(요 1:29b, 마 11:28). "찬송할지로다" - '찬양한다.'(칼 분사)이다.

20, "하나님은 우리에게 구원의 하나님이시라 사망에서 벗어남은 주 여호와로 말미암거니와"

"구원의 하나님이시라" - 하나님은 우리의 구원자이시다. "사망에서" - '죽음'이다. "벗어남은" - '나감'이다. "여호와로 말미암거니와" - '여호와'이다. 하나님은 우리를 죽음에서 구원하신다. 하나님은 죽음을 다스리기 때문이다.

21, "그의 원수들의 머리 곧 죄를 짓고 다니는 자의 정수리는 하나님이 쳐서 깨뜨리시리로다"

"정수리는" - '정수리(crown of head)'이다. "쳐서 깨뜨리시리로다" - '심한 상처를 입힌다.'(칼 미완료)이다. 원수를 완전히 심판함을 뜻한다. 원수를 완전히 심판하심으로 의인을 구원하신다.

주님은 무엇을 말씀하셨는가?

22, "주께서 말씀하시기를 내가 그들을 바산에서 돌아오게 하며 바다 깊은 곳에서 도로 나오게 하고"

"말씀하시기를" - '말한다.'(칼 완료)이다. 주님께서 말씀하셨다 (22b-23). "바산" - 요단 동편의 한 지역이다. "돌아오게 하며" - '돌아간다.'(히필 미완료)이다. "바다" - 이스라엘 서쪽 지중해이다. "깊은 곳에서" - '깊음'이다. "도로 나오게 하고" - '돌아간다.'(히필 미완료)이다. 주님은 동쪽과 서쪽으로부터 모든 원수를 데려와 당신의 힘을 나타내신다.

23, "네가 그들을 심히 치고 그들의 피에 네 발을 잠그게 하며 네 집의 개의 혀로 네 원수들에게서 제 분깃을 얻게 하리라 하시도다"

"네가 그들을 심히 치고" - '심한 상처를 입힌다.'(칼 미완료)이다. "네 발을 잠그게 하며" - '발(foot)'이다. '그들의 피로 발을 때린다.'라는 뜻이다. "제 분깃을 얻게" - '몫'이다. "하리라 하시도다" - '의지'이다. '개들이 죽은 원수의 피를 핥는다.'라는 뜻이다. 아합 왕의 피와 그의 아내 이세벨의 살이 개들의 먹이가 되었다(왕상 21:19).

4. 하나님은 어디로 행차하셨습니까(24)? 그 모습이 어떠합니까(25-27)?

24-27, 성소로 행차하시는 하나님

24, "하나님이여 그들이 주께서 행차하심을 보았으니 곧 나의 하나님, 나의 왕이 성소로 행차하시는 것이라"

"주께서 행차하심을" - '행렬'이다. "보았으니" - '본다.'(칼 완료)이다. 사람들이 주님의 행렬을 보았다. "나의 왕이" - '왕'이다. 시인은 하나님의 행렬을 전쟁에서 승리한 개선 왕의 모습으로 그린다. "행차하시는 것이라" - '행렬'이다. 고대 바벨론 신년 축제에는 '마르두크(Marduk)' 신상이 도시의 거룩한 길을 따라 행진했다. 하지만 주님의 행렬은 그런 마르두크의 행렬과는 다르다. 주님을 형상화할 수 없기 때문이다. 주님은 개선 왕처럼 행진하셨다.

그 모습이 어떠한가?

25, "소고치는 처녀들 중에서 노래 부르는 자들은 앞서고 악기를 연주하는 자들은 뒤따르나이다"

"소고치는" - '소고를 친다.'(칼 분사)이다. "노래 부르는 자들은" - '노래 부른다.'(칼 분사)이다. "앞서고" - '앞서간다.'(피엘 완료)이다. "악기를 연주하는 자들은" - '현악기를 연주한다.'(칼 분사)이다. "뒤따르나이다" - '뒤에'이다. 왕의 행렬에 악단이 앞서고 뒤서고 했다.

그들은 무엇을 하는가?

26, "이스라엘의 근원에서 나온 너희여 대회 중에 하나님 곧 주를 송축할지어다"

"근원에서 나온" - '근원'이다. 이스라엘이 태어난 근원을 뜻한다. 하나님은 이스라엘의 근원이시다. "대회 중에" - '회중'이다. "곧 주를"(יהוה, *yhwh*) - '여호와'이다. "송축할지어다" - '축복한다.'(피엘 명령)이다. 이스라엘의 샘에서 나온 그들은 여호와를 송축한다.

27, "거기에는 그들을 주관하는 작은 베냐민과 유다의 고관과 그들의 무리와 스불론의 고관과 납달리의 고관이 있도다"

"그들을 주관하는" - '지배한다.'(칼 분사)이다. "작은" - '보잘것없는'이다. "베냐민" - 베냐민 지파는 막내이지만 중요하다. 그 지파에서 이스라엘의 첫 왕인 사울이 나왔다(삼상 9:21).

"베냐민", "유다" - 남부 지파를 대표한다. 그들 중에 지극히 작은자 베냐민이 선두에 있다. "고관과" - '우두머리'이다. 지파의 지도자를 뜻한다. "그들의 무리와" - '무더기'이다. 유다 지파에서 다윗 왕이 나왔다. 유다 방백들이 그 무리에 있다. "스불론", "납달리" - 북부 지파를 대표한다. 네 지파는 이스라엘 전체를 대표한다. 스불론의 방백들, 납달리의 방백들이 뒤따른다.

5. 시인은 무엇을 기도합니까(28)? 왕들은 무엇을 합니까(29)? 시인은 또 무엇을 기도합니까(30)? 그러면 무슨 일이 일어납니까(31)? 땅의 왕국은 무엇을 해야 합니까(32-35)?

28-31, 꾸짖으시는 하나님

28, "네 하나님이 너의 힘을 명령하셨도다 하나님이여 우리를 위하여 행하신 것을 견고하게 하소서"

"너의 힘을" - '능력'이다. "명령하셨도다" - '명령한다.'(피엘 완료)이다. '하나님, 당신의 힘을 불러일으키소서.'라는 뜻이다. "행하신" - '행한다.'(칼 완료)이다. '하나님은 과거에 능력을 행하셨다.'라는 뜻이다. "견고하게 하소서" - '강하다.'(칼 명령)이다. '우리를 위해 일하셨던 능력, 그 능력을 강하게 하소서.'라는 뜻이다. 시인은 과거의 체험을 근거로 현재를 간청하고 있다.

29, "예루살렘에 있는 주의 전을 위하여 왕들이 주께 예물을 드리리이다"

"주의 전을 위하여" - '성전'이다. '당신의 성전 때문에'라는 뜻이다. "예물을" - '경의의 표로서 드리는 예물'이다. "드리리이다" - '가져온다.'(히필 미완료)이다. '주님을 경배한다.'라는 뜻이다. 예루살렘에 있는 주님의 성전을 보고, 뭇 왕이 주님께 예물을 드린다.

30, "갈밭의 들짐승과 수소의 무리와 만민의 송아지를 꾸짖으시고 은 조각을 발아래에 밟으소서 그가 전쟁을 즐기는 백성을 흩으셨도다"

"갈밭의" - '갈대(reed)'이다. "들짐승" - '살아있는'이다. 하마, 악어일 것이다. 애굽을 상징한다. "수소" - 앗수르, 바벨론을 상징한다. "만민의 송아지" - 강대국 연합을 상징한다. "꾸짖으시고" - '훈계한다.'(칼 명령)이다. "꾸짖으소서, 갈대 사이에 사는 짐승을, 수소 떼와 백성의 송아지를"

"발아래에 밟으소서" - '밟아서 더럽힌다.'(히트파엘 분사)이다. '은 조각을 발로 밟으면서'라는 뜻이다. "즐기는" - '기뻐한다.'(칼 미완료)이다. 그들은 전쟁을 좋아한다. "흩으셨도다" - '흩뿌린다.'(피엘 완료)이다. 발로 밟으면서 전쟁을 좋아하는 백성을 흩으셨다.

그러면 무슨 일이 일어나는가?

31, "고관들은 애굽에서 나오고 구스인은 하나님을 향하여 그 손을 신속히 들리로다"

"고관들은" - '사절들(ambassadors)'이다. "애굽" - 하나님께 순종하지 않은 나라를 대표한다. "나오고" - '온다.'(칼 미완료)이다. 사신들이 애굽에서 나온다. "구스인은" - 노아의 손자이며, 홍수 후에 함의 맏아들이며, 니므롯의 아버지이다(창 10:6-8). '에티오피아'를 뜻한다. 하나님께 순종하지 않은 또 다른 나라이다.

"신속히 들리로다" - '뛴다.'(히필 미완료)이다. 에티오피아인이 하나님을 향하여 손을 들 것이다. '예물을 드림', '기도'를 뜻한다. 두 나라가 하나님께 나오는 모습은 온 세상이 하나님께 나옴을 뜻한다.

땅의 왕국은 무엇을 해야 하는가?

32-35, 위엄을 성소에서 나타내시는 하나님

32, "땅의 왕국들아 하나님께 노래하고 주께 찬송할지어다 (셀라)"

"땅의 왕국들아" - '세상 나라들'을 뜻한다. "노래하고" - '노래 부른다.'(칼 명령)이다. 세상 나라는 하나님께 노래해야 한다. "찬송할지어다" - '찬양한다.'(피엘 명령)이다. 이스라엘의 악단이 하나님을 찬양했다(25절). 이제는 세상 나라가 하나님을 찬양해야 한다.

그분은 누구신가?

33, "옛적 하늘들의 하늘을 타신 자에게 찬송하라 주께서 그 소리를 내시니 웅장한 소리로다"

"하늘들의" - '하늘들'이다. "하늘을" - '하늘들'이다. '하늘들의 하늘'은 가장 높은 하늘을 뜻한다. "타신 자에게 찬송하라" - '올라탄다'(칼 분사)이다. 그분은 '하늘, 태고의 하늘을 병거 타고 다니시는 분'이다. 하나님은 구름 타고 달리신 분이었다(4절). "내시니" - '준다.'(칼 미완료)이다. "웅장한" - '능력'이다. 그분은 웅장한 소리를 내신다.

34, "너희는 하나님께 능력을 돌릴지어다 그의 위엄이 이스라엘 위에 있고 그의 능력이 구름 속에 있도다"

"능력을" - '능력'이다. "돌릴지어다" - '준다.'(칼 명령)이다. '하나님의 능력을 선포하라.'라는 뜻이다. "그의 위엄이" - '위엄'이다. "위에 있고" - '~위에'이다. 이스라엘 위에는 그분의 위엄이 있다. "그의 능력이" - '능력'이다. "구름 속에 있도다" - '구름'이다. 그분의 능력은 구름 안에 있다.

35, "하나님이여 위엄을 성소에서 나타내시나이다 이스라엘의 하나님은 그의 백성에게 힘과 능력을 주시나니 하나님을 찬송할지어다"

"위엄을" - '무서워한다.'(니팔 분사)이다. "성소에서 나타내시나이다" - '거룩한 장소'이다. '하늘 성소', '예루살렘 성전'이다. 성소에서 오시는 하나님은 두려운 분이다. "힘과" - '능력'이다. "능력을" - '세력'이다. "주시나니" - '준다.'(칼 분사)이다. 하나님은 그 백성에게 힘과 능력을 주신다.

"찬송할지어다" - '축복한다.'(칼 분사)이다. 하나님은 태초 하늘의 주인님(33)이시고, 성소에 계시는 분(35)이시다. 그러므로 온 세상 모든 사람은 하나님을 찬양해야 한다.

# 27

## 주의 집을 위하는 열성

> 말씀 시편 69:1-36
> 요절 시편 69:9
> 찬송 385장, 575장

1. 시인은 무엇을 기도하며, 그 이유는 무엇입니까(1)? 그는 어느 정도 위험에 노출되었습니까(2)? 시인은 어떤 상태였습니까(3-4)?

2. 시인은 하나님 앞에서 무엇을 고백했습니까(5)? 그는 무엇을 기도합니까(6)? 그는 왜 그런 고통을 겪었습니까(7-9)? 그 '열성'은 무엇입니까? 시인은 그때 어떻게 되었습니까(10-12)?

3. 그러나 시인은 무엇을 합니까(13)? 그는 무엇을 기도합니까(14-15)? 그는 무엇에 근거하여 기도합니까(16-18)?

4. 시인은 또 무엇을 고백합니까(19-21)? 그는 원수가 어떻게 되도록 기도합니까(22-28)? 그는 자신을 위해서는 어떻게 기도합니까(29)?

5. 시인은 무엇을 합니까(30-31)? 곤고한 사람은 왜 기뻐합니까(32-33)? 온 우주는 무엇을 합니까(34)? 왜 찬양합니까(35-36)?

## 27
## 주의 집을 위하는 열성

> 말씀 시편 69:1-36
> 요절 시편 69:9
> 찬송 385장, 575장

1. 시인은 무엇을 기도하며, 그 이유는 무엇입니까(1)? 그는 어느 정도 위험에 노출되었습니까(2)? 시인은 어떤 상태였습니까(3-4)?

(다윗의 시. 성가대 지휘자를 따라 '백합화' 곡조에 맞춰 부른 노래, To the choirmaster: according to Lilies. Of David.)

그는 성전을 위한 열성이 있었는데, 그 때문에 고난을 겪었다. 그런 그의 모습은 예수님을 통해 나타난다. 그는 까닭 없이 고난을 겪었을 때 무엇을 했는가?

1-4, 죽음의 위협

1, "하나님이여 나를 구원하소서 물들이 내 영혼에까지 흘러 들어왔나이다"

"나를 구원하소서" - '구원한다.'(히필 명령)이다. 29절의 "구원"과 연결한다. 시인은 하나님께 구원을 요청한다.

그 이유는 무엇인가? "물들이" - '물들'이다. "내 영혼에까지" - '내 목까지(to my neck)', '내 생명까지'이다. "흘러 들어왔나이다" -

'들어온다.'(칼 완료)이다. 물이 시인의 목숨까지 위협했기 때문이다. 그는 자신이 겪는 고통을 깊은 물로 빠져드는 것, 홍수가 나서 목숨이 위협받는 것으로 표현했다. 그는 급박한 위험에 처했다.

2, "나는 설 곳이 없는 깊은 수렁에 빠지며 깊은 물에 들어가니 큰물이 내게 넘치나이다"

"나는 설 곳이" - '서 있는 땅', '발판(foothold)'이다. "없는" - '아무 데도 ~없다'이다. '발붙일 곳이 없는'을 뜻한다. "깊은 수렁에" - '저승'에 대한 은유이다. "빠지며" - '가라앉는다.'(칼 완료)이다. 시인은 깊은 수렁에 빠졌다. 그리고 거기에는 설 곳이 없다. 시인은 예레미야처럼 스스로 나올 수 없는 깊고 깊은 진흙 속에 빠졌다(렘 38:6b). "들어가니" - '들어온다.'(칼 완료)이다. "큰물이" - '흐르는 시내'이다. "내게 넘치나이다" - '넘쳐흐른다.'(칼 완료)이다. 큰 물결이 그를 휩쓸어 갔다. "깊은 수렁(deep mire)", "깊은 물(deep waters)", "큰물(the flood sweeps)" - 혼돈의 세력이 그를 덮쳤다. 그는 스스로 빠져나올 방법이 없다.

시인은 어떤 상태였는가?

3, "내가 부르짖음으로 피곤하여 나의 목이 마르며 나의 하나님을 바라서 나의 눈이 쇠하였나이다"

"부르짖음으로" - '부른다.'(칼 부정사)이다. "피곤하여" - '지친다.'(칼 완료)이다. 시인은 부르짖으므로 지쳤다. "마르며" - '바싹 마른다.'(니팔 완료)이다. 그는 목이 바싹 말랐다. "바라서" - '기다린다.'(피엘 분사)이다. "쇠하였나이다" - '다 써버린다.'(칼 완료)이다. 그는 하나님을 기다리며 눈이 침침해졌다. 그는 기력이 다 빠졌다.

4, "까닭 없이 나를 미워하는 자가 나의 머리털보다 많고 부당하게 나의 원수가 되어 나를 끊으려 하는 자가 강하였으니 내가 빼앗지 아니한 것도 물어 주게 되었나이다"

"까닭 없이" - '이유 없이'이다. "많고" - '많다.'(칼 완료)이다. 그를 까닭 없이 미워하는 사람이 그의 머리털보다 많다. "부당하게" - '거짓말'이다. "강하였으니" - '강력하다.'(칼 완료)이다. 시인을 없애버리려고 하는 사람이 그보다 강했다. "내가 빼앗지" - '~에서 강탈한다.'(칼 완료)이다. "아니한" - '아니다'이다. "물어 주게 되었나이다" - '회복한다.'(히필 미완료)이다. 원수는 시인이 훔치지도 않았는데도 물어내라고 한다. 원수는 시인을 도둑 취급한다.

2. 시인은 하나님 앞에서 무엇을 고백했습니까(5)? 그는 무엇을 기도합니까(6)? 그는 왜 그런 고통을 겪었습니까(7-9)? 그 '열성'은 무엇입니까? 시인은 그때 어떻게 되었습니까(10-12)?

5-12, 가족과 사회로부터 배척

5, "하나님이여 주는 나의 우매함을 아시오니 나의 죄가 주 앞에서 숨김이 없나이다"

"나의 우매함을" - '어리석음'이다. "아시오니" - '이해한다.'(칼 완료)이다. 시인은 자신이 남의 것을 훔치지는 않았지만, 하나님 앞에서 어리석은 사람임을 고백했다. "숨김이" - '황폐하게 만들다.'(니팔 완료)이다. "없나이다" - '아니다'이다. 그는 주님 앞에서는 자신의 죄를 감출 수 없었다.

그는 무엇을 기도하는가?

6, "주 만군의 여호와여 주를 바라는 자들이 나를 인하여 수치를 당하게 하지 마옵소서 이스라엘의 하나님이여 주를 찾는 자가 나로 말미암아 욕을 당하게 하지 마옵소서"

"주"(אֲדֹנָי, adonai) - '나의 주님'이다. '우주의 주님'을 말한다. "만군의"(צְבָאוֹת, tsaba) - '만군(hosts)', '군대'이다. '신적 용사(the Divine Warrior)'를 뜻한다. "여호와" - '여호와'이다. '언약의 하나님'을 뜻한다. "주를 바라는 자들이" - '바란다.'(칼 분사)이다. '참 이스라엘'을 뜻한다. "나를 인하여" - '~와 함께'이다. "수치를 당하게 하지" - '부끄러워한다.'(칼 미완료)이다. "마옵소서" - '아니다'이다. 시인은 주님을 기다리는 사람들이 자기 때문에 수치를 당하는 일이 없도록 기도한다.

"이스라엘의 하나님이여" - 온 세상과 그 백성을 다스리는 왕이시다. 그분은 신적 용사로서 그 백성을 구원하신다. "주를 찾는 자가" - '찾는다.'(피엘 분사)이다. '참 이스라엘'을 뜻한다. "욕을 당하게 하지" - '부끄움을 당한다.'(니팔 미완료)이다. "마옵소서" - '아니다'이다. 주님을 찾는 사람들이 자기 때문에 욕을 당하지 않도록 기도한다. 시인은 죄가 없지만, 거짓 고소로 죄인이 되면 이스라엘이 수치를 느끼기 때문이다. 그는 공동체에 대한 연대감을 느낀다.

왜 시인은 그런 고통을 겪었는가?

7, "내가 주를 위하여 비방을 받았사오니 수치가 나의 얼굴에 덮였나이다"

"(왜냐하면)" - 이유를 설명한다. "내가 주를 위하여" - '~ 때문에'이다. "비방을" - '비난'이다. "받았사(오니)" - '들어 올린다.'(칼 완료)이다. 시인은 주님 때문에 욕을 먹었다. "오니" - '~이므로'이다. "수치가" - '치욕'이다. "덮였나이다" - '가린다.'(피엘 완료)이다. 그는 얼굴이 수치로 덮였다.

8, "내가 나의 형제에게는 객이 되고 나의 어머니의 자녀에게는 낯선 사람이 되었나이다"

"객이" - '모르는 사람'이다. "되고" - '~이 된다.'(칼 완료)이다. "낯선 사람이 되었나이다" - '외국의(foreign)'이다. 시인은 주님을 위하여 친척에게 따돌림을 당하고, 가족에게는 이방인처럼 되었다.

'주님을 위하여'란 무엇을 말하는가?

9, "주의 집을 위하는 열성이 나를 삼키고 주를 비방하는 비방이 내게 미쳤나이다"

"(왜냐하면)" - 시인은 따돌림당한 이유를 설명한다. "주의 집을 위하는" - '집'이다. 예루살렘 성전이다. '주님을 위하여'라는 말은 '주

# 27 주의 집을 위하는 열성(69:1-36)

님의 집을 위하여'를 뜻한다. "열성이" - '열심(zeal)'이다. "나를 삼키고" - '삼킨다.'(칼 완료)이다. 주님의 집을 위하는 열성이 그를 삼켰다. "주를 비방하는" - '비난한다.'(칼 분사)이다. "비방이" - '비난'이다. "미쳤나이다" - '떨어진다.'(칼 완료)이다. 주님을 비방하는 비방이 시인에게 떨어졌다.

시인의 성전을 위하는 열성은 무엇인가? 다윗은 주님의 성전을 지으려는 열성으로 가득했다. 그는 자기 손으로 성전을 지으려고 했으나 하나님께서 솔로몬에게 짓도록 하셨다. 그런 중에도 그는 성전 예배의 틀을 놓았으며, 성가대를 조직하여 하나님을 찬송하도록 했다. 솔로몬이 성전을 건축하는데 차질이 없도록 모든 일을 준비했다 (대상 28:10-20). 그는 온 마음과 막대한 물자를 성전 짓는 일을 준비하는데 투자했다.

그런데 그런 그의 열성은 다른 사람, 심지어 형제에게도 불편한 일이었다. 마음과 돈을 성전 짓는 일에 투자했기 때문이었다. 어떤 사람은 하나님을 비방했고, 그 비방을 다윗에게 쏟았다. 성전을 향한 그의 불꽃 같은 열성은 비방으로 돌아왔다.

이런 모습은 후에 예수님에게도 나타났다. 예수님이 성전에 가셨는데, 성전 뜰에서 소와 양과 비둘기파는 사람들과 돈 바꾸어 주는 사람들을 보셨다. 예수님은 노끈으로 채찍을 만들어 그들을 내쫓으시고, 상을 둘러엎었다. 후에 제자들은 "주님의 집을 생각하는 열정이 나를 삼킬 것이다."라고 기록한 이 시편을 기억했다(요 2:14-16).

그런데 그 일로 예수님은 종교 지도자의 비방을 받아야 했다. 바울 사도는 이렇게 인용했다(롬 15:3).

그때 시인은 어떻게 되었는가?

10, "내가 곡하고 금식하였더니 그것이 도리어 나의 욕이 되었으며"
"내가 곡하고" - '눈물을 흘린다.'(칼 미완료)이다. "금식하였더니" - '금식'이다. 시인은 금식하며 울었다. '금식하며 운다.'라는 말은 회개를 뜻한다. "욕이" - '비난'이다. "되었으며" - '~이 된다.'(칼 미완료)이다. 하지만 오히려 조롱거리가 되었다.

11, "내가 굵은 베로 내 옷을 삼았더니 내가 그들의 말거리가 되었나이다"

"내가 굵은 베로" - '굵은 베옷(sackcloth)'이다. 죽은 사람을 위한 슬픔을 표현할 때, 죽음의 위협 앞에서 자신을 낮출 때 입는다(창 37:34, 왕상 21:27). "삼았더니" - '준다.'(칼 미완료)이다. "말거리가" - '속담(proverb)'이다. "되었나이다" - '~이 된다.'(칼 미완료)이다. 시인은 베옷을 입고서 슬퍼했는데, 오히려 그들에게는 말거리가 되었다.

12, "성문에 앉은 자가 나를 비난하며 독주에 취한 무리가 나를 두고 노래하나이다"

"성문에" - '성문'이다. 이스라엘에서 정의와 공동체의 일을 공적으로 행하는 장소이다. 성문은 시민 생활의 중심지이다. "앉은 자가" - '머물다.'(칼 분사)이다. 그들은 장로들이나 통치자들이다. "비난하며" - '불평한다.'(칼 미완료)이다. 성의 통치자들도 시인을 비난한다. "나를 두고 노래하나이다" - '노래'이다. 술에 취한 사람은 시인을 향해 조롱의 노래를 부른다. 사회 지도층에서부터 주정뱅이에게 이르기까지 시인을 조롱한다.

3. 그러나 시인은 무엇을 합니까(13)? 그는 무엇을 기도합니까(14-15)? 그는 무엇에 근거하여 기도합니까(16-18)?

13-18, 구원의 기도

13, "여호와여 나를 반기시는 때에 내가 주께 기도하오니 하나님이여 많은 인자와 구원의 진리로 내게 응답하소서"

"(하지만 나에게 관해서는)" - 시인은 고통을 증언한 후에 여호와를 찾는다. "여호와여" - '여호와'이다. "나를 반기시는" - '호의', '은총'이다. "때에" - '정해진 때'이다. "반기시는 때" - '은혜의 때'이다. 하나님께서 회복하는 은혜에 대한 표현들, 즉 완전한 용서, 구원, 그리고 하나님과 사람과의 완전한 관계성 회복 등을 뜻한다.

"기도하오니" - '기도'이다. '그러나 나에 관해서는, 나의 기도는 주님께 있습니다. 호의를 베푸시는 그 시간에'라는 뜻이다. "많은 인자와" - '크신 한결같은 사랑'이다. "구원의 진리로" - '확실한 구원으로'이다. "내게 응답하소서" - '대답한다.'(칼 명령)이다.

그는 무엇을 기도하는가?

14, "나를 수렁에서 건지사 빠지지 말게 하시고 나를 미워하는 자에게서와 깊은 물에서 건지소서"

"수렁에서" - '진흙'이다. "건지사" - '구해낸다.'(히필 명령)이다. "건져주소서!" "빠지지" - '물에 빠뜨린다.'(칼 명령)이다. "빠지지 않게 하소서!" "말게 하시고" - '아니다'이다. "나를 미워하는 자에게서와" - '미워한다.'(칼 분사)이다. 원수를 뜻한다. "깊은 물에서" - '물들'이다. '수렁', '미워하는 자', '물들'은 같은 뜻이다. 시인이 겪는 위험, 박해 등을 뜻한다. "건지소서" - '구해낸다.'(니팔 미완료)이다.

15, "큰물이 나를 휩쓸거나 깊음이 나를 삼키지 못하게 하시며 웅덩이가 내 위에 덮쳐 그것의 입을 닫지 못하게 하소서"

"나를 휩쓸거나" - '넘쳐흐른다.'(칼 미완료)이다. "나를 삼키지" - '삼킨다.'(칼 미완료)이다. "못하게 하시며" - '아니다'이다. "내 위에 덮쳐" - '~위에'이다. "닫지" - '닫는다.'(칼 미완료)이다. "못하게 하소서" - '아니다'이다. 시인은 죽음의 위험에서 구원받기를 바란다.

시인은 무엇에 근거하여 기도하는가?

16, "여호와여 주의 인자하심이 선하시오니 내게 응답하시며 주의 많은 긍휼에 따라 내게로 돌이키소서"

"주의 인자하심이" - '한결같은 사랑(steadfast love)'이다. 시인은 하나님의 한결같은 사랑에 근거하여 기도한다. "선" - '좋은'이다. "하시오니" - '~이므로'이다. "내게 응답하시며" - '대답한다.'(칼 명령)이다. "긍휼을 따라" - '불쌍히 여김'이다. '많은 긍휼'은 '어머니 같은 긍휼'을 뜻한다. "돌이키소서" - '돌이킨다.'(칼 명령)이다. 기도에 대한 응답을 뜻한다. 그것은 하나님께서 그에게 얼굴을 돌리시는 것이다. '얼굴을 돌리심'은 행동하심을 뜻한다.

17, "주의 얼굴을 주의 종에게서 숨기지 마소서 내가 환난 중에 있사오니 속히 내게 응답하소서"

"주의 종에게서" - '종'이다. 시인은 자신을 '주님의 종'으로 부른다. 그는 하나님과 신실함을 표현한다. "숨기지" - '숨긴다.'(히필 미완료)이다. "마소서" - '아니다'이다. 시인은 하나님께서 더는 숨어계시거나 아무 일도 하지 않은 채 계시지 말도록 기도한다. "환난 중에 있사오니" - '고통'이다. "내게 응답하소서" - '대답한다.'(칼 명령)이다.

18, "내 영혼에게 가까이하사 구원하시며 내 원수로 말미암아 나를 속량하소서"

"가까이하사" - '가까이 온다.'(칼 명령)이다. "구원하시며"(גאל, ga'al) - '도로 찾는다.' '친족의 역할을 한다.'(칼 명령)이다. 빚 때문에 노예가 된 친척을 해방함을 뜻한다. "나를 속량하소서"(פדה, pada) - '대속한다.'(칼 명령)이다. 상거래법에서 나온 말로, 물건이나 자유인이 된 사람을 자기 집안으로 데려오기 위해 물건을 사거나 감옥에 갇힌 사람을 돈으로 사는 것을 뜻한다.

4. 시인은 또 무엇을 고백합니까(19-21)? 그는 원수가 어떻게 되도록 기도합니까(22-28)? 그는 자신을 위해서는 어떻게 기도합니까(29)?

19-21, 모욕과 수치
19, "주께서 나의 비방과 수치와 능욕을 아시나이다 나의 대적자들이 다 주님 앞에 있나이다"

"나의 비방과" - '비난'이다. "수치와" - '부끄러움'이다. "능욕을" - '모욕'이다. "아시나이다" - '알다.'(칼 완료)이다. 시인은 주님 때문에 (8), 주님의 집에 대한 열정 때문에(10) 비방과 수치와 능욕을 당한다. 주님께서 그 사실을 아셨다. "주님 앞에 있나이다" - '~의 앞에'

이다. 시인의 원수는 주님을 대적한다.

20, "비방이 나의 마음을 상하게 하여 근심이 충만하니 불쌍히 여길 자를 바라나 없고 긍휼히 여길 자를 바라나 찾지 못하였나이다"

"비방이" - '비난'이다. "상하게 하여" - '깨뜨린다.'(칼 완료)이다. 비방이 그 마음을 상하게 했다. "근심이 충만하니" - '아프다.'(칼 미완료)이다. 그는 절망에 빠진다. "불쌍히 여길 자를" - '불쌍히 여긴다.'(칼 부정사)이다. "바라나" - '기다린다.'(피엘 미완료)이다. "없고" - '없어진다.'이다. 그는 동정을 구했지만 없었다. "긍휼히 여길 자를 바라나" - '위로한다.'(피엘 분사)이다. "찾지" - '찾는다.'(칼 완료)이다. "못하였나이다" - '아니다'이다. 그는 위로자를 찾았지만, 찾지 못했다. 시인을 위로할 사람은 아무도 없었다.

그들은 오히려 시인을 어떻게 대했는가?

21, "그들이 쓸개를 나의 음식물로 주며 목마를 때에는 초를 마시게 하였사오니"

"그들이 쓸개를" - '쓰고 독한 것(gall)'이다. "주며" - '준다.'(칼 미완료)이다. 그들은 독을 타서 준다. 그들은 시인에게 더 큰 모욕과 굴욕을 당하게 한다. "초를" - '식초(vinegar)'이다. "마시게 하였사오니" - '마신다.'(히필 미완료)이다. 그들은 식초를 준다. 예수님이 고난을 겪을 때 사람들은 초를 주었다(마 27:34a).

시인은 원수가 어떻게 되도록 기도하는가?

22-29, 악인을 향한 저주

22, "그들의 밥상이 올무가 되게 하시며 그들의 평안이 덫이 되게 하소서"

"밥상이" - '식탁'이다. 희생 제사의 음식을 위한 식탁이며, 원수들이 올가미를 놓기 위해 음모를 꾸미는 자리이다. "되게 하시며" - '~이 된다.'(칼 미완료)이다. "식탁이 올무가 되게 하소서." 바울 사도는 이 말씀을 인용했다(롬 11:9). "그들의 평안이" - '평화'이다. "덫이 되게 하소서" - '미끼'이다. "그들이 평화로울 때 그것이 함정이 되게 하소서."

23, "그들의 눈이 어두워 보지 못하게 하시며 그들의 허리가 항상 떨리게 하소서"

"어두워" - '어둡다.'(칼 미완료)이다. "보지 못하게 하시며" - '본다.'(칼 부정사)이다. 시인은 원수의 눈이 어두워져서 보지 못하도록 기도한다. "떨리게 하소서" - '미끄러져 구른다.' '놓친다.'(히필 명령)이다. 그들의 허리는 늘 휘청거리도록 기도한다. 사도 바울은 이 말씀을 이렇게 인용했다. "그들의 눈은 흐려 보지 못하고 그들의 등은 항상 굽게 하옵소서 하였느니라"(롬 11:10).

24, "주의 분노를 그들의 위에 부으시며 주의 맹렬하신 노가 그들에게 미치게 하소서"

"부으시며" - '붓는다.'(칼 명령)이다. 분노를 그들에게 쏟도록 기도한다. "그들에게 미치게 하소서" - '˜에 이른다.'(히필 미완료)이다. 불타는 분노가 그들을 덮치도록 기도한다.

25, "그들의 거처가 황폐하게 하시며 그들의 장막에 사는 자가 없게 하소서"

"황폐하게" - '황폐한다.'(니팔 분사)이다. "하시며" - '˜이 된다.'(칼 미완료)이다. 거처를 폐허가 되도록 기도한다. "없게" - '아니'이다. "하소서" - '˜이 된다.'(칼 미완료)이다. 원수의 천막에는 아무도 살지 못하도록 기도한다. 시인은 원수와 그 가족이 모두 죽기를 바란다.
왜 시인은 그렇게 기도하는가?

26, "무릇 그들이 주께서 치신 자를 핍박하며 주께서 상하게 하신 자의 슬픔을 말하였사오니"

"무릇" - '왜냐하면 ˜이니까'이다. "치신" - '때린다.'(히필 완료)이다. "핍박하며" - '박해한다.'(칼 완료)이다. 왜냐하면 그들은 주님께서 친 사람을 새삼스럽게 괴롭혔기 때문이다. "주께서 상하게 하신 자의" - '살해된'이다. "말하였사오니" - '이야기한다.'(피엘 미완료)이다. 그들은 주님이 상처를 입힌 사람의 슬픔을 말하기 때문이다.

27, "그들의 죄악에 죄악을 더하사 주의 공의에 들어오지 못하게 하소서"

"그들의 죄악에" - '죄악'이다. "더하사" - '둔다.'(칼 명령)이다. '죄에다 죄를 더하소서.' '벌에다 벌을 더하소서.'라는 뜻이다. "들어오지" - '들어온다.'(칼 미완료)이다. "주의 공의에" - '의로움'이다. "못하게 하소서" - '아니다'이다. 그들이 주님의 공의에 들어오지 못하도록, 용서받지 못하도록 기도한다.

28, "그들을 생명책에서 지우사 의인들과 함께 기록되지 말게 하소서"

"생명" - '살아있는'이다. "책에서" - '책'이다. '살아 있는 사람의 책'이다. "지우사" - '닦아낸다.'(니팔 미완료)이다. '지움'은 죽음을 뜻한다. "기록되지" - '글을 쓴다.'(니팔 미완료)이다. "말게 하소서" - '아니다'이다. 시인은 원수가 생명책에서 지워지도록 기도한다. 그들이 구원받지 못하도록 기도한다.

그러나 시인은 자신을 위해서는 어떻게 기도하는가?

29, "오직 나는 가난하고 슬프오니 하나님이여 주의 구원으로 나를 높이소서"

"오직 나는" - '그러나 나는'이다. "가난하고" - '비천한'이다. "슬프오니" - '아프다.'(칼 분사)이다. "주의 구원으로" - '구원'이다. 1절의 "구원하소서"와 연결한다. "나를 높이소서" - '도달하기 어려울 정도로 높다.'(피엘 미완료)이다. 시인은 자신을 일으켜 주시도록 기도한다.

5. 시인은 무엇을 합니까(30-31)? 곤고한 사람은 왜 기뻐합니까(32-33)?

# 27 주의 집을 위하는 열성(69:1-36)

온 우주는 무엇을 합니까(34)? 왜 찬양합니까(35-36)?

30-36, 찬양

30, "내가 노래로 하나님의 이름을 찬송하며 감사함으로 하나님을 위대하시다 하리니"

"내가 노래로" - '노래'이다. "찬송하며" - '찬양한다.'(피엘 미완료)이다. 그때 시인은 노래로 하나님의 이름을 찬양한다. "하나님을 위대하시다 하리니" - '크게 된다.'(피엘 미완료)이다. 감사로 하나님을 높인다.

31, "이것이 소 곧 뿔과 굽이 있는 황소를 드림보다 여호와를 더욱 기쁘시게 함이 될 것이라"

"굽이 있는" - '둘로 쪼갠다.'(히필 분사)이다. "황소를 드림보다" - '황소'이다. 값진 제물이다. "더욱 기쁘시게 함이 될 것이라" - '선하다.'(칼 미완료)이다. 이것이 주님을 더 기쁘게 할 것이다. 시인은 하나님을 찬양하고 감사하는 일이 값진 희생제물보다 낫다고 믿는다.
왜 곤고한 사람은 기뻐하는가?

32, "곤고한 자가 이를 보고 기뻐하나니 하나님을 찾는 너희들아 너희 마음을 소생하게 할지어다"

"곤고한 자가" - '고통받는'이다. "이를 보고" - '본다.'(칼 완료)이다. 시인이 하나님께 드리는 찬송이다. "기뻐하나니" - '기뻐한다.'(칼 미완료)이다. 곤고한 사람은 시인이 하나님께 드리는 찬송을 보고 기뻐한다. 시인의 구원과 찬송은 대단히 중요하다. 왜냐하면 다른 사람이 시인을 보면서 희망을 품을 수 있기 때문이다. 시인은 다른 사람의 믿음과 고난을 대변한다.

"찾는 너희들아" - '찾는다.'(칼 분사)이다. "소생하게 할지어다" - '살다.'(칼 미완료)이다. 하나님을 찾는 사람은 그 마음을 살아난다.

33, "여호와는 궁핍한 자의 소리를 들으시며 자기로 말미암아 갇힌

자를 멸시하지 아니하시나니"

"(왜냐하면)"- 그 이유를 설명한다. "궁핍한 자" - '궁핍한 사람'이다. "소리를 들으시며" - '듣는다.'(칼 분사)이다. 주님은 가난한 사람의 소리를 듣는 분이시다. "자기로 말미암아 갇힌 자를" - '포로'이다. "멸시하지" - '멸시한다.'(칼 완료)이다. "아니하시나니" - '아니다'이다. 갇혀 있는 사람들을 모르는 체하지 않으신다.

온 우주는 무엇을 하는가?

34, "천지가 그를 찬송할 것이요 바다와 그 중의 모든 생물도 그리할지로다"

"천지가" - '하늘과 땅', '우주'를 말한다. "그를 찬송할 것이요" - '찬양한다.'(피엘 미완료)이다. "바다와" - '바다'이다. 시인을 위협했던 물(2, 3, 15)이다. "생물도 그리할지로다" - '긴다(creep).' '네발로 기어서 걷는다(walk on all fours, ESV).'(칼 분사)이다. 온 우주 만물이 주님을 찬양한다.

왜 찬양하는가?

35, "하나님이 시온을 구원하시고 유다 성읍들을 건설하시리니 무리가 거기에 살며 소유를 삼으리로다"

"(왜냐하면)" - 이유를 설명한다. "구원하시고" - '구원한다.'(히필 미완료)이다. 왜냐하면 하나님께서 시온을 구원하시기 때문이다. "건설하시리니" - '짓는다.'(칼 미완료)이다. 유다의 성읍들을 세우시기 때문이다. "살며" - '살다.'(칼 완료)이다. 사람들이 그곳에 살기 때문이다. "소유를 삼으리로다"- '상속한다.'(칼 완료)이다. 그리고 그곳을 소유할 것이기 때문이다.

36, "그의 종들의 후손이 또한 이를 상속하고 그의 이름을 사랑하는 자가 그중에 살리로다"

"후손이" - '씨', '자손(offspring)'이다. "이를 상속하고" - '상속한다.'(칼 미완료)이다. 하나님 종들의 후손이 그 땅을 상속할 것이기 때문이다. "살리로다" - '거주한다.'(칼 미완료)이다. 그분의 이름을 사랑하는 사람들이 그 안에서 살 것이기 때문이다. 35절과 36절은 실제 역사적 배경을 초월하는 종말론적 요소를 취한다. 땅을 기업으로 받을 사람은 그분의 이름을 사랑하는 사람이다.

## 28

## 나에게 서두르소서

말씀 시편 70:1-5
요절 시편 70:5
찬송 30장, 192장

1. 시인은 무엇을 기도합니까(1)? '속히'라는 말을 통해 무엇을 알 수 있습니까?

2. 시인은 여호와께 어떤 도움을 받고자 합니까(2-3)? '나의 영혼을 찾는 자들', '나의 상함을 기뻐하는 자들'은 누구를 말합니까?

3. 그러나 시인은 하나님을 찾는 자들은 어떻게 되기를 바랍니까(4a)? '주의 구원을 사랑하는 자들'은 항상 무슨 말을 해야 합니까(4b)?

4. 시인은 자기 존재를 어떻게 고백합니까(5a)? 그런 그는 무엇을 기도합니까(5b)? '나에게 서두르소서!'라는 기도를 통해 무엇을 배웁니까?

28

# 나에게 서두르소서

> 말씀 시편 70:1-5
> 요절 시편 70:5
> 찬송 30장, 192장

1. 시인은 무엇을 기도합니까(1)? '속히'라는 말을 통해 무엇을 알 수 있습니까?

(다윗의 탄원 시. 성가대 지휘자를 따라 부른 노래, To the choirmaster. Of David, for the memorial offering.)

"탄원 시"(זָכַר, *zakar*) - '탄원(歎願)'은 '억울하거나 딱한 사정을 하소연하여 도와주기를 바람'이라는 뜻이다. 그런데 원문의 뜻은 '기억한다.'이다. 성경 대부분은 '탄원'이라는 말보다는 '기념 제물(the memorial offering)'로 번역했다. 유대 전통에 의하면 기념 제물은 '곡식 제물'인데, 가난한 사람이 동물 대신 바치는 제물이었다. 따라서 이 시편은 가난한 사람이 희생 제사와 함께 기도문으로 사용했을 것이다.

그런데 그 기도의 내용은 '탄원'이었다. 즉 자신의 억울함이나 딱한 사정을 하소연하여 도와주기를 바랐다.

이 시는 40:13-17과 닮았다. 69편과 71편과도 그 주제와 중요 단어 사용을 연결할 수 있다.

1, "하나님이여 나를 건지소서 여호와여 속히 나를 도우소서"

"하나님이여"(אֱלֹהִים, 'elohim) - '하나님'이다. 온 우주 만물의 유일하신 한 분이심을 강조한다. 시인은 '하나님'께 간청한다. "나를 건지소서" - '구출 받는다.'(히필 부정사)이다. "여호와여"(יהוה, yhwh) - '여호와(Yahweh)'이다. 이스라엘의 하나님을 나타내는 고유명사이다. 시인은 다시 '여호와'께 간청한다. 이 모습은 그의 절박함을 강조한다. "속히" - '재촉한다.'(칼 명령)이다. 그의 상태는 매우 절박하다. 상대적으로 그는 무력감에 빠져 있다. 그래서 그는 여호와께 도움을 재촉한다. "나를 도우소서" - '도움'이다. "하나님이시여, 속히 나를 구하소서. 여호와여, 속히 나를 도우소서."

2. 시인은 여호와께 어떤 도움을 받고자 합니까(2-3)? '나의 영혼을 찾는 자들', '나의 상함을 기뻐하는 자들'은 누구를 말합니까?

2, "나의 영혼을 찾는 자들이 수치와 무안을 당하게 하시며 나의 상함을 기뻐하는 자들이 뒤로 물러가 수모를 당하게 하소서"

"나의 영혼을 찾는 자들이" - "주를 찾는 모든 자들이"(4)와 대조한다. "나의 영혼을" - '숨 쉬는 존재'이다. "찾는 자들이" - '찾는다.'(피엘 분사)이다. 시인의 생명을 노리는 사람들이다. "수치와" - '부끄러워한다.'(칼 미완료)이다. "무안을 당하게 하시며" - '당황한다.'(칼 미완료)이다. 시인은 자기 생명을 노리는 사람이 부끄러움을 당하고, 당황하도록 기도한다.

"나의 상함을" - '나쁜'이다. "기뻐하는 자들이" - '기뻐하는'이다. "뒤로 물러가" - '물러간다.'(니팔 미완료)이다. "수모를 당하게 하소서" - '수치를 당한다.'(니팔 미완료)이다. 시인은 자기가 나빠지기를 바라는 사람이 물러가고 수치를 당하도록 기도한다. 시인은 하나님이 자기 삶에 속히 개입하셔서 하나님의 살아 계심을 악인에게 드러내기를 바란다.

3, "아, 아하 하는 자들이 자기 수치로 말미암아 뒤로 물러가게 하

소서"

- "자기 수치로 말미암아 뒤로 물러가게 하소서, 아하, 아하 하는
자들을"

　"아하," - '아하(Aha)!', '옳거니!'이다. 이 말은 시인을 비웃는 말이
면서 자신의 승리를 확신하는 말이다. "하는 자들이" - '말한다.'(칼
분사)이다. "자기 수치로" - '부끄러움'이다. "뒤로 물러가게 하소서"
- '돌아간다.'(칼 미완료)이다. 시인은 자신을 향해 "옳거니!"라며 놀리
는 사람이 부끄러워 돌아가도록 기도한다.

3. 그러나 시인은 하나님을 찾는 자들은 어떻게 되기를 바랍니까(4a)?
　'주의 구원을 사랑하는 자들'은 항상 무슨 말을 해야 합니까(4b)?

　4, "주를 찾는 모든 자들이 주로 말미암아 기뻐하고 즐거워하게 하시
며 주의 구원을 사랑하는 자들이 항상 말하기를 하나님은 위대하시다 하
게 하소서"

- "그들이 기뻐하고 즐거워하게 하소서, 주를 찾는 모든 자들이, 주
님의 구원을 사모하는 사람은 항상 말하게 하소서, '하나님은 위대하
시다!'"

　"주를 찾는 모든 자들이" - "나의 영혼을 찾는 자들이"(2)와 대조
한다. "주는 찾는" - '찾는다.'(피엘 분사)이다. "기뻐하고" - '크게 기
뻐한다.'(칼 미완료)이다. "즐거워하게 하시며" - '즐거워한다.'(칼 미
완료)이다. "주의 구원을 사랑하는 자들이" - '구원을 좋아하는 사람'
이다. "항상" - '연속'이다. "말하기를" - '말한다.'(칼 미완료)이다. "위
대하시다 하게 하소서" - '크게 된다.'(칼 미완료)이다. '시인의 영혼
을 노리는 사람'은 "아하!"라고 놀린다. 하지만 '구원을 좋아하는 사
람'은 "하나님은 위대하시다."라고 늘 말한다.

4. 시인은 자기 존재를 어떻게 고백합니까(5a)? 그런 그는 무엇을 기
　도합니까(5b)? '나에게 서두르소서!'라는 기도를 통해 무엇을 배웁
　니까?

5, "나는 가난하고 궁핍하오니 하나님이여 속히 내게 임하소서 주는 나의 도움이시요 나를 건지시는 이시오니 여호와여 지체하지 마소서"

"(그러나)" - '그러나 나는', '나에 관해서는'이다. "가난하고" - '가난한'이다. "궁핍하오니" - '궁핍한 사람'이다. 물질적 상태보다는 하나님 앞에서의 영적인 모습이다. 그는 가진 것이 없다. 그는 자신의 부족함을 인정한다.

그런 그는 무엇을 기도하는가? "하나님이여"(אלהים, 'elohim) - '하나님'이다. 온 우주 만물의 유일하신 한 분 하나님이심을 강조한다. 시인은 '하나님'께 간청한다. "속히" - '재촉한다.'(칼 명령)이다. "내게 임하소서" - '~에게'이다. '나에게 서두르소서.'라는 뜻이다. 시인은 마음이 급하다. 그만큼 자기 문제 해결이 급하기 때문이다. 그는 하나님이 자기 일에 서두르시도록 간청한다. 시인의 부족함은 하나님에 대한 철저한 의존으로 나타난다.

그의 이런 의존은 어디에서 왔는가? "주는" - '당신'이다. "나의 도움이시요" - '도움'이다. "나를 건지시는 이시오니" - '구원한다.'(피엘 분사)이다. 시인은 주님이 자기의 도움이시며, 구원자이심을 확신한다. 그의 그런 확신이 기도의 근거이다. "여호와여"(יהוה, yhwh) - '여호와(Yahweh)'이다. 이스라엘의 하나님을 나타내는 고유명사이다. 시인은 다시 '여호와'께 간청한다. 이 모습은 그의 절박함을 강조한다. "지체하지" - '연기한다.'(피엘 미완료)이다. "마소서" - '아니다'이다. 그는 주님께서 자기에게 서두르시도록 기도한다.

'나에게 서두르소서!'라는 기도를 통해 무엇을 배우는가? 시인의 확신, 믿음을 배운다. 그는 여호와께서 기도를 들으시고 상처를 싸매시고, 생명과 믿음의 심각한 위기에 있을 때 구원하러 오신다는 희망이 있다. 그는 '하나님이 생명을 주시는 도움'이심을 확신한다. 믿음이 있으니 서둘러달라고 기도할 수 있다.

# 29

# 백발 성도의 믿음

> 말씀 시편 71:1-24
> 요절 시편 71:18
> 찬송 318장, 332장

1. 시인은 누구에게로 피했으며, 왜 피했습니까(1)? 그는 무엇에 근거
   하여, 무엇을 기도합니까(2-3a)? 왜 하나님은 시인을 구원하라고 명
   령하셨습니까(3b)?

2. 시인은 무엇을 기도합니까(4)? 그는 왜 그렇게 기도합니까(5-6)? 그
   런 시인은 사람에게 어떤 존재였습니까(7-8)?

3. 시인은 무엇을 기도합니까(9)? 그는 왜 그렇게 기도합니까(10-11)? 시
   인은 또 무엇을 기도합니까(12-13)? 그러나 시인의 희망은 어디에
   있습니까(14)? 그 찬양의 내용은 무엇입니까(15-16)?

4. 시인은 무엇을 전합니까(17)? 그는 백발이 되어도 무엇을 하려고
   합니까(18)? 그런 시인으로부터 무엇을 배웁니까?

5. 하나님을 향한 시인의 확신은 어떠합니까(19-21)? 시인은 그 하나님
   께 무엇을 합니까(22-23)? 시인의 혀도 무엇을 합니까(24a)? 그 이유
   가 무엇입니까(24b)?

<br>

$29$
# 백발 성도의 믿음

> 말씀 시편 71:1-24
> 요절 시편 71:18
> 찬송 318장, 332장

1. 시인은 누구에게로 피했으며, 왜 피했습니까(1)? 그는 무엇에 근거
하여, 무엇을 기도합니까(2-3a)? 왜 하나님은 시인을 구원하라고 명
령하셨습니까(3b)?

1-8, 신뢰의 주님

1, "여호와여 내가 주께 피하오니 내가 영원히 수치를 당하게 하지
마소서"

71:1-3은 31:1-3과 닮았다.

시인은 누구에게로 피했는가? "피하오니" - '피난한다.' '보호를 받
기 위해 도망한다.'(칼 완료)이다. 시인은 여호와께로 피했다.

왜 그는 피했는가? "내가 영원히" - '긴', '영원'이다. '종신토록'을
뜻한다. "수치를 당하게 하지" - '부끄러워한다.' '창피를 준다.'(칼 미
완료)이다. '수치'는 하나님께서 악인에게 내리는 벌이다. "마소서" -
'아니', '아니다'이다. 시인은 여호와께 피하여 악인에게 내리는 벌을
종신토록 받지 않기를 바란다.

그는 무엇에 근거하여 기도하는가?

2, "주의 의로 나를 건지시며 나를 풀어 주시며 주의 귀를 내게 기울이사 나를 구원하소서"

"주의 의로"(צְדָקָה, tsedaqa) - '의로움'이다. '올바른 행위'를 뜻하는 법률 용어이다. 시인은 첫째로, 주님의 의로움에 근거하여 기도한다. "나를 건지시며"(נצל, natsal) - '구해낸다.'(히필 미완료)이다. '짐승의 발톱이나 입에서 먹이를 잡아채는 행위'를 뜻한다. "나를 풀어 주시며"(פלט, palat) - '구출한다.'(피엘 미완료)이다. '위험에서 건짐받음'을 뜻한다. "기울이사" - '기울인다.'(히필 명령)이다. '관심을 품고 주의 깊게 들음'을 뜻한다. "나를 구원하소서"(ישע, yasha) - '구원한다.'(히필 명령)이다. '고통에서 완전히 벗어남'을 뜻한다.

3, "주는 내가 항상 피하여 숨을 바위가 되소서 주께서 나를 구원하라 명령하셨으니 이는 주께서 나의 반석이시요 나의 요새이심이니이다"

"항상" - '계속(continuity)', '영속(perpetuity)'이다. "피하여" - '~안으로 간다.' '들어간다.'(칼 부정사)이다. "숨을"(מעון, m'aon) - '거처', '피난처'이다. '하나님의 보호'를 상징한다. "바위"(צור, tsur) - '반석'이다. '하나님을 향한 신뢰'를 뜻한다. "되소서" - '~이 된다.'(칼 명령)이다. 시인은 주님이 항상 피할 수 있는 바위가 되도록 기도한다. "주께서 나를 구원하라" - '구원한다.'(히필 부정사)이다. "명령하셨으니" - '명령한다.'(피엘 완료)이다. '주님께서 나를 구원하라는 명령을 주셨으니'라는 뜻이다.

"(왜냐하면)" - 이유를 설명한다. "나의 반석이시요"(סלע, sela) - '바위'이다. '하나님을 향한 신뢰'를 뜻한다. "나의 요새이심"(מצוּדָה, metsuda) - '요새'이다. '하나님의 보호'를 뜻한다. "이니이다" - '왜냐하면 ~이니까'이다. 왜냐하면 주님은 시인의 반석이요 요새이기 때문이다.

2. 시인은 무엇을 기도합니까(4)? 그는 왜 그렇게 기도합니까(5-6)? 그런 시인은 사람에게 어떤 존재였습니까(7-8)?

4, "나의 하나님이여 나를 악인의 손 곧 불의한 자와 흉악한 자의 장 중에서 피하게 하소서"

"악인" - '사악한'이다. "곧 불의한 자와"(the unjust) - '불의하게 행한다.'(피엘 분사)이다. "흉악한 자의"(cruel man) - '무자비하다.'(칼 분사)이다. "장중에서" - '손의 바닥', 권세'이다. "피하게 하소서" - '구원한다.'(피엘 명령)이다. 시인은 무자비한 사람의 손에서 구원받 기를 바란다.

그가 기도하는 두 번째 근거는 무엇인가?

5, "주 여호와여 주는 나의 소망이시요 내가 어릴 때부터 신뢰한 이 시라"

"(왜냐하면)" - 이유를 설명한다. "나의 소망이시오" - '소망'이다. 왜냐하면 여호와는 시인의 소망이기 때문이다. "내가 어릴 때부터" - '청년 시대', '어린 시절'이다. 시인은 어릴 때부터 믿음 생활을 해왔 다. "신뢰한 이시라" - '신뢰'이다. 왜냐하면 여호와는 어려서부터 시 인의 신뢰이기 때문이다. 그가 기도하는 두 번째 근거는 여호와께서 그의 소망이고, 그가 어려서부터 신뢰한 분이기 때문이다.

6, "내가 모태에서부터 주를 의지하였으며 나의 어머니의 배에서부터 주께서 나를 택하셨사오니 나는 항상 주를 찬송하리이다"

"내가 모태에서부터" - '자궁'이다. "의지하였으며" - '기댄다.'(니팔 완료)이다. 그는 태어날 때부터 주님을 의지했다. "배에서부터" - '배' 이다. "나를 택하셨사오니" - '잘라낸다.'(칼 분사)이다. 하나님께서 그 를 처음부터 구분하셨다. "찬송하리이다" - '영광', '찬미'이다. 그래서 시인은 언제나 주님을 찬양한다.

어릴 때부터 주님을 신뢰한 그로부터 무엇을 배우는가? 어떤 상 황에서도 흔들리지 않고 주님을 신뢰하며 기도하는 모습을 배운다. 주님께 기도하려면 신뢰해야 한다.

그런데 그가 그렇게 할 수 있음은 주님께서 그를 모태에서부터 택하셨기 때문이다. 주님께서 그를 도와주시고, 인도하시고, 키워주셨기에 자라면서 신뢰했다. 그는 어떤 상황에서도, 나이를 먹으면서도 주님을 신뢰했다. 주님을 신뢰하니 어떤 상황에서도, 나이를 먹어서도 기도했다. 주님의 함께하심으로 그는 신뢰를 체질화했고, 기도를 체질화했다. 그런 그는 힘든 일을 만나도 흔들리지 않았고, 기도했다.

그런 시인은 사람에게 어떤 존재였는가?

7, "나는 무리에게 이상한 징조같이 되었사오나 주는 나의 견고한 피난처시오니"

"이상한 징조같이" - '전조(portent)'이다. 긍정과 부정의 의미를 함께 담고 있다. '하나님의 은혜', '경이적 존재'이거나 '하나님의 진노', '나쁜 조짐'을 뜻한다. "되었사오나" - '~이 된다.'(칼 완료)이다. 많은 사람에게 시인은 '경이적 존재'이거나 '비난의 표적'이 되었다. 여기서는 부정적 의미로 본다. 그가 하나님을 신뢰하자 사람은 그를 비난했다. "피난처시오니" - '피난처'이다. 그러나 주님만은 시인의 견고한 피난처이다.

8, "주를 찬송함과 주께 영광 돌림이 종일토록 내 입에 가득하리이다"

"가득하리이다" - '채운다.'(니팔 미완료)이다. 시인의 입은 온종일 찬양으로 가득 찬다.

3. 시인은 무엇을 기도합니까(9)? 그는 왜 그렇게 기도합니까(10-11)? 시인은 또 무엇을 기도합니까(12-13)? 그러나 시인의 희망은 어디에 있습니까(14)? 그 찬양의 내용은 무엇입니까(15-16)?

9-16, 소망의 주님

9, "늙을 때에 나를 버리지 마시며 내 힘이 쇠약할 때에 나를 떠나지 마소서"

"늙을" - '늙음'이다. 약 60세 이상을 뜻한다. "나를 버리지" - '던

255

진다.'(히필 미완료)이다. "마시며" - '아니다'이다. 시인은 노년에 하나님께 버림받음을 두려워한다. 늙더라도 내치지 않도록 기도한다. "쇠약할 때에" - '소모한다.'(칼 부정사)이다. '늙음'과 같은 뜻이다. "나를 떠나지" - '떠난다.'(칼 미완료)이다. "마소서" - '아니다'이다. 시인은 쇠약하더라도 하나님께서 떠나지 않기를 바란다.

왜 그는 그렇게 기도하는가?

10, "내 원수들이 내게 대하여 말하며 내 영혼을 엿보는 자들이 서로 꾀하여"

"(왜냐하면)" - 그 이유를 설명한다. "내게 대하여" - '~에게'이다. "말하며" - '말한다.'(칼 완료)이다. '왜냐하면 원수들이 시인을 헐뜯기 때문이다. "엿보는 자들이" - '경계한다.'(칼 분사)이다. "꾀하여" - '충고한다.'(니팔 완료)이다. 시인의 영혼을 지켜보는 사람들이 음모를 꾸몄기 때문이다.

원수는 무슨 말을 했는가?

11, "이르기를 하나님이 그를 버리셨은즉 따라 잡으라 건질 자가 없다 하오니"

"이르기를" - '말한다.'(칼 부정사)이다. "그를 버리셨은즉" - '버린다.'(칼 완료)이다. "하나님이 시인을 버렸다." "따라" - '뒤따른다.'(칼 명령)이다. "잡으라" - '붙잡는다.'(칼 명령)이다. "없다" - '~을 제외하고'이다. "하오니" - '왜냐하면 ~이니까'이다. "하나님이 너를 버리셨다. 추격해서 잡아라. 왜냐하면 이제 너를 구할 사람이 없기 때문이다."

시인은 무엇을 기도하는가?

12, "하나님이여 나를 멀리하지 마소서 나의 하나님이여 속히 나를 도우소서"

"멀리하지" - '멀다.'(칼 미완료)이다. "마소서" - '아니다'이다. "속히" - '서두른다.'(칼 명령)이다. "나를 도우소서" - '도움'이다. 시인은 하나님께 도움을 재촉한다. 그는 사람의 말보다 하나님을 더 의지한다.

13, "내 영혼을 대적하는 자들이 수치와 멸망을 당하게 하시며 나를 모해하려 하는 자들에게는 욕과 수욕이 덮이게 하소서"

"대적하는 자들이" - '대항한다.'(칼 분사)이다. "수치와" - '부끄러워한다.'(칼 미완료)이다. 시인은 "내가 영원히 수치를 당하게 하지 마소서"(1)라고 기도한다. 그런데 시인은 대적하는 사람이 수치를 당하도록 기도한다. "멸망을 당하게 하시며" - '다 써버린다.'(칼 미완료)이다. 시인은 대적자들이 망하도록 기도한다. "나를 모해" - '나쁜'이다. "하려 하는 자들에게는" - '찾는다.'(피엘 분사)이다. "욕과" - '비난'이다. "수욕이" - '모욕'이다. "덮이게 하소서" - '덮는다.'(칼 미완료)이다. 시인은 악한 사람이 모욕당하도록 기도한다.

그러나 시인의 소망은 어디에 있는가?

14, "나는 항상 소망을 품고 주를 더욱더욱 찬송하리이다"

"(그러나)" - 전환이 일어난다. "항상" - '계속(continuity)', '영속(perpetuity)'이다. "소망을 품고" - '소망한다.'(피엘 미완료)이다. 시인은 언제나 소망을 품는다. 하나님께서 자기를 악인한테서 구원하실 소망을 품는다. 그는 어려서부터 주님을 신뢰했는데, 악인의 음모 앞에서도 신뢰가 흔들리지 않는다. "주를 더욱더욱" - '더한다.'(히필 완료)이다. "찬송하리이다" - '찬미'이다. 그는 찬양에 찬양을 더한다.

그 찬양의 내용은 무엇인가?

15, "내가 측량할 수 없는 주의 공의와 구원을 내 입으로 종일 전하리이다"
- "내 입은 당신의 의로운 행위를, 종일토록 주님의 구원 행위를 말하리니, 왜냐하면 그 수는 내 지식을 초월하기 때문이다"

"내가 측(량)" - '이해한다.'(칼 완료)이다. "(측)량" - '수(number)'이다. 하나님의 사역은 사람의 계산을 뛰어넘는다. 그것들은 셀 수 없이 많으며 매일 더 많이 발견할 수 있다. "주의 공의와" - '의로움'이다. "구원을" - '구원'이다. 찬양의 내용은 의로움과 구원이다. "전하리이다" - '이야기한다.'(피엘 미완료)이다. 시인은 의로움과 구원을 온종일 증언한다.

16, "내가 주 여호와의 능하신 행적을 가지고 오겠사오며 주의 공의만 전하겠나이다"

"능하신 행적을" - '권력'이다. "가지고 오겠사오며" - '들어온다.'(칼 미완료)이다. 시인은 여호와의 능하신 일을 가지고 들어온다. 이 말은 '성전에 들어간다.'라는 뜻이다. 시인은 하나님의 힘을 증언하기 위해 성전으로 들어간다. "전하겠나이다" - '기억한다.'(히필 미완료)이다. 시인은 주님의 공의만 기억한다.

4. 시인은 무엇을 전합니까(17)? 그는 백발이 되어도 무엇을 하려고 합니까(18)? 그런 시인으로부터 무엇을 배웁니까?

17-24, 위로의 주님
17, "하나님이여 나를 어려서부터 교훈하셨으므로 내가 지금까지 주의 기이한 일들을 전하였나이다"

"나를 어려서부터" - '청년 시대', '어린 시절'이다. 시인은 지난날을 회상한다. "교훈하셨으므로" - '가르친다.'(피엘 완료)이다. 하나님은 시인의 스승으로서 어릴 때부터 가르쳤다. 하나님은 그에게 하나님을 신뢰하는 법에 관해 가르쳤다. "주의 기이한 일들을" - '기이하다.'(니팔 분사)이다. "전하였나이다" - '알게 한다.'(히필 미완료)이다. 시인은 하나님한테서 배운 그 놀라운 일들을 지금까지 전하고 있다.

18, "하나님이여 내가 늙어 백발이 될 때에도 나를 버리지 마시며 내가 주의 힘을 후대에 전하고 주의 능력을 장래의 모든 사람에게 전하기까지 나를 버리지 마소서"

"내가 늙어" - '노년', '늙음'이다. "백발이 될" - '백발의 머리

(hoary/ gray hairs)'이다. "나를 버리지" - '떠난다.'(칼 미완료)이다. "마시며" - '아니다'이다. 시인은 백발일지라도 하나님께서 버리지 말도록 기도한다.

그 이유가 무엇인가? "주의 힘을" - '팔'이다. "후대에" - '시대(period)'이다. "전하고" - '알게 한다.'(히필 미완료)이다. 그는 주님의 힘을 후대에 전할 것이다. "주의 능력을" - '권능'이다. '힘과 능력'은 주님께서 이루신 구원 사역이다. "장래의" - '들어간다.'(칼 미완료)이다. "전하기까지" - '~까지'이다. 그는 주님의 능력을 장래에까지 전할 것이다. "나를 버리지 마소서" - '아니다'이다. 시인은 육체적인 힘을 잃어가지만, 주님께서 이루신 구원 사역을 죽을 때까지 전하려고 한다. 그는 비록 백발일지라도 아직 할 일이 남아 있다. 그러니 자신을 포기하지 말도록 기도한다.

그런 시인으로부터 무엇을 배우는가? 주님을 어려서부터 신뢰하고, 평생 소망하며, 삶을 마무리할 때까지 자기가 해야 할 일을 하는 모습을 배운다. 늙으면 그동안 했던 일을 하지 않고 쉬려고 하기 쉽다. 하지만 주님께서 이루신 구원 사역을 증언하는 일에는 쉼이 따로 없다. 그것은 노동이 아니라, 삶 자체이기 때문이다. 그 일을 평생 할 수 있음은 은혜 위에 은혜이고, 복 중의 복이다.

5. 하나님을 향한 시인의 확신은 어떠합니까(19-21)? 시인은 그 하나님께 무엇을 합니까(22-23)? 시인의 혀도 무엇을 합니까(24a)? 그 이유가 무엇입니까(24b)?

19, "하나님이여 주의 의가 또한 지극히 높으시니이다 하나님이여 주께서 큰일을 행하셨사오니 누가 주와 같으리이까"

"주의 의가 또한" - '의로움'이다. "지극히 높으" - '높은 곳'이다. '하늘'을 뜻한다. "시니이다" - '~까지'이다. 하나님의 의로움은 하늘까지 닿았다. 하나님의 의로움을 시인은 측량할 수 없다. "행하셨사오니" - '행한다.'(칼 완료)이다. 하나님은 위대한 일을 하셨다. "주와 같으리이까" - '~와 같이'이다. 힘과 능력에서는 누구도 주님과 비교할 수 없다.

20, "우리에게 여러 가지 심한 고난을 보이신 주께서 우리를 다시 살리시며 땅 깊은 곳에서 다시 이끌어 올리시리이다"

"우리에게 여러 가지" - '많은'이다. "심한" - '고생 거리'이다. "고난을" - '재난'이다. "보이신 주께서" - '본다.'(히필 완료)이다. 주님은 시인, 또는 시인이 속한 공동체에 많은 고생 거리와 재난을 보이셨다. "다시" - '돌아간다.'(칼 미완료)이다. "살리시며" - '살다.'(피엘 미완료)이다. 주님은 시인을 다시 살리신다. "다시" - '돌아간다.'(칼 미완료)이다. "이끌어 올리시리이다" - '올라간다.'(히필 미완료)이다. 하나님께서 다시 이끌어 올리신다.

21, "나를 더욱 창대하게 하시고 돌이키사 나를 위로하소서"

"나를 더욱" - '크게 된다.'(히필 미완료)이다. "창대하게 하시고" - '큼'이다. 하나님은 시인의 위대함을 크게 하신다. "돌이키사" - '주위를 돌다.'(칼 미완료)이다. "나를 위로하소서" - '위로한다.'(피엘 미완료)이다. 하나님은 시인을 위대하게 하시고, 위로하신다. 시인은 하나님의 위로를 확신한다.

시인은 그 하나님께 무엇을 하는가?

22, "나의 하나님이여 내가 또 비파로 주를 찬양하며 주의 성실을 찬양하리이다 이스라엘의 거룩하신 주여 내가 수금으로 주를 찬양하리이다"

"주를 찬양하며" - '찬양한다.'(히필 미완료)이다. 시인은 하나님을 찬양한다. "주의 성실을 찬양하리이다" - '신실'이다. 시인은 주님의 성실을 찬양한다. "거룩하신 주여" - '거룩한'이다. 하나님은 그 누구와도 비교할 수 없는 분이다. "찬양하리이다" - '찬양한다.'(피엘 미완료)이다. 시인은 노래를 부른다.

23, "내가 주를 찬양할 때에 나의 입술이 기뻐 외치며 주께서 속량하

신 내 영혼이 즐거워하리이다"

　"찬양할" - '찬양한다.'(피엘 미완료)이다. "때에" - '왜냐하면 ~이니까'이다. "나의 입술이" - '입술'이다. 찬양의 도구를 뜻한다. "기뻐 외치며" - '큰 소리로 부른다.'(피엘 미완료)이다. 시인이 주님을 찬양할 때 그 입술은 흥겨운 노래로 가득 찬다. "주께서 속량하신" - '속량한다.'(칼 완료)이다. 시인은 이미 구원받았다. "내 영혼이 즐거워하리이다" - '숨 쉬는 존재'이다. 이미 구원받은 시인의 영혼도 기뻐 외친다.

　시인의 혀도 무엇을 하는가?

　24, "나의 혀도 종일토록 주의 의를 작은 소리로 읊조리오리니 나를 모해하려 하던 자들이 수치와 무안을 당함이니이다"

　"나의 혀" - '혀'이다. '나의 입술'과 같은 뜻이다. "작은 소리로 읊조리오리니" - '속삭인다.'(칼 미완료)이다. 시인의 혀는 종일 주님의 의로우심을 말할 것이다.

　그 이유는 무엇인가? "(왜냐하면)" - 이유를 설명한다. "나를 모해" - '나쁜'이다. "하려 하던 자들이" - '찾는다.'(피엘 분사)이다. "수치와" - '부끄러워한다.'(칼 완료)이다. "무안을 당함" - '당황한다.'(칼 완료)이다. "이니이다" - '왜냐하면 ~이니까'이다. 왜냐하면 시인을 음해하려던 모든 사람이 수치를 당하기 때문이다. 악인의 패망으로 주님의 의로움이 드러나기 때문이다.

## 30

## 왕의 이름이 영구함이여

> 말씀 시편 72:1-20
> 요절 시편 72:17
> 찬송 138장, 80장

1. 시인은 왕을 위해 무엇을 기도합니까(1)? 그는 왜 그렇게 기도합니까(2-4)?

2. 시인은 그 왕의 다스림이 언제까지 지속되기를 바랍니까(5)? 시인은 왕이 백성에게 어떤 존재로 살도록 기도합니까(6-7)? 왕의 다스림은 어디까지 이릅니까(8)? 모든 왕은 그 왕을 어떻게 합니까(9-11)?

3. 왕은 그때 누구에게 관심을 돌려야 합니까(12-14)? 시인은 그 왕이 어떻게 되도록 기도합니까(15)? 세상은 어떻게 됩니까(16)?

4. 시인은 왕의 이름이 어떻게 되도록 기도합니까(17a)? 왕과 모든 민족은 어떤 관계입니까(17b)?

5. 시인은 이제 무엇을 합니까(18-19)? 지금까지는 누구의 기도였습니까(20)? 이상에서 우리는 무엇을 배웁니까?

# 30

# 왕의 이름이 영구함이여

말씀 시편 72:1-20
요절 시편 72:17
찬송 138장, 80장

1. 시인은 왕을 위해 무엇을 기도합니까(1)? 그는 왜 그렇게 기도합니까(2-4)?

(솔로몬을 위해 지은 시, Of Solomon)
"솔로몬" - 다윗이 그의 아들 솔로몬을 위해 지은 시로 생각한다. 그는 솔로몬을 위해 무엇을 기도하는가?

1-4, 정의를 주소서
1, "하나님이여 주의 판단력을 왕에게 주시고 주의 공의를 왕의 아들에게 주소서"
"하나님이여" - 시인은 하나님을 부름으로 기도를 시작한다.
첫 번째 기도는 무엇인가? "주의 판단력을"(מִשְׁפָּט, mishpat) - '정의', '재판'이다. '정의'는 인간의 속성이 아니라, 하나님의 성품이다. "왕에게" - '왕'이다. 왕 솔로몬일 수도 있고, 장차 오실 메시아를 상징한다. "주시고" - '준다.'(칼 명령)이다. 시인은 왕에게 하나님의 성품인 정의를 주시도록 기도한다.

263

"주의 공의를"(צְדָקָה, tsedaqa) - '의로움'이다. 하나님의 성품이다. "아들에게 주소서" - '아들'이다. 왕위에 오를 후계자이다. 솔로몬을 말한다.

왜 그는 그렇게 기도하는가?

2, "그가 주의 백성을 공의로 재판하며 주의 가난한 자를 정의로 재판하리니"

"그가 주의 백성을" - '백성'이다. '하나님의 백성'을 뜻한다. 백성은 왕이 아닌 하나님께 속한다. "공의로"(צֶדֶק, tsedeq) - '공의'이다. "재판하며" - '심판한다.'(칼 미완료)이다. 왕은 하나님의 대리자(viceroy)이다. 왕은 하나님의 대리자로서 하나님한테서 공의를 받아서 그 공의로 백성을 다스려야 한다. 왕이 그 백성을 공의로 재판하지 않으면, 그는 의로운 왕이 아니다. "주의 가난한 자를" - '가난한'이다. 사회적 약자인 고아, 과부, 그리고 이민자, 가난한 사람 등이다. "정의로 재판하리니"(מִשְׁפָּט, mishpat) - '정의'이다. 시인은 왕이 주님의 백성을 정의로 판단하도록 기도한다. 정의는 사회적 약자에게 삶의 의미와 희망을 준다.

왕의 정의는 어디까지 임하는가?

3, "의로 말미암아 산들이 백성에게 평강을 주며 작은 산들도 그리하리로다"

"의로 말미암아"(צְדָקָה, tsedaqa) - '의로움'이다. '의로운 통치를 할 때'를 뜻한다. "산들이" - '산'이다. 왕의 의로운 통치는 산에도 미친다. "주며" - '들어 올린다.'(칼 미완료)이다. 산들은 백성에게 평화를 준다. "작은 산들도 그리하리로다" - '언덕'이다. 언덕도 그러하다. 왕의 의로운 통치는 산과 언덕에 있는 올리브와 포도 열매를 풍성하게 맺도록 한다. 백성을 풍요롭게 하여 평화를 준다.

4, "그가 가난한 백성의 억울함을 풀어 궁핍한 자의 자손을 구원하며 압박하는 자를 꺾으리로다"

"그가 가난한" - '비천한'이다. "억울함을 풀어 주며" - '재판한다.' (칼 미완료)이다. "궁핍한 자의" - '궁핍한 사람'이다. "구원하며" - '구원한다.'(히필 미완료)이다. "압박하는 자를" - '압박한다.'(칼 분사)이다. "꺾으리로다" - '눌러서 뭉개진다.'(피엘 미완료)이다. 왕은 사회적 약자의 억울함을 풀고, 구원하고, 도와줄 것이다. 사회적 약자는 누군가로부터 억압받아서 크고 작은 아픔을 겪는다. 왕은 그들의 아픔을 알고, 그들의 아픔을 치유해야 한다. 그 치유는 정의로 시작하는데, 하나님께서 주셔야 한다. 그래서 시인은 정의를 주시도록 가장 먼저 기도했다.

2. 시인은 그 왕의 다스림이 언제까지 지속되기를 바랍니까(5)? 시인은 왕이 백성에게 어떤 존재로 살도록 기도합니까(6-7)? 왕의 다스림은 어디까지 이릅니까(8)? 모든 왕은 그 왕을 어떻게 합니까(9-11)?

5-11, 영원하고 전 세계적인 왕의 통치
5, "그들이 해가 있을 동안에도 주를 두려워하며 달이 있을 동안에도 대대로 그리하리로다"
"그들이" - '가난하고 고통을 겪는 사람들'(4)이다. "있을 동안에도" - '~와 함께'이다. "주를 두려워하며" - '두려워한다.'(칼 미완료, 3인칭 복수)이다. "있을 동안에도" - '얼굴'이다. '해가 있을 때 그들이 당신을 두려워하기를 바란다.'라는 뜻이다.
"대(대로)" - 세대이다. "(대)대로 그리하리로다" - '세대'이다. '그리고 달처럼, 모든 세대에 걸쳐'라는 뜻이다. 시인은 가난하고 고통을 겪는 사람들(4)이 해가 있을 때, 달이 있을 때 대대로 주님을 경외하기를 바란다. 그것은 곧 왕의 정의로운 다스림이 대대로 계속되기를 바라는 뜻이다. 왜냐하면 정의가 살아야 가난하고 고통을 겪는 사람이 주님을 경외하기 때문이다. 그 점에서 정의로운 왕의 통치는 영원하고(5-7), 전 세계적이어야(8-11) 한다.
왕은 백성에게 어떤 존재여야 하는가?

6, "그는 벤 풀 위에 내리는 비같이, 땅을 적시는 소낙비같이 내리리니"

"내리는 비같이" - '비'이다. 경작을 위한 적절한 비이다. "적시는" - '떨어지는 것'이다. "소낙비같이" - '풍부한 비'이다. 땅을 적시는 풍족한 비이다. "내리리니" - '내려온다.'(칼 미완료)이다. '왕이 백성에게 풀밭에 내리는 비처럼, 땅에 떨어지는 단비처럼 되게 하소서'라는 뜻이다. '비'와 '소낙비'는 경작을 위해 필수적이다.

7, "그의 날에 의인이 흥왕하여 평강의 풍성함이 달이 다할 때까지 이르리로다"

"그의 날에" - '왕이 다스리는 날'이다. "의인이" - '의로운 사람'이다. "흥왕하여" - 봉오리를 맺는다.'(칼 미완료)이다. '의인이 꽃을 피우게 하소서(번성하게 하소서)'라는 뜻이다. "평강" - '샬롬(shalom)', '평화'이다. "풍성함이" - '풍부'이다. "다할" - '닳아 떨어짐'이다. "때까지 이르리로다" - '~까지'이다. '저 달이 다 닳도록 평화가 넘치게 하소서'라는 뜻이다. 시간적 제한이 없음을 뜻한다.

왕의 다스림은 어디까지 이르는가?

8, "그가 바다에서부터 바다까지와 강에서부터 땅끝까지 다스리리니"

"그가 바다에서부터" - '바다'이다. 지중해를 말한다. "강에서부터" - '강'이다. 유프라테스(the Euphrates)강이다. "바다에서부터 바다까지와 강에서부터 땅끝까지" - 공간적 제한이 없음을 뜻한다. "다스리리니" - '지배한다.'(칼 미완료)이다. 왕의 통치는 전 세계적으로 미친다. 이 모습은 솔로몬 왕국을 닮았다(왕상 4:21). 그런데 이 모습은 메시아 왕국을 상징한다.

세상의 모든 왕은 그 왕을 어떻게 하는가?

9, "광야에 사는 자는 그 앞에 굽히며 그의 원수들은 티끌을 핥을 것이며"

"광야에 사는 자는" - '들짐승', '사막에 거하는 것'이다. 이스라엘

주변 나라를 말한다. "굽히며" - '허리를 굽힌다.'(칼 미완료)이다. 그들은 이스라엘 왕에게 복종한다. "그의 원수들은" - '원수'이다. "핥을 것이며" - '모조리 핥아먹는다.'(피엘 미완료)이다. 전쟁에서 철저한 패배와 수모를 뜻한다. 그들은 이스라엘에 더는 위협이 되지 않는다.

10, "다시스와 섬의 왕들이 조공을 바치며 스바와 시바 왕들이 예물을 드리리로다"

"다시스와"(Tarshish) - 지중해 연안 스페인이다. "섬" - '섬'이다. 지중해의 여러 섬으로 서쪽 끝을 말한다. "조공을" - '제물(offering)', '선물'이다. "바치며" - '돌아간다.'(히필 미완료)이다. "스바"(Sheba) - 스바 자손의 영토이다. 구스(사 43:3)와 함께 나타난다. 아라비아 남쪽에 있는 예멘(Yemen)이다. "시바"(Seba) - 함의 아들인 구스의 자손이었던 라아마의 아들이다(창 10:6-7, 대상 1:8-9). 에티오피아이다. "예물을" - '선물'이다. "드리리로다" - '가까이 온다.'(히필 미완료)이다. 이스라엘에서 멀리 떨어진 이방 나라의 왕들이 유다의 왕에게 조공을 바친다. 이 모습은 솔로몬의 전성기를 반영한다. 스바 여왕은 금 백이십 달란트와 많은 향료와 보석을 솔로몬에게 바쳤다(왕상 10:10).

11, "모든 왕이 그의 앞에 부복하며 모든 민족이 다 그를 섬기리로다"

"부복하며" - '몸을 구부린다.'(히트팔렐 미완료)이다. "그를 섬기리로다" - '섬긴다.'(칼 미완료)이다. 모든 왕과 모든 민족이 이스라엘 왕을 섬긴다.

3. 왕은 그때 누구에게 관심을 돌려야 합니까(12-14)? 시인은 그 왕이 어떻게 되도록 기도합니까(15)? 세상은 어떻게 됩니까(16)?

12-14, 궁핍한 자에 관심

12, "그는 궁핍한 자가 부르짖을 때에 건지며 도움이 없는 가난한 자도 건지며"

"(그러면, יִּכ, kî)" - '왜냐하면 ~이니까'이다. "그는 궁핍한 자가" - '궁핍한 사람'이다. "건지며" - '구해낸다.'(히필 미완료)이다. "도움이" - '돕는다.'(칼 분사)이다. "없는" - '그 외에'이다. "가난한 자도 건지며" - '가난한'이다. 강대국을 상대하던 왕의 관심은 궁핍한 자, 가난한 자에게로 향해야 한다. 왕은 가난한 사람을 도와주고, 도울 사람 없는 가난한 사람을 구해야 한다.

13, "그는 가난한 자와 궁핍한 자를 불쌍히 여기며 궁핍한 자의 생명을 구원하며"

"그는 가난한 자와" - '가난한'이다. "궁핍한 자" - '궁핍한 사람'이다. "불쌍히 여기며" - '불쌍히 여긴다.'(칼 미완료)이다. 왕은 가난한 자에게 행동한다. "구원하며" - '구원한다.'(히필 미완료)이다. 그들의 목숨을 구해준다.

14, "그들의 생명을 압박과 강포에서 구원하리니 그들의 피가 그의 눈앞에서 존귀히 여김을 받으리로다"

"압박과" - '억압'이다. "강포에서" - '폭력'이다. "구원하리니" - '속량한다.'(칼 미완료)이다. 왕은 억압받는 사람의 목숨을 구해준다. "존귀히 여김을 받으리로다" - '귀중히 여긴다.'(칼 미완료)이다. 왕은 그들의 피, 목숨을 귀하게 여긴다.

시인은 왕이 어떻게 되도록 기도하는가?

15-17, 나라를 위한 기도

15, "그들이 생존하여 스바의 금을 그에게 드리며 사람들이 그를 위하여 항상 기도하고 종일 찬송하리로다"

"그들이 생존하여" - '살다.'(칼 미완료, 단수)이다. '그가 오래 살도록 기도한다.'라는 뜻이다. "그에게" - '~에게'이다(단수)이다. "드리며" - '준다.'(칼 미완료)이다. 사람들이 그에게 스바의 금을 드린다.

# 30 왕의 이름이 영구함이여(72:1-20)

"기도하고" - '기도한다.'(히트파엘 미완료)이다. "찬송하리로다" - '축복한다.'(피엘 미완료)이다. 그를 위해 기도하고 찬송하기를 바란다.

　세상은 어떻게 되는가?

　16, "산꼭대기의 땅에도 곡식이 풍성하고 그것의 열매가 레바논 같이 흔들리며 성에 있는 자가 땅의 풀같이 왕성하리로다"

　"풍성" - '풍부함'이다. "하고" - '~이 된다.'(칼 미완료)이다. 온 땅에 곡식이 풍성하다. "레바논 같이" - '흰 산'을 뜻하는데, '레바논산맥'이다. 약속의 땅으로, 그리고 위엄, 능력, 장엄과 같은 개념에 대한 문학적 상징이다. "흔들리며" - '흔들린다.'(칼 미완료)이다. 레바논의 열매 같이 물결칠 것(풍성할 것)이다. "성에 있는 자가" - '성읍'이다. "왕성하리로다" - '꽃이 핀다.'(칼 미완료)이다. 그 백성은 풀처럼 차고 넘칠 것이다. 왕의 착한 정치로 백성이 복을 누린다.

4. 시인은 왕의 이름이 어떻게 되도록 기도합니까(17a)? 왕과 모든 민족은 어떤 관계입니까(17b)?

　17, "그의 이름이 영구함이여 그의 이름이 해와 같이 장구하리로다 사람들이 그로 말미암아 복을 받으리니 모든 민족이 다 그를 복되다 하리로다"

　"그의 이름이" - '이름'(단수)이다. "영구(함이여)" - '영원'이다. '시간상으로 무한히 이어진 상태'를 뜻한다. "(영구)함이여" - '~이 된다.'(칼 미완료)이다. 그의 이름은 영원히 남는다. "해와 같이" - '해 얼굴'이다. "장구하리로다" - '번식한다.'(니팔 미완료)이다. '해 앞에서 그의 이름이 후손을 가진다.' 즉 '해가 그 빛을 잃기까지 그의 명성이 사라지지 않을 것이다.'라는 뜻이다.

　"복을 받으리니"(ברך, *barak*) - '축복한다.'(히트파엘 미완료)이다. 모든 민족이 그를 통해 복을 받는다. "그를 복되다 하리로다"(אשר, *'ashar*) - '복되다.'(피엘 미완료)이다. 모든 민족이 그를 "복 받은 사람이다."라고 일컫는다. 시인은 왕의 이름이 영원히 잊히지 않고, 태

269

양이 그 빛을 잃기까지 왕의 명성이 사라지지 않도록 기도한다. 그리고 모든 민족이 그를 통해 복을 받고, 모든 민족이 그를 "복 받은 사람이다."라고 말하도록 기도한다. '복되다.'라는 말은 1:1의 '복 있는'과 같은 어근에서 나왔다. 제1권이 '행복'으로 시작하여 제2권도 '행복'으로 끝난다.

5. 시인은 이제 무엇을 합니까(18-19)? 지금까지는 누구의 기도였습니까(20)? 이상에서 우리는 무엇을 배웁니까?

18-20, 찬양

18, "홀로 기이한 일들을 행하시는 여호와 하나님 곧 이스라엘의 하나님을 찬송하며"

"홀로" - '홀로'이다. 그분이 놀라운 일을 하실 때 어떤 인간도 필요하지 않았다. "기이한 일들을" - '기이하다.'(칼 분사)이다. "행하시는" - '행한다.'(칼 분사)이다. 하나님은 놀라운 일을 홀로 하시는 분이다. "찬송하며" - '찬양한다.'(칼 분사)이다. 그분을 찬양한다.

19, "그 영화로운 이름을 영원히 찬송할지어다 온 땅에 그의 영광이 충만할지어다 아멘 아멘"

"그 영화로운 이름을" - 기이한 일들을 하신 그분이다. "찬송할지어다" - '찬양한다.'(칼 분사)이다. "충만할지어다" - '채운다.'(니팔 미완료)이다. 온 땅에 그분의 영광이 충만하기를 바란다. 그분에게만 모든 영광과 찬양을 돌린다.

20, "이새의 아들 다윗의 기도가 끝나니라"

"끝나니라" - '완성한다.'(푸알 완료)이다. 다윗의 기도는 여기에서 끝났다. 두 번째 시편 집(42~72편)에 대한 결론이다.

# 31
## 성소에 들어갈 때에야

> 말씀 시편 73:1-28
> 요절 시편 73:17
> 찬송 47장, 17장

1. 시인은 무엇을 확신합니까(1)? 그러나 그는 어떤 상태였습니까(2)? 그 이유는 무엇이었습니까(3)?

2. 악인은 어느 정도 번성했습니까(4-5)? 그러므로 그들의 마음이 어떠했습니까(6-7)? 그들의 말은 어떠합니까(8-9)? 그 영향력이 어느 정도입니까(10-11)? 악인의 삶은 어떠했습니까(12)?

3. 시인의 탄식은 어떠합니까(13)? 그 이유는 무엇입니까(14)? 그는 어떤 갈림길에 섰습니까(15)? 그의 고통이 어떠합니까(16)?

4. 그러나 시인에게 무슨 일이 일어납니까(17)? '성소에 들어감'의 중요성이 어떠합니까? 악인의 종말은 어떠합니까(18-20)?

5. 시인은 어떤 상태였습니까(21-22)? 하나님은 그를 어떻게 도와주십니까(23-24)? 그에게 주님은 어떤 분입니까(25-26)? 주님을 멀리하는 사람과 가까이하는 사람의 삶이 어떻게 다릅니까(27-28)?

# 31
## 성소에 들어갈 때에야

> 말씀 시편 73:1-28
> 요절 시편 73:17
> 찬송 47장, 17장

1. 시인은 무엇을 확신합니까(1)? 그러나 그는 어떤 상태였습니까(2)?
   그 이유는 무엇이었습니까(3)?

제3권(Book Three, 73편~89편)

(아삽의 시, A Psalm of Asaph)

"아삽" - 레위 지파 음악인(대상 15:17-19; 16:4-5)이다. "아삽의
시" - 73편~83편이다.

교훈 시편이다. 솔로몬 후 왕국 분열 시대의 불확실성을 배경으
로 한다. 시인은 악한 사람이 잘나가는 삶을 보면서 혼란과 헛됨에
시달렸다. 그는 어디로 가는가?

1-16, 회의

1, "하나님이 참으로 이스라엘 중 마음이 정결한 자에게 선을 행하시
나"

"참으로" - '확실히'이다. 오늘의 시는 시인의 확신으로 시작한다.
무엇에 대한 확신인가? "이스라엘 중" - '하나님께 신실한 백성',

'바른 사람'을 뜻한다. '참으로 하나님은 신실한 백성, 바른 사람에게 좋은 분이다.'라는 뜻이다. "정결한 자에게" - '순결한'이다. 성전에 들어가려면 몸과 마음이 깨끗해야 한다. "선을 행하시나" - '좋은'이다. '하나님은 마음이 깨끗한 사람에게 좋은 분이다.'라는 뜻이다. 예수님도 말씀하셨다. "마음이 청결한 자는 복이 있나니 그들이 하나님을 볼 것임이요"(마 5:8).

그러나 시인은 어떤 상태였는가?

2, "나는 거의 넘어질 뻔하였고 나의 걸음이 미끄러질 뻔하였으니"
"(그러나)" - '그러나'이다. 전환이 일어난다. "나는" - '나'이다. '하지만 나에 관해서는'이라는 뜻이다. 하나님과 대조한다. "넘어질 뻔하였고" - '내뻗는다.'(칼 분사)이다. "(뻔)" - '내뻗는다.'(칼 완료)이다. '내 발은 거의 넘어질 뻔했다.'라는 뜻이다. "나의 걸음이" - '걸음'이다. "미끄러질" - '쏟는다.'(푸알 완료)이다. "뻔하였으니" - '~을 제외하고'이다. '내 걸음은 거의 넘어질 뻔했다.'라는 뜻이다. 그의 신앙은 휘청거렸다.

그 이유는 무엇이었는가?

3, "이는 내가 악인의 형통함을 보고 오만한 자를 질투하였음이로다"
"이는" - '~라는 것 때문에'이다. "악인" - '죄를 범한'이다. "형통함을" - '번영'이다. "보고" - '본다.'(칼 미완료)이다. 시인은 악인의 형통을 본다. "오만한 자" - '자랑한다.'(칼 분사)이다. 하나님의 말씀대로 살지 않은 사람이다. "질투하였음이로다" - '질투한다.'(피엘 완료)이다. 시인은 세상 사람의 형통함을 보고 시샘했다. 그는 세상 사람의 삶은 팍팍하고 믿음의 사람은 형통해야 한다고 생각했기 때문이다. 그런데 다른 현실 앞에서 그의 신앙은 비틀거렸다.

2. 악인은 어느 정도 번성했습니까(4-5)? 그러므로 그들의 마음이 어떠했습니까(6-7)? 그들의 말은 어떠합니까(8-9)? 그 영향력이 어느 정도입니까(10-11)? 악인의 삶은 어떠했습니까(12)?

4, "그들은 죽을 때에도 고통이 없고 그 힘이 강건하며"

"그들은 죽을 때에도" - '죽음'이다. "없고" - '어느 쪽도 ~아니다.'이다. 그들은 죽을 때까지 고통이 없었다. "그 힘이" - '몸', '배'이다. "강건하며" - '살찐'이다. 그들의 몸은 살쪘다.

5, "사람들이 당하는 고난이 그들에게는 없고 사람들이 당하는 재앙도 그들에게는 없나니"

"사람들이 당하는" - '인간'이다. "그들에게는 없고" - '어느 쪽도 ~아니다.'이다. 사람들이 흔히 당하는 그런 고통이 그들에게는 없다. "당하는" - '~와 함께'이다. "재앙도" - '친다.'(푸알 미완료)이다. "그들에게는 없나니" - '아니다'이다. 사람들이 으레 당하는 재앙도 그들에게는 가까이 가지 않는다.

6, "그러므로 교만이 그들의 목걸이요 강포가 그들의 옷이며"

"교만이" - '솟아오름'이다. "그들의 목걸이요" - '목걸이로 이용한다.'(칼 완료)이다. '목걸이'는 장식품이면서 높은 신분을 상징한다. "강포가" - '폭력'이다. "(그들)의" - '덮어서 싼다.'(칼 미완료)이다. "옷이며" - '옷'이다. 일상을 뜻한다. 폭력이 옷처럼 그들을 덮는다. 그들의 교만은 폭력으로 나타났는데, 옷을 입듯이 일상으로 나타났다.

7, "살찜으로 그들의 눈이 솟아나며 그들의 소득은 마음의 소원보다 많으며"

"살찜으로" - '지방'이다. "그들의 눈이" - '눈'이다. "솟아나며" - '부풀어 오른다.'(칼 완료)이다. 그들은 피둥피둥 살이 쪄서 거만하게 눈을 치켜뜨고 다녔다. "그들의 소득은 마음의" - '마음'이다. 온갖 환상이 나오는 곳이며, 행동의 뿌리이다. "소원보다" - '현상'이다. "많으며" - '지나간다.'(칼 완료)이다. 그들의 마음은 헛된 상상으로 넘쳐났다.

그들의 말은 어떠한가?

8, "그들은 능욕하며 악하게 말하며 높은 데서 거만하게 말하며"
"그들은 능욕하며" - '조롱한다.'(히필 미완료)이다. "악(하게)" - '나쁜 것'(명사)이다. "(악)하게" - '압박'이다. "말하며" - '말한다.'(피엘 미완료)이다. "높은 데서 거만하게" - '높은 곳'이다. "말하며" - '말한다.'(피엘 미완료)이다. 비웃고, 악의에 찬 말을 쏘아붙이고, 거만한 모습으로 폭언을 즐긴다.

9, "그들의 입은 하늘에 두고 그들의 혀는 땅에 두루 다니도다"
"두고" - '둔다.'(칼 완료)이다. 그들은 입을 하늘에 댔다. 그들은 입으로는 하늘을 비방했다. "두루 다니도다" - '간다.'(칼 미완료)이다. 그들은 혀로는 땅을 휩쓸고 다닌다. 우가릿 신화(Ugaritic Literature)에는 "한 입술은 지하 세계에 대항하고, 한 입술은 하늘에 대항하며, 혀는 별들을 대항한다."라는 내용이 있다. 악인은 '입'과 '혀', 즉 말로 온 세상을 지배하려고 한다.
그 영향력이 어느 정도인가?

10, "그러므로 그의 백성이 이리로 돌아와서 잔에 가득한 물을 다 마시며"
"그의 백성이" - '시인의 백성', '하나님의 백성'이다. "돌아와서" - '돌아간다.'(히필 미완료)이다. 그 백성이 악인에게 몸을 돌린다. 그들의 말에 귀를 기울인다. "잔에 가득한" - '가득 찬 것'이다. "물을" - '물들'이다. 두 가지로 생각할 수 있다. 하나는, '악인이 얻은 번영'이고, 다른 하나는, '하나님의 선한 선물'이다. "다 마시며" - '다 마신다.'(니팔 미완료)이다. '그들이 마신다.'라는 뜻이다.
첫째는, '그 백성이 악한 사람의 번영을 물 마시듯 받아들인다.' '그의 백성이 악인의 삶을 받아들인다.'라는 뜻이다. 둘째는, '하나님의 선물을 악인이 파괴한다.'라는 뜻이다.

11, "말하기를 하나님이 어찌 알랴 지존자에게 지식이 있으랴 하는도 다"

"말하기를" - '말한다.'(칼 완료)이다. '그의 백성'(10)은 말했다. "알 랴" - '이해한다.'(칼 완료)이다. "지존자에게" - '가장 높은'이다. "지 식" - '하나님의 지식'을 뜻한다. "있으랴 하는도다" - '존재'이다. 그 의 백성은 "하나님이 모든 것을 아신다(전지, Omniscient)."라는 사실 을 부인한다.

악인의 삶은 어떠했는가?

12, "볼지어다 이들은 악인들이라도 항상 평안하고 재물은 더욱 불어 나도다"

"볼지어다" - '보라'이다. "평안하고" - '평안하게'이다. "더욱 불어 나도다" - '자란다.'(히필 완료)이다. 그들은 악인인데도 신세가 편하 고 재산은 늘어만 난다. 그런 현실은 시인에게 견디기 힘든 유혹이 었다.

3. 시인의 탄식은 어떠합니까(13)? 그 이유는 무엇입니까(14)? 그는 어 떤 갈림길에 섰습니까(15)? 그의 고통이 어떠합니까(16)?

13, "내가 내 마음을 깨끗하게 하며 내 손을 씻어 무죄하다 한 것이 실로 헛되도다"

"깨끗하게 하며" - '깨끗하게 한다.'(피엘 완료)이다. 그는 마음을 깨끗하게 했다. "씻어" - '씻는다.'(칼 미완료)이다. 그는 손을 씻었다. "무죄하다 한 것이" - '결백함'이다. "실로" - '오직'이다. "헛되도다" - '헛됨'이다. 시인은 하나님 앞에서 신앙생활을 잘했다. 하지만 그는 이 순간 헛되다고 말한다.

그 이유는 무엇인가?

14, "나는 종일 재난을 당하며 아침마다 징벌을 받았도다"

"나는" - '왜냐하면'이다. 이유를 설명한다. "재난을" - '친다'(칼 분사)이다. "당하며" - '~이 된다.'(칼 미완료)이다. 시인은 종일 괴롭힘을 당한다. "징벌을 받았도다" - '징계'이다. 매일 아침 꾸짖음을 당한다. 시인이 마음을 깨끗하게 보존한 결과는 '재난'과 '징벌'이다. 악인은 재산을 늘려가는 동안 시인은 날마다 고통을 겪는다. 그는 의로운 삶을 사는데도 계속 고난을 겪는다.

시인은 어떤 갈림길에 섰는가?

15, "내가 만일 스스로 이르기를 내가 그들처럼 말하리라 하였더라면 나는 주의 아들들의 세대에 대하여 악행을 행하였으리이다"

"스스로 이르기를" - '말한다.'(칼 완료)이다. "내가 그들처럼" - '악인'을 뜻한다. "말하리라 하였더라면" - '자세히 말한다.'(피엘 미완료)이다. '나도 악인처럼 살아야지'라는 뜻이다. "주의 아들들" - '백성'이다. '신앙 공동체'를 뜻한다. 시인은 믿음이 흔들리는 그때 '주의 아들들', 즉 '신앙 공동체'를 생각했다. "악행을 행하였으리이다" - '믿을 수 없게 다룬다.'(칼 완료)이다. 시인이 "나도 악인처럼 살아야지"라고 말한다면, 그것은 신앙 공동체를 배반하는 일이다. 시인은 지금 신앙 공동체를 배반할 수도 있고, 그들과 함께할 수도 있다.

그의 고통이 어떠한가?

16, "내가 어쩌면 이를 알까 하여 생각한즉 그것이 내게 심한 고통이 되었더니"

"내가 어쩌면" - '그러나 나는'이다. "알까 하여" - '알다.'(칼 부정사)이다. "생각한즉" - '생각한다.'(피엘 미완료)이다. '그러나 내가 그것을 어떻게 이해할지를 생각할 때'라는 뜻이다. "내게" - '눈(eye)'이다. "심한 고통이 되었더니" - '수고'이다. 그 일은 그의 눈에 괴로움이었다.

왜 그는 '마음'이 아닌 '눈'이라고 했을까? 그는 마음을 지키지 못하고 악인의 번영을 부러움으로 바라보았기 때문이다. 즉 눈으로 보았기 때문이다. 말씀과는 다른 세상을 봐야 하는 그 눈은 고통일 수밖에 없다.

4. 그러나 시인에게 무슨 일이 일어납니까(17)? '성소에 들어감'의 중
요성이 어떠합니까? 악인의 종말은 어떠합니까(18-20)?

17-28, 깨달음
17, "하나님의 성소에 들어갈 때에야 그들의 종말을 내가 깨달았나이
다"
"성소" - '거룩한 장소'이다. "들어갈" - '들어간다.'(칼 미완료)이다.
"때에야" - '~까지'이다. '성소에 들어가게 되어 비로소'이다. 이것은
'성전', '성전 예배', '하나님을 만남', '말씀을 들음' 등을 뜻한다.
그때 무슨 일이 일어나는가? "그들의 종말을" - '마지막 부분',
'끝'이다. "내가 깨달았나이다" - '깨닫는다.'(칼 미완료)이다. 시인은
성전에 들어가서 비로소 악인의 종말을 깨닫는다. 그는 성전에서 예
배를 통해, 말씀을 들으므로 비로소 악인에 대한 인식이 달라진다.
사고의 전환이 일어난다.
그동안 시인은 악인의 번영을 시샘하면서 믿음의 헛됨이 생겼다.
그래도 그는 주님의 아들들, 공동체를 생각하며 버텼다. 그는 '고군
분투(孤軍奮鬪)'했다. 그때 그는 성소에 들어가서 주님을 만난다. 그
의 렌즈가 회복된다. 그는 악인이 승리자가 아님을 안다. 악인은 종
말이 있다.
우리는 무엇을 배우는가? '성소에 들어감'과 '깨달음'의 관계이다.
어떤 사람은 고난을 만나면 성소에 들어가지 않고 오히려 떠난다.
그러면 아무것도 깨닫지 못한다. 하나님도, 세상도, 고난도 깨닫지
못한다. 반면 어떤 사람은 고난 앞에서 적극적으로 성소로 들어간다.
하나님을 적극적으로 찾는다. 그러면 하나님도 깨닫고, 세상도 깨닫
고, 고난에 관한 의미도 깨닫는다. 깨달으면 내 가치관이 변하고 렌
즈가 변한다. 내 삶이 변한다. 무엇보다도 악인의 종말을 깨닫는다.
악인의 종말은 어떠한가?

18, "주께서 참으로 그들을 미끄러운 곳에 두시며 파멸에 던지시니"
"주께서 참으로" - '확실히'이다. "미끄러운 곳에" - '할당된 몫'이

다. "두시며" - '둔다.'(칼 미완료)이다. 주님께서 그들을 미끄러운 곳에 세우신다. 시인이 미끄러질 뻔했는데(2), 이제 악인이 미끄러진다. "던지시니" - '떨어진다.'(히필 완료)이다. 멸망에 떨어지게 하셨다.

19, "그들이 어찌하여 그리 갑자기 황폐되었는가 놀랄 정도로 그들은 전멸하였나이다"

"그리 갑자기" - '순간'이다. "황폐" - '황무지'이다. "되었는가" - '~이 된다.'(칼 완료)이다. 그들은 순식간에 황무지가 되었다. 악인의 멸망은 순식간에 이루어진다. "놀랄 정도" - '공포'이다. "그들은 전" - '완성한다.'(칼 완료)이다. 그들은 공포에 떨면서 자취를 감췄다. '공포'는 죽음이 주는 공포이다. "멸하였나이다" - '끝난다.'(칼 완료)이다. 그들은 마침내 끝장을 맞았다. 악인의 갑작스러운 멸망은 그들의 번영이 덧없음을 말한다.

어느 정도 덧없는가?

20, "주여 사람이 깬 후에는 꿈을 무시함 같이 주께서 깨신 후에는 그들의 형상을 멸시하시리이다"

"사람이 깬 후에는" - '깬다.'(히필 부정사)이다. "꿈을 무시함 같이" - '꿈'이다. "주께서 깨신 후에는" - '깬다.'(히필 부정사)이다. "그들의 형상을" - '형상'이다. "멸시하시리이다" - '업신여긴다.'(칼 미완료)이다. 잠에서 깨어났을 때 덧없는 꿈처럼, 주님께서 일어나실 때 그들은 한낱 꿈처럼 흔적도 없이 사라진다. 악인의 삶은 하나님께 뿌리를 두지 않았다. 따라서 그들의 삶이 아무리 번성할지라도 '개꿈'처럼 쉽게 사라진다.

5. 시인은 어떤 상태였습니까(21-22)? 하나님은 그를 어떻게 도와주십니까(23-24)? 그에게 주님은 어떤 분입니까(25-26)? 주님을 멀리하는 사람과 가까이하는 사람의 삶이 어떻게 다릅니까(27-28)?

21, "내 마음이 산란하며 내 양심이 찔렸나이다"

"내 마음이" - '마음'이다. "산란하며" - '시어진다.'(히트파엘 미완료)이다. 그의 마음은 괴롭다. "내 양심이" - '콩팥(kidneys)'이다. 감정, 사고, 양심 등의 자리로 여겼다. 시인은 '심장'과 '신장'을 신체에서 가장 예민한 감각 기관으로 여긴다. "찔렸나이다" - '날카롭게 한다.'(히트폴렐 미완료)이다. 그의 양심은 찔린다.

22, "내가 이같이 우매 무지함으로 주 앞에 짐승이오나"

"우매" - '짐승 같은'이다. "무(지함으로)" - '아니'이다. "(무)지함으로" - '이해한다.'(칼 미완료)이다. 그는 짐승 같아서 아무것도 모른다. "(짐승)이오나" - '~이 된다.'(칼 완료)이다. 주님 앞에 한 마리 짐승이었다. 그는 스스로 지혜롭다고 여겼지만, 짐승처럼 우둔했다. 그래서 그는 악인의 번성을 보고 시샘했었다. 그는 이제야 그 사실을 알았다.

주님은 그를 어떻게 도와주셨는가?

23, "내가 항상 주와 함께하니 주께서 내 오른손을 붙드셨나이다"

"(그런데도)" - 전환이 일어난다. "주와 함께하니" - '~와 함께'이다. 그런데도 그는 주님과 항상 함께한다.

주님께서 그를 어떻게 하시는가? "붙드셨나이다" - '붙잡는다.'(칼 완료)이다. '주님의 보호와 도움'을 뜻한다. 주님은 그를 보호하고 도와주셨다.

어떻게 도와주시는가?

24, "주의 교훈으로 나를 인도하시고 후에는 영광으로 나를 영접하시리니"

"주의 교훈으로" - '충고'이다. "나를 인도하시고" - '인도한다.'(히필 미완료)이다. 주님은 그를 타일러서 인도하신다. "영광으로" - '영광'이다. '영광과 함께', '영광 안으로'를 뜻한다. "나를 영접하시리니" - '취한다.'(칼 미완료)이다. 주님은 시인을 당신의 영광에 참여하도록 하신다. 종말론적 영광을 뜻하면서 현재 하나님과 함께함, 깊은 관계를 누림을 뜻한다.

　　그에게 주님은 어떤 분인가?

　　25, "하늘에서는 주 외에 누가 내게 있으리요 땅에서는 주 밖에 내가 사모할 이 없나이다"

　　"하늘에서는 주 외에" - '하늘들'이다. "내게 있으리요" - '˜에게'이다. 하늘에서는 주님 외에 아무도 없다. "땅에서는" - '땅'이다. "주 밖에" - '˜와 함께'이다. "내가 사모할 이" - '바란다.'(칼 완료)이다. "없나이다" - '아니다'이다. 시인은 땅에서도 주님 외에는 누구도 바라지 않는다. 하늘에서나 세상에서나 주님과 비교할 만한 그것은 하나도 없다. 그의 유일한 바람은 오직 주님과 함께하는 그일 뿐이다. 주님과 함께하면, 악인의 번성도 자신의 아픔도 문제가 아니다. 그에게는 하나님과 함께함이 가장 소중하다.

　　26, "내 육체와 마음은 쇠약하나 하나님은 내 마음의 반석이시요 영원한 분깃이시라"

　　"내 육체와" - '살'이다. "마음은" - '마음'이다. '살'과 '마음'은 존재, 인격을 뜻한다. "쇠약하나" - '소모한다.'(칼 완료)이다. 시인의 몸과 마음은 시들어갔다.

　　그러나 하나님은 그에게 어떤 분인가? "반석이시오" - '바위'이다. '마음의 반석'은 '마음의 힘'을 뜻한다. "분깃이시라" - '몫'이다. 하나님은 영원한 몫이다. 비록 그의 육체는 시들지라도 하나님은 영원히 그를 떠나지 않으신다. 그런 그는 세상에서 아무리 잘나가는 사람을 봐도 다시는 질투하지 않는다.

　　왜 그렇게 하는가?

　　27, "무릇 주를 멀리하는 자는 망하리니 음녀같이 주를 떠난 자를 주께서 다 멸하셨나이다"

　　"무릇" - '그러나', '왜냐하면'이다. "(보라)" - '보라'이다. 시인은 악인과 의인의 삶을 대조한다. "주를 멀리하는 자는" - '옮기는'이다.

"망하리니" - '멸망한다.'(칼 미완료)이다. 주님을 멀리하는 사람은 망한다. "음녀같이" - '간음한다.'(칼 분사)이다. "주를 떠난 자를 주께서" - '˜로부터'이다. '음녀처럼 주님께 신실하지 않은 사람'을 뜻한다. "멸하셨나이다" - '끝낸다.'(히필 완료)이다. 주님께 신실하지 않은 사람을 주님이 멸하신다. 지금 악인은 평안하고 매우 강하게 보인다. 그러나 하나님 없이 살면 망한다.

반면 주님께 가까이하는 사람은 어떠한가?

28, "하나님께 가까이함이 내게 복이라 내가 주 여호와를 나의 피난처로 삼아 주의 모든 행적을 전파하리이다"

"(그러나)" - '그러나'이다. 전환이다. "가까이함이" - '가까이 나감'이다. 공간적 의미보다는 친밀감을 뜻한다. 시인이 성소로 가는 일, 주님을 만나고, 그분의 말씀을 들음이다. "내게" - '˜에게'이다. "복이라" - '좋은'이다. 그러나 하나님을 가까이함은 시인에게 좋은 일이다.

그는 무엇을 하는가? "삼아" - '놓는다.'(칼 완료)이다. 주님을 피난처로 삼았다. "행적을" - '업무'이다. "전파하리이다" - '자세히 말한다.'(부정사)이다. 그는 하나님의 사역을 전파하기 위해 하나님을 피난처로 삼았다.

## 32
## 하나님이여, 일어나소서

> 말씀 시편 74:1-23
> 요절 시편 74:22
> 찬송 354장, 334장

1. 시인이 하나님께 묻는 두 가지는 무엇입니까(1)? '버림', '진노'는 무엇을 말합니까? 시인은 하나님께 무엇을 가장 먼저 요청했습니까(2)? 두 번째로 바라는 바는 무엇입니까(3)?

2. 원수는 성전에서 무엇을 했습니까(4-8)? 그 결과 무슨 일이 일어났습니까(9)? 시인은 무엇을 합니까(10-11)?

3. 그러나 예로부터 하나님은 어떤 분이셨습니까(12-14)? 하나님은 또 어떤 분이셨습니까(15-17)?

4. 시인의 첫 번째 기도는 무엇이었습니까(18)? 두 번째부터 다섯 번째까지의 기도는 무엇이었습니까(19-21)? 시인의 여섯 번째부터 여덟 번째 기도는 무엇이었습니까(22-23)? 시인의 기도를 통해 무엇을 배웁니까?

## 32
## 하나님이여, 일어나소서

> 말씀 시편 74:1-23
> 요절 시편 74:22
> 찬송 354장, 334장

1. 시인이 하나님께 묻는 두 가지는 무엇입니까(1)? '버림', '진노'는 무엇을 말합니까? 시인은 하나님께 무엇을 가장 먼저 요청했습니까(2)? 두 번째로 바라는 바는 무엇입니까(3)?

(아삽의 교훈시, A Maskil of Asaph)

오늘 시는 예루살렘 성전이 무너지는 비극을 체험한 시인의 탄식을 배경으로 한다. 그런데 이 시를 쓴 것으로 나타난 아삽은 다윗 왕과 솔로몬 왕 시대의 사람이었다. 성전은 솔로몬 왕 때 지었다. 그때는 성전이 무너지지 않았다. 주전 586년 바벨론이 예루살렘을 침략하여 성전을 불태웠다. 그렇다면 아삽이 오늘 시를 직접 지었다기보다는, 그 후손이 성전의 비극을 보면서 지은 것으로 여긴다.

1, "하나님이여 주께서 어찌하여 우리를 영원히 버리시나이까 어찌하여 주께서 기르시는 양을 향하여 진노의 연기를 뿜으시나이까"

"하나님이여" - '하나님'이다. 이 시는 질문으로부터 시작하는데, 하나님께 두 가지를 묻는다. "주께서 어찌하여" - '왜'이다. 성전이 무너졌는데도, 아무 일도 하지 않으시는 하나님에 대한 안타까움, 이해할 수 없음, 그리고 원망의 표현이다. "우리를 영원히" - '영원히'이다. "버리시나이까" - '버린다.'(칼 완료)이다. '버림받음'은 가장 큰 고통이다. 그런데 '영원히' 버림받음은 얼마나 큰 고통이겠는가? '왜 이렇게 오랫동안 버리십니까?'라는 뜻이다.

"어찌하여 주께서 기르시는" - '목장'이다. "양을 향하여" - '양'이다. '하나님의 백성'을 뜻하는데, 목자와 양의 관계로 표현한다. 목자와 양의 관계는 인격적이며 특별한 사랑의 관계이다(시 23:1). 백성은 목자의 사랑과 돌봄이 필요한 연약한 양에 불과하다. 그러므로 목자한테 버림받음은 견디기 어려운 일이다. "연기를 뿜으시나이까" - '연기를 낸다.'(칼 미완료)이다. 하나님의 버리심은 '진노의 연기'로 나타난다. 하나님께서 특별하게 돌보셨던 그 양 떼에게 분노하신다. 하나님의 백성과 하나님이 계신 그곳에 과거에는 사랑이 있었는데, 이제는 진노가 있다. 과거에는 기쁨이 있었던 그곳에 지금은 고통이 있다. 그래서 시인은 묻는다. "왜 양 떼에게 진노를 거두지 않으십니까?"

'버리심'과 '진노'는 무엇을 말하는가? 그것은 예루살렘 성전의 무너짐이다. 성전은 하나님의 함께하심과 보호하심의 상징이었다. 우주의 중심이고, 그 백성의 중심이었다. 따라서 성전의 파괴는 하나님과 관계성의 파괴를 뜻한다. 그것은 삶의 중심이 무너지는 일이다. 하나님한테 철저히 버림받고 진노 받는 일이다.

그러나 시인은 하나님께 무엇을 요청했는가?

2, "옛적부터 얻으시고 속량하사 주의 기업의 지파로 삼으신 주의 회중을 기억하시며 주께서 계시던 시온산도 생각하소서"

"옛적부터" - '고대(antiquity)', '앞'이다. '하나님이 세상을 창조하셨을 때'이다. 여기서는 '하나님께서 이스라엘을 애굽에서 구원하셨을 때'를 뜻한다. "얻으시고" - '얻는다.'(칼 완료)이다. 상거래에서 온 말로 대단히 소중한 물건을 사는 것을 뜻한다. "속량하사" - '속죄한다.'(칼 완료)이다. 가족법에서 온 말로 감옥에 갇힌 친척의 자유를 사는 것을 뜻한다. 하나님은 애굽에서 노예로 살았던 이스라엘을 얻으셨고, 속량하셨다(출 15:13). "주의 기업의" - '유산'이다. "주의 회중을"(עֵדָה, 'edah) - '모임'이다. '주께서 기르시는 양'(1), '주님 소유의 지파'이다. "기억하시며" - '기억한다.'(칼 명령)이다. 하나님의 버리심을 해결할 수 있는 길은 '기억함'이다.

누구를 기억해야 하는가? 먼 옛날, 주님께서 친히 값을 주고 사신 주님의 회중이다. 주님은 그 회중을 당신의 유산을 이을 지파로 구속하셨다. 시인은 주님께서 그 회중을 기억하시도록 간청한다.

또 무엇을 기억해야 하는가? "주께서 계시던" - '거주한다.'(칼 완료)이다. "산도 생각하소서" - '산(mountain)'이다. 하나님은 자기 양떼를 버리셨을 뿐만 아니라, 당신이 사시는 시온산도 버리셨다. 그러나 시인은 하나님께서 그 시온산도 기억하도록 간청한다.

시인이 두 번째로 바라는 바는 무엇인가?

3, "영구히 파멸된 곳을 향하여 주의 발을 옮겨 놓으소서 원수가 성소에서 모든 악을 행하였나이다"

"영구히" - '영속'이다. "파멸된 곳을 향하여" - '파멸'이다. 시온산은 완전히 폐허가 되었다. "옮겨 놓으소서" - '오른다.'(히필 명령)이다. '발걸음을 파멸로 향하소서'라는 뜻이다. 완전히 폐허가 된 이곳으로 주님의 발걸음을 옮기시도록 기도한다. 주님이 오시면 폐허가 된 그곳도 다시 살아날 수 있다. "악을 행하였나이다" - '나쁘다.'(히필 완료)이다. 원수가 시온을 파괴했다.

2. 원수는 성전에서 무엇을 했습니까(4-8)? 그 결과 무슨 일이 일어났습니까(9)? 시인은 무엇을 합니까(10-11)?

4, "주의 대적이 주의 회중 가운데서 떠들며 자기들의 깃발을 세워 표적으로 삼았으니"

"주의 대적이" - '고통 중에 있다.'(칼 분사)이다. "주의 회중"(מוֹעֵד, mo'ed) - '집회 장소'이다. '회당'에 대한 초기 명칭이다. "떠들며" -

'으르렁거린다.'(칼 완료)이다. 주님의 대적이 주님의 '집회 장소'에서 소리를 질렀다. "자기들의 깃발을 세워" - '표시'이다. "표적으로" - '표시'이다. "삼았으니" - '임명한다.'(칼 완료)이다. 원수들은 승리의 표시로 깃발을 세웠다.

5, "그들은 마치 도끼를 들어 삼림을 베는 사람 같으니이다"
"그들은 마치" - '알다.'(니팔 미완료)이다. "들어" - '떠오르는 것'이다. "베는 사람 같으니이다" - '들어간다.'(히필 분사)이다. 그들은 벌목꾼과 같다.

6, "이제 그들이 도끼와 철퇴로 성소의 모든 조각품을 쳐서 부수고"
"쳐서 부수고" - '내려친다.'(칼 미완료)이다. 그들은 성전 장식품을 때려 부순다.

7, "주의 성소를 불사르며 주의 이름이 계신 곳을 더럽혀 땅에 엎었나이다"
"(불)사르며" - '불을 보낸다(.'피엘 완료)이다. 성소에 불을 질렀다. "더럽혀" - '더럽힌다.'(피엘 완료)이다. "땅에 엎었나이다" - '땅'이다. 그분 이름의 거처를 땅에 뒤엎어 더럽혔다.
그들은 속으로 무엇을 말했는가?

8, "그들이 마음속으로 이르기를 우리가 그들을 진멸하자 하고 이 땅에 있는 하나님의 모든 회당을 불살랐나이다"
"이르기를" - '말한다.'(칼 완료)이다. 그들은 결단했다. "우리가 그들을 진멸하자 하고" - '압박한다.'(칼 미완료)이다. "회당을"(מוֹעֵד, mo'ed) - '지정된 장소'이다. '회당'에 대한 초기 명칭이다. "불살랐나이다" - '불태운다.'(칼 완료)이다. 그들은 회당을 모두 불살랐다(왕하 25:8-9).
그 결과 무슨 일이 일어났는가?

9, "우리의 표적은 보이지 아니하며 선지자도 더 이상 없으며 이런 일이 얼마나 오랠는지 우리 중에 아는 자도 없나이다"

"우리의 표적은" - '표시'이다. '하나님의 함께하심', '예배'를 뜻한다. '대적의 깃발'(4)과 대조한다. "보이지" - '본다.'(칼 완료)이다. "아니하며" - '아니다'이다. 하나님을 예배할 장소가 사라졌다. 그들은 예배하지 못했다. "선지자도" - 예레미야와 에스겔을 생각할 수 있다. "없으며" - '어느 쪽도 ˜아니다.'이다. 선지자도 없다. "아는 자도" - '이해한다.'(칼 분사)이다. "없나이다" - '아니다'이다. 얼마나 오래 걸리는지 아는 사람도 없다. 정말로 절망적인 상황이고, 큰 재앙이 아닐 수 없다.

시인은 무엇을 하는가?

10, "하나님이여 대적이 언제까지 비방하겠으며 원수가 주의 이름을 영원히 능욕하리이까"

"언제까지" - '언제까지'이다. 기간 자체보다도 고통의 시간이 길어짐을 뜻한다. 이제는 하나님께서 일하시기를 간청한다. "비방하겠으며" - '비난한다.'(피엘 미완료)이다. '언제까지 원수가 모독하도록 하겠습니까?'라는 뜻이다. "능욕하리이까" - '몸서리치도록 싫어한다.'(피엘 미완료)이다. '언제까지 원수가 경멸하도록 하겠습니까?'라는 뜻이다.

11, "주께서 어찌하여 주의 손 곧 주의 오른손을 거두시나이까 주의 품에서 손을 빼내시어 그들을 멸하소서"

"주께서 어찌하여" - '왜'이다. "주의 손 곧 주의 오른손을" - '주님의 강한 능력'을 뜻한다. "거두시나이까" - '돌아선다.'(히필 미완료)이다. '손을 거둠'은 활동하지 않음을 뜻한다. 주님은 당신의 강한 능력을 사용하지 않으신다. ' 왜 오른손을 거두십니까?'라는 뜻이다.

"주의 품" - '내부'이다. "에서 손을 빼내시어" - '가운데'이다. "그들을 멸하소서" - '끝낸다(end).'(피엘 명령)이다. '그들을 멸하소서.'라는 뜻이다.

3. 그러나 예로부터 하나님은 어떤 분이셨습니까(12-14)? 하나님은 또 어떤 분이셨습니까(15-17)?

12, "하나님은 예로부터 나의 왕이시라 사람에게 구원을 베푸셨나이다"

"(그러나)" - 전환이 일어난다. "하나님은"(אֱלֹהִים, elohim) - '하나님'이다. "예로부터" - '고대'이다. 하나님이 세상을 창조하실 때를 뜻한다. "나의 왕이시라" - 하나님은 시인의 왕이시다. 하나님은 세상을 창조하셨을 때부터 시인의 왕이셨다. "베푸셨나이다" - '행한다.'(칼 분사)이다. 그분은 사람에게 구원을 베푸시는 분이다.

13, "주께서 주의 능력으로 바다를 나누시고 물 가운데 용들의 머리를 깨뜨리셨으며"

"주께서" - '당신'이다. "바다를"(יָם, yam) - '바다'이다. 고대 이방 세계에서는 '바다'를 신격화했다. "나누시고" - '쪼갠다.'(포엘 완료)이다. 하나님께서 바다를 나누셨다. 여호와께서 홍해를 나누셨던 일이다(출 14:21). "용들" - '용', '바다 괴물(sea-monster)'이다. "깨뜨리셨으며" - '깨뜨려 산산조각 낸다.'(피엘 완료)이다. 여호와께서 홍해에서 애굽 군대를 무찔렀던 일이다(출 14:28).

14, "리워야단의 머리를 부수시고 그것을 사막에 사는 자에게 음식물로 주셨으며"

"(주께서)" - '당신'이다. "리워야단" - '큰 수생 동물(Leviathan)', '혼돈의 괴물'이다. 우가릿 신화(Ugaritic Literature)에서 "리워야단은 일곱 머리를 가진 혼돈의 바다 괴물이었다. 그것은 '바다(Yam)'와 '강(Nahar)'의 신이었다. 그런데 하늘과 풍요의 신 바알(Baal)이 리워야단을 죽이고 왕이 되었다. 바알은 세상 질서도 세웠다." 이것이 고대 사람의 세계관이었다. 그러나 시인은 그 일을 하나님이 하셨음을 선언한다. "부수시고" - '눌러서 뭉갠다.'(피엘 완료)이다. '혼돈의 괴물'을 바알(Baal)이 죽인 것이 아니라, 하나님이 죽이셨다. "사막에 사는” - ‘사막에 거하는 것’이다. “주셨으며” - ‘준다.’(칼 미완료)이다. 하나님은 그 괴물의 머리를 사막의 짐승들에게 먹이로 주셨다.

하나님은 또 어떤 분이셨는가?

15, “주께서 바위를 쪼개어 큰물을 내시며 주께서 늘 흐르는 강들을 마르게 하셨나이다”

“주께서” - ‘당신’이다. “바위를” - ‘샘(spring)’이다. “쪼개어” - ‘쪼갠다.’(칼 완료)이다. “큰물을 내시며” - ‘급류’이다. 주님은 샘을 터뜨리셔서 개울을 만드셨다. “주께서” - ‘당신’이다. “늘 흐르는” - ‘항상 흐르는’이다. “강들을”(נהר, nahar) - ‘강’이다. 고대 세계에서는 ‘강’을 신격화했다. “마르게 하셨나이다” - ‘마르게 한다.’(히필 완료)이다. 주님께서 유유히 흐르는 강을 마르게 하셨다. 이스라엘이 약속의 땅으로 들어갈 때 요단강을 말린 사건(수 4:23)이다. 하나님이 바다도 강도 다 지배하신다.

16, “낮도 주의 것이요 밤도 주의 것이라 주께서 빛과 해를 마련하셨으며”

“주의 것이요” - ‘~안에’이다. 소유를 나타낸다. 낮도 밤도 주님의 것이다. “마련하셨으며” - ‘준비한다.’(히필 완료)이다. 주님께서 해와 달을 만드셨다. 고대 근동에서는 ‘해’와 ‘달’을 신으로 섬겼다. 하지만 그것들은 하나님이 만드신 작품일 뿐이다. 해달을 하나님이 다스리신다.

17, “주께서 땅의 경계를 정하시며 주께서 여름과 겨울을 만드셨나이다”

“주께서” - ‘당신’이다. “경계를” - ‘영역’이다. “정하시며” - ‘정한다.’(히필 완료)이다. 하나님은 민족의 영역을 정하셨다. “만드셨나이다” - ‘모양으로 만들다.’(칼 완료)이다. 하나님은 여름과 겨울을 만드셨다. 이스라엘에서는 5월~9월까지는 메마르고 더운 계절이다. 우가릿 문헌(Ugaritic Literature)에서 바알이 계절을 관장했다. 그러나 하나님이 계절을 만드시고 다스리신다. 그러므로 이방 세계를 두려워할 이유가 없다. 세상의 모든 것들은 다 하나님의 지배 아래에 있다. 모든 승리의 원천은 오직 하나님이시다. 그러므로 오직 그분께만 간청해야 한다.

4. 시인의 첫 번째 기도는 무엇이었습니까(18)? 두 번째부터 다섯 번째까지의 기도는 무엇이었습니까(19-21)? 시인의 여섯 번째부터 여덟 번째 기도는 무엇이었습니까(22-23)? 시인의 기도를 통해 무엇을 배웁니까?

### 18-23, 간청

18, "여호와여 이것을 기억하소서 원수가 주를 비방하며 우매한 백성이 주의 이름을 능욕하였나이다"

"여호와여 이것을" - '이것'이다. 원수가 하는 일이다. "기억하소서" - '기억한다.'(칼 명령)이다. 첫째로, 여호와께서 기억하도록 기도한다.

무엇을 기억해야 하는가? "주를"(יהוה, *yhwh*) - '여호와(Yahweh)'이다. "비방하며" - '모욕한다.'(피엘 완료)이다. "우매한 백성이" - '어리석은 백성'이다. '원수'를 받는다. "능욕하였나이다" - '몸서리치도록 싫어한다.'(피엘 완료)이다. 여호와는 원수가 비방하고 능욕함을 기억하셔야 한다.

시인의 두 번째 기도는 무엇인가?

19, "주의 멧비둘기의 생명을 들짐승에게 주지 마시며 주의 가난한 자의 목숨을 영원히 잊지 마소서"

"주의 멧비둘기의" - '암수가 사이좋기로 유명한 비둘기(turtledove)'이다. "생명을" - '숨 쉬는 존재'이다. '이스라엘의 생명'을 뜻한다. "주지" - '준다.'(칼 미완료)이다. "마시며" - '아니다'이다. '비둘기 같은 당신의 백성을 들짐승에게 넘겨주지 마소서.'라는 뜻이다. 둘째로, 여호와께서 그 백성을 넘겨주지 말도록 기도한다. "주의 가난한 자" - '가난한'이다. "잊지" - '잊는다.'(칼 미완료)이다. 하나님께서 의도적으로 잊으심, 즉 벌을 뜻한다. "마소서" - '아니다'이다. '이 가련한 백성의 생명을 잊지 마소서.'라는 뜻이다. 셋째로, 여호와께서 가난한 그 백성을 잊지 말도록 기도한다.

20, "그 언약을 눈여겨보소서 무릇 땅의 어두운 곳에 포악한 자의 처소가 가득하나이다"

"그 언약을" - '그 언약'이다. '아브라함의 언약', '모세 언약', 그리고 '다윗 언약' 등을 뜻한다. "눈여겨보소서" - '주목해서 본다.'(히필 명령)이다. '그 언약을 돌아보소서.'라는 뜻이다. 넷째로, 여호와께서 그 언약을 주목하시도록 기도한다. "어두운 곳에" - '어두운 곳'이다. "처소가" - '초원'이다. "가득하나이다" - '가득 채운다.'(칼 완료)이다. 목장 구석마다 폭력이 우글거렸다.

21, "학대받은 자가 부끄러이 돌아가게 하지 마시고 가난한 자와 궁핍한 자가 주의 이름을 찬송하게 하소서"

"학대받은 자가" - '압박받는'이다. "부끄러이" - '부끄러움을 당한다.'(니팔 분사)이다. "돌아가게 하지" - '돌아간다.'(칼 미완료)이다. "마시고" - '아니다'이다. 다섯째로, 짓밟힌 자가 부끄러워서 뒤로 물러서지 않도록 기도한다. "가난한 자와" - '가난한'이다. "궁핍한 자가" - '부족한 상태에 있는 자'이다. "찬송하게 하소서" - '찬양한다.'(피엘 미완료)이다. 가난하고 궁핍한 사람이 주님의 이름을 찬양하도록 기도한다.

여섯 번째 기도는 무엇인가?

22, "하나님이여 일어나 주의 원통함을 푸시고 우매한 자가 종일 주를 비방하는 것을 기억하소서"

"일어나" - '일어난다.'(칼 명령)이다. '일어남'은 '활동', '싸움'을 뜻한다. 하나님이 일어나시도록 기도한다. 시인은 하나님께서 활동하고 싸우기를 바란다. "주의 원통함을" - '논쟁'이다. "푸시고" - '다툰다.'

(칼 명령)이다. '주장을 방어하라.' '소송에서 이긴다.'라는 뜻이다. 이 말은 원수가 하나님의 백성을 이기지 못하도록 해달라는 뜻이다. 주님의 주장이 이스라엘의 주장이기 때문이다.

"우매한 자가" - '어리석은'이다. '대적자'를 뜻한다. "주를 비방하는 것을" - '조롱'이다. "기억하소서" - '기억한다.'(칼 명령)이다. 시인은 어리석은 사람이 주님을 조롱하고 있음을 기억하도록 간구한다.

23, "주의 대적들의 소리를 잊지 마소서 일어나 주께 항거하는 자의 떠드는 소리가 항상 주께 상달되나이다"

"주의 대적들의" - '고통 중에 있다.'(칼 분사)이다. "소리를" - '시끄러운 외침'이다. 하나님과 그 백성을 비웃으며 공격하는 소리이다. 그 소리는 교만에서 나온다. "잊지" - '잊는다.'(칼 미완료)이다. "마소서" - '아니다'이다. 그 소리를 하나님께서 잊지 않도록 기도한다. "일어나 주께 항거하는 자의" - '일어난다.'(칼 분사)이다. "떠드는 소리가" - '요란한 소리'이다. "주께 상달되나이다" - '올라간다.'(칼 분사)이다. 소란을 피우는 원수들의 소리가 계속 높아만 간다.

시인의 기도를 통해 무엇을 배울 수 있는가? 어떤 상황에서도 하나님의 살아계심과 함께하심, 그리고 일하심을 믿는 믿음이다. 시인은 가장 절망적인 상황에서도 하나님께 기도했다. 그는 하나님께서 일어만 나시면 모든 문제를 해결하실 줄 믿었다. 흔들리지 않는 믿음은 과거에 일하셨던 하나님을 기억하면서 약속을 이루실 하나님을 믿는 그 믿음에서 나왔다. 그 믿음은 현재 상황을 견디게 한다. 어떤 상황에서도 하나님은 일어나서 일하실 줄 믿는 믿음은 언제나 기도하도록 한다. 그러면 하나님께서 창조 이래 몇 번이고 하셨던 그것처럼 오늘 우리의 기도를 들으신다.

## 33
## 바르게 심판하시는 하나님

말씀 시편 75:1-10
요절 시편 75:2
찬송 325장, 247장

1. '우리'는 누구이며, 그들은 무엇을 했습니까(1a)? 그들이 감사하는 이유는 무엇입니까(1b)?

2. 주님은 무엇을 말씀하십니까(2)? 이 말씀에서 우리는 무엇을 배웁니까? 그 공정함이 어떠합니까(3)? 하나님은 오만한 사람에게 무엇을 경고하십니까(4-5)?

3. 오만한 사람은 왜 뿔을 높이 들지 않아야 합니까(6-7)? 하나님은 악인을 어떻게 낮추십니까(8)?

4. 그러나 시인은 무엇을 합니까(9)? 하나님은 무엇을 하십니까(10)? 우리 앞에는 어떤 두 가지 길이 있습니까?

**33
바르게 심판하시는 하나님**

> 말씀 시편 75:1-10
> 요절 시편 75:2
> 찬송 325장, 247장

1. '우리'는 누구이며, 그들은 무엇을 했습니까(1a)? 그들이 감사하는 이유는 무엇입니까(1b)?

(아삽의 시. '멸하지 말라.'는 곡조에 맞춰 성가대 지휘자를 따라 부른 노래, To the choirmaster: according to Do Not Destroy. A Psalm of Asaph. A Song)

시의 배경은 신년 축제일이다. 시인은 세상의 기초가 무너지는 혼란스러운 상황에서 정의를 실현하신 하나님의 놀라운 사역을 체험하고 증언했다.

1, 감사

1, "하나님이여 우리가 주께 감사하고 감사함은 주의 이름이 가까움이라 사람들이 주의 기이한 일들을 전파하나이다"

"우리가" - 화자는 '우리(복수형)'이다. 공동체를 뜻한다. "감사하고" - '감사한다.'(히필 완료)이다. "감사함은" - '감사한다.'(히필 완료)이다. "우리는 하나님 당신께 감사하고 합니다." 반복을 통해 강조한

295

# 33 바르게 심판하시는 하나님(75:1-10)

다.

공동체가 감사하는 이유는 무엇인가? "주의 이름이" - '이름'이다. 존재를 뜻한다. "가까움이라" - '가까운'이다. '이름이 가깝다.'라는 말은 '이름을 부른다.' '가까이 계신다.'라는 뜻이다. 주님이 그들과 함께하셔서 일하심을 뜻한다. 그들이 하나님께 감사하고 감사한 이유는 하나님께서 그들과 함께하시기 때문이다.

우리는 무엇을 하는가? "주의 기이한 일들을" - '비범하다.'(니팔 분사)이다. 주님께서 세상을 지으시고, 이스라엘을 구원하시고, 전쟁에서 이기게 하신 일들이다. "전파하나이다" - '자세히 말한다.'(피엘 완료)이다. 우리는 주님의 놀라운 일을 자세히 말했다. 하나님의 사람은 주님을 인정하고 그분의 놀라운 일을 말한다.

2. 주님은 무엇을 말씀하십니까(2)? 이 말씀에서 우리는 무엇을 배웁니까? 그 공정함이 어떠합니까(3)? 하나님은 오만한 사람에게 무엇을 경고하십니까(4-5)?

2-3, 심판
2, "주의 말씀이 내가 정한 기약이 이르면 내가 바르게 심판하리니"
"주의 말씀이 내가 정한 기약이" - '정한 때'이다. '심판의 때'를 뜻한다. "정한 기약" - '정한 때'이다. '심판의 때'를 뜻한다. "이르면" - '취한다.'(칼 미완료)이다. "내가" - 2-5, 10에서는 화자가 '나(단수)', '하나님'으로 나타난다. '나(It is I)'를 강조한다. "바르게" - '곧음'이다. "심판하리니" - '재판한다.'(칼 미완료)이다. 하나님이 겉으로는 일하지 않으신 것처럼 보일 수 있다. 하지만 정한 때가 오면 심판하신다. "공정하게 심판하는 것은 나다." 하나님이 심판하시는 결정은 항상 옳다. 왜냐하면 그분은 의로운 분이기 때문이다.

이 말씀에서 두 가지를 배운다. 첫째로, 세상에는 일상의 때뿐만 아니라, '정한 때'가 있다. 즉 이 세상이 끝나는 때, 즉 심판의 때가 있다. 둘째로, 바르게 심판하신다. 심판 앞에서 사람들이 힘들어하고, 불편해하는 이유는 심판 자체보다도 공정하지 않음에 있다. 그런데

296

사람이 하는 심판은 태생적으로 공정할 수 없다. 사람이 공정한 존재가 아니기 때문이다. 하지만 예수님의 심판은 공정하다. 왜냐하면 예수님은 공정한 분이기 때문이다.

그 공정함이 어떠한가?

3, "땅의 기둥은 내가 세웠거니와 땅과 그 모든 주민이 소멸되리라 하시도다 (셀라)"

"땅의 기둥" - '기둥들(pillars, 남성 복수)'이다. '도덕 질서', '세상 기초' 등을 말한다. "내가" - '나', '나 자신(I, my self)'을 강조한다. "세웠거니와" - '규정한다.'(피엘 완료)이다. '땅의 기둥을 견고하게 붙드는 자는 바로 나다.'라는 뜻이다. 하나님은 세상을 심판하는 분이면서 동시에 세상을 주관하는 분이다. "땅" - '지구'이다. "소멸되리라 하시도다" - '녹아버린다.'(니팔 분사)이다. '땅이 진동하고 거기에 사는 사람들이 흔들리고 비틀거릴 때'라는 뜻이다. 하나님이 세우신 기둥들은 세상과 사람이 흔들려도 도전받지 않는다. 왜냐하면 하나님께서 세상의 질서를 세우셨고, 그 질서를 유지하시기 때문이다.

그러므로 하나님은 누구에게 경고하시는가?

4-5, 경고

4, "내가 오만한 자들에게 오만하게 행하지 말라 하며 악인들에게 뿔을 들지 말라 하였노니"

"내가 오만한 자들에게" - '자랑한다.'(칼 분사)이다. 하나님보다 자기를 사랑하는 사람이다. "오만하게 행하지" - '자랑한다.'(칼 분사)이다. "말라" - '아니다.'이다. "하며" - '말한다.'(칼 완료, 1인칭 단수)이다. '하나님'을 뜻한다. 하나님은 자기를 자랑하는 사람에게 경고하셨다. "뿔" - '뿔', '광채'(단수형)이다. '힘', '자만'을 상징한다. "들지" - '일어난다.'(히필 미완료)이다. '뿔을 올린다.'라는 말은 힘을 나타내고 자랑함을 뜻한다. 하나님을 사랑하지 않은 사람이 힘을 자랑함은 하나님을 거스르는 모습이다. "말라 하였노니" - '아니'이다.

5, "너희 뿔을 높이 들지 말며 교만한 목으로 말하지 말지어다"

"너희 뿔을" - - '뿔'(horns, 복수형)이다. "들지" - '일어난다.'(히필 미완료)이다. "말며" - '아니다.'이다. "말하지 말지어다" - '말한다.'(피엘 미완료)이다.

3. 오만한 사람은 왜 뿔을 높이 들지 않아야 합니까(6-7)? 하나님은 악인을 어떻게 낮추십니까(8)?

6-8, 시인의 말

6, "무릇 높이는 일이 동쪽에서나 서쪽에서 말미암지 아니하며 남쪽에서도 말미암지 아니하고"

"(왜냐하면)" - '왜냐하면 ~이니까'이다. "높이는 일이" - '일어난다.'(히필 부정사)이다. "동쪽에서나" - '해가 나오는 장소'이다. "서쪽에서 말미암지" - '해지는 곳'이다. "아니하며" - '아니다.'이다. "남쪽에서도 말미암지" - '광야'이다. "아니하고" - '아니다.'이다. '동쪽', '서쪽', 그리고 '남쪽'은 세상 모든 사람을 뜻한다. 사람을 높이는 일은 세상의 그 누구도 할 수 없다.

7, "오직 재판장이신 하나님이 이를 낮추시고 저를 높이시느니라"

"(왜냐하면)" - '왜냐하면 ~이니까'이다. "낮추시고" - '낮춘다.'(히필 미완료)이다. "높이시느니라" - '일어난다.'(히필 미완료)이다. 재판장이신 하나님만이 이 사람을 낮추기도 하시고, 저 사람을 높이기도 한다. 사람이 자기를 높일지라도 하나님이 그를 낮추신다(마 23:12).

하나님은 악인을 어떻게 낮추시는가?

8, "여호와의 손에 잔이 있어 술거품이 일어나는 도다 속에 섞은 것이 가득한 그 잔을 하나님이 쏟아 내시나니 실로 그 찌꺼기까지도 땅의 모든 악인이 기울여 마시리로다"

"(왜냐하면)" - '왜냐하면 ~이니까'이다. "잔이 있어" - '잔'이다. '구원의 잔', 은총의 잔', 그리고 '심판의 잔'을 뜻한다. 여기서는 '심판의 잔'이다. "거품이 일어나는 도다" - '거품이 일다.'(칼 완료)이다. 여호와의 손에 분노의 포도주가 담긴 잔이 있어 거품이 인다. "속에 섞은 것이" - '섞은 것'이다. "하나님이 쏟아 내시나니" - '쏟아진다.' (히필 미완료)이다. 하나님이 쏟으신다. "기울여" - '다 마신다.'(칼 미완료)이다. 악인은 마신다. "마시리로다" - '마신다.'(칼 미완료)이다. 악인은 한 방울도 남김없이 마신다. 하나님은 악인을 철저히 심판하신다.

4. 그러나 시인은 무엇을 합니까(9)? 하나님은 무엇을 하십니까(10)? 우리 앞에는 어떤 두 가지 길이 있습니까?

9-10, 감사
9, "나는 야곱의 하나님을 영원히 선포하며 찬양하며"
"나는" - 시인이다. "야곱의 하나님" - '이스라엘의 하나님'이다. 그분은 구원자이시며, 보호자이시다. "선포하며" - '알린다.'(히필 미완료)이다. 시인은 야곱의 하나님을 쉬지 않고 선포한다. "찬양하며" - '찬양한다.''(피엘 미완료)이다. 시인은 그 하나님을 찬양한다.
하나님은 무엇을 하시는가?

10, "또 악인들의 뿔을 다 베고 의인의 뿔은 높이 들리로다"
"(하나님)" - 하나님이 주어이다. "또 악인들의" - '악한'(복수형)이다. "뿔을" - '뿔'(the horns, 복수형)이다. "베고" - '베어 넘긴다.'(피엘 미완료)이다. 하나님은 악인의 힘을 꺾어버린다. "의인" - '의로운'(단수형)이다. "뿔을" - '뿔'(the horns, 복수형)이다. "높이 들리로다" - '올린다.'(폴랄 미완료)이다. 하나님은 의인의 힘을 올리신다.
하나님은 정한 기약이 이르면 반드시 심판하신다. 바르게 심판하신다. 하나님은 오만한 사람을 낮추고, 악인의 오만한 뿔도 꺾으신다. 하지만 하나님은 의인의 자랑스러운 뿔은 높이신다. 그러므로 우리는 그분을 알고, 그분을 믿고, 그분의 말씀대로 살아야 한다. 그분께 감사하고 감사하며 그분의 기이한 일들을 전파해야 한다.

## 34
## 누가 주님 앞에 설 수 있습니까

> 말씀 시편 76:1-12
> 요절 시편 76:7
> 찬송 585장, 99장

1. 하나님은 유다와 이스라엘에 어떤 분입니까(1)? 여호와는 어디에 계십니까(2)? 그분은 무엇을 하셨습니까(3)?

2. 주님은 어떤 분입니까(4)? 그분 앞에서 마음이 강한 사람도 어떻게 했습니까(5)? 심지어 병거와 말도 어떻게 되었습니까(6)?

3. 이 주님 앞에 누가 설 수 있습니까(7)? 우리는 무엇을 배웁니까? 주님은 어디에서 심판을 선포하셨습니까(8)? 하나님은 왜 심판하셨습니까(9)?

4. 사람의 노여움은 무엇을 합니까(10)? 원수는 무엇을 해야 합니까(11)? 그분은 누구십니까(12)?

## 34

## 누가 주님 앞에 설 수 있습니까

말씀 시편 76:1-12
요절 시편 76:7
찬송 585장, 99장

1. 하나님은 유다와 이스라엘에 어떤 분입니까(1)? 여호와는 어디에 계십니까(2)? 그분은 무엇을 하셨습니까(3)?

(아삽의 시. 성가대 지휘자를 따라 현악기에 맞춰 부른 노래, To the choirmaster: with stringed instruments. A Psalm of Asaph. A Song)

"시" - '앗수르인을 위하여(for the Assyrian)'가 덧붙여 있다.

시온의 노래(a Song of Zion)이다. 오늘 시의 배경을 유다 왕 히스기야(왕하 18:1) 때 앗수르가 쳐들어왔을 때로 생각한다. 그때 유다는 위기에 처했는데, 하나님께 도움을 청함으로 싸움에서 이겼다. 이 시대 배경을 중심으로 시인은 하나님을 노래했다. 어떻게 노래했는가?

1-3, 시온의 하나님

1, "하나님은 유다에 알려지셨으며 그의 이름이 이스라엘에 크시도다"

"유다" - '남쪽 나라'이다. '이스라엘'과 같은 뜻이다. "알려지셨으며" - '이해한다.'(니팔 분사)이다. '유다에 알려지신 하나님'을 뜻한다. "그의 이름이" - '존재와 능력'을 뜻한다. "이스라엘에" - '북쪽 나라'이다. '유다'와 같은 뜻이다. "크시도다" - '위대한'이다. 그분의 이름은 이스라엘에서 위대하다.

그분은 어디에 계시는가?

2, "그의 장막은 살렘에 있음이여 그의 처소는 시온에 있도다"

"그의 장막은" - '거처'이다. '사자의 굴'을 뜻한다. 하나님을 사자의 표상으로 그렸다. "살렘에" - '평화로운'을 뜻한다. '예루살렘'의 옛 이름이다. "있음이여" - '~이다.'(칼 미완료)이다. 사자 같으신 하나님은 평화의 도시에 계신다. "그의 처소는" - '주거'이다. '성전'을 뜻한다. "시온에 있도다" - '보호받는', '양지바른'을 뜻한다. 본래 시온은 예루살렘의 기드론과 투로포에온(Tyropoeon) 골짜기 사이 산등성의 남쪽 정상에 있는 바위로 된 비탈면이었다. 후에는 예루살렘 도시 전체를 말한다.

그분은 그곳에서 무엇을 하셨는가?

3, "거기에서 그가 화살과 방패와 칼과 전쟁을 없이하셨도다 (셀라)"

"화" - '활'이다. "살" - '불꽃'이다. '번쩍이는 화살(the flashing arrows, ESV)', '불타는 화살'이다. 보통 화살보다 훨씬 강하다. "없이하셨도다" - '깨뜨린다.'(피엘 완료)이다. 사자와 같으신 여호와께서 화살, 방패, 칼, 그리고 전쟁을 깨뜨리셨다. 사자 같으신 여호와는 용사(the Divine Warrior)이시다. 여호와는 모든 전쟁 무기를 무력화하셨다. 여호와께서 세상을 평화로 다스리신다. 이스라엘은 승리의 여호와, 평화의 여호와를 체험했다.

이 사건의 배경은 히스기야 때로 생각할 수 있다. 히스기야는 앗수르 산헤립한테 침략받았다. 그때 그는 여호와께 도움을 청했다. 그 밤에 여호와의 사자가 앗수르 진영에서 군인 18만 5천 명을 쳤다. 산헤립은 패배하여 돌아갔다(왕하 19:19, 35-36).

# 34 누가 주님 앞에 설 수 있습니까(76:1-12)

2. 주님은 어떤 분입니까(4)? 그분 앞에서 마음이 강한 사람도 어떻게 했습니까(5)? 심지어 병거와 말도 어떻게 되었습니까(6)?

### 4-6, 야곱의 하나님

### 4, "주는 약탈한 산에서 영화로우시며 존귀하시도다"

"주는" - '당신'이다. "약탈한" - 야생 동물의 '먹이'이다. '약탈한 산'은 싸움에서 승리를 뜻한다. 산에는 약탈한 전리품이 가득했다. "영화로우시며" - '빛난다.'(니팔 분사)이다. 여호와는 해처럼 빛나는 분이다. "존귀하시도다" - '위엄 있는'이다.

그분 앞에서 마음이 강한 사람도 어떻게 했는가?

### 5, "마음이 강한 자도 가진 것을 빼앗기고 잠에 빠질 것이며 장사들도 모두 그들에게 도움을 줄 손을 만날 수 없도다"

"강한 자도" - '강한'이다. '마음이 강한 자'는 '마음이 담대한 자', '장사(the man of valor)'와 같은 뜻이다. "가진 것을 빼앗기고" - '약탈한다.'(히트파엘 완료)이다. 마음이 튼튼한 사람은 전리품을 빼앗겼다. "빠질 것이며" - '잠잔다.'(칼 완료)이다. '나태한 잠'을 뜻한다. 그들은 잠에 빠졌다. "장(사들도)" - '능력'이다. "(장)사들도" - '인간'이다. '용기 있는 사람'이다. "그들에게 도움을 줄 손을" - '손'이다. "만날 수" - '찾는다.'(칼 완료)이다. "없도다" - '아니다.'이다. 역전의 용사도 손으로 무기를 사용할 수 없을 정도로 완전히 무기력해졌다.

심지어 병거와 말도 어떻게 되는가?

### 6, "야곱의 하나님이여 주께서 꾸짖으시매 병거와 말이 다 깊이 잠들었나이다"

"주께서 꾸짖으시매" - '꾸짖음'이다. "깊이 잠들었나이다" - '깊이 잠들다.'(니팔 분사)이다. '잠을 잔다.'라는 말은 '기절한다.' '죽는다.'라는 뜻이다. 사람만이 아니라 수레와 말도 죽는다. 이스라엘은 그들과 직접 싸우지 않았다. 다만 야곱의 하나님이 그들을 꾸짖으시니 그들이 죽는다. 이스라엘이 싸우든지 싸우지 않든지, 하나님이 원수를 죽게 한다.

3. 이 주님 앞에 누가 설 수 있습니까(7)? 우리는 무엇을 배웁니까? 주님은 어디에서 심판을 선포하셨습니까(8)? 하나님은 왜 심판하셨습니까(9)?

### 7-9, 온유한 사람의 하나님

7, "주께서는 경외 받을 이시니 주께서 한 번 노하실 때에 누가 주의 목전에 서리이까"

"주께서는" - '당신'이다. "경외 받을 이시니" - '두려워한다.'(니팔 분사)이다. 원수를 꾸짖어서 죽이는 여호와는 두려운 분이시다. 그분의 능력을 생각할 때 두려워하지 않을 수 없다. "노하실 때에" - '화'이다. '진노하시면', '화를 내실 때'를 뜻한다. "주의 목전에" - '얼굴'이다. "서리이까" - '머무른다.'(칼 미완료)이다. '누가 주님의 심판을 감당하겠는가?'라는 뜻이다.

당시 앗수르는 세계 최강이었다. 그 나라 앞에서 세상 어떤 나라도 감히 맞설 수 없었다. 하지만 그런 앗수르도 하나님 앞에서는 아무것도 아니었다. 하나님이 진노하실 때 앗수르도 그분 앞에 설 수 없었다. 하나님이 온 세상을 심판하실 때 그 누구도 그분 앞에 설 수 없다. 말라기 선지자도 말했다. "그가 임하시는 날을 누가 능히 당하며 그가 나타나는 때에 누가 능히 서리요 그는 금을 연단하는 자의 불과 표백하는 자의 잿물과 같을 것이라"(말 3:2).

이 말씀은 요한계시록으로 이어진다. 사도 요한은 말했다. "그들의 진노의 큰 날이 이르렀으니 누가 능히 서리요 하더라"(계 6:17). 여기서 '진노의 큰 날'은 '일곱인 재앙'이 내린 날이다. 그 재앙으로 온 세상은 물론 많은 사람이 심판받았다. 그때 사람들은 묻는다. "누가 능히 서리요?" 하나님의 인을 받은 사람만 선다(계 7:3). 하나님의 어린양 예수님을 믿는 사람만 견딘다. 그래서 그들은 이렇게 큰 소리로 외쳤다. "구원하심이 보좌에 앉으신 우리 하나님과 어린양에게 있도다"(계 7:10). 이 심판은 장차 나타날 인류 최후의 심판을 상징한다. 심판의 날에 누가 감히 견딜 수 있는가? 오직 나사렛 예수 그리스도를 믿는 사람만 피할 수 있다.

주님은 어디에서 심판을 선포하셨는가?

8, "주께서 하늘에서 판결을 선포하시매 땅이 두려워 잠잠하였나니"

"주께서 하늘에서" - '하늘들'이다. 심판자 하나님은 하늘에 계신다. "판결을" - '심판'이다. "선포하시매" - '듣는다.' '법정에서 심문한다.'(히필 완료)이다. 하늘로부터 선고를 듣도록 하셨다. "땅이" - '세상'이다. "두려워" - '두려워한다.'(칼 완료)이다. 땅은 두려워했다. "잠잠하였나니" - '조용하다.'(칼 완료)이다. 땅은 가만히 있었다.

왜 하나님은 심판하셨는가?

9, "곧 하나님이 땅의 모든 온유한 자를 구원하시려고 심판하러 일어나신 때에로다 (셀라)"

"곧 하나님이" - '하나님'이다. "온유한 자를" - '겸손한'이다. '억압을 받는 사람'을 뜻한다. "구원하시려고" - '구원한다.'(히필 부정사)이다. "심판하러" - '재판'이다. "일어나신 때에로다" - '일어난다.'(칼 부정사)이다. 하나님은 땅에서 겸손한 사람을 구원하시려고 심판하러 일어나신 때였다.

심판에는 두 가지 목적이 있다. 정죄와 옹호(vindication)이다. 하나님은 악한 사람을 정죄하신다. 하지만 겸손한 사람을 옹호, 즉 구원하신다. 하나님은 악한 사람을 심판하려고 일어서실 때 겸손한 사람을 구원하신다.

4. 사람의 노여움은 무엇을 합니까(10)? 원수는 무엇을 해야 합니까(11)? 그분은 누구십니까(12)?

10-12, 부름
10, "진실로 사람의 노여움은 주를 찬송하게 될 것이요 그 남은 노여움은 주께서 금하시리이다"

"사람" - '인간'이다. '원수'를 뜻한다. "노여움은" - '분노'이다. "주를 찬송하게 될 것이요" - '찬양한다.'(히필 미완료)이다. 사람의 분노마저 주님을 찬송한다. 하나님께 대적하는 사람이 아무리 날뛰어도 결국 하나님의 권능을 드러낼 뿐이다. "그 남은" - '나머지'이다. "주께서 금하시리이다" - '허리띠를 졸라맨다.'(칼 미완료)이다. 그 분노에서 살아남은 사람은 주님께서 허리띠처럼 두르신다. 분노를 금한다.

원수는 무엇을 해야 하는가?

11, "너희는 여호와 너희 하나님께 서원하고 갚으라 사방에 있는 모든 사람도 마땅히 경외할 이에게 예물을 드릴지로다"

"너희는" - 원수를 뜻한다. "여호와" - '시온의 하나님'이시다. "서원하고" - '서원한다.'(칼 명령)이다. 그들은 하나님께 서원해야 한다. "갚으라" - ' 완성한다.'(피엘 명령)이다. 그 서원을 지켜야 한다. "사방에 있는" - '주변'이다. 이스라엘을 둘러싼 이방 나라이다. "마땅히 경외할 이에게" - '두려움'이다. "예물을" - '경의를 표하는 선물'이다. "드릴지로다" - '가져온다.'(히필 미완료)이다. 예물을 드린다.

그분은 누구신가?

12, "그가 고관들의 기를 꺾으시리니 그는 세상의 왕들에게 두려움이시로다"

"통치자" - '지도자'이다. "기를" - '영'이다. 적국 통치자들의 생명을 뜻한다. "꺾으시리니" - '잘라낸다.'(칼 미완료)이다. 그분은 세상 왕의 생명을 끊으신다. "두려움이시로다" - '두려워한다.'(니팔 분사)이다. 세상 왕은 그분을 두려워한다.

# 35
# 양 떼 같이 인도하셨나이다

> 말씀 시편 77:1-20
> 요절 시편 77:20
> 찬송 569장, 384장

1. 오늘 시는 어떻게 시작합니까(1)? 그는 어떤 상황에서 주님을 찾았습니까(2)? 그는 오직 누구만을 기억합니까(3)?

2. 하나님은 시인을 어떻게 하셨습니까(4)? 시인은 그때 무엇을 했습니까(5-6)? 그는 무엇을 찾습니까(7-9)?

3. 시인은 이런 질문을 하다가 무엇을 말합니까(10)? 그는 무엇을 기억합니까(11-12)? 그가 묵상한 하나님은 어떤 분입니까(13-15)?

4. 그때 물, 하늘, 그리고 땅은 어떠했습니까(16-18)? 주님의 발자취는 어떻게 되었습니까(19)? 그러나 주님은 그 백성을 어떻게 인도하셨습니까(20)?

# *35*
## 양 떼 같이 인도하셨나이다

> 말씀 시편 77:1-20
> 요절 시편 77:20
> 찬송 569장, 384장

1. 오늘 시는 어떻게 시작합니까(1)? 그는 어떤 상황에서 주님을 찾았습니까(2)? 그는 오직 누구만을 기억합니까(3)?

(아삽의 시. 성가대 지휘자를 따라 여두둔의 창법으로 부른 노래, To the choirmaster: according to Jeduthun. A Psalm of Asaph)

"여두둔" - 성전 음악을 맡거나 성전 문을 감독하는 레위인이다 (대상 16:41).

이 시는 우리가 겪는 어려움에서 하나님이 어떻게 인도하시는지를 보여준다.

1-9, 불평

1, "내가 내 음성으로 하나님께 부르짖으리니 내 음성으로 하나님께 부르짖으면 내게 귀를 기울이시리로다"

"부르짖으리니" - '부르짖는다.'(칼 미완료)이다. 시인은 하나님께 소리 높여 부르짖으므로 시작한다. 그는 그만큼 절박한 상황에 있다. "부르짖으면" - '~안으로'이다. "귀를 기울이시리로다" - '듣는다.'(히필 완료)이다. 그가 큰 소리로 부르짖으면 하나님이 들으실 줄 믿는다.

그는 어떤 상황에서 주님을 찾았는가?

2, "나의 환난 날에 내가 주를 찾았으며 밤에는 내 손을 들고 거두지 아니하였나니 내 영혼이 위로받기를 거절하였도다"

"나의 환난" - '고통'이다. "주를"(אֲדֹנָי, adonai) - '나의 주님'이다. 사람이나 사물에 관해 권한을 가짐을 뜻한다. "찾았으며" - '찾는다.' (칼 완료)이다. 시인은 고난의 때 자기가 주인님으로 모시는 그분을 찾았다.

그는 어느 정도 찾는가? "밤" - 시인은 자신의 환난을 밤으로 비유했다. "들고" - '흘러나온다.'(니팔 완료)이다. "거두지" - '감각이 없다.'(칼 미완료)이다. "아니하였나니" - '아니다'이다. 시인은 밤새도록 손을 들어 기도했다. 그는 기도를 포기하지 않았다. "위로받기를" - '위로한다.'(니팔 부정사)이다. "거절하였도다" - '거절한다.'(피엘 완료)이다. '내 영혼은 위로받기조차 마다했다.'라는 뜻이다. 여기서 '위로'는 사람의 위로를 뜻한다. 참 위로는 오직 하나님한테서 오기에 그는 사람의 위로를 거절했다. 그는 사람의 위로마저 소용이 없을 정도로 환난을 겪고 있다.

그는 오직 누구만을 기억하는가?

3, "내가 하나님을 기억하고 불안하여 근심하니 내 심령이 상하도다 (셀라)"

"기억하고" - '기억한다.'(칼 미완료)이다. 그는 환난 중에도 오직 하나님만을 기억한다. "불안하여" - '투덜거린다.'(칼 미완료)이다. 그는 투덜거린다. "근심하니" - '탄식한다.'(칼 미완료)이다. 그는 한숨짓는다. "상하도다" - '기력이 없다.'(히트파엘 미완료)이다. 그는 마음이 약해진다. 시인은 하나님을 생각할수록 답답하고 절망에 빠진다.

2. 하나님은 시인을 어떻게 하셨습니까(4)? 시인은 그때 무엇을 했습

니까(5-6)? 그는 무엇을 찾습니까(7-9)?

4, "주께서 내가 눈을 붙이지 못하게 하시니 내가 괴로워 말할 수 없나이다"

"붙이지" - '눈꺼풀(eyelid)'이다. "못하게 하시니" - '붙잡는다.'(칼 완료)이다. '잠을 자지 못하도록 한다.'라는 뜻이다. 주님께서 그에게 눈을 붙이지 못하도록 하셨다. "내가 괴로워" - '몰아친다.'(니팔 완료)이다. "말할 수" - '말한다.'(피엘 미완료)이다. "없나이다" - '아니다'이다. 그는 괴로워 말도 할 수 없다. 그는 자신의 환난을 말로 설명할 수 없다. 그래서 그는 하나님을 생각할수록 답답했다.

그때 시인은 무엇을 했는가?

5, "내가 옛날 곧 지나간 세월을 생각하였사오며"

"생각하였사오며" - '생각한다.'(피엘 완료)이다. 시인은 과거의 경험을 생각했다.

6, "밤에 부른 노래를 내가 기억하여 내 심령으로, 내가 내 마음으로 간구하기를"

"내가 기억하여" - '기억한다.'(칼 미완료)이다. "(기억하여)" - '묵상한다.'(칼 미완료)이다. '나는 밤에 내 마음으로 내 노래를 기억한다.'라는 뜻이다. "간구하기를" - '찾는다.'(칼 미완료)이다. 시인은 밤에 부르던 노래를 생각하면서 하나님을 찾는다.

하지만 무슨 고민이 있는가?

7, "주께서 영원히 버리실까, 다시는 은혜를 베풀지 아니하실까,"

"주께서"(אֲדֹנָי, adonai) - '나의 주님'이다. "버리실까" - '거절한다.'(칼 미완료)이다. 첫째로, 주님께서 영원히 버리신 것일까? '버림받음'은 가장 큰 두려움이며, 절망스러운 일이다. "은혜를" - '호의를 보인다.'(칼 부정사)이다. "베풀지" - '더한다.'(히필 미완료)이다. "아니하실까," - '아니다'이다. 둘째로, 더는 호의를 베풀지 않으시려나?

버림받은 호의를 베풀지 않음이다.

8, "그의 인자하심은 영원히 끝났는가, 그의 약속하심도 영구히 폐하였는가."

"그의 인자하심은" - '한결같은 사랑(loving-kindness/ steadfast love)'이다. "끝났는가" - '끝난다.'(칼 완료)이다. 셋째로, 그 인자하심은 다했는가? "그의 약속하심도" - '약속'이다. 하나님께서 시인을 구원하심에 대한 약속이다. "영(구히)" - '세대'이다. "(영)구히" - '시대'이다. "폐하였는가." - '끝마친다.'(칼 완료)이다. 넷째로, 약속은 아예 끝났는가? '약속의 끝남'은 용서와 구원의 끝남이다.

9, "하나님이 그가 베푸실 은혜를 잊으셨는가, 노하심으로 그가 베푸실 긍휼을 그치셨는가 하였나이다 (셀라)"

"하나님이"(אֵל, 'el) - '하나님', '강한 분'이다. "그가 베푸실 은혜를" - '호의를 베풀다.'(칼 부정사)이다. "잊으셨는가," - '잊는다.'(칼 완료)이다. '잊으심'은 의도적으로 거부하심을 뜻한다. 다섯째로, 은혜를 잊으셨는가? "그치셨는가" - '닫는다.'(칼 완료)이다. "하였나이다" - '~인지 아닌지'이다. 여섯째로, 긍휼을 닫았는가? 시인은 현실을 생각하면 이런 고민을 하지 않을 수 없었다.

3. 시인은 이런 질문을 하다가 무엇을 말합니까(10)? 그는 무엇을 기억합니까(11-12)? 그가 묵상한 하나님은 어떤 분입니까(13-15)?

10-20, 위로

10, "또 내가 말하기를 이는 나의 잘못이라 지존자의 오른손의 해"

"또" - '그리고'이다. "내가 말하기를" - '말한다.'(칼 미완료)이다. "나의 잘못이라" - '병들다.'(피엘 부정사)이다. 시인이 겪는 현재의 고난을 뜻한다. "지존자" - '가장 높은'이다. "오른손의" - 하나님의 존재와 능력을 상징한다. 하나님은 힘센 오른손과 뻗은 오른팔로 이스라엘을 애굽에서 데리고 나왔다(출 15:6, 12). "해" - '해(year)'이다.

'가장 높은 분이 일하신 때'를 뜻한다.

두 가지로 해석할 수 있다. 첫째로, "이것이 나의 연약함이다. 가장 높은 오른손의 해이다." 둘째로, "나의 슬픔은 이것이니 곧 지극히 높으신 이의 오른손이 변하셨음이라." 시인은 자신의 환난이 하나님의 변하심, 즉 능력으로 일하지 않음에서 왔다고 고백한다.

그러나 그는 무엇을 기억하는가?

11, "곧 여호와의 일들을 기억하며 주께서 옛적에 행하신 기이한 일을 기억하리이다"

"일들" - '행위들'이다. "기억하며" - '기억한다.'(칼 미완료)이다. 그는 여호와께서 하신 일들을 기억한다. "옛적에" - '이전'이다. "행하신 기이한 일을" - '경이로운 일'이다. "기억하리이다" - '기억한다.'(칼 미완료)이다. 그는 주님의 경이로운 일을 기억한다. 시인은 과거로 돌아가서 여호와께서 하신 일들을 기억한다.

12, "또 주의 모든 일을 작은 소리로 읊조리며 주의 행사를 낮은 소리로 되뇌이리이다"

"일을" - '일'이다. "작은 소리로 읊조리며" - '으르렁거린다.'(칼 완료)이다. 그는 주님이 하신 일을 묵상한다. "주의 행사를" - '행위들'이다. "낮은 소리로 되뇌이리이다" - '묵상한다.'(칼 완료)이다. 시인은 주님께서 하셨던 일을 묵상했다.

주님의 일을 묵상함이 왜 중요한가? 사고의 전환은 현실의 전환으로 이어진다. 시인은 환난을 겪으면서 하나님에 대해 섭섭함이 있었다. 하나님이 오른손으로 일하지 않으심이 그의 아픔이라고 고백했다. 하지만 그는 그때 하나님께서 하셨던 일을 묵상했다. 그는 환경을 생각하는 데서 하나님을 묵상함으로 바꿨다. 사고의 전환은 마음의 전환으로 이어지고, 행동의 전환으로 나타난다. 그 점에서 주님이 하셨던 일을 묵상함은 내 마음과 행동을 바꾼다.

그가 묵상한 하나님은 어떤 분인가?

13, "하나님이여 주의 도는 극히 거룩하시오니 하나님과 같이 위대하신 신이 누구오니이까"

"주의 도는" - '길'이다. 애굽에서 구원하심과 그 이후의 모든 구원 사역을 말한다. "극히 거룩하시오니" - '신성함'이다. 하나님은 구원 사역을 통해 당신의 거룩하심을 드러내셨다. 첫째로, 하나님은 거룩하신 분이다.

"위대하신" - '위대한'이다. "누구오니이까" - '누구'이다. 그분은 위대하신 분이다. 하나님만큼 위대한 신은 없다. 홍해를 건넌 후에 모세와 이스라엘 자손은 노래했다(출 15:11).

14, "주는 기이한 일을 행하신 하나님이시라 민족들 중에 주의 능력을 알리시고"

"행하신" - '행한다.'(칼 분사)이다. "알리시고" - '이해한다.'(히필 완료)이다. 둘째로, 하나님은 놀라운 일을 행하여 알리신 분이다. 하나님은 이스라엘은 물론이고 애굽 앞에서 당신의 위대함을 알리셨다(출 14:22, 28, 31).

15, "주의 팔로 주의 백성 곧 야곱과 요셉의 자손을 속량하셨나이다(셀라)"

"주의 팔로" - '주님의 권으로'이다. "속량하셨나이다" - '속량한다.'(칼 완료)이다. '팔렸던 집을 다시 사거나, 빚으로 노예로 팔린 사람의 자유를, 돈을 지급하여 다시 사는 일'이다. 셋째로, 하나님은 속량하신 분이다. 주님은 애굽에서 그 백성을 속량하시려고 어린양을 희생하셨다(출 12:3, 7, 12-13).

4. 그때 물, 하늘, 그리고 땅은 어떠했습니까(16-18)? 주님의 발자취는 어떻게 되었습니까(19)? 그러나 주님은 그 백성을 어떻게 인도하셨습니까(20)?

16, "하나님이여 물들이 주를 보았나이다 물들이 주를 보고 두려워하

며 깊음도 진동하였고”

"물들이”(ם֫מַי, maiym) - '물들'이다. "주를 보았나이다” - '본다.'(칼 완료)이다. "주를 보고” - '본다.'(칼 완료)이다. "두려워하며” - '괴로 워한다.'(칼 미완료)이다. "깊음” - '깊은 물', '바다'이다. "진동하였고” - '떨다.'(칼 미완료)이다. 고대 근동에서 '바알(Baal)'은 폭풍의 신이었 다. 그는 구름, 비, 천둥, 그리고 번개 등을 주관했다. 하지만 이스라 엘은 오직 하나님이 그 모든 일을 하신 줄 믿었다.

17, "구름이 물을 쏟고 궁창이 소리를 내며 주의 화살도 날아갔나이 다”

"쏟고” - '홍수처럼 쓸어버린다.'(포엘 완료)이다. "소리를” - '천둥 소리'이다. "내며” - '놓는다.'(칼 완료)이다. "주의 화살” - '작은 돌', '화살'이다. '번개'를 가리킨다. "날아갔나이다” - '간다.'(히트파엘 미 완료)이다.

18, "회오리바람 중에 주의 우렛소리가 있으며 번개가 세계를 비추며 땅이 흔들리고 움직였나이다”

"회오리바람 중에” - '수레바퀴', '회오리바람(whirlwind)'이다. "주 의 우렛소리가 있으며” - '천둥'이다. "비추며” - '비춘다.'(히필 완료) 이다. "흔들리고” - '흔들린다.'(칼 완료)이다. "움직였나이다” - '흔들 린다.'(칼 미완료)이다. 천둥과 번개와 같은 하늘의 현상이 땅에서 지 진으로 나타난다.

19, "주의 길이 바다에 있었고 주의 곧은 길이 큰물에 있었으나 주의 발자취를 알 수 없었나이다”

"바다에 있었고” - '바다'이다. "주의 곧은 길이” - '길'이다. "물에 있었으나” - '물들'이다. 하나님이 홍해에 길을 내셨다(출 14:22). "알 수” - '알다.'(니팔 완료)이다. "없었나이다” - '아니다'이다. 많은 물이 다시 흘러서 하나님의 길을 덮었다(출 14:28). 하나님의 숨으심을 상 징한다.

그러나 주님은 그 백성을 어떻게 인도하셨는가?

20, "주의 백성을 양 떼 같이 모세와 아론의 손으로 인도하셨나이다"
"양 떼 같이" - '양'이다. 하나님은 양 떼를 이끄는 목자이시다(시 23:1). 하나님은 목자이시고, 그 백성은 양 떼이다. "모세와 아론의 손으로" - 모세와 아론을 쓰셨다. "인도하셨나이다" - '이끌다.'(칼 완료)이다. 하나님은 바다에서 백성을 인도하신 후에 숨지 않으셨다. 그들을 버리지 않으셨다. 모세와 아론을 통해 그들을 인도하셨다. 하나님은 한 번 구원하신 그 양 떼를 끝까지 책임지신다. 하나님은 당신의 종을 통해 그 백성을 양 떼처럼 이끄신다.

오늘의 시를 통해 무엇을 배우는가? 시인은 환난을 겪었다. 그는 소리 높여 부르짖었다. 그는 처음에는 하나님을 생각하면서 한숨을 지었다. '하나님이 나를 버리신 것인가? 긍휼을 거둔 것인가?' 하지만 그는 그 순간 옛날에 일하신 하나님을 기억했고, 묵상했다. 하나님께서 이루신 놀라운 일, 출애굽 사역을 묵상했다. 그랬을 때 그는 여호와를 목자로 깨달았다. 그는 하나님의 능력과 사랑을 기억했다.

## 36
## 다음 세대에 알리라

> 말씀 시편 78:1-39
> 요절 시편 78:5
> 찬송 516장, 518장

1. 시인은 청중을 향해 무엇을 말합니까(1)? 그는 어떻게 가르칩니까
   (2)? 그 내용은 무엇이며, '우리는' 그 내용을 어떻게 합니까(3-4)?

2. 시인은 왜 후대에 전하려고 합니까(5)? '다음 세대에 알리라.'라고
   하신 하나님을 통해 무엇을 배웁니까? 여호와께서 다음 세대에
   알리도록 하신 목적은 무엇입니까(6-8)?

3. 에브라임은 어떠했습니까(9-11)? 시인은 어디로 돌아갑니까(12)? 그
   놀라운 일은 무엇이었습니까(13-16)? 그러나 그들은 계속해서 무엇
   을 했습니까(17)? 무슨 죄를 지었습니까(18-20)?

4. 여호와께서 어떻게 반응하셨습니까(21-22)? 하나님은 무엇을 하셨습
   니까(23-29)? 그들은 어떻게 했으며, 마침내 하나님은 무엇을 하셨
   습니까(30-31)?

5. 이러함에도 그들은 어떻게 했으며, 하나님은 무엇을 하셨습니까
   (32-33)? 그때 그들은 무엇을 했습니까(34-35)? 그러나 그들의 실상은
   어떠합니까(36-37)? 오직 하나님은 무엇을 하십니까(38-39)?

## 36

## 다음 세대에 알리라

> 말씀 시편 78:1-39
> 요절 시편 78:5
> 찬송 516장, 518장

1. 시인은 청중을 향해 무엇을 말합니까(1)? 그는 어떻게 가르칩니까
(2)? 그 내용은 무엇이며, '우리는' 그 내용을 어떻게 합니까(3-4)?

(아삽의 교훈 시, A Maskil of Asaph)
이 시는 49편처럼 "하나님"을 부르지 않는다. 이스라엘의 반발과
하나님의 놀라운 은총을 반복한다. 역사에 근거한 교훈적 메시지를
전한다.

1-11, 내용과 목적
시를 소개하고 그 목적을 분명하게 말한다. 이스라엘에 대한 하
나님의 관대함(generosity)과 관계성 회복을 설명한다.

1-4, 들어라
1, "내 백성이여, 내 율법을 들으며 내 입의 말에 귀를 기울일지어
다"
"내 백성이여" - '백성'(1인칭 단수)이다. 시인 시대의 청중이다.

317

"내 율법을"(חָרוֹתִ, tora) - '가르침'(1인칭 단수)이다. "들으며" - '듣는
다.'(히필 명령)이다. 시인은 '들어라.'라는 말로 시작한다. "내 입" -
'입'(1인칭 단수)이다. "말" - '말들'이다. "기울일지어다" - '기울인다.'
(히필 명령)이다. 시인은 청중에게 '들어라.' '기울어라.'라고 말한다.
　어떻게 그는 가르치는가?

　2, "내가 입을 열어 비유로 말하며 예로부터 감추어졌던 것을 드러내
려 하니"
　"내가 입을" - '입'(1인칭 단수)이다. "열어" - '열다.'(칼 미완료)이
다. "비유로 말하며" - '속담', '격언'이다. "감추어졌던 것을" - '수수
께끼(riddle)', '알기 어려운 말이나 문제'이다. "드러내려 하니" - '흘
러나온다.'(히필 미완료)이다. 그는 숨겨진 비밀을 밝힌다.
　그 내용은 무엇인가?

　3, "이는 우리가 들어서 아는 바요 우리의 조상들이 우리에게 전한
바라"
　"이는" - '~하는 것'이다. "우리가 들어서" - '듣는다.'(칼 완료, 1인
칭 복수)이다. "아는 바요" - '알다.'(칼 미완료)이다. 그것은 우리가
들어서 이미 아는 내용이다. "우리의 조상들이" - '아버지'(1인칭 복
수)이다. "우리에게 전한 바라" - '자세히 말한다.'(피엘 완료, 1인칭
복수)이다. 우리 조상이 우리에게 전해 준 내용이다. 시인은 '나'(1,
2)에서 '우리'(3)로 바꾼다. '나'가 곧 '우리'이다.
　시인은 그 내용을 어떻게 하려고 하는가?

　4, "우리가 이를 그들의 자손에게 숨기지 아니하고 여호와의 영예와
그의 능력과 그가 행하신 기이한 사적을 후대에 전하리로다"
　"우리가 이를 그들의 자손에게" - '후예'이다. "숨기지" - '숨긴다.'
(피엘 미완료)이다. "아니하고" - '아니다.'이다. 그는 그 내용을 숨기
지 않는다. "여호와의 영예와" - '영광스러운 일'이다. "그의 능력과"
- '권능'이다. "그가 행하신" - '행한다.'(칼 완료)이다. "기이한 사적

# 36 다음 세대에 알리라(78:1-39)

을” - ‘비범하다.’(니팔 분사)이다. “후대에” - ‘다가오는 세대(the coming generation)’이다. “전하리로다” - ‘자세히 말한다.’(피엘 분사)이다. 시인은 조상한테서 들은 내용을 다음 세대에 전하면서 숨기지 않는다.

2. 시인은 왜 후대에 전하려고 합니까(5)? ‘다음 세대에 알리라.’라고 하신 하나님을 통해 무엇을 배웁니까? 여호와께서 다음 세대에 알리도록 하신 목적은 무엇입니까(6-8)?

### 5-8, 과거와 미래 세대

5, “여호와께서 증거를 야곱에게 세우시며 법도를 이스라엘에게 정하시고 우리 조상들에게 명령하사 그들의 자손에게 알리라 하셨으니”

“증거” - ‘증거’이다. ‘법’을 뜻한다. “세우시며”(קום, qum) - ‘세운다.’(히필 미완료)이다. 하나님께서 세우신다. “법도를” - ‘토라’이다. “정하시고” - ‘정한다.’(칼 완료)이다. 정하셨다. “명령하사” - ‘명령한다.’(피엘 완료)이다. 명령하셨다. “그들의 자손에게” - ‘아들’, ‘후예(descendants)’이다. “알리라 하셨으니” - ‘이해한다.’(히필 부정사)이다. ‘알리도록 한다.’ ‘가르친다.’이다. 하나님은 증거를 세우셨고, 법도를 정하셨고, 후손에게 알리도록 명령하셨다. 그들이 다음 세대에 전하는 이유는, 하나님께서 전하도록 명령하셨기 때문이다.

‘다음 세대에 알리라.’라고 하신 하나님을 통해 무엇을 배우는가? 그분의 마음을 배운다. 그분은 당신의 가르침이 한 세대로 그치지 않고, 다음 세대, 그리고 그다음 세대로 계속해서 이어지기를 바라신다. 지금 세대는 과거 세대와 다음 세대를 연결하는 역할을 해야 한다. 연결 고리를 이어가야 한다. 그 연결 고리는 가르침을 통해서 이어진다. 그래서 지금 세대는 다음 세대에 가르쳐야 하는 의무가 있다. 그리고 다음 세대는 그다음 세대에 알려야 한다(신 6:7).

다음 세대에 알리도록 하신 목적은 무엇인가?

6, “이는 그들로 후대 곧 태어날 자손에게 이를 알게 하고 그들은 일

어나 그들의 자손에게 일러서"

"이는" - '목적'이다. "후" - '후에'이다. "대" - '세대'이다. '다음 세대'이다. "태어날" - '낳는다.'(니팔 미완료)이다. "자손에게" - '아들'이다. "이를 알게 하고" - '알다.' '이해한다.'(칼 미완료)이다. 태어날 세대도 그것을 알아야 한다. "그들은 일어나"(קום, qum) - '일어난다.' (칼 미완료)이다. "그들의 자손에게" - '후예'이다. "일러서" - '자세히 말한다.'(피엘 미완료)이다. 태어날 세대도 그것을 다음 세대에 알려야 한다.

왜 다음 세대도 말씀을 알아야 하는가?

7, "그들로 그들의 소망을 하나님께 두며 하나님께서 행하신 일을 잊지 아니하고 오직 그의 계명을 지켜서"

"그들로 그들의 소망을" - '소망'이다. "두며" - '정한다.'(칼 미완료)이다. 그들은 소망을 하나님께 둬야 한다. 어리석은 사람은 소망을 헛된 것에 둔다. 소망을 하나님께 두려면 말씀이 있어야 한다. "행하신 일을" - '행위'이다. "잊지" - '잊는다.'(칼 미완료)이다. "아니하고" - '아니'이다. 하나님이 하신 일을 잊지 않도록 하는 데 있다. "지켜서" - '지킨다.'(칼 미완료)이다. 말씀을 지켜야 한다.

왜 말씀을 지켜야 하는가?

8, "그들의 조상들 곧 완고하고 패역하여 그들의 마음이 정직하지 못하며 그 심령이 하나님께 충성하지 아니하는 세대와 같이 되지 아니하게 하려 하심이로다"

"곧 완고하고" - '완고하다.'(칼 분사)이다. "패역하여" - '완고하다.'(칼 분사)이다. 조상은 고집부리고 반항하던 세대였다. "정직하지" - '확고하다.'(히필 완료)이다. "못하며" - '아니다.'이다. 마음도 확고하지 못했다. "충성하지" - '신실하다.'(니팔 완료)이다. "아니하는" - '아니다.'이다. 그들은 하나님을 믿지 않았다. "아니하게" - '아니다.'이다. "하려 하심이로다" - '˜이다.'(칼 미완료)이다. 그들은 조상 세대와 같지 않아야 한다. 그들은 조상과는 달리 마음이 확고하고, 하나님께 신실해야 한다.

3. 에브라임은 어떠했습니까(9-11)? 시인은 어디로 돌아갑니까(12)? 그 놀라운 일은 무엇이었습니까(13-16)? 그러나 그들은 계속해서 무엇을 했습니까(17)? 무슨 죄를 지었습니까(18-20)?

9-11, 언약에 충성하지 못함

9, "에브라임 자손은 무기를 갖추며 활을 가졌으나 전쟁의 날에 물러갔도다"

"에브라임" - 요셉의 둘째 아들이다(창 41:52). 북 왕국을 대표한다. "무기를 갖추며" - '다룬다.'(칼 분사)이다. "가졌으나" - '쏜다.'(칼 분사)이다. "물러갔도다" - '뒤집어엎는다.'(칼 완료)이다. 에브라임, 즉 북이스라엘은 궁수와 같은 강한 무기를 가졌지만, 전투에서 달아나고 말았다.

왜 그들은 달아났는가?

10, "그들이 하나님의 언약을 지키지 아니하고 그의 율법 준행을 거절하며"

"지키지" - '지킨다.'(칼 완료)이다. "아니하고" - '아니다.'이다. 그들은 하나님의 언약을 지키지 않았다. "준행을" - '온다.'(칼 부정사)이다. "거절하며" - '거절한다.'(피엘 완료)이다. 그들은 가르침대로 살기를 거절했다.

11, "여호와께서 행하신 것과 그들에게 보이신 그의 기이한 일을 잊었도다"

"여호와께서 행하신 것과" - '행위', '일(work)'이다. "그들에게 보이신" - '본다.'(히필 완료)이다. "그의 기이한 일을" - '뛰어난다.'(니팔 분사)이다. "잊었도다" - '잊는다.'(칼 미완료)이다. 그들은 여호와께서 행하신 일과 그분이 보여 주신 기적을 잊었다. 언약을 지키지 않았고, 율법 준행을 거절했고, 기이한 일을 잊은 그것이 에브라임

실패와 멸망의 원인이다.

시인은 어디로 돌아가는가?

### 12-39, 광야 생활
하나님의 놀라운 구원 사역과 그들의 반역 행위를 대조한다.

### 12-16, 하나님이 하신 일
12, "옛적에 하나님이 애굽 땅 소안 들에서 기이한 일을 그들의 조상들의 목전에서 행하셨으되"

"옛적에 하나님이 애굽" - '애굽'이다. 시인은 애굽에서 일하셨던 조상의 하나님으로 돌아간다. "소안" - 나일강 삼각주의 동북부에 있었다. "목전에서" - '앞에서'이다. "행하셨으되" - '행한다.'(칼 완료)이다. 하나님은 그들 조상이 보는 앞에서 애굽 소안 들에서 놀라운 일을 하셨다.

그 놀라운 일은 무엇이었는가?

13, "그가 바다를 갈라 물을 무더기 같이 서게 하시고 그들을 지나가게 하셨으며"

"바다를"(ים, yam) - '바다'이다. "갈라"(בקע, baqa) - '쪼갠다.'(칼 완료)이다. 바벨론 신화에서는 '마르둑(Marduk)' 신이 바다의 용인 '티아맛(Tiamat)'을 갈라서 찢어버리고, 그 위협을 없애버렸다. 그 후 그는 최고의 신으로 인정받았다. "서게 하시고" - '선다.' '놓는다.'(히필 미완료)이다. 물을 강둑처럼 서게 하셨다. "그들을 지나가게 하셨으며" - '지나간다.'(히필 미완료)이다. '마르둑' 바다를 다스리지 않고, 하나님이 바다를 갈라서 길을 내셨고, 이스라엘을 지나가도록 하셨다(출 14:21-22). 하나님은 여호수아가 요단강을 건널 때도 강물이 둑처럼 멈추도록 하셨다(수 3:13, 16).

14, "낮에는 구름으로, 밤에는 불빛으로 인도하셨으며"

"구름", "불빛" - '하나님의 오심', '함께하심'을 뜻한다. "인도하셨으며” - ‘인도한다.’(히필 미완료)이다. 하나님은 광야에서 이스라엘을 구름과 불빛으로 인도하셨다(출 13:21).

15, “광야에서 반석을 쪼개시고 매우 깊은 곳에서 나오는 물처럼 흡족하게 마시게 하셨으며”

“쪼개시고”(בָּקַע, baqa) - ‘쪼갠다.’(피엘 미완료)이다. 하나님은 바닷물을 ‘가르셨다’(13). 하나님은 바위를 ‘쪼개신다.’ “매우 깊은 곳에서 나오는 물처럼” - ‘깊은 물’, ‘바다’이다. “흡족하게 마시게 하셨으며” - ‘물을 댄다.’(히필 미완료)이다. 물을 흡족하게 마시도록 하신다(민 20:11).

16, “또 바위에서 시내를 내사 물이 강 같이 흐르게 하셨으나”

“내사” - ‘나온다.’(히필 미완료)이다. “흐르게 하셨으나” - ‘내려온다.’(히필 미완료)이다. 하나님은 광야 생활에서 물을 넉넉히 주셨다. 그러나 그들은 계속해서 무엇을 했는가?

17-20, 반역

17, “그들은 계속해서 하나님께 범죄하여 메마른 땅에서 지존자를 배반하였도다”

“(그러나)” - ‘그러나’이다. 앞에서는 하나님이 하신 일을 이제는 그 백성이 한 일을 말한다. “계속해서” - ‘계속’이다. “범죄” - ‘죄를 짓는다.’(칼 부정사)이다. “하여” - ‘다시 한다.’(히필 미완료)이다. “배반하였도다” - ‘반역한다.’(히필 부정사)이다. 그들은 하나님께 죄를 끊임없이 짓는다.

무슨 죄를 짓는가?

18, “그들이 그들의 탐욕대로 음식을 구하여 그들의 심중에 하나님을 시험하였으며”

“그들의 탐욕대로” - ‘영혼’이다. “구하여” - ‘구한다.’(칼 부정사)이다. “그들의 심중에” - ‘마음’이다. ‘의도적으로’라는 뜻이다. “시험하였으며” - ‘시험한다.’(피엘 미완료)이다. 그들은 욕심대로 먹을 것을 요구하면서 하나님을 시험한다.

19, “그뿐 아니라 하나님을 대적하여 말하기를 하나님이 광야에서 식탁을 베푸실 수 있으랴”

“그뿐 아니라” - ‘말한다.’(피엘 미완료)이다. “하나님을 대적하여” - ‘하나님’이다. “말하기를” - ‘말한다.’(칼 완료)이다. 거스르면서 말했다. “베푸실” - ‘정돈한다.’(칼 부정사)이다. “수 있으랴” - ‘할 수 있다.’(칼 미완료)이다. “하나님이 무슨 능력으로 이 광야에서 먹거리를 공급할 수 있으랴?” 그들은 하나님을 신뢰하지 않았다.

그들은 무슨 말을 했는가?

20, “보라 그가 반석을 쳐서 물을 내시니 시내가 넘쳤으나 그가 능히 떡도 주시며 자기 백성을 위하여 고기도 예비하시랴 하였도다”

“쳐서” - ‘친다.’(히필 완료)이다. “내시니” - ‘흐른다.’(칼 미완료)이다. “넘쳤으나” - ‘넘쳐흐른다.’(칼 미완료)이다. “그가 능히” - ‘할 수 있다.’(칼 미완료)이다. “주시며” - ‘놓는다.’(칼 부정사)이다. “예비하시랴” - ‘준비한다.’(히필 미완료)이다. “하였도다” - ‘만일 ~이면’이다. “하나님은 바위를 쳐서 물이 솟아나게 하여 시내처럼 흐르게 하셨지만, 빵과 고기까지도 주실 수 있을까?”라고 했다. 그들은 물을 마시면서도 주님의 능력을 믿지 못했다.

4. 여호와께서 어떻게 반응하셨습니까(21-22)? 하나님은 무엇을 하셨습니까(23-29)? 그들은 어떻게 했으며, 마침내 하나님은 무엇을 하셨습니까(30-31)?

21-31, 하나님의 진노
21, “그러므로 여호와께서 듣고 노하셨으며 야곱에게 불같이 노하셨고 또한 이스라엘에게 진노가 불타올랐으니”

“듣고” - ‘듣는다.’(칼 완료)이다. “노하셨으며” - ‘성낸다.’(히트파엘 미완료)이다. 여호와께서 듣고, 화내셨다. "불같이" - '불탄다.'(니팔 완료)이다. "노하셨고" - '불'이다. 야곱을 불길로 태우셨다. "불타올랐으니" - '올라간다.'(니팔 완료)이다. 그들에 대한 분노가 불타올랐다.

왜 이렇게 분노하셨는가?

22, "이는 하나님을 믿지 아니하며 그의 구원을 의지하지 아니한 때문이로다"

"이는" - '왜냐하면'이다. "믿지" - '믿는다.'(히필 완료)이다. "아니하며" - '아니'이다. 왜냐하면 그들이 하나님을 믿지 않았기 때문이다. "의지하지" - '믿는다.'(칼 완료)이다. "아니한" - '아니다.'이다. 그들이 구원의 하나님을 신뢰하지 않았기 때문이다.

그런데도 하나님은 무엇을 하셨는가?

23, "그러나 그가 위의 궁창을 명령하시며 하늘 문을 여시고"

"그러나 그가" - '그런데도'이다. "궁창을" - '구름'이다. "명령하시며" - '명령한다.'(피엘 미완료)이다. "여시고" - '열다.'(칼 완료)이다. 하나님은 위의 하늘에 명령하셨다. 하늘 문을 여셨다.

왜 문을 여셨는가?

24, "그들에게 만나를 비 같이 내려 먹이시며 하늘 양식을 그들에게 주셨나니"

"만나를" - '만나(manna)'이다. '무엇'을 뜻한다. "비 같이 내려" - '비가 온다.'(히필 미완료)이다. "먹이시며" - '먹는다.'(칼 부정사)이다. "양식을" - '곡식'이다. '만나'를 뜻한다. "주셨나니" - '둔다.'(칼 완료)이다. 만나를 비처럼 내리시어 하늘 양식을 그들에게 주셨다. 노아 때는 홍수를 내리기 위해 하늘 문을 열었다(창 7:11). 이제는 양식을 주시려고 문을 열었다.

25, "사람이 힘센 자의 떡을 먹었으며 그가 음식을 그들에게 충족히

주셨도다"

"사람이" - '사람'이다. '힘센 자'와 대조한다. "힘센 자" - '강한', '천사들'이다. "힘센 자의 떡" - '천사들의 빵'이다. 하늘에서 먹는 음식을 뜻한다. "먹었으며" - '먹는다.'(칼 완료)이다. 사람이 천사의 음식을 먹었다. "주셨도다" - '보낸다.'(칼 완료)이다. 그들은 하나님께서 빵을 주실 수 있는지를 의심했다. 하지만 하나님은 그들에게 실제로 빵을 주셨고, 넘치도록 주셨다.

하나님은 무엇도 주셨는가?

26, "그가 동풍을 하늘에서 일게 하시며 그의 권능으로 남풍을 인도하시고"

"일게 하시며" - '출발한다.'(히필 미완료)이다. "인도하시고" - '인도한다.'(피엘 미완료)이다.

27, "먼지처럼 많은 고기를 비 같이 내리시고 나는 새를 바다의 모래 같이 내리셨도다"

"비 같이 내리시고" - '비가 온다.'(히필 미완료)이다. 고기를 먼지처럼 내려 주신다. "모래 같이 내리셨도다" - '모래'이다. 새를 바다의 모래처럼 쏟아 주신다(민 11:31).

28, "그가 그것들을 그들의 진중에 떨어지게 하사 그들의 거처에 두르셨으므로"

"떨어지게 하사" - '떨어진다.'(히필 미완료)이다. "두르셨으므로" - '주변'이다.

29, "그들이 먹고 심히 배불렀나니 하나님이 그들의 원대로 그들에게 주셨도다"

"그들이 먹고" - '먹는다.'(칼 미완료)이다. "심히 배불렀나니" - '만족한다.'(칼 미완료)이다. 그들이 마음껏 먹고 배불렀다. "그들의 원대로" - '욕망'이다. "그들에게 주셨도다" - '들어간다.'(히필 미완료)이다. 하나님은 그들이 원하는 대로 넉넉히 주셨다.

그러나 그들은 어떻게 했는가?

30, "그러나 그들이 그들의 욕심을 버리지 아니하여 그들의 먹을 것이 아직 그들의 입에 있을 때에"

"버리지" - '멀어지게 된다.'(칼 완료)이다. "아니하여" - '아니'이다. 그들은 욕심을 버리지 않았다. "그들의 먹을 것이" - '양식'이다. "그들의 입에 있을 때에" - '입'이다. '입속에는 아직도 먹을 것이 있는데도'이다. 그들은 감사를 몰랐다.

마침내 하나님은 무엇을 하셨는가?

31, "하나님이 그들에게 노염을 나타내사 그들 중 강한 자를 죽이시며 이스라엘의 청년을 쳐 엎드러뜨리셨도다"

"나타내사" - '올라간다.'(칼 완료)이다. 마침내 하나님은 그들에게 진노하셨다. "그들 중 강한 자를" - '살찜'이다. "죽이시며" - '죽인다.(칼 미완료)이다. "쳐 엎드러뜨리셨도다" - '무릎을 꿇는다.'(히필 완료)이다. 하나님은 살진 사람을 죽이시고, 젊은이를 거꾸러뜨렸다. 하나님은 그들의 믿음 없음과 감사하지 않음을 심판하셨다(민 11:33).

5. 이러함에도 그들은 어떻게 했으며, 하나님은 무엇을 하셨습니까 (32-33)? 그때 그들은 무엇을 했습니까(34-35)? 그러나 그들의 실상은 어떠합니까(36-37)? 오직 하나님은 무엇을 하십니까(38-39)?

32-39, 하나님의 은혜

32, "이러함에도 그들은 여전히 범죄하여 그의 기이한 일들을 믿지 아니하였으므로"

"이러함" - '이것'이다. "(이러함)에도" - '모두'이다. '이 모든 것에도 불구하고'이다. "그들은 여전히" - '계속'이다. "범죄하여" - '빗나간다.'(칼 완료)이다. 그들은 여전히 죄를 지었다. "그의 기이한 일들을" - '뛰어나다.'(니팔 분사)이다. "믿지" - '충실하다.'(히필 완료)이다. "아니하였으므로" - '아니다.'이다. 기이한 일을 믿지 않았다. 그들은 하나님의 놀라운 일을 믿음으로 받지 못했다.

하나님은 그들을 어떻게 하시는가?

33, "하나님이 그들의 날들을 헛되이 보내게 하시며 그들의 햇수를 두려움으로 보내게 하셨도다"

"(그래서)" - '그래서'이다. "헛되이" - '숨', '헛됨.'이다. "보내게 하시며" - '완성한다.'(피엘 미완료)이다. "두려움으로 보내게 하셨도다" - '갑작스러운 공포'이다. 하나님은 그들의 날을 숨결처럼 사라지게 하시고, 그들의 세월은 공포에 떨도록 하셨다.

그때 그들은 무엇을 했는가?

34, "하나님이 그들을 죽이실 때에 그들이 그에게 구하며 돌이켜 하나님을 간절히 찾았고"

"하나님이 그들을 죽이실" - '죽인다.'(칼 완료)이다. "그들이 그에게 구하며" - '주의하여 찾는다.'(칼 완료)이다. "돌이켜" - '돌아온다.'(칼 완료)이다. "간절히 찾았고" - '간절히 구한다.'(피엘 완료)이다. 하나님께서 그들을 죽이실 때 그들은 주님을 찾았다. 첫째로, 그들은 하나님을 찾았다.

35, "하나님이 그들의 반석이시며 지존하신 하나님이 그들의 구속자이심을 기억하였도다"

"이심을" - '˜이므로'이다. "기억하였도다" - '기억한다.'(칼 미완료)이다. 둘째로, 그들은 하나님이 그들의 반석과 구원자이심을 기억했다.

그들의 실상은 어떠한가?

36, "그러나 그들이 입으로 그에게 아첨하며 자기 혀로 그에게 거짓을 말하였으니"

"그러나 그들이 입으로" - '입'이다. "그에게 아첨하며" - '넓다.'(피엘 미완료)이다. '옳고 그름에 대한 판별력이 없어서 온갖 유혹에 빠지는 단순한 사람'을 뜻한다. 여기서는 '속임'을 뜻한다. 그들은 입으로 하나님을 속인다. "거짓을 말하였으니" - '거짓말한다.'(피엘 미완료)이다. 그들은 입으로 하나님께 아첨하고, 혀로는 하나님을 속인다.

37, "이는 하나님께 향하는 그들의 마음이 정함이 없으며 그의 언약에 성실하지 아니하였음이로다"

"정함이" - '확고하다.'(니팔 분사)이다. "없으며" - '아니다.'이다. "성실하지" - '믿는다.'(니팔 완료)이다. "아니하였음이로다" - '아니다.'이다. 그들은 마음이 확고하지 않아서 언약을 믿지 않았다.
그러나 하나님은 무엇을 하시는가?

38, "오직 하나님은 긍휼하시므로 죄악을 덮어 주시어 멸망시키지 아니하시고 그의 진노를 여러 번 돌이키시며 그의 모든 분을 다 쏟아 내지 아니하셨으니"

"오직 하나님은" - '그러나 그분'이다. "덮어 주시어" - '덮는다.'(피엘 미완료)이다. 죄를 덮어 주신다. "멸망시키지" - '멸망시킨다.'(히필 미완료)이다. "아니하시고" - '아니다.'이다. 멸망시키지 않으신다. "돌이키시며" - '돌아간다.'(히필 부정사)이다. "쏟아 내지" - '일으킨다.'(히필 미완료)이다. "아니하셨으니" - '아니다.'이다. 진노를 돌이켜서 분노를 쏟지 않으신다. 조상은 하나님을 속이고 신실하지 않았다. 하지만 하나님은 용서하고 분노를 참으며 긍휼을 베푸신다.
왜 그렇게 하시는가?

39, "그들은 육체이며 가고 다시 돌아오지 못하는 바람임을 기억하셨음이라"

"가고" - '간다.'(칼 분사)이다. "다시 돌아오지" - '돌아간다.'(칼 미완료)이다. "못하는" - '아니다.'이다. "기억하셨음이라" - '기억한다.'

(칼 미완료)이다. 하나님은, 사람은 다만 살덩어리, 한 번 가면 되돌아올 수 없는 바람과 같은 존재임을 기억하셨기 때문이다. 그래서 하나님은 그들에게 긍휼을 베푸신다.

# 37
## 기억하라

> 말씀 시편 78:40-72
> 요절 시편 78:42
> 찬송 205장, 232장

1. 이스라엘은 광야에서 하나님께 어떻게 했습니까(40-41)? 그들이 이렇게 한 원인은 무엇입니까(42)? '기억하지 않음'이 얼마나 큰 문제입니까?

2. 하나님은 그들을 애굽에서 어떻게 구원하셨습니까(43)? 그 징조들은 무엇입니까(44-51)? 하나님께서 그 백성은 어떻게, 어디로 인도하셨습니까(52-55)?

3. 그러나 그들은 어떻게 했습니까(56-58)? 하나님은 어떻게 반응하셨습니까(59-64)? 그때 주님은 무엇을 하셨습니까(65)? 깨어난 주님은 무엇을 하셨습니까(66-67)?

4. 하나님은 누구를 선택하셨습니까(68)? 어떻게 새 역사를 시작하셨습니까(69)? 또 누구를 선택하셨습니까(70-71)? 다윗은 어떻게 그 백성을 인도합니까(72)?

37
기억하라

> 말씀 시편 78:40-72
> 요절 시편 78:42
> 찬송 205장, 232장

1. 이스라엘은 광야에서 하나님께 어떻게 했습니까(40-41)? 그들이 이렇게 한 원인은 무엇입니까(42)? '기억하지 않음'이 얼마나 큰 문제입니까?

40-42, 이스라엘이 광야에서 한 일

40, "그들이 광야에서 그에게 반항하며 사막에서 그를 슬프시게 함이 몇 번인가"

"그에게 반항하며" - '반항한다.'(히필 미완료)이다. 그들은 반항한다. "그를 슬프시게 함이" - '몹시 슬퍼한다.'(히필 미완료)이다. 이스라엘의 거역은 하나님을 슬프게 한다. "몇 번인가" - '얼마나 자주'를 뜻한다. 그들은 10번이나 그렇게 했다(민 14:22).

41, "그들이 돌이켜 하나님을 거듭거듭 시험하며 이스라엘의 거룩하신 이를 노엽게 하였도다"

"그들이 돌이켜" - '돌아간다.'(칼 미완료)이다. "거듭거듭 시험하며" - '시험한다.'(피엘 미완료)이다. 그들은 여러 번 하나님을 시험했다. "노엽게 하였도다" - '괴롭힌다.'(히필 완료)이다. 하나님을 괴롭게 했다.

그들이 그렇게 한 원인은 무엇이었는가?

42, "그들이 그의 권능의 손을 기억하지 아니하며 대적에게서 그들을 구원하신 날도 기억하지 아니하였도다"

"그의 권능의 손을" - '손'이다. '권능'을 뜻한다. "기억하지" - '기억한다.'(칼 완료)이다. "아니하며" - '아니다.'이다. 그들은 '손'을 기억하지 않았다. "그들을 구원하신" - '속량한다.'(칼 완료)이다. "날도" - '그날(the day)'이다. "기억하지 아니하였도다" - '아니'이다. 그들은 구원하신 '그날'을 기억하지 않았다.

'기억하지 않음'이 얼마나 큰 문제인가? 기억하지 않으니 반복해서 죄를 짓는다. 반복해서 죄를 지으니 벌을 받을 수밖에 없다. 따라서 하나님의 권능과 구원의 은총을 기억하는 일은 정말로 중요하다. 바울 사도는 말씀했다. "이러한 일은 우리의 본보기가 되어 우리로 하여금 그들이 악을 즐겨 한 것 같이 즐겨 하는 자가 되지 않게 하려 함이니"(고전 10:6). 우리는 조상이 지었던 그 죄를 보면서 그 죄를 짓지 않아야 한다.

2. 하나님은 그들을 애굽에서 어떻게 구원하셨습니까(43)? 그 징조들은 무엇입니까(44-51)? 하나님께서 그 백성은 어떻게, 어디로 인도하셨습니까(52-55)?

43-51, 하나님이 애굽에서 하신 일

43, "그 때에 하나님이 애굽에서 그의 표적들을, 소안 들에서 그의 징조들을 나타내사"

"그 때에" - '~하는 것'이다. "표적들을" - '표시'이다. "그의 징조들을" - '놀라운 일'이다. "나타내사" - '정한다.'(칼 완료)이다. 하나님은 애굽에서 여러 징조를, 소안 평야에서 놀라운 일들을 보이셨다. 그렇게 그들을 구원하셨다. 그런데 그들은 구원받은 그 날을 기억하지 않았다.

그 징조들은 무엇인가?

44, "그들의 강과 시내를 피로 변하여 그들로 마실 수 없게 하시며"

"그들의" - '애굽'이다. "강" - '나일강'이다. "변하여" - '변화시킨다.'(칼 미완료)이다. "그들로 마실 수" - '마신다.'(칼 미완료)이다. "없게 하시며" - '아무것도 ~않다.'이다. 첫 번째 재앙이었다(출 7:21).

45, "쇠파리 떼를 그들에게 보내어 그들을 물게 하시고 개구리를 보내어 해하게 하셨으며"

"보내어" - '보낸다.'(피엘 미완료)이다. "그들을 물게 하시고" - '먹는다.'(칼 미완료)이다. 네 번째 재앙이었다(출 8:24). "개구리를 보내어" - '개구리들'이다. "해하게 하셨으며" - '멸망시킨다.'(히필 미완료)이다. 두 번째 재앙이었다(출 8:6).

46, "그들의 토산물을 황충에게 주셨고 그들이 수고한 것을 메뚜기에게 주셨으며"

"주셨고" - '준다.'(칼 미완료)이다. "황충에게" - '메뚜기의 일종(locust)'이다. "메뚜기에게 주셨으며" - '메뚜기의 일종(locust)'이다. 여덟 번째 재앙이었다(출 10:14).

47, "그들의 포도나무를 우박으로, 그들의 뽕나무를 서리로 죽이셨으며"

"우박으로" - '우박'이다. "서리" - '큰 우박'이다. "죽이셨으며" - '죽인다.'(칼 미완료)이다. 일곱 번째 재앙이었다(출 9:24).

48, "그들의 가축을 우박에, 그들의 양 떼를 번갯불에 넘기셨으며"

"넘기셨으며" - '넘겨준다.'(히필 미완료)이다. 여호와께서 가축을 치셨던 재앙은 돌림병이었다(출 9:3, 6).

49, "그의 맹렬한 노여움과 진노와 분노와 고난 곧 재앙의 천사들을 그들에게 내려보내셨으며"

"맹렬한 노여움과 진노와 분노와 고난" - 하나님 심판의 완전함을 강조한다. "내려" - '보낸다.'(피엘 미완료)이다. "보내셨으며" - '파견' 이다. 그들에게 당신의 타오르는 진노를 풀어 놓으셨다.

50, "그는 진노로 길을 닦으사 그들의 목숨이 죽음을 면하지 못하게 하시고 그들의 생명을 전염병에 붙이셨으며"

"닦으사" - '평탄하게 한다.'(피엘 미완료)이다. 그분은 분노의 길을 만드셨다. "면하지" - '저지한다.'(칼 완료)이다. "못하게 하시고" - '아니다.'이다. "전염병에" - '페스트(pestilence)' '역병(plague)'이다. "붙이셨으며" - '넘겨준다.'(히필 완료)이다. 하나님은 애굽의 생명을 아끼지 않고 전염병으로 죽이셨다.

51, "애굽에서 모든 장자 곧 함의 장막에 있는 그들의 기력의 처음 것을 치셨으나"

"장자" - '처음 난 사람'이다. "함" - '노아의 아들이며 가나안의 조상'이다(창 5:32). "장막에 있는" - '천막'이다. 애굽을 말한다. "그들의 기력" - '활력', '재산'이다. "처음 것을" - '첫째', '최초'이다. "치셨으나" - '친다.'(히필 미완료)이다. 맏아들을 죽임은 10번째 재앙이었다(출 12:12, 29-30).

하나님께서 재앙을 내리신 목적은 무엇인가?

52-55, 애굽에서 가나안으로
52, "그가 자기 백성은 양 같이 인도하여 내시고 광야에서 양 떼 같이 지도하셨도다"

"(그러나)" - '그러나'이다. "인도하여 내시고" - '출발한다.'(히필 미완료)이다. "지도하셨도다" - '인도한다.'(피엘 미완료)이다. 하나님께서 그 백성을 목자가 양을 인도하시듯이 인도하신다.

53, "그들을 안전히 인도하시니 그들은 두려움이 없었으나 그들의 원수는 바다에 빠졌도다"

"인도하시니" - '인도한다.'(히필 미완료)이다. "두려움이" - '두려워한다.'(칼 완료)이다. "없었으나" - '아니다.'이다. "빠졌도다 - '숨긴다.'(피엘 완료)이다. 하나님이 그들을 인도하시니 그들은 두려움이 없었다. 하지만 그 원수는 바다에 빠졌다(출 14:27-28).

54, "그들을 그의 성소의 영역 곧 그의 오른손으로 만드신 산으로 인도하시고"

"만드신" - '창조한다.'(칼 완료)이다. "인도하시고" - '들어간다.'(히필 미완료)이다. 그들을 거룩한 산, 당신의 오른손으로 만드신 그 산으로 이끄셨다.

55, "또 나라를 그들의 앞에서 쫓아내시며 줄을 쳐서 그들의 소유를 분배하시고 이스라엘의 지파들이 그들의 장막에 살게 하셨도다"

"쫓아내시며" - '쫓아낸다.'(피엘 미완료)이다. 하나님은 가나안 여러 민족을 쫓아내셨다. "줄을 쳐서" - '줄'이다. "분배하시고" - '떨어진다.'(히필 미완료)이다. 땅을 분배하셨다. "살게 하셨도다" - '정착한다.'(히필 미완료)이다. 정착하도록 하셨다.

3. 그러나 그들은 어떻게 했습니까(56-58)? 하나님은 어떻게 반응하셨습니까(59-64)? 그때 주님은 무엇을 하셨습니까(65)? 깨어난 주님은 무엇을 하셨습니까(66-67)?

56-58, 백성의 반역

56, "그러나 그들은 지존하신 하나님을 시험하고 반항하여 그의 명령을 지키지 아니하며"

"그러나 그들은" - 반전이 또 일어난다. "지존하신" - '가장 높은'이다. "시험하고" - '시험한다.'(피엘 미완료)이다. "반항하여" - '반역한다.'(히필 미완료)이다. 그들은 시험했고, 반항했다. "지키지" - '지킨다.'(칼 완료)이다. "아니하며" - '아니다.'이다. 명령을 지키지 않았다. 그들의 행동은 광야 때와 달라지지 않았다(40-41).

57, "그들의 조상들 같이 배반하고 거짓을 행하여 속이는 활 같이 빗나가서"

"배반하고" - '되돌아간다.'(니팔 미완료)이다. "거짓을 행하여" - '거짓으로 대한다.'(칼 미완료)이다. "속이는 활" - '속이는 활', '꼬인 활'이다. "빗나가서" - '뒤집어엎는다.'(니팔 완료)이다. 활이 뒤틀리면 화살이 빗나간다. 그들은 조상의 못된 행실을 닮았다.

58, "자기 산당들로 그의 노여움을 일으키며 그들의 조각한 우상들로 그를 진노하게 하였으매"

"자기 산당들로" - '높은 곳', '바마(Bamah)'이다. 그들은 산당 예배를 했다. "그의 노여움을 일으키며" - '화낸다.'(히필 미완료)이다. "그들의 조각한 우상들로" - '우상'이다. 그들은 우상을 섬겼다. "그를 진노하게 하였으매" - '시기한다.'(히필 미완료)이다. 그들은 혼합주의에 빠져서 하나님을 화나게 했다.

하나님은 어떻게 반응하시는가?

59-64, 하나님의 반응

59, "하나님이 들으시고 분내어 이스라엘을 크게 미워하사"

"들으시고" - '듣는다.'(칼 완료)이다. "분내어" - '화낸다.'(히트파엘 미완료)이다. "미워하사" - '멸시한다.'(칼 미완료)이다. 하나님은 그 소식을 들으셨고, 화를 내며 버리신다.

60, "사람 가운데 세우신 장막 곧 실로의 성막을 떠나시고"

"세우신" - '정착한다.'(피엘 완료)이다. "실로의 성막" - 이스라엘이 가나안으로 들어갔을 때 초기 예배 장소였다(수 18:1). 하나님은 그곳에서 그들과 함께하셨다. "떠나시고" - '~한 상태로 놓아둔다.'(칼 미완료)이다. 하나님은 그들과 함께 지낸 그곳을 떠나셨다.

61, "그가 그의 능력을 포로에게 넘겨주시며 그의 영광을 대적의 손에 붙이시고"

"그의 능력", "그의 영광" - '언약궤'를 말한다(삼상 4:8, 22). "넘겨주시며" - '준다.'(칼 미완료)이다. '포로와 함께 준다.'라는 뜻이다. "손에 붙이시고" - '손(hand)'이다. 하나님은 당신의 능력과 영광의 상징인 법궤를 포로와 함께 넘기시고, 대적의 손에 붙이셨다(삼상 4:2, 3, 11). 엘리 제사장의 며느리는 아들을 낳으면서 말했다. "영광이 이스라엘을 떠났다." 그 아들 이름을 '이가봇'으로 지었다(삼상 4:21).

62, "그가 그의 소유 때문에 분내사 그의 백성을 칼에 넘기셨으니"

"그의 소유 때문에" - '소유'이다. '이스라엘 백성'이다. "분내사" - '성내다.'(히트파엘 미완료)이다. "넘기셨으니" - '넘겨준다.'(히필 미완료)이다. 하나님은 그 백성을 칼에 넘긴다.

63, "그들의 청년은 불에 살라지고 그들의 처녀들은 혼인 노래를 들을 수 없었으며"

"그들의 청년은" - '젊은이'이다. "살라지고" - '삼킨다.'(칼 완료)이다. 불이 남자를 삼켰다. "그들의 처녀들은" - '처녀'이다. "혼인 노래를 들을 수" - '찬양한다.'(푸알 완료)이다. "없었으며" - '아니다.'이다. 처녀는 결혼하지 못한다. 그들 앞에는 미래가 없다.

64, "그들의 제사장들은 칼에 엎드러지고 그들의 과부들은 애곡도 하지 못하였도다"

"엎드러지고" - '엎드러진다.'(칼 완료)이다. 제사장도 죽었다. "애곡도 하지" - '애통하다.'(칼 미완료)이다. "못하였도다" - '아니다.'이다. 미망인은 슬피 울지도 못한다.

그때 주님은 무엇을 하셨는가?

65-72, 하나님의 은혜

65, "그 때에 주께서 잠에서 깨어난 것처럼, 포도주를 마시고 고함치는 용사처럼 일어나사"

"그 때에 주께서" - '나의 주님'이다. "깨어난 것처럼," - '깬다.'(칼 미완료)이다. 하나님은 잠에서 깨어나신다. 블레셋이 활동했을 때 하나님은 주무시는 것처럼 보였다. "포도주를 마시고" - '포도주'이다. "고함치는" - '큰 소리로 부른다.'(히트폴렐 분사)이다. "용사처럼 일어나사" - '용사'이다. 포도주로 달아오른 용사처럼 큰 힘으로 일어나신다.

깨어난 주님은 무엇을 하시는가?

66, "그의 대적들을 쳐 물리쳐서 영원히 그들에게 욕되게 하셨도다"

"그의 대적들을" - 블레셋과 암몬이다. "쳐" - '죽인다.'(히필 미완료)이다. 대적을 물리치신다. "물리쳐서" - '뒤쪽으로', '뒤에'이다. "욕(되게)" - '조롱'이다. "(욕)되게 하셨도다" - '놓는다.'(칼 완료)이다. 길이길이 욕되게 하셨다. 하나님이 깨어나지 않았을 때는 이스라엘이 수치를 겪었다. 하지만 이제 블레셋과 암몬이 영원한 수치를 겪는다.

67, "또 요셉의 장막을 버리시며 에브라임 지파를 택하지 아니하시고"

"요셉", "에브라임" - '북이스라엘'을 상징한다. "버리시며" - '거절한다.'(칼 미완료)이다. "택하지" - '선택한다.'(칼 완료)이다. "아니하시고" - '아니다.'이다. 하나님은 북이스라엘을 거절하셨고, 택하지 않으셨다.

4. 하나님은 누구를 선택하셨습니까(68)? 어떻게 새 역사를 시작하셨습니까(69)? 또 누구를 선택하셨습니까(70-71)? 다윗은 어떻게 그 백성을 인도합니까(72)?

68, "오직 유다 지파와 그가 사랑하시는 시온산을 택하시며"

"오직" - '그러나'이다. "유다" - 에브라임에서 유다로 무게 중심을 옮기신다. "사랑하시는" - '사랑한다.'(칼 완료)이다. 그러나 하나님은 유다를 사랑하셨다. "택하시며" - '선택한다.'(칼 미완료)이다. 사랑하셨던 시온산을 택하셨다. 하나님은 유다와 그분이 사랑하셨던 시온 산을 중심으로 새 역사를 시작하셨다.

어떻게 시작하셨는가?

69, "그의 성소를 산의 높음 같이, 영원히 두신 땅 같이 지으셨도다"

"산의 높음" - '오른다.'(칼 분사)이다. '높은 하늘처럼', 즉 '장엄함'을 뜻한다. "두신" - '설립한다.'(칼 완료)이다. "땅 같이" - '땅'이다. '변하지 않음'을 뜻한다. 땅을 영원히 견고하게 하셨다. "지으셨도다" - '짓는다.'(칼 미완료)이다. 하나님은 성소를 높은 산처럼, 영원히 견고하게 하셨던 땅처럼 지으셨다.

'성소를 지었다.'라는 말은 무슨 뜻인가? 일차적으로는 솔로몬이 지은 성전을 뜻한다. 하지만 그 성전은 무너졌다. 메시아를 중심으로 짓는 인격 성전이다. 하늘과 땅의 영광 안에 세우시는 하나님의 왕국이다. 하나님은 성소를 지으심으로 새 역사를 시작하셨다.

그 사역은 누구로부터 시작했는가?

70, "또 그의 종 다윗을 택하시되 양의 우리에서 취하시며"

"택하시되" - '선택한다.'(칼 미완료)이다. 다윗을 선택하신다. "취하시며" - '취한다.'(칼 미완료)이다. 양의 우리에서 일하는 그를 뽑으셨다(삼상 16:11, 12).

71, "젖 양을 지키는 중에서 그들을 이끌어 내사 그의 백성인 야곱, 그의 소유인 이스라엘을 기르게 하셨더니"

"지키는 중에서" - '다음에'이다. "그들을 이끌어 내사" - '들어간다.'(히필 완료)이다. 하나님은 어미 양을 돌보던 그를 데려오셨다. "기르게 하셨더니"(רָעָה, ra'ah) - '풀을 뜯긴다.' 다스린다.'(칼 부정사)이다. 하나님은 어미 양을 돌보던 그를 이스라엘의 목자로 삼고자 데려오셨다(삼하 7:8). '목자'는 왕에 대한 비유였다. 하나님은 다윗을 왕으로 세워서 그 백성을 다스리도록 하셨다. 하나님은 그를 통해 이스라엘 역사를 새롭게 시작하셨다.

다윗은 어떻게 인도하는가?

72, "이에 그가 그들을 자기 마음의 완전함으로 기르고 그의 손의 능숙함으로 그들을 지도하였도다"

"완전함으로" - '곧은'이다. "기르고"(רעה, ra'ah) - '풀을 뜯긴다.'(칼 미완료)이다. 그는 곧은 마음으로 그들을 기른다. "능숙함으로" - '이해력'이다. "손의 능숙함" - '숙련된 손(skillful hand)', '슬기로움'이다. "그들을 지도하였도다" - '인도한다.'(히필 미완료)이다. 그는 슬기로운 손길로 그들을 인도한다. 지금까지는 하나님이 이스라엘을 목자로 인도하셨는데, 이제부터는 다윗이 목자로서 인도한다. 하나님은 다윗을 좋은 목자로 세워서 그 백성을 푸른 초장으로 인도하신다. 다윗은 장차 오실 예수 그리스도의 그림자이다.

38

언제까리죠

> 말씀 시편 79:1-13
> 요절 시편 79:5
> 찬송 498장, 470장

1. 이방 나라들이 무엇을 했습니까(1-3)? 그 결과 이스라엘은 어떻게 되었습니까(4)?

2. 그때 시인은 무엇을 했습니까(5)? 이 질문을 통해 무엇을 배웁니까? 그는 무엇을 기도합니까(6)? 왜 그렇게 기도했습니까(7)?

3. 시인은 공동체를 위해서는 무엇을 기도합니까(8)? 시인은 계속해서 무엇을 기도합니까(9)? 이렇게 기도하는 목적은 무엇입니까? 그의 기도를 통해 무엇을 배웁니까?

4. 이방 나라는 하나님에 대하여 무엇을 말했습니까(10)? 시인은 무엇을 보여 주시도록 기도합니까(11-12)? 이스라엘과 하나님과의 관계는 어떠하며, 이스라엘은 무엇을 합니까(13)?

### 38
### 언제까지죠

> 말씀 시편 79:1-13
> 요절 시편 79:5
> 찬송 498장, 470장

1. 이방 나라들이 무엇을 했습니까(1-3)? 그 결과 이스라엘은 어떻게 되었습니까(4)?

(아삽의 시, A Psalm of Asaph)

이 시의 배경을 주전 586년 예루살렘 멸망으로 생각한다. 바벨론이 예루살렘을 쳐들어와 성전을 더럽히고 폐허로 만들고 백성을 학살하며 조롱했다. 이스라엘 공동체는 그들에게 복수하도록, 그리고 하나님의 이름을 회복하도록 탄원한다.

1-4, 탄식

1, "하나님이여 이방 나라들이 주의 기업의 땅에 들어와서 주의 성전을 더럽히고 예루살렘이 돌무더기가 되게 하였나이다"

"하나님이여"(אֱלֹהִים, 'elohim) - '전능하신 하나님'이다. "이방 나라들이" - '민족'이다. '민족들'을 뜻한다. 당대 최강이었던 바벨론 군대를 말한다.

이방 나라들이 무엇을 했는가? "주의 기업의 땅에" - '상속', '소

343

유'이다. 하나님의 소유인 가나안, 즉 예루살렘을 말한다. "들어와서" - '들어온다.'(칼 완료)이다. 첫째로, 이방 나라들이 하나님의 땅에 들어왔다. "더럽히고" - '더럽힌다.'(피엘 완료)이다. 둘째로, 그들은 주님의 성전을 더럽혔다. "돌무더기가" - '폐허더미'이다. "되게 하였나이다" - '정한다.'(칼 완료)이다. 셋째로, 그들은 예루살렘을 돌무더기로 만들었다.

또 무엇을 했는가?

2, "그들이 주의 종들의 시체를 공중의 새에게 밥으로, 주의 성도들의 육체를 땅의 짐승에게 주며"

"주의 종들", "주의 성도들" - 예루살렘 백성이다. "시체", "육체" - 주님의 성도들은 그들의 칼에 죽었다. "주며" - '준다.'(칼 완료)이다. 넷째로, 그들은 하나님 백성의 시체를 새들과 짐승의 먹이로 주었다. 이방 나라는 이스라엘 사람을 사람으로서 대접하지 않았다. 짐승 취급했다. 그들은 인간 생명 존중에 대한 배려가 전혀 없었다.

3, "그들의 피를 예루살렘 사방에 물 같이 흘렸으나 그들을 매장하는 자가 없었나이다"

"흘렸으나" - '흘린다.'(칼 완료)이다. 그들의 피가 사방으로 흘렀다. "그들을 매장하는 자가" - '매장한다.'(칼 분사)이다. "없었나이다" - '~을 제외하고'이다. 죽은 사람을 묻어줄 사람이 없었다. 죽어서 땅에 묻히지 못함은 굴욕적인(humiliating) 일이었다. 그런데 이스라엘은 그런 수치와 모욕을 겪었다.

그 결과 이스라엘은 어떻게 되었는가?

4, "우리는 우리 이웃에게 비방거리가 되며 우리를 에워싼 자에게 조소와 조롱거리가 되었나이다"

"우리는 우리 이웃에게" - '이웃'이다. "비방거리가" - '비웃음'이다. "되며" - '~이 된다.'(칼 완료)이다. "우리를 에워싼 자에게" - '둘레에'이다. "조소와" - '놀림'이다. "조롱거리가 되었나이다" - '조롱'이다. 그들은 이웃과 주변 사람에게 비웃음, 놀림, 그리고 조롱거리가 되었다. 하나님의 백성으로서 명예를 소중하게 여겼던 그들에게 이런 모습은 엄청난 치욕이었다. 그런 모욕은 하나님이 받는 모욕이기도 하다. 이스라엘은 하나님의 백성이기 때문이다.

2. 그때 시인은 무엇을 했습니까(5)? 이 질문을 통해 무엇을 배웁니까? 그는 무엇을 기도합니까(6)? 왜 그렇게 기도했습니까(7)?

5-10, 간청

5, "여호와여 어느 때까지니이까 영원히 노하시리이까 주의 질투가 불붙듯 하시리이까"

"여호와여"(יהוה, yhwh) - 이스라엘의 하나님이다. "어느 때까지니이까" - 이 시의 전환점이다. 시인은 여호와께 묻는다. "여호와여, 언제까지입니까?" "노하시리이까" - '화낸다.'(칼 미완료)이다. "영원히 화를 내시렵니까?" "하시리이까" - '불탄다.'(칼 미완료)이다. "언제까지 분노가 불길처럼 타오를 겁니까?"

이 질문을 통해 무엇을 배우는가? 시인이 문제를 진단하고 처방하는 신학적 렌즈를 배운다. 시인은 지금의 치욕, 환난이 강대국이 아닌 하나님한테서 왔음을 안다. 그래서 시인은 하나님께 호소한다. "언제까지 분노가 불길처럼 타오를 겁니까?" 그리고 그는 지금 문제를 오직 하나님만이 해결할 수 있음을 믿는다. 그래서 가장 힘들고 안타까운 때 하나님께 도움을 청한다.

그는 무엇을 기도하는가?

6, "주를 알지 아니하는 민족들과 주의 이름을 부르지 아니하는 나라들에게 주의 노를 쏟으소서"

"주를 알지" - '알다.'(칼 완료)이다. "아니하는" - '아니다.'이다. "부르지" - '부른다.'(칼 완료)이다. "아니하는" - '아니다.'이다. '이름을 부르지 않는다.'라는 말은 '예배하지 않는다.'라는 뜻이다. "쏟으소서" - '쏟는다.'(칼 명령)이다. 앞에서는 이방 민족이 이스라엘의 피를 쏟아부었다. 그러나 이제 주님이 분노를 그들한테 쏟아붓도록 기도한다.

왜 그렇게 기도했는가?

7, "그들이 야곱을 삼키고 그의 거처를 황폐하게 함이니이다"

"야곱을" - '이스라엘 열두 지파', 즉 '이스라엘 나라'를 뜻한다. "삼키고" - '삼킨다.'(칼 완료)이다. "그의 거처를" - '목초지', '거주'이다. 양들은 목장에서 보호받으며 편하게 쉰다. "황폐하게 함" - '황폐한다.' '소스라쳐 놀란다.'(히필 완료)이다. 그런데 침략자들이 목장으로 쳐들어와 파괴했다. "이니이다" - '~이므로'이다.

3. 시인은 공동체를 위해서는 무엇을 기도합니까(8)? 시인은 계속해서 무엇을 기도합니까(9)? 이렇게 기도하는 목적은 무엇입니까? 그의 기도를 통해 무엇을 배웁니까?

8, "우리 조상들의 죄악을 기억하지 마시고 주의 긍휼로 우리를 속히 영접하소서 우리가 매우 가련하게 되었나이다"

"기억하지" - '기억한다.'(칼 미완료)이다. "마시고" - '아니'이다. 첫째로, "조상의 죄를 기억하지 마소서." 시인은 공동체가 환난을 겪는 이유가 조상의 죄에 있음을 고백한다. '조상의 죄'는 오늘 그들의 죄이다. 시인은 그들의 죄를 용서해 주시도록 기도한다. "영접하소서" - '만난다.'(피엘 미완료)이다. 둘째로, "빨리 만나주십시오." "가련하게" - '쇠약하다.'(칼 완료)이다. "되었(나이다)" - '쇠약하다.'(칼 완료)이다. "(되었)나이다" - '~이므로'이다. "우리는 매우 낮아졌기 때문입니다."

시인은 계속해서 무엇을 기도하는가?

9, "우리 구원의 하나님이여 주의 이름의 영광스러운 행사를 위하여 우리를 도우시며 주의 이름을 증거하기 위하여 우리를 건지시며 우리 죄를 사하소서"

"영광스러운 행사를" - '영광'이다. "우리를 도우시며" - '돕는다.'(칼 명령)이다. 셋째로, "우리를 도와주십시오." "증거하기 위하여" - '의도'이다. "우리를 건지시며" - '구한다.'(히필 명령)이다. 넷째로, "우리를 구해주십시오." "사하소서" - '속죄한다.'(피엘 명령)이다. 다섯째로, "우리의 죄를 없애주십시오."

그런데 시인이 기도하는 목적은 무엇인가? "주의 이름의 영광스러운 행사를 위하여" - '주님 이름의 영광을 위하여'이다. "주의 이름을 증거하기 위하여" - '주님 이름을 위하여'이다. 시인은 '주님의 이름'을 위하여 간구한다.

시인이 기도하는 목적은 무엇인가? "주님 이름의 영광을 위하여", "주님 이름을 증거하기 위해서"이다. 이름은 정체성, 명예 등을 상징한다. '하나님의 이름'은 하나님의 정체성을 나타낸다. 하나님은 이스라엘의 하나님이시고, 그들을 구원하시는 분이다. 지금 이스라엘이 고통을 겪는 일은 하나님의 명예가 걸린 일이다. 멸망 당한 이스라엘은 하나님의 명예가 무너진 모습이다. 따라서 하나님이 이스라엘을 구원하심은 당신의 명예를 회복하심이다.

무엇을 배우는가? 우리가 삶의 현장에서 고난을 겪을 때가 있다. 세상 원수로부터 조롱당하고, 박해받을 때가 있다. 그때 우리는 주님께 도움을 청해야 한다. 우리의 죄를 용서해 주도록 기도해야 한다. 그런데 그 모든 일의 목적이 나를 위함이 아닌, 주님의 이름을 위함이어야 한다. 주님의 뜻을 이루고, 주님의 이름을 입증(vindicate)하도록 기도해야 한다.

4. 이방 나라는 하나님에 대하여 무엇을 말했습니까(10)? 시인은 무엇을 보여 주시도록 기도합니까(11-12)? 이스라엘과 하나님과의 관계는 어떠하며, 이스라엘은 무엇을 합니까(13)?

10, "이방 나라들이 어찌하여 그들의 하나님이 어디 있느냐 말하나이까 주의 종들이 피 흘림에 대한 복수를 우리의 목전에서 이방 나라에게 보여 주소서"

"그들의 하나님이 어디 있느냐" - 이방 사람이 이스라엘 하나님을 비웃는다. 그들은 이스라엘의 하나님은 힘이 없어서 아무 일도 하지 못한다고 빈정댄다. 하나님의 전능하심, 살아계심은 일하심을 통해 나타난다. 하나님이 아무 일도 하지 않으시면, 그분은 전능하신 분도 살아계시는 분도 아니다. 이방 나라는 그런 하나님을 무시했다. 시인은 하나님의 전능하심과 살아계심을 알도록 기도한다.

"말하나이까" - '말한다.'(칼 미완료)이다. "흘림에 대한" - '쏟는다.'(칼 분사)이다. "복수를" - '앙갚음'이다. 이방이 이스라엘의 피를 흘리게 했으니(3), 하나님께서 피의 복수를 청한다. "보여 주소서" - '알다.'(니팔 미완료)이다.

시인은 무엇을 보여 주도록 기도하는가?

11-13, 찬양
11, "갇힌 자의 탄식을 주의 앞에 이르게 하시며 죽이기로 정해진 자도 주의 크신 능력을 따라 보존하소서"

"갇힌 자의" - '포로'이다. '전쟁 포로'이다. "이르게 하시며" - '들어간다.'(칼 미완료)이다. 첫째로, "주님께서 들어 주십시오." "죽이기로 정해진" - '죽음'이다. 처형을 기다리는 포로이다. "보존하소서" - '남긴다.' '보존한다.'(히필 명령)이다. 둘째로, "살려 주십시오."

12, "주여 우리 이웃이 주를 비방한 그 비방을 그들의 품에 칠 배나 갚으소서"

"우리 이웃이" - '이웃'이다. 하나님을 모르는 사람이다. "주를 비방한" - '비난한다.'(피엘 완료)이다. 그들이 주님을 비방한 비방이다. "갚으소서" - '되돌아간다.'(히필 명령)이다. 셋째로, "그들의 품에다가 일곱 배로 갚아 주십시오." 이스라엘이 당하는 비방은 하나님이 당하는 비방이다. 하나님을 모욕한 대가를 갚아주시도록 기도한다.

이스라엘은 무엇을 하는가?

13, "우리는 주의 백성이요 주의 목장의 양이니 우리는 영원히 주께

348

감사하며 주의 영예를 대대에 전하리이다"

　"우리는" - '그러나 우리는'이다. '이웃'(12)과 대조한다. "주의 백성이요 주의 목장의 양이니" - 이스라엘 백성을 다른 백성과 구별한 표현이다. 이스라엘은 목자이신 하나님의 양 떼이다.

　그들은 무엇을 하는가? "감사하며" - '감사한다.'(히필 미완료)이다. "전하리이다" - '자세히 말한다.'(피엘 미완료)이다. 그들은 하나님을 찬양하며 증언한다.

# 39
# 우리를 돌이키소서

> 말씀 시편 80:1-19
> 요절 시편 80:3
> 찬송 379장, 395장

1. 시인은 하나님을 어떤 분으로 부르며, 무엇을 기도합니까(1)? 시인은 계속해서 무엇을 기도합니까(2-3)? 시인은 왜 이렇게 기도합니까?

2. 시인은 무엇을 탄식합니까(4)? '여호와께서 화내심'의 결과는 무엇입니까(5-6)? 그는 무엇을 위해 기도합니까(7)?

3. 과거 하나님은 이스라엘을 어떻게 하셨습니까(8-11)? 그런데 하나님께서 그들을 어떻게 하셨습니까(12-13)?

4. 시인은 하나님께 무엇을 구합니까(14)? 어떻게 이스라엘의 과거와 현재가 다릅니까(15-16)?

5. 그러나 시인은 무엇을 바랍니까(17)? 시인은 무엇을 서원합니까(18-19)? 오늘의 시를 통해 무엇을 배웁니까?

# 39
# 우리를 돌이키소서

> 말씀 시편 80:1-19
> 요절 시편 80:3
> 찬송 379장, 395장

1. 시인은 하나님을 어떤 분으로 부르며, 무엇을 기도합니까(1)? 시인
   은 계속해서 무엇을 기도합니까(2-3)? 시인은 왜 이렇게 기도합니
   까?

(아삽의 시. 성가대 지휘자를 따라 '언약의 백합화'란 곡조에 맞춰
부른 노래, To the choirmaster: according to Lilies. A Testimony. Of
Asaph, a Psalm)
이 시는 주전 722년 북이스라엘의 멸망을 배경으로 한다. 시인은
절망적인 상황에서도 오직 하나님께 희망을 두고 기도한다: "우리를
돌이키시고"(3, 7, 19).

1-3, 구원
1, "요셉을 양 떼 같이 인도하시는 이스라엘의 목자여 귀를 기울이소
서 그룹 사이에 좌정하신 이여 빛을 비추소서"
"요셉" - '북이스라엘'을 말한다. "양 떼 같이"(צאן, tso'n) - 양이나
염소 등 '작은 가축'을 뜻한다. "인도하시는" - '인도한다.'(칼 분사)이

351

다. 목자 하나님은 양 떼 이스라엘을 애굽에서 인도하시고, 광야에서 먹이시고, 보호하셨다. "이스라엘의 목자여" - 이스라엘과 하나님의 관계를 보여 준다. 하나님은 이스라엘의 목자이시고, 이스라엘은 하나님의 양 떼이다. 목자는 양 떼를 먹이고, 인도하고, 보호한다. 양 떼는 목자의 음성을 듣고 따른다. "목자여"(רֹעֵה, ra'ah) - '풀을 뜯긴다.' '~을 돌본다.'(칼 분사)이다. '목자'는 신이나 왕을 상징했다.

"귀를 기울이소서" - '듣는다.'(히필 명령)이다. 시인은 첫째로, 이스라엘의 목자께서 귀를 기울이어주시도록(Giver ear) 기도한다. "그룹 사이에" - '그룹(cherub)'이다. '천사'를 뜻한다. "좌정하신 이여" - '앉는다.'(칼 분사)이다. 그곳은 '속죄소', 즉 사람의 죄를 덮어 용서하는 곳이다. '시은좌'인데, '은혜를 베푸는 의자(a mercy seat)'를 뜻한다. 하나님은 모세에게 말씀하셨다. "거기서 내가 너와 만나고 속죄소 위 곧 증거궤 위에 있는 두 그룹 사이에서 내가 이스라엘 자손을 위하여 네게 명할 모든 일을 네게 이르리라"(출 25:22). 하나님은 이곳에서 이스라엘의 죄를 용서하셨다.

"빛을 비추소서" - '비치게 한다.'(히필 명령)이다. '빛으로 나타남'을 뜻한다. 둘째로, 시인은 하나님이 빛으로 나타나도록 기도한다.

2, "에브라임과 베냐민과 므낫세 앞에서 주의 능력을 나타내사 우리를 구원하러 오소서"

"에브라임과 베냐민과 므낫세" - 북이스라엘의 대표 지파이다. "베냐민" - 남북으로 나뉠 때 남쪽으로 왔다. "나타내사" - '일어난다.'(폴렐 명령)이다. 시인은 하나님을 주무시는 모습으로 표현한다. 왜냐하면 전쟁에서 하나님이 북이스라엘을 돕지 않으시고, 주무시는 것처럼 보였기 때문이다. 셋째로, 시인은 이제는 주님의 능력을 나타내 주시도록 기도한다.

"구원하러" - '구원'이다. "오소서" - '온다.'(칼 명령)이다. 넷째로, 시인은 구원하러 오시도록 기도한다.

3, "하나님이여 우리를 돌이키시고 주의 얼굴빛을 비추사 우리가 구

원을 얻게 하소서"

"하나님이여" - '하나님'이다. '이스라엘의 목자'에서 하나님으로 바꿨다. "우리를 돌이키시고"(שוב, shub) - '돌아간다.'(히필 명령)이다. '우리를 회복해 주소서(Restore us).' '우리를 다시 돌려주소서(Turn us again).'라는 뜻이다. 다섯째로, 시인은 그들을 회복해 주시도록 기도한다. "빛을 비추사" - '빛나게 한다.'(히필 명령)이다. 여섯째로, 당신의 얼굴을 빛나게 해주세요. '얼굴빛을 비춘다.'라는 말은 '복을 주시고, 지켜주심'을 뜻한다. "우리가 구원을 얻게 하소서" - '구원한다.'(니팔 미완료)이다.

시인은 왜 이렇게 기도하는가? 시인은 현재 처한 그들의 문제 원인과 해결을 깨달았기 때문이다. 그들이 처한 원인은 하나님을 떠난데 있었다. 따라서 그 해결점은 하나님께로 돌아가는 데 있다. 그런데 그들 스스로 돌아갈 수 없다. 하나님께서 돌이켜 주셔야 한다. 하나님께서 그들을 용서하시고 다시 붙잡아 주셔야 한다. 하나님께서 얼굴빛을 비춰주셔야 한다. 시인은 절망의 자리에서 희망의 빛을 보았다. 절대 무능함에서 절대 능력을 보았다. 그래서 그는 기도했다. "하나님이여 우리를 돌이키소서!"

2. 시인은 무엇을 탄식합니까(4)? '여호와께서 화내심'의 결과는 무엇입니까(5-6)? 그는 무엇을 위해 기도합니까(7)?

4-7, 탄식

4, "만군의 하나님 여호와여 주의 백성의 기도에 대하여 어느 때까지 노하시리이까"

"만군의 하나님" - '용사의 하나님(Divine Warrior)', '전능하신 하나님(Almighty God)'이다. '하나님'에서 '만군의 하나님'으로 바꿨다. "어느 때까지" - '얼마나'이다. "노하시리이까" - '격노한다.'(칼 완료)이다. 하나님은 기도를 들어주시고, 귀를 기울이시는 분이다. 그런데 하나님은 요셉을 위해서는 그렇게 하지 않으셨다. 시인은 현재 그들이 겪는 아픔을 하나님의 분노라고 여겼다.

화내심의 결과는 무엇인가?

5, "주께서 그들에게 눈물의 양식을 먹이시며 많은 눈물을 마시게 하셨나이다"

"먹이시며" - '먹는다.'(히필 완료)이다. "마시게 하셨나이다" - '마신다.'(히필 미완료)이다. 첫째로, 그들은 눈물의 양식을 먹는다. 주님께서 그들에게 눈물의 빵과 눈물의 음료를 먹이셨다. 그들은 현재 큰 슬픔과 아픔에 처했다.

6, "우리를 우리 이웃에게 다툼 거리가 되게 하시니 우리 원수들이 서로 비웃나이다"

"되게 하시니" - '정한다.'(칼 미완료)이다. 둘째로, 그들은 이웃의 싸움거리가 되었다. "비웃나이다" - '조롱한다.'(칼 미완료)이다. 그래서 원수들이 그들을 비웃는다.

시인은 그 현실 앞에서 무엇을 하는가?

7, "만군의 하나님이여 우리를 회복하여 주시고 주의 얼굴의 광채를 비추사 우리가 구원을 얻게 하소서"

"우리를 회복하여 주시고"(שׁוּב, shub) - '회복한다.'(히필 명령)이다. '우리를 회복해 주소서(Restore us).' '우리를 다시 돌려주소서(Turn us again).'라는 뜻이다. "광채를 비추사" - '빛나게 한다.'(히필 명령)이다. '주님 얼굴의 광채를 비춘다.'라는 말은 '복을 주신다.' '지켜주신다.'라는 뜻이다. "우리가 구원을 얻게 하소서" - '구원한다.'(니팔 미완료)이다. 현재 그들이 겪는 고통은 하나님의 진노 때문이다. 따라서 이스라엘의 회복은 온전히 하나님의 손에 달려 있다. 하나님과의 관계 회복에 달려 있다. 시인은 3절을 반복해서 기도한다.

3. 과거 하나님은 이스라엘을 어떻게 하셨습니까(8-11)? 그런데 하나님께서 그들을 어떻게 하셨습니까(12-13)?

8-13, 긍휼

8, "주께서 한 포도나무를 애굽에서 가져다가 민족들을 쫓아내시고 그것을 심으셨나이다"

"한 포도나무" - '이스라엘'을 상징한다. '올리브 나무', '무화과나무', '포도나무'는 이스라엘에 대한 은유이다. "가져다가" - '뽑아낸다.'(히필 미완료)이다. "쫓아내시고" - '쫓아낸다.'(피엘 미완료)이다. 하나님은 가나안 백성을 쫓아내셨다. "그것을 심으셨나이다" - '심는다.'(칼 미완료)이다. 이스라엘을 살도록 하셨다.

9, "주께서 그 앞서 가꾸셨으므로 그 뿌리가 깊이 박혀서 땅에 가득하며"

"가꾸셨으므로" - '향하게 한다.'(피엘 완료)이다. 주님을 포도원 농부로 묘사한다(요 15:1). "깊이 박혀서" - '뿌리를 박는다(take root).'(히필 미완료)이다. "가득하며" - '충만하다.'(피엘 미완료)이다. 주님께서 포도나무를 잘 가꾸셔서 잘 자란다.

10, "그 그늘이 산들을 가리고 그 가지는 하나님의 백향목 같으며"

"가리고" - '가린다.'(푸알 완료)이다. 산들은 그 그늘로 덮였다. "하나님의 백향목 같으며" - '튼튼한 백향목'이다. 연약한 포도나무가 가장 튼튼한 백향목을 대신했다. 포도나무 이스라엘이 백향목 레바논을 정복했다.

11, "그 가지가 바다까지 뻗고 넝쿨이 강까지 미쳤거늘"

"바다" - 서쪽 지중해이다. "뻗고" - '뻗친다.'(피엘 미완료)이다. "강" - 북쪽 유프라테스강이다. "까지 미쳤거늘" - '~쪽에'이다. 포도나무는 바다와 강까지 뻗어나간다. 이 말씀은 신 11:24의 성취이다. 다윗 왕국을 반영한다.

그런데 주님께서 무엇을 하셨는가?

12, "주께서 어찌하여 그 담을 허시사 길을 지나가는 모든 이들이 그것을 따게 하셨나이까"

"어찌하여" - '왜'이다. 시인은 하나님께 탄식한다. "그 담" - '울타리'이다. 하나님의 보호를 뜻한다. "허시사" - '부서트린다.'(칼 완료)이다. 하나님께서 그 울타리를 부수셨다. 하나님께서 이스라엘을 더는 보호하지 않으셨다. "그것을 따게 하셨나이까" - '잡아 뽑는다.'(칼 완료)이다. 길을 가는 사람이 그것을 잡아 뽑도록 하셨다. 이스라엘은 하나님의 보호를 받지 못하여 침략당했다.

13, "숲속의 멧돼지들이 상해하며 들짐승들이 먹나이다"

"멧돼지" - '앗수르의 군대'를 상징한다. 상해하며" - '뜯어먹는다.'(피엘 미완료)이다. "먹나이다"(רָעָה, ra'ah) - '풀을 뜯긴다.'(칼 미완료)이다.

4. 시인은 하나님께 무엇을 구합니까(14)? 어떻게 이스라엘의 과거와 현재가 다릅니까(15-16)?

14-19, 구원

14, "만군의 하나님이여 구하옵나니 돌아오소서 하늘에서 굽어보시고 이 포도나무를 돌보소서"

"구하옵나니" - '바라건대'이다. "돌아오소서" - '돌아간다.'(칼 명령)이다. 첫째로, "다시 돌아오소서(Turn again)!" "굽어" - '본다.'(히필 명령)이다. "보시고" - '바라본다.'(칼 명령)이다. 둘째로, "내려다보소서!" "돌보소서" - '방문한다.'(칼 명령)이다. 셋째로, "돌봐주소서!" 시인은 하나님과 이스라엘의 관계가 끊어져 있음을 전제한다.

이스라엘은 하나님께 어떤 존재였는가?

15, "주의 오른손으로 심으신 줄기요 주를 위하여 힘 있게 하신 가지니이다"

"심으신" - '심는다.'(칼 완료)이다. 앞에서 꺾인 가지는 주님이 직접 심으셨던 가지였다. "힘 있게 하신" - '견고하다.'(피엘 완료)이다. "(가지)니이다" - '~ 위에'이다. 주님께서 몸소 굳게 기르신 가지였다.

16, "그것이 불타고 베임을 당하며 주의 면책으로 말미암아 멸망하오니"

"(불)타고" - '불탄다.'(칼 분사)이다. "베임을 당하며" - '잘라버린다.'(칼 분사)이다. "주의 면" - '얼굴'이다. "(면)책으로 말미암아" - '꾸짖음'이다. "멸망하오니" - '사라진다.'(칼 미완료)이다. 포도나무가 잘리고 불에 타며, 주님의 꾸짖음으로 망하고 있다.

5. 그러나 시인은 무엇을 바랍니까(17)? 시인은 무엇을 서원합니까 (18-19)? 오늘의 시를 통해 무엇을 배웁니까?

17, "주의 오른쪽에 있는 자 곧 주를 위하여 힘 있게 하신 인자에게 주의 손을 얹으소서"

"(그러나)" - 전환이다. "오른쪽에 있는 자" - '오른쪽에 있는 사람'이다. '왕'을 뜻한다. "힘 있게 하신" - '견고하다.'(피엘 완료)이다. 주님이 굳게 세우셨다. "인자" - '사람의 아들'이다. '왕'을 말한다. 하나님은 전투에서 왕을 지지하고 보호하신다. "얹으소서" - '~이 된다.'(칼 미완료)이다. '보호한다.'라는 뜻이다. 시인은 주님의 오른쪽에 있는 사람, 주님께서 몸소 굳게 잡아 주셨던 왕을 보호해 주시도록 기도한다.

시인은 무엇을 서원하는가?

18, "그리하시면 우리가 주에게서 물러가지 아니하오리니 우리를 소생하게 하소서 우리가 주의 이름을 부르리이다"

"그리하시면 우리가 주에게서" - '그러면'이다. "물러가지 아니하오리니" - '물러간다.'(칼 미완료)이다. 그들은 주님을 떠나지 않는다. 혼합주의에 빠지지 않는다. "우리를 소생하게 하소서" - '생명을 유지한다.'(피엘 미완료)이다. '우리를 살려주소서.'라는 뜻이다. "부르리이다" - '부른다.'(칼 미완료)이다. 그러면 그들은 주님 이름을 부를 것이다. 주님만을 섬길 것이다. 시인은 그들의 생명이 하나님의 선물임을 안다. 하나님의 이름을 부름으로만 그 생명을 지킬 수 있음을 안다.

그러므로 시인은 다시 무엇을 간청하는가?

19, "만군의 하나님 여호와여 우리를 돌이켜주시고 주의 얼굴의 광채를 우리에게 비추소서 우리가 구원을 얻으리이다"

"우리를 돌이켜주시고"(שׁוּב, shub) - '돌아간다.'(히필 명령)이다. '우리를 회복해 주소서(Restore us).' '우리를 다시 돌려주소서(Turn us again).'라는 뜻이다. "광채를 우리에게 비추소서" - '빛나게 한다.'(히필 명령)이다. "우리가 구원을 얻으리이다" - '구원한다.'(니팔 미완료)이다. 3절, 7절의 반복이다.

오늘의 시를 통해 무엇을 배우는가? 가장 절망적일 때 기도해야 함을 배운다. 여호와께서 우리를 돌이켜 주시고, 주님 얼굴의 광채를 비춰주시도록 기도해야 한다. 그러면 우리가 구원을 얻는다. 하나님은 심판하는 분이면서 구원하는 분이다.

## 40
## 들으라

> 말씀 시편 81:1-16
> 요절 시편 81:8
> 찬송 449장, 573장

1. 시인은 하나님을 향하여 무엇을 하도록 합니까(1-2)? 언제 그렇게 해야 합니까(3)? 왜 그렇게 해야 합니까(4)? 하나님은 언제 그 규례를 주셨으며, 그 목적은 무엇입니까(5a)?

2. 그때 시인은 무슨 말을 들었습니까(5b)? 그 내용은 무엇입니까(6-7)? 하나님은 무엇을 시험하십니까(8)? '듣는다.'라는 말은 무엇을 뜻합니까?

3. 그들은 무슨 말씀을 들어야 합니까(9)? 왜 그렇게 해야 합니까(10)? 그 백성은 어떻게 했습니까(11)? 하나님은 그들을 어떻게 하셨습니까(12)?

4. 하지만 하나님은 다시 무엇을 하십니까(13)? 그들이 듣기만 하면 어떻게 하십니까(14-16)? 말씀을 들음의 중요성이 어떠합니까?

40
들으라

> 말씀 시편 81:1-16
> 요절 시편 81:8
> 찬송 449장, 573장

1. 시인은 하나님을 향하여 무엇을 하도록 합니까(1-2)? 언제 그렇게 해야 합니까(3)? 왜 그렇게 해야 합니까(4)? 하나님은 언제 그 규례를 주셨으며, 그 목적은 무엇입니까(5a)?

(아삽의 시. 성가대 지휘자를 따라 '깃딧'이란 곡조에 맞춰 부른 노래, To the choirmaster: according to The Gittith. Of Asaph)
"깃딧" - '리듬', '일종의 거문고'를 뜻한다.
배경은 초막절이다(레 23:34). 히브리력 7월 15일 첫날과 8일째인 7월 22일 마지막 날에 큰 성회를 열었다. 초막절을 시작할 때는 나팔을 불어 알렸다(레 23:24). 본문에서는 "듣는다."라는 말을 반복한다(5, 8a, 8b, 11, 13).

1-5, 찬양
1, "우리의 능력이 되시는 하나님을 향하여 기쁘게 노래하며 야곱의 하나님을 향하여 즐거이 소리칠지어다"
"우리의 능력이 되시는" - '힘'이다. "하나님" - '전능하신 하나님'

이다. "기쁘게 노래하며" - '기뻐 소리친다.'(히필 명령)이다. "야곱의 하나님" - '이스라엘 전체의 하나님'이다. "즐거이 소리칠지어다" - '소리를 높인다.'(히필 명령)이다. 이 말은 '하나님을 기쁜 마음으로 예배하라.'라는 뜻이다. 시인은 "하나님을 향하여 기쁜 마음으로 예배하라."라며 시를 시작한다.

2, "시를 읊으며 소고를 치고 아름다운 수금에 비파를 아우를지어다"
"시를" - '노래'이다. "읊으며" - '들어 올린다.'(칼 명령)이다. '노래를 불러라.'라는 뜻이다. "소고" - '탬버린(tambourine)', '작은북'이다. 이 악기를 보통은 여자들이 사용했다(출 15:20). 따라서 성전 안에서는 사용할 수 없었다. 이 축제는 성전 밖에서 행한 것으로 본다. "치고" - '놓는다.'(칼 명령)이다. "아름다운 수금에" - '가죽 부대', '항아리'이다. "아우를지어다" - '사랑스러운', '아름다운'이다. 기쁜 마음은 물론이고 악기로도 하나님을 찬양해야 한다.
언제 그렇게 해야 하는가?

3, "초하루와 보름과 우리의 명절에 나팔을 불지어다"
"초하루" - '초승달(new moon)'이다. '일곱째 달 곧 그달 첫날'(레 23:24)이다. "보름과" - '보름(full moon)'이다. '일곱째 달 열닷샛날은 초막절'(레 23:34)이다. "우리의 명(절)" - '축제일'이다. "(명)절에" - '낮'이다. '초막절'을 뜻한다. "나팔" - '숫양의 뿔', '나팔'이다. "불지어다" - '불다.'(칼 명령)이다. 축제의 시작을 알리는 신호로 나팔을 불었다(레 23:24). 전쟁을 위한 신호이기도 했다.
왜 그렇게 해야 하는가?

4, "이는 이스라엘의 율례요 야곱의 하나님의 규례로다"
"(왜냐하면)" - 이유를 설명한다. "율례요" - '법규(statute)'이다. "규례로다" - '법령(ordinance)'이다. 축제에 관한 규정이다. 축제는 하나님이 만드셨다. 하나님께서 그렇게 지키도록 하셨기에 그들은 그렇게 지켜야 한다(레 23:41).

# 40 들으라(81:1-16)

언제 하나님은 이 규례를 주셨는가?

5a, "하나님이 애굽 땅을 치러 나아가시던 때에 요셉의 족속 중에 이를 증거로 세우셨도다 …"

"치러 나아가시던 때에" - '앞으로 간다.'(칼 부정사)이다. "요셉의 족속 중에" - '요셉'이다. 북이스라엘을 말하면서 전체 이스라엘을 뜻한다. "이를 증거로" - '증거'이다. "세우셨도다" - '정한다.'(칼 완료)이다. 이스라엘이 애굽에서 나와 광야에서 살 때 규례를 주셨다. 그 목적은 "내가 이스라엘 자손을 애굽 땅에서 인도하여 내던 때 초막에 거주하게 한 줄을 너희 대대로 알게 함이니라."이다(레 23:43).

2. 그때 시인은 무슨 말을 들었습니까(5b)? 그 내용은 무엇입니까(6-7)? 하나님은 무엇을 시험하십니까(8)? '듣는다.'라는 말은 무엇을 뜻합니까?

5b, "… 거기서 내가 알지 못하던 말씀을 들었나니"

"내가 알지" - '알다.'(칼 완료, 1인칭 단수)이다. "못하던" - '아니'이다. "말씀을"(שָׂפָה, sapa) - '말'이다. "들었나니" - '듣는다.'(칼 미완료)이다. '나는 내가 알지 못하던 말씀을 들었다.'라는 뜻이다.

그 내용은 무엇인가?

6-7, 하나님이 과거에 하신 일

6, "이르시되 내가 그의 어깨에서 짐을 벗기고 그의 손에서 광주리를 놓게 하였도다"

"이르시되 내가 그의 어깨에서" - '어깨'이다. "짐을" - '무거운 짐'이다. 이스라엘이 애굽에서 노예로 살았던 모습이다. "벗기고" - '제거한다.'(히필 완료)이다. 하나님께서 이스라엘의 짐을 벗겨주셨다. "광주리를" - '바구니'이다. 이스라엘이 애굽에서 건축 일을 했을 때 사용했던 도구였다. "놓게 하였도다" - '지나간다.'(칼 미완료)이다. 하나님께서 이스라엘 손에서 광주리를 내려놓게 하셨다. 하나님은 이스라엘을 애굽의 노예로부터 해방하셨다.

7, "네가 고난 중에 부르짖으매 내가 너를 건졌고 우렛소리의 은밀한 곳에서 네게 응답하며 므리바 물가에서 너를 시험하였도다 (셀라)"

"네가 고난 중에" - '곤경'이다. 이스라엘이 애굽에서 겪었던 일이다. "부르짖으매" - '부른다.'(칼 완료)이다. 이스라엘은 애굽에서 노예로 사느라 힘들어서 구원해 주시도록 부르짖었다(출 2:23). "내가 너를 건졌고" - '끌어낸다.'(피엘 미완료)이다. 그때 주님은 그들을 구원하셨다. "네게 응답하며" - '대답한다.'(칼 미완료)이다. 시내 산에서 하나님께서 우렛소리로 나타나셨다(출 20:18). "므리바" - '다툼의 장소'라는 뜻이다. 호렙산의 반석에서 물이 나온 샘의 이름이다(출 17:7). "너를 시험하였도다" - '시험한다.'(칼 미완료)이다. 본래는 이스라엘이 하나님을 시험했다(출 17:2). 하지만 하나님이 그들을 시험하신 사건이다.

하나님은 무엇을 시험하시는가?

8-10, 권고

8, "내 백성이여 들으라 내가 네게 증언하리라 이스라엘이여 내게 듣기를 원하노라"

"내 백성이여" - 이스라엘은 하나님의 백성이다. 하나님은 그들의 하나님이시다.

이 관계를 유지하는 길은 무엇인가? "들으라"(שמע, shama) - '듣는다.'(칼 명령)이다. 들음은 하나님과 그 백성의 관계를 유지하는 끈이다. "증언하리라" - '반복한다.'(히필 미완료)이다. '내가 너희를 훈계할 동안 들어라.'라는 뜻이다. "듣기를 원하노라"(שמע, shama) - '듣는다.'(칼 미완료)이다. "들어라. 만약 네가 내 말을 듣는다면, 내가 네게 훈계할 것이다." "들어라. 내가 너에게 경고하겠다. 나는 네가 내 말을 듣기를 바란다." 그들은 들어야 한다.

'듣는다.'라는 말은 무엇을 뜻하는가? 이 말은 하나님과 관계성을 유지함을 뜻한다. 이스라엘은 그 백성으로 살고, 하나님은 그들의 하나님으로 계심을 뜻한다. 여기에 그들의 생명이 있고, 미래의 희망이 있다. 그런데 그들 삶의 현장에는 하나님의 훈계 외에 많은 소리가 있었다. 그 많은 소리는 하나님의 백성에게 들도록 강요했고, 유혹했다. 하지만 그들은 하나님의 말씀을 들어야 한다.

3. 그들은 무슨 말씀을 들어야 합니까(9)? 왜 그렇게 해야 합니까(10)? 그 백성은 어떻게 했습니까(11)? 하나님은 그들을 어떻게 하셨습니까(12)?

9, "너희 중에 다른 신을 두지 말며 이방 신에게 절하지 말지어다"
"너희 중에" - '~함께'이다. "다른" - '모르는', '외국의'이다. "두지" - '~이 된다.'(칼 미완료)이다. "말며" - '아니'이다. 그들은 모르는 신을 섬기지 않도록 해야 한다. "절하지" - '절한다.'(히트팔렐 미완료)이다. "말지어다" - '아니'이다. 그들은 모르는 신에게 절하지 말아야 한다. 제1계명을 강조한다.
왜 그렇게 해야 하는가?

10, "나는 너를 애굽 땅에서 인도하여 낸 여호와 네 하나님이니 네 입을 크게 열라 내가 채우리라 하였으나"
"인도하여 낸" - '올라간다.'(히필 분사)이다. "여호와 네 하나님이니" - 하나님의 정체를 밝히신다. 하나님은 시내 산에서 그 백성과 언약을 맺으실 때도 이렇게 말씀하셨다(출 20:2). 하나님은 이스라엘을 애굽에서 인도하신 바로 그 여호와이시다. 그러므로 그들은 하나님 외에 다른 신을 섬겨서는 안 된다.
그들을 인도하셨던 그분은 지금 무엇을 하시는가? "크게 열라" - '넓다.'(히필 명령)이다. "내가 채우리라 하였으나" - '채운다.'(피엘 미완료)이다. 하나님은 그들이 입을 크게 열면 채워주신다. 과거에 일하신 하나님은 지금도 일하신다.
그러나 그 백성은 어떻게 했는가?

11-12, 벌

11, "내 백성이 내 소리를 듣지 아니하며 이스라엘이 나를 원하지 아니하였도다"

"(그러나)" - 하나님과 그 백성을 대조한다. "내 소리를"(קוֹל, *qol*) - '음성'이다. "듣지" - '듣는다.'(칼 완료)이다. "아니하며" - '아니'이다. 하나님은 그 백성을 애굽에서 인도하셨는데, 그들은 그 하나님의 목소리를 듣지 않았다. "원하지" - '원한다.'(칼 완료)이다. "아니하였도다" - '아니'이다. 그들은 하나님을 의도적으로 원하지 않았다.

하나님은 그들을 어떻게 하셨는가?

12, "그러므로 내가 그의 마음을 완악한 대로 버려두어 그의 임의대로 행하게 하였도다"

"버려두어" - '쫓아낸다.'(피엘 미완료)이다. 그러므로 하나님은 그들의 고집대로 내버려 두셨다. "그의 임의대로" - '계획'이다. "행하게 하였도다" - '간다.'(칼 미완료)이다. 그들이 자기 마음대로 하도록 했다. '버려둠', '자기 마음대로'는 순종하지 않은 그들에 대한 하나님의 벌이다.

4. 하지만 하나님은 다시 무엇을 하십니까(13)? 그들이 듣기만 하면 어떻게 하십니까(14-16)? 말씀을 들음의 중요성이 어떠합니까?

13, 권면

13, "내 백성아 내 말을 들으라 이스라엘아 내 도를 따르라"

"내 말을" - '에 관하여'이다. "들으라" - '듣는다.'(칼 분사)이다. 은혜로우신 하나님은 그 백성을 완전히 버리지 못하신다. 다시 권면한다. "내 도를" - '길'이다. 하나님이 세우신 축제일에 관한 규정(4)과 하나님이 그들에게 하신 말씀(9)이다. "따르라" - '걷는다.'(피엘 미완료)이다. '내 백성이 내 말을 듣고 걷기만 한다면'이라는 뜻이다. 고집대로 사는 그 백성에 대한 하나님의 안타까움이다. 하나님은 그 백성이 당신의 말씀을 듣기를 바라신다.

그들이 듣기만 하면 어떻게 하시는가?

### 14-16, 돌봄

14, "그리하면 내가 속히 그들의 원수를 누르고 내 손을 돌려 그들의 대적들을 치리니"

"누르고" - '정복한다.'(히필 미완료)이다. 원수를 정복하신다. "돌려" - '돌아간다.'(히필 미완료)이다. "을 치리니" - '~에 관하여'이다. 하나님의 손을 대적에 돌리신다. 그들이 순종만 하면 원수를 하나님 께서 친히 물리치신다.

15, "여호와를 미워하는 자는 그에게 복종하는 체할지라도 그들의 시 대는 영원히 계속되리라"

"여호와를 미워하는 자는" - '여호와의 말씀을 듣지 않는 사람'이 다. "복종하는 체할지라도" - '굽실거린다.'(피엘 미완료)이다. 여호와 를 미워하는 사람은 여호와 앞에서 굽실거린다. "그들의 시대는" - '정해진 때'이다. "계속되리라" - '~이 된다.'(칼 미완료)이다. 그들의 시대, 그들의 운명은 계속된다. 즉 그들의 형벌은 영원할 것이다.

그러나 이스라엘은 어떻게 하시는가?

16, "또 내가 기름진 밀을 그들에게 먹이며 반석에서 나오는 꿀로 너 를 만족하게 하리라 하셨도다"

"(그러나)" - 여호와의 말씀을 듣지 않는 사람과 말씀을 듣는 사 람을 대조한다. "그들에게 먹이며" - '먹는다.'(히필 미완료)이다. "반 석에서 나오는" - '바위'이다. "너를 만족하게 하리라 하셨도다" - '만 족한다.'(히필 미완료)이다. 주님은 그 백성에게 꿀로 만족하게 하신 다. 그들이 하나님의 말씀을 들으면 양식을 충분하게 주신다.

말씀을 들음의 중요성이 어떠한가? 말씀을 들음이 사람의 풍요와 행복을 결정한다. 왜냐하면 말씀을 들으면 과거에 나를 죄와 죽음에 서 구원하신 하나님을 기억할 수 있다. 그리고 이상한 신을 섬기지 않고 오직 그분만을 섬길 수 있다. 그러면 그분이 우리를 대적하는 세력을 제압하신다. 더 나아가, 오늘 나의 삶을 풍요롭게 하고 행복하게 하신다. 우리가 이 복잡하고 시끄러운 세상에서 하나님의 말씀을 듣고, 우리를 삶의 고난에서 구원하고, 풍성한 복을 주시는 하나님을 체험하기를 바란다.

# 41
## 신들을 재판하시는 하나님

> 말씀 시편 82:1-8
> 요절 시편 82:1
> 찬송 63장, 68장

1. 하나님은 무엇을 하십니까(1)? '신들의 모임'은 무엇입니까?

2. 신들의 문제는 무엇입니까(2)? 신들은 어떻게 해야 합니까(3-4)?

3. 하지만 그들의 실상은 어떠합니까(5)? 그때 하나님은 무엇을 말씀 하셨습니까(6)? 그러나 그들은 어떻게 되었습니까(7)?

4. 시인은 무엇을 기도합니까(8)? 신들을 재판하신 하나님은 누구십니까?

# 41
# 신들을 재판하시는 하나님

> 말씀 시편 82:1-8
> 요절 시편 82:1
> 찬송 63장, 68장

1. 하나님은 무엇을 하십니까(1)? '신들의 모임'은 무엇입니까?

(아삽의 시, A Psalm of Asaph)

재판장이신 하나님께서 온 세상의 신을 심판하고 세상을 다스리도록 기도한다.

1-4, 재판을 주재하시는 하나님

1, "하나님은 신들의 모임 가운데에 서시며 하나님은 그들 가운데에서 재판하시느니라"

"하나님은"(אֱלֹהִים, *elohim*) - '이스라엘의 하나님'이다. "신들의"(אֵל, *el*) - '세상 모든 신'을 말한다. 고대 근동에는 '바알(Baal)'이 있었는데, 가나안 족속의 주신이며, 농사의 신이다. 사람들은 그가 비를 내린다고 믿었다. 바알의 아내로 나타나는 여신 '아세라(Asherah)'가 있었는데, 그 뜻은 '바다의 여자'이다. "모임 가운데에" - '회중'이다. '신들의 모임(the divine council)'인데, 신들은 하늘에서 모여서 '하늘 총회'라고 부른다. 가나안에서는 신들의 모임을 '만신전(萬神殿,

369

# 41 신들을 재판하시는 하나님(82:1-8)

pantheon, 모든 신을 모시는 신전)'에서 했다. "서시며" - '세운다.'(니 팔 분사)이다. 이스라엘의 하나님, '엘로힘'이 가나안 신, '엘'의 법정 에 서신다. "재판하시느니라" - '판결한다.'(칼 미완료)이다. '엘로힘'이 '엘'을 하늘에서 서서 재판하신다. 하나님은 다른 신들을 심판하시는 분이다.

2. 신들의 문제는 무엇입니까(2)? 신들은 어떻게 해야 합니까(3-4)?

2, "너희가 불공평한 판단을 하며 악인의 낯 보기를 언제까지 하려느 냐 (셀라)"

"너희가 불공평한" - '불의'이다. "판단을 하며" - '판결한다.'(칼 미 완료)이다. 그들은 공정하지 않은 재판을 한다. "낯 보기를" - '얼굴' 이다. "하려느냐" - '들어 올린다.'(칼 미완료)이다. '얼굴을 들어 올린 다.' '편을 든다.'라는 뜻이다. 그들은 편파적인 재판을 한다. 하나님 은 그들을 꾸짖는다. "언제까지 하려느냐?"

그들은 어떻게 해야 하는가?

3, "가난한 자와 고아를 위하여 판단하며 곤란한 자와 빈궁한 자에게 공의를 베풀지며"

"판단하며" - '판결한다.'(칼 명령)이다. '보살펴 주라.'라는 뜻이다. "공의를 베풀지며" - '공의롭다.'(히필 명령)이다. '권리를 지켜주라.'라 는 뜻이다. 그들은 사회적 약자를 정당하게 대해야 한다.

4, "가난한 자와 궁핍한 자를 구원하여 악인들의 손에서 건질지니라 하시는 도다"

"구원하여"(פַּלֵּט, palat) - '구한다.'(피엘 명령)이다. 그들은 구원해야 한다. "건질지니라 하시는 도다"(נַצֵּל, natsal) - '구원한다.'(히필 명령) 이다. 그들은 사회적 약자를 악인의 손에서 구해야 한다.

3. 하지만 그들의 실상은 어떠합니까(5)? 그때 하나님은 무엇을 말씀

하셨습니까(6)? 그러나 그들은 어떻게 되었습니까(7)?

5-8, 하나님의 선고

5, "그들은 알지도 못하고 깨닫지도 못하여 흑암 중에 왕래하니 땅의
모든 터가 흔들리도다"

"그들은 알지도" - '알다.'(칼 완료)이다. '다른 신들'을 말한다. "못
하고" - '아니'이다. 신들은 알지 못했다. "깨닫지도" - '분별한다.'(칼
미완료)이다. "못하여" - '아니'이다. 깨닫지 못했다. 그들은 자기들이
저지른 불공평에 관해 깨닫지 못했다. 그들은 정의를 몰랐다.

그 결과는 무엇인가? "왕래하니" - '걷는다.'(히트파엘 미완료)이
다. 그들은 어둠 속을 걷는다. 그들은 혼돈에 빠진다. "터가" - '기초'
이다. 하나님이 세우신 사회 질서, 윤리 질서이다. "흔들리도다" -
'비틀거린다.'(니팔 미완료)이다. 세상의 모든 기초가 흔들린다. 사회
적 불의는 세상 기초를 흔든다. 세상 기초는 정의이기 때문이다(잠
10:25). '의인'은 정의를 상징하고, 세상 터를 상징한다. 불의한 세상
은 흔들릴 수밖에 없지만, 정의가 있는 세상은 견고할 수밖에 없다.

그때 하나님은 무엇을 말씀하셨는가?

6, "내가 말하기를 너희는 신들이며 다 지존자의 아들들이라 하였으
나"

"내가" - '나'이다. 하나님이시다. "말하기를" - '말한다.'(칼 완료)이
다. '내가 말했다.'라는 뜻이다. 하나님께서 직접 말씀하셨다.

그 내용은 무엇인가? "너희는 신들이며" - '하나님(אֱלֹהִים)'이다. "지
존자의" - '가장 높은'이다. 세상에서 가장 높으신 하나님의 칭호이
다. "아들들이라 하였으나" - '아들들(sons, 복수형)'이다. '신들'은 '가
장 높은 분의 아들들'이다. '다른 신들'은 스스로 이렇게 생각했다.

유대 사람은 "예수님이 당신을 하나님이라."라고 말했다고 해서
돌로 치려고 했다. 예수님께서 "하나님의 말씀을 받은 사람들을 하
나님께서 신이다."라고 하셨다(요 10:34-36). 그들이 '신들'로 불린다
면, 예수님이 하나님의 아들이라 하는 그것은 신성모독이 아니다.

그런데 신으로 불렸던 그들은 어떻게 되는가?

7, "그러나 너희는 사람처럼 죽으며 고관의 하나 같이 넘어지리로다"

"그러나 너희는 사람처럼" - '아담'이다. "죽으며" - '죽는다.'(칼 미완료)이다. 하나님은 심판장으로서 신들에게 사형을 선고한다. 그 신들은 신일지라도 사람처럼 죽음을 면할 수 없다. "고관" - '우두머리'이다. "넘어지리로다" - '넘어진다.'(칼 미완료)이다. 그 신들은 신일지라도 세상 왕처럼 쓰러진다. 신들은 영원성을 잃었다. 신들의 지위를 잃었다. 신들이 사람처럼 되었다. 신들은 모두 쓰러지고, 하나님만 유일하게 남으신다.

4. 시인은 무엇을 기도합니까(8)? 신들을 재판하신 하나님은 누구십니까?

8, "하나님이여 일어나사 세상을 심판하소서 모든 나라가 주의 소유이기 때문이니이다"

"일어나사" - '일어난다.'(칼 명령)이다. "심판하소서" - '판결한다.'(칼 명령)이다. 시인은 하나님께서 일어나셔서, 다스리시도록 기도한다. "소유이기" - '소유로 얻는다.'(칼 미완료)이다. "때문이니이다" - '~때문에'이다. 모든 나라가 주님의 소유이기 때문이다.

신들을 재판하신 하나님은 누구신가? 하나님은 모든 신 중에서 신이시다. 이 하나님의 말씀만 듣고, 그분만을 섬겨야 한다.

# 42
# 지존자로 알게 하소서

> 말씀 시편 83:1-18
> 요절 시편 83:18
> 찬송 11장, 12장

1. 시인은 무엇을 기도합니까(1)? '하나님의 침묵'은 무엇을 뜻합니까?

2. 시인이 하나님께서 행동하도록 기도하는 이유는 무엇입니까(2-3)? 그들의 계획은 무엇입니까(4)?

3. 그들은 그 일을 어떻게 추진했습니까(5)? 그들은 누구입니까(6-8)?

4. 시인은 하나님께서 어떻게 행동하도록 기도합니까(9-11)? 시인은 왜 그들을 심판하도록 기도합니까(12)? 그는 계속해서 하나님께 무엇을 청합니까(13-15)?

5. 그런 중에도 시인이 소망하는 첫 번째는 무엇입니까(16)? 두 번째 소망은 무엇입니까(17-18)? 우리는 무엇을 배웁니까?

# 42
# 지존자로 알게 하소서

말씀 시편 83:1-18
요절 시편 83:18
찬송 11장, 12장

1. 시인은 무엇을 기도합니까(1)? '하나님의 침묵'은 무엇을 뜻합니까?

(노래로 부른 아삽의 시, A Song. A Psalm of Asaph)

83편은 아삽의 마지막 시이다. 아삽 시(73편~83편)의 결론이다. 시편 제3권은 73편에서 시작했다. 73편은 개인의 정의에 관해서, 83편은 국가의 정의에 관한 내용이다.

이스라엘은 국가적으로 위기를 만났다. 주변 나라들이 동맹하여 쳐들어왔기 때문이다. 그때 시인은 하나님을 찾았다. 하나님께서 침묵하지 마셔서 원수들이 하나님을 온 세계의 지존자로 알도록 기도한다.

1-8, 탄식

1, "하나님이여 침묵하지 마소서 하나님이여 잠잠하지 마시고 조용하지 마소서"

"하나님이여"(אֱלֹהִים, 'elohim) - '하나님'이다. 시인은 기도로 시작한다. "침묵하지" - '침묵'이다. "마소서" - '아니'이다. 시인의 첫 번째 기도는 "하나님, 침묵하지 마세요."이다. "잠잠하지" - '잠자코 있다.' (칼 미완료)이다. "마시고" - '아니'이다. 침묵하지 않음은 잠잠하지 않음이다. "조용하지" - '움직이지 않는다.'(칼 미완료)이다. "마소서" - '아니'이다. 침묵하지 않음은 가만히 계시지 않음이다. 시인은 하나님이 침묵과 휴식에서 벗어나 행동하도록 기도한다.

'하나님의 침묵'은 무엇을 뜻하는가? 하나님의 침묵은 그들을 버림을 뜻한다. 하나님의 버림은 삶의 현장에서 패배로 이어진다. 따라서 침묵은 큰일이다. 비참함이고 절망이다. 그래서 시인은 하나님이 더는 침묵하지 마시고 행동하도록 기도한다.

2. 시인이 하나님께서 행동하도록 기도하는 이유는 무엇입니까(2-3)? 그들의 계획은 무엇입니까(4)?

2, "무릇 주의 원수들이 떠들며 주를 미워하는 자들이 머리를 들었나이다"

"무릇" - '왜냐하면'이다. "떠들며" - '소동한다(tumult).'(칼 미완료)이다. 주님의 원수들이 소리 높여 떠들기 때문이다. "들었나이다" - '들어 올린다.'(칼 완료)이다. 주님을 미워하는 자들이 머리를 치켜들었기 때문이다. 주님이 침묵하시니 원수들이 의기양양하며 주님을 대적했다.

어떻게 대항했는가?

3, "그들이 주의 백성을 치려 하여 간계를 꾀하며 주께서 숨기신 자를 치려고 서로 의논하여"

"치려 하여" - '~에 대해'이다. "꾀하며" - '조심한다.'(히필 미완료)이다. 그들은 주님의 백성을 치려고 음모를 꾸민다. "주께서 숨기신 자를" - '숨긴다.'(칼 분사)이다. '주님의 보물'을 뜻한다. 주님의 백성은 주님께서 보석처럼 비축한 존재이다. 그들은 주님과 특별한 관계이다. "치려고" - '~에 대해'이다. "서로 의논하여" - '충고한다.'(히트파엘 미완료)이다. 그들은 주님께서 아끼는 그 백성을 치려고 모의

한다.

그들의 계획은 무엇인가?

4, "말하기를 가서 그들을 멸하여 다시 나라가 되지 못하게 하여 이스라엘의 이름으로 다시는 기억되지 못하게 하자 하나이다"

"말하기를" - '말한다.'(칼 완료)이다. "가서" - '간다.'(칼 명령)이다. "그들을 멸하여" - '말살한다.'(히필 미완료)이다. "이름으로" - '이름'이다. 정체성, 존재를 나타낸다. "다시 나라가 되지 못하게 하여" - '민족', '국가'이다. "기억되지" - '기억한다.'(니팔 미완료)이다. "못하게 하자 하나이다" - '아니다'이다. '이름을 기억하지 못하도록 하자.'라는 뜻이다. 그것은 '존재 자체를 없애는 일'이다. 그들은 이스라엘이 '나라'로서 더는 존재하지 못하도록 한다. 역사에서 사라지도록 한다.

3. 그들은 그 일을 어떻게 추진했습니까(5)? 그들은 누구입니까(6-8)?

5, "그들이 한마음으로 의논하고 주를 대적하여 서로 동맹하니"

"그들이 한마음으로" - '마음'이다. "의논하고" - '공모한다.'(니팔 완료)이다. 원수들은 마음을 서로 합쳤다. "주를 대적하여" - '~에 대해'이다. "동맹" - '협정'이다. "하니" - '언약을 맺는다.'(칼 미완료)이다. 이 말은 하나님께서 아브람과 언약하셨을 때 사용했던 단어이다(창 15:18). 그런데 원수들은 하나님을 거슬러 그런 언약을 맺었다. 하나님이 침묵하는 동안 그들은 행동을 보여 주었다.

그들은 누구였는가?

6, "곧 에돔의 장막과 이스마엘인과 모압과 하갈인이며"

"에돔" - '붉은'이라는 뜻인데, 에서의 별명이다(창 25:30). "장막" - '천막', '거처'이다. 그곳에 사는 사람, 즉 '에돔 사람'을 뜻한다. 요단 건너편 유다의 남서쪽에 있었다. "이스마엘인" - 이스마엘은 아브라함과 하갈 사이에서 태어난 이스마엘의 후손이다(창 16:15). 에돔의 동쪽과 남동쪽에서 살았다. "모압" - 모압은 롯이 큰딸에게서 낳은 아들이다(창 19:37). 모압은 발람을 고용하여 이스라엘을 저주하려고 했다(민 22:5-6). 소금 바다 건너 에돔의 북쪽과 유다의 동쪽 지역에서 살았다. "하갈인이며" - 이스마엘을 낳은 하갈의 후손이다. 모압 경계 지역에서 살았다.

7, "그발과 암몬과 아말렉이며 블레셋과 두로 사람이요"
"그발" - 사해 남부의 산악 지대이다. "암몬" - 롯의 아들이다(창 19:38). 요단 건너편에 있었다. "아말렉" - 유다 남쪽 지역의 유목민이다. "블레셋" - 유다의 남서쪽에 있었다. "두로" - 지중해 연안에 있었다. 이곳의 9개 민족은 이스라엘 남서쪽에서 남동쪽으로 있었다. 유다 왕 여호사밧 때 암몬, 모압, 세일 주민들과 싸워 이겼다(대하 20:22).

8, "앗수르도 그들과 연합하여 롯 자손의 도움이 되었나이다 (셀라)"
"앗수르" - 당대 최 강국이었다. 유다는 앗수르의 사르곤과 산헤립 시대 때 공격받았다. "연합하여" - '결합한다.'(니팔 완료)이다. "롯 자손" - 모압과 암몬 족속을 말한다. "도움이" - '어깨', '힘'이다. "되었나이다" - '~이 된다.'(칼 완료)이다. 앗수르는 작은 나라에 힘을 줄 만큼 강력한 나라였다. 열 나라가 이스라엘을 공격했다는 이 기록은 역사적 사실보다는 신학적 메시지이다. 당시 이스라엘이 처한 위협을 강조한다. 이스라엘은 몹시 절박한 상황이었다. 그런 상황에서 시인은 하나님께서 침묵하지 않고 행동하도록 기도했다.

4. 시인은 하나님께서 어떻게 행동하도록 기도합니까(9-11)? 시인은 왜 그들을 심판하도록 기도합니까(12)? 그는 계속해서 하나님께 무엇을 청합니까(13-15)?

9-18, 기도
9, "주는 미디안인에게 행하신 것 같이, 기손 시내에서 시스라와 야빈

에게 행하신 것 같이 그들에게도 행하소서"

"미디안인에게 행하신 것 같이" - '미디안(Midian)'이다. 아브라함의 아내 그두라가 낳은 아들이다(창 25:1-2). 미디안은 이스라엘을 억눌렀는데, 이스라엘은 미디안 때문에 산에 있는 동굴과 요새로 피해서 살았습니다(삿 6:2). 미디안은 메뚜기 떼처럼 쳐들어왔는데, 그들은 온 땅을 황폐하게 만들었습니다(삿 6:5). 그때 하나님은 기드온을 통해 미디안 군대를 포위하니 모두 아우성치며 달아났습니다(삿 7:21). 하나님께서 미디안 군대를 저희끼리 칼로 치게 하시니 완전히 후퇴했습니다(삿 7:22).

"기손" - '와디 기손(the Wadi Kishon)'이다. 기손강은 남부 이스르엘 평야를 가로질러 갈멜산을 감싸고 지중해로 흘러간다. "시스라" - 가나안 왕 야빈의 군지휘관이며(삿 4:2), 야빈은 20년 동안 이스라엘을 괴롭혔다(삿 4:3). 하나님은 드보라와 바락을 통해 시스라와 그 군대를 패하게 하셨다(삿 4:14). 시스라는 헤벨의 아내 야엘의 장막으로 도망쳤다. 그런데 야엘은 장막 말뚝을 가져와서 망치를 손에 들고, 피곤하여 잠든 시스라의 관자놀이에 박았다. 그 말뚝이 관자놀이를 꿰뚫고 땅에 박히니 그가 죽었다(삿 4:21).

"야빈에게 행하신 것 같이" - 가나안 왕이었다. "행하소서" - '일한다.'(칼 명령)이다. 시스라를 죽인 일로 이스라엘은 더 강해졌고, 야빈을 멸망시켰다(삿 4:24).

10, "그들은 엔돌에서 패망하여 땅에 거름이 되었나이다"

"엔돌" - 엔돌은 므낫세의 성읍이다(수 17:11). "패망하여" - '망한다.'(니팔 완료)이다. "되었나이다" - '~이 된다.'(칼 완료)이다. 전쟁 후에 시신을 땅에 묻어주지 않아서 시체가 썩어 거름이 되었다. 이것은 대단히 큰 수치를 뜻한다.

11, "그들의 귀인들이 오렙과 스엡 같게 하시며 그들의 모든 고관들은 세바와 살문나와 같게 하소서"

"그들의 귀인들이" - '고귀한'이다. '열 나라의 귀인', 즉 '장군'을 뜻한다. "오렙과 스엡" - 기드온에게 패하여 바위 위에서 살해된 미디안의 방백이다(삿 7:25). "하시며" - '놓는다.'(칼 명령)이다. "세바와 살문나" - 미디안의 두 왕인데, 기드온에게 잡혀 죽었다(삿 8:12).

왜 시인은 그들을 심판하시도록 기도하는가?

12, "그들이 말하기를 우리가 하나님의 목장을 우리의 소유로 취하자 하였나이다"

"그들이 말하기를" - '말한다.'(칼 완료)이다. '이스라엘을 공격하려는 동맹국의 장군'이 말했다. "하나님의 목장" - 하나님은 그 땅에서 당신의 양 떼인 이스라엘을 키우신다. 목자이신 여호와는 그 양 떼를 인도하신다. "우리의 소유로" - '관하여'이다. "취하자" - '점유한다.'(칼 미완료)이다. "하였나이다" - '~하는 것'이다. 원수들은 하나님의 목장에서 하나님의 양 떼를 쫓아내고, 자기들이 그 목장을 차지하려고 했다. 시인은 그런 그들을 땅의 거름처럼 만들어 주시도록 기도한다.

시인은 계속해서 무엇을 청하는가?

13, "나의 하나님이여 그들이 굴러가는 검불 같게 하시며 바람에 날리는 지푸라기 같게 하소서"

"나의 하나님이여" - 그는 하나님을 '나의 하나님'이라고 부른다. 그는 하나님과 인격적인 관계를 전제한다. "그들이 굴러가는 검불 같게" - '수레바퀴', '회오리바람'이다. "하시며" - '놓는다.'(칼 명령)이다. "날리는" - '얼굴'이다. "지푸라기 같게 하소서" - '왕겨'이다. 시인은 하나님께서 원수를 바람에 굴러가는 엉겅퀴와 바람에 날리는 지푸라기로 만들어 주시도록 기도한다. 그들이 흔적도 없이 사라지기를 바란다.

14, "삼림을 사르는 불과 산에 붙는 불길 같이"

"사르는" - '불탄다.'(칼 미완료)이다. "붙는" - '태운다.'(피엘 미완료)이다. '불'은 하나님의 심판에 대한 강력한 표상이다.

15, "주의 광풍으로 그들을 쫓으시며 주의 폭풍으로 그들을 두렵게 하소서"

"그들을 쫓으시며" - '뒤따른다.'(칼 미완료)이다. "그들을 두렵게 하소서"- '놀랜다.'(피엘 미완료)이다. 시인은 주님께서 산림을 태우는 불길처럼, 산들을 삼키는 불꽃처럼, 주님의 회오리바람으로 그들을 쫓아내 주시기를 바란다.

5. 그런 중에도 시인이 소망하는 첫 번째는 무엇입니까(16)? 두 번째 소망은 무엇입니까(17-18)? 우리는 무엇을 배웁니까?

16, "여호와여 그들의 얼굴에 수치가 가득하게 하사 그들이 주의 이름을 찾게 하소서"

"가득하게 하사" - '채운다.'(피엘 명령)이다. 그들이 얼굴을 들 수 없을 정도로 수치를 당하도록 기도한다. "찾게 하소서" - '찾는다.'(피엘 미완료)이다. 첫째로, 시인은 그들이 주님의 이름을 찾도록 소망한다. 시인은 그들을 심판하는 그것으로 그치지 않는다. 그들이 심판을 통해 주님을 찾기를 바란다.

17, "그들로 수치를 당하여 영원히 놀라게 하시며 낭패와 멸망을 당하게 하사"

"그들로 수치를 당하여" - '부끄러워한다.'(칼 미완료)이다. "놀라게 하시며" - '놀랜다.'(니팔 미완료)이다. "낭패와" - '수치를 당한다.'(칼 미완료)이다. "멸망을 당하게 하사" - '멸망한다.'(칼 미완료)이다. 시인은 그들에 대한 심판을 더 강하게 하도록 기도한다.

시인이 두 번째로 소망하는 바는 무엇인가?

18, "여호와라 이름하신 주만 온 세계의 지존자로 알게 하소서"

"이름하신" - '이름'이다. 다시 '이름'을 강조한다. "주만" - '~외에'이다. '당신만', '당신 홀로'라는 뜻이다. 유일하심을 강조한다. "지존자" - '가장 높은'이다. 이스라엘의 하나님 여호와만이 세상에서 가장 높은 분이다. 여호와만이 세상을 창조하신 분이며, 세상을 다스리는 분이다. 여호와만이 온 세상 만민을 죄에서 구원하는 분이다. 여호와는 이스라엘의 원수들이 생각하듯이 유다의 지역 신이 아니다. "알게 하소서" - '알다.'(칼 미완료)이다. 시인은 그들이 심판받으면서 이 사실을 알기를 소망한다. 시인은 온 세상 만민이 오직 여호와만을 섬기는 그런 세상을 꿈꾼다.

우리는 무엇을 배우는가? 오늘도 교회를 도전하는 세력이 있다. 그 세력은 때에 따라 서로 동맹한다. 그 대표적인 세력이 세속주의이다.

그러면 우리는 어떻게 살아야 하는가? 우리는 하나님께서 일어나셔서 그 세력을 심판하도록 기도해야 한다. 그리고 우리는 교회를 대적하고, 하나님을 대적하는 사람이 주님의 이름을 찾도록 소망해야 한다. 그들이 여호와만이 온 세상의 지존자이심을 알도록 소망해야 한다.

# 43
## 여호와의 궁정을 사모하여

> 말씀 시편 84:1-12
> 요절 시편 84:2
> 찬송 88장, 48장

1. 시인은 어떻게 시를 시작합니까(1)? 성전에 대한 그의 마음이 어떠합니까(2)? 누가 복이 있습니까(3-4)?

2. 또 누가 복이 있습니까(5)? 순례길에는 어떤 어려움이 있습니까(6a)? 그 골짜기를 지나면 어떤 은혜가 있습니까(6b)? 그들은 어떻게 합니까(7)?

3. 그곳에서 시인은 무엇을 합니까(8)? 기도 내용은 무엇입니까(9)?

4. 시인은 왜 주님의 전을 그토록 사모했습니까(10)? 그는 왜 이렇게 살려고 합니까(11)? 그러므로 누가 복이 있습니까(12)? 우리는 무엇을 배웁니까?

# 43
## 여호와의 궁정을 사모하여

> 말씀 시편 84:1-12
> 요절 시편 84:2
> 찬송 88장, 48장

1. 시인은 어떻게 시를 시작합니까(1)? 성전에 대한 그의 마음이 어떠
합니까(2)? 누가 복이 있습니까(3-4)?

(고라 자손의 시. 성가대 지휘자를 따라 '깃닷'이란 곡조에 맞춰
부른 노래, To the choirmaster: according to The Gittith. A Psalm
of the Sons of Korah)

"고라 자손" - 레위 지파 '고핫'의 후손이다. 그들은 성전 문들을
지켰고(대상 9:19), 성전에서 찬양하는 사역(대상 15:19)을 했다.

"시" - 42편˜49편, 84편˜85편, 87편˜88편이 고라 자손의 시이다.

'시온의 노래(a song of Zion)'이다. 시온을 방문하는 사람이 이 시
를 노래했기 때문이다. '시온'이란 예루살렘 성전을 뜻한다. 성전 방
문은 특별한 행사였으며, 노래하고 축하할 만한 일이었다.

오늘의 시는 예루살렘 성전을 방문한 사람이 부르는 노래이다.
이 노래는 예루살렘 성전에 대한 찬양으로 시작하고 찬양으로 끝난
다.

1-4, '장막'에 대한 찬양

1, "만군의 여호와여 주의 장막이 어찌 그리 사랑스러운지요"

"만군의"(צבא, tsaba) - '전쟁', '군대'이다. "여호와여" - '이스라엘의 하나님'이다. '하늘의 천군 천사, 해달 별을 주관하는 군대 장관'을 뜻한다. 이 칭호를 네 번 사용한다(1, 3, 8, 12). 그분은 언약을 지키며, 그 백성과 함께하시고, 전쟁에서 승리하게 하신 하나님이다. "주의 장막이" - '당신의 거처', '성막'이다. "사랑스러운지요" - '사랑하는'이다. 시인은 성전의 사랑스러움을 찬양하는 것으로 시작한다.

성전에 대한 그의 마음이 어떠했는가?

2, "내 영혼이 여호와의 궁정을 사모하여 쇠약함이여 내 마음과 육체가 살아계시는 하나님께 부르짖나이다"

"내 영혼이" - '영혼'이다. '성전을 방문하는 순례자'를 뜻한다. "궁정을" - '안뜰'이다. '성전의 뜰'을 뜻한다. "사모하여" - '그리워한다.'(니팔 완료)이다. 시인은 성전 뜰을 그리워했다. 그는 단순히 하나님의 집을 그리워한 것이 아니라, 하나님이 함께하심을 그리워했다. "쇠약함이여" - '기절한다.'(칼 완료)이다. 그는 여호와의 궁정을 기절할 정도로 그리워했다. "살아계시는 하나님께" - '생명의 원천이며, 보호자이신 하나님', '지금도 일하시는 하나님'이다. "부르짖나이다" - '외친다.'(피엘 미완료)이다. 시인은 마음과 육체, 즉 전 존재로 살아계시는 하나님께 기쁨으로 노래한다.

그의 사모는 어디로 이어지는가?

3, "나의 왕, 나의 하나님, 만군의 여호와여 주의 제단에서 참새도 제 집을 얻고 제비도 새끼 둘 보금자리를 얻었나이다"

"나의 왕" - 살아계신 하나님은 시인의 왕이시다. "나의 하나님" - 그분은 시인의 하나님이시다. "만군의"(צבא, tsaba) - '전쟁', '군대'이다. "여호와여" - 그분은 용사 하나님이시다. "주의 제단에서" - '번제용 제단'이다. '제단들'을 뜻한다. '여호와와 좀 더 가까이 만남'을 상징한다. "얻고" - '얻는다.'(칼 완료)이다. "둘" - '둔다.'(칼 완료)이다. "보금자리를 얻었나이다" - '보금자리', '둥지'이다. 그의 그리움은 여호와의 제단으로 이어졌다. 그런데 그 제단에는 참새와 제비의 보금자리가 있었다. 여호와와 가까이 있는 이 새들은 특별한 은혜를 받았다. 그 새들은 성전 밖에서 사는 새들보다 평화와 안전을 보장받았다.

그러므로 누가 복이 있는가?

4, "주의 집에 사는 자들은 복이 있나니 그들이 항상 주를 찬송하리이다 (셀라)"

"주의 집에 사는 자들은" - '성전에서 사는 사람'이다. 제사장, 레위인, 그리고 예루살렘 사람들이다. 그들은 성전에서 사는 새들처럼 '평화와 안전'을 보장받는다. "복이 있나니" - '행복'이다. 그들은 복이 있다. 주님의 집에 사는 사람은 복이 있다. "주를 찬송하리이다" - '찬양한다.'(피엘 미완료)이다. 그들은 항상 주님을 찬송한다.

2. 또 누가 복이 있습니까(5)? 순례길에는 어떤 어려움이 있습니까(6a)? 그 골짜기를 지나면 어떤 은혜가 있습니까(6b)? 그들은 어떻게 합니까(7)?

5-7, 여행
5, "주께 힘을 얻고 그 마음에 시온의 대로가 있는 자는 복이 있나이다"

"힘을 얻고" - '힘'이다. "시온의 대로가 있는" - '대로(highway)', '높인 길(raised way)'이다. '성전 순례의 길'을 뜻한다. "복이 있나이다" - '행복'이다. 주님께 힘을 얻고, 순례길에 오른 사람은 복이 있다.

그런데 순례길에는 어떤 어려움이 있는가?

6, "그들이 눈물 골짜기로 지나갈 때에 그곳에 많은 샘이 있을 것이며 이른 비가 복을 채워 주나이다"

"눈물" - '바가(Baca)', '울음'이다. "골짜기" - '골짜기'이다. '눈물 골짜기'는 순례자에게 눈물과 고통을 주는 곳이다. "지나갈 때에" - '지나간다.'(칼 분사)이다. 시온으로 가려면 '눈물 골짜기'를 반드시 지나가야 한다. 하나님을 만나려면 역경을 거쳐야 한다.

그 골짜기를 지나면 어떤 은혜가 있는가? "그곳에 많은 샘이" - '샘물'이다. "있을 것이며" - '놓는다.'(칼 미완료)이다. '그들은 그곳을 샘의 장소로 만든다.'라는 뜻이다. "이른 비" - '가을비(early rains)'이다. 10월 말에서 12월 초까지 내린다. "복을" - '축복'이다. "채워 주나이다" - '덮는다.'(히필 미완료)이다. '이른 비는 웅덩이로 덮는다.' '이른 비는 복으로 채운다.' 즉 '풍성한 복을 받는다.'라는 뜻이다. 하나님 안에서 힘과 기운을 찾는 사람은 어려움을 만날지라도, 그것을 극복하면 풍성한 복을 받는다.

그들은 어떻게 하는가?

7, "그들은 힘을 얻고 더 얻어 나아가 시온에서 하나님 앞에 각기 나타나리이다"

"힘을 얻고" - '힘'이다. "얻어" - '힘'이다. "나아가" - '걷는다.'(칼 미완료)이다. '그들은 힘에서 힘으로 간다.'라는 뜻이다. 보통 사람은 오래 걸으면 지친다. 하지만 순례자는 더욱 힘차게 걷는다. 왜냐하면 하나님이 새 힘을 주시기 때문이다(사 40:31). "각기 나타나리이다" - '바라본다.'(니팔 미완료)이다. 하나님 앞에 각자 나타난다.

3. 그곳에서 시인은 무엇을 합니까(8)? 기도 내용은 무엇입니까(9)?

8-9, 기도

8, "만군의 하나님 여호와여 내 기도를 들으소서 야곱의 하나님이여 귀를 기울이소서 (셀라)"

"만군의"(צבא, tsaba) - '전쟁', '군대'이다. "내 기도를" - '기도'(1인칭 단수)이다. "들으소서" - '듣는다.'(칼 명령)이다. 그는 만군의 하나님께 기도한다. "야곱의 하나님이" - 하나님과 이스라엘 사이의 인격

적 관계를 전제한다. "귀를 기울이소서" - '귀 기울인다.'(히필 명령)
이다. 하나님께서 자기에게 관심을 기울여 주시도록 기도한다.
　기도 내용은 무엇인가?

　9, "우리 방패이신 하나님이여 주께서 기름 부으신 자의 얼굴을 살펴
보옵소서"
　"우리 방패이신" - '작은 원형 방패'(1인칭 복수)이다. 하나님은 보
호자이시다. "주께서 기름 부으신 자" - '기름 부음을 받은 자'이다.
왕을 말한다. "살펴" - '주목해서 본다.'(히필 명령)이다. "보옵소서" -
'바라본다.'(칼 명령)이다. 순례자는 성전에 들어가서 왕을 위해 기도
했다. 왕은 공의와 예배에 대한 책임이 있었기 때문이다. 나라가 바
르게 돌아가는데 책임이 있었기 때문이다. 그래서 하나님께서 왕을
살펴주시도록 기도했다.

4. 시인은 왜 주님의 전을 그토록 사모했습니까(10)? 그는 왜 이렇게
　살려고 합니까(11)? 그러므로 누가 복이 있습니까(12)? 우리는 무엇
　을 배웁니까?

　10-12, 기쁨
　10, "주의 궁정에서의 한 날이 다른 곳에서의 천 날보다 나은즉 악인
의 장막에 사는 것보다 내 하나님의 성전 문지기로 있는 것이 좋사오
니"
　"(왜냐하면)" - 전환이다. "주의 궁정에서의" - '안뜰'이다. "한 날
이" - '날'이다. '한 좋은 날', '축제일'을 뜻한다. "다른 곳에서의 천
날보다" - '천(thousand)'이다. "나은" - '좋은'이다. "즉" - '˜이므로'이
다. 시인은 여호와의 앞뜰에서 지내는 하루가 다른 천일보다 좋기
때문이다. "사는 것보다" - '거주한다.'(칼 부정사)이다. '안락하게 산
다.'라는 뜻이다. "문지기로 있는 것이" - '문지방에 선다.'(히트폴렐
부정사)이다. 문지기는 제사장이나 레위인이 섬겼다. 여기서는 '성전
문지방에 선다.' '기도한다.'라는 뜻이다. "좋사오니" - '선택한다.'(칼

완료)이다. 시인은 악인의 집에서 안락하게 살기보다 하나님의 집에서 기도하기를 더 바란다. 세상에서 즐기는 삶보다 하나님의 집에서 영적인 일 하기를 바란다.

왜 그는 이렇게 살려고 하는가?

11, "여호와 하나님은 해요 방패이시라 여호와께서 은혜와 영화를 주시며 정직하게 행하는 자에게 좋은 것을 아끼지 아니하실 것임이니이다"

"(왜냐하면)" - 이유를 설명한다. "해요" - '해(sun)'이다. '따스함과 번영', '회복의 시대'를 뜻한다. "방패이시라" - '작은 원형 방패'이다. 하나님은 보호자이시다. '여호와 하나님은 태양이며 방패이기 때문이다.'라는 뜻이다. "주시며" - '준다.'(칼 미완료)이다. 은혜와 영광을 주신다. "좋은 것" - '좋은'이다. 추수와 같은 하나님의 선물이다. "아끼지" - '그만둔다'(칼 미완료)이다. "아니하실 것임이니이다" - '아니'이다. 좋은 것을 아끼지 않고 주시는 분이다.

그러므로 누가 복이 있는가?

12, "만군의 여호와여 주께 의지하는 자는 복이 있나이다"

"만군의"(צְבָאוֹת, tsaba) - '전쟁', '군대'이다. "의지하는" - '신뢰한다.'(칼 분사)이다. "복이 있나이다" - '행복'이다. 하나님을 의지하는 사람이 행복하다.

우리는 무엇을 배우는가? 우리도 여호와의 궁전을 사모해야 한다. 하나님의 집에서 기도하는 일이 세상에서 편하게 사는 일보다 훨씬 좋다. 하나님께서 그런 사람에게 좋은 선물을 아끼지 않고 주신다. 그러므로 주님을 의지하는 사람이 복이 있다.

# 44
# 우리를 돌이키소서

> 말씀 시편 85:1-13
> 요절 시편 85:4
> 찬송 362장, 368장

1. 여호와께서 당신의 땅에 무엇을 하셨습니까(1a)? 은혜의 내용은 무엇이었습니까(1b)? 하나님은 또 무엇을 하셨습니까(2)? '죄를 덮어 줌'은 무엇을 뜻합니까(3)?

2. 시인은 무엇을 위해 기도합니까(4a)? 하나님께서 그들을 '돌이키시려면' 무엇을 해야 합니까(4b)? 우리는 무엇을 배웁니까?

3. 시인은 무엇을 기도합니까(5-6)? 그는 계속해서 무엇을 기도합니까(7)?

4. 여호와께서 그의 기도에 어떻게 응답하십니까(8)? 하나님은 또 무엇을 말씀하십니까(9)?

5. 구원의 또 다른 열매는 무엇입니까(10-11)? 여호와께서 무엇을 주십니까(12)? 그 '열매'는 무엇입니까(13)? 이 시를 통해 무엇을 배웁니까?

# 44
# 우리를 돌이키소서

> 말씀 시편 85:1-13
> 요절 시편 85:4
> 찬송 362장, 368장

1. 여호와께서 당신의 땅에 무엇을 하셨습니까(1a)? 은혜의 내용은 무엇이었습니까(1b)? 하나님은 또 무엇을 하셨습니까(2)? '죄를 덮어 줌'은 무엇을 뜻합니까(3)?

(고라 자손의 시. 성가대 지휘자를 따라 부른 노래, To the choirmaster. A Psalm of the Sons of Korah)

시인은 과거 바벨론 포로 생활에서 구원하셨던 하나님께서 오늘도 그들을 회복해 주시도록 기도한다.

1-7, 기도

1, "여호와여 주께서 주의 땅에 은혜를 베푸사 야곱의 포로 된 자들이 돌아오게 하셨으며"

"주의 땅에" - '이스라엘 땅'이다. 이스라엘 땅은 '주님의 땅'이다. "토지를 영구히 팔지 말 것은 토지는 다 내 것임이니라"(레 25:23a). "은혜를 베푸사" - '호의적이다.'(칼 완료)이다. 여호와께서 당신의 땅에 은혜를 베푸셨다.

'은혜'의 내용은 무엇이었는가? "야곱의" - '여호와께서 선택하신 백성'이다. "포로 된 자들이" - '사로잡힘(captivity)'이다. "돌아오게 하셨으며" - '돌아간다.'(칼 완료)이다. 야곱의 후손은 바벨론 포로 생활에서 돌아왔다. 하나님께서 은혜를 베푸셔서 그 백성을 포로 생활에서 돌아오게 하셨다. 그것은 하나님 땅의 회복을 뜻했다.

하나님은 또 무엇을 하셨는가?

2, "주의 백성의 죄악을 사하시고 그들의 모든 죄를 덮으셨나이다 (셀라)"

"사하시고" - '들어 올린다.'(칼 완료)이다. '죄의 짐을 들어주신다.'라는 뜻이다. 여호와께서 그 백성의 죄를 용서하셨다. "덮으셨나이다" - '덮는다.'(피엘 완료)이다.

죄를 덮어 줌은 무엇을 뜻하는가?

3, "주의 모든 분노를 거두시며 주의 진노를 돌이키셨나이다"

"분노" - '노여움'이다. "거두시며" - '모은다.'(칼 완료)이다. 여호와는 모든 분노를 거두셨다. "진(노)" - '맹렬함'이다. "(진)노" - '화(anger)'이다. "돌이키셨나이다" - '돌아간다.'(히필 완료)이다. 타오르는 화를 돌이키셨다. 하나님은 그 백성에게 이런 은혜를 베푸셔서 포로 생활에서 돌아오도록 하셨다. 시인은 과거에 일하셨던 그 하나님을 기억했다.

2. 시인은 무엇을 위해 기도합니까(4a)? 하나님께서 그들을 '돌이키시려면' 무엇을 해야 합니까(4b)? 우리는 무엇을 배웁니까?

4, "우리 구원의 하나님이여 우리를 돌이키시고 우리에게 향하신 주의 분노를 거두소서"

"우리 구원의 하나님이여" - 과거 바벨론에서 구원하신 하나님이다. "우리를 돌이키시고" - '돌아간다.'(칼 명령)이다. 시인은 과거에 그 백성을 회복하셨던 그것처럼 오늘도 회복해 주시도록 기도한다.

44  우리를 돌이키소서(85:1-13)

하나님께서 그들을 회복하려면 무엇을 해야 하는가? "우리에게 향하신" - '~와 함께'이다. "주의 분노를" - '격분'이다. "거두소서" - '무효로 한다.'(히필 명령)이다. 계약을 깰 때 사용하는 단어이다. 이스라엘이 하나님과의 계약 의무를 깨뜨려서 하나님은 분노하셨다. 그런데 하나님께서 그 분노를 무효로 해주시도록 기도한다. 그들이 회복하려면 하나님께서 분노를 거두셔야 한다.

무엇을 배우는가? 개인은 물론이고, 공동체의 회복이 하나님께 달려 있다. 이스라엘은 바벨론에서 돌아와서 하나님을 섬기며 부푼 꿈을 안고 멋지게 살려고 했다. 하지만 그들은 세상 유혹에 약했다. 그들은 세상과 타협하며 세속주의에 빠졌다. 하나님은 그런 그들의 죄를 보았고, 그들에게 화를 내셨다. 시인은 그 사실을 알았다. 따라서 시인은 공동체가 회복하려면, 다시 역동적이고 부푼 희망을 품고 내일을 향해 나가려면 먼저 죄를 용서받아야 함을 알았다. 그들의 회복은 오직 하나님의 손에 달려 있음을 알았다. 그래서 시인은 하나님께 기도한다. "우리를 돌이키소서!" "우리를 회복해 주십시오!"

3. 시인은 무엇을 기도합니까(5-6)? 그는 계속해서 무엇을 기도합니까(7)?

5, "주께서 우리에게 영원히 노하시며 대대에 진노하시겠나이까"
"노하시며" - '화낸다.'(칼 미완료)이다. '영원히 화를 내실 겁니까?'라는 뜻이다. "진(노)" - '끌어당긴다.' '붙잡는다.'(칼 미완료)이다. "(진)노하시겠나이까" - '화(anger)'이다. '대대로 진노하실 겁니까?'라는 뜻이다. 그들의 회복은 진노에 달려 있다.

6, "주께서 우리를 다시 살리사 주의 백성이 주를 기뻐하도록 하지 아니하시겠나이까"
"(돌이켜)" - '돌아간다.'(칼 미완료)이다. "우리를 다시 살리사" - '살아 있다.'(피엘 미완료)이다. '우리를 다시 살리지 않겠습니까?'라는 뜻이다. 현재 이스라엘은 죽은 상태와 같다. 하나님은 생명의 주인이시다. 하나님께서 그들을 다시 살려주시면 그들은 다시 살아날 수 있다. "기뻐하도록 하지" - '기뻐한다.'(칼 미완료)이다. "아니하시겠나이까" - '아니'이다. '당신 백성이 당신 안에서 기뻐하게 하지 않으시렵니까?'라는 뜻이다. 주님이 다시 살려주시면, 그들은 주님 안에서 기뻐할 수 있다.

시인은 계속해서 무엇을 기도하는가?

7, "여호와여 주의 인자하심을 우리에게 보이시며 주의 구원을 우리에게 주소서"

"주의 인자하심을" - '한결같은 사랑(steadfast love)'이다. "우리에게 보이시며" - '바라본다.'(히필 명령)이다. 시인은 여호와의 한결같은 사랑을 보여주시도록 기도한다. "주의 구원을" - '구원'이다. "주소서" - '준다.'(칼 미완료)이다. 시인은 구원을 주시도록 기도한다. 사랑의 표현은 구원이다. 예수님께서 세상에 오심은 우리를 향한 하나님 사랑의 표현이었다(요 3:16). 그 사랑의 표현은 우리를 죄로부터 구원하심으로 나타났다.

4. 여호와께서 그의 기도에 어떻게 응답하십니까(8)? 하나님은 또 무엇을 말씀하십니까(9)?

8-13, 응답

8, "내가 하나님 여호와께서 하실 말씀을 들으리니 무릇 그의 백성, 그의 성도들에게 화평을 말씀하실 것이라 그들은 다시 어리석은 데로 돌아가지 말지로다"

"하실 말씀을" - '말한다.'(피엘 미완료)이다. "들으리니" - '듣는다.'(칼 미완료)이다. '여호와께서 하실 말씀을 내게 들려주십시오.'라는 뜻이다. 여호와는 시인의 기도에 말씀하시고, 시인은 그 말씀을 듣는다.

하나님의 말씀은 무엇인가? "무릇" - '~이므로'이다. "화평을"(שׁלוֹם, shalom) - '평화'이다. '샬롬'은 전쟁 없는 상태 그 이상이다.

하나님 나라의 절정이다. 하나님 나라는 모두가 필요한 것을 갖고 평안하게 두려움 없이 사는 곳이다. "말씀하실 것이라" - '말한다.'(피엘 미완료)이다. 왜냐하면 여호와께서 그 백성에게 평화를 말씀하시기 때문이다. "그들은 다시" - '돌아간다.'(칼 미완료)이다. "어리석은 데로" - '어리석음(folly)'이다. "돌아가지" - '돌아간다.'(칼 미완료)이다. "말지로다" - '아니'이다. 그들은 죄를 짓고 하나님을 버리지 않아야 한다.

하나님은 또 무엇을 말씀하시는가?

9, "진실로 그의 구원이 그를 경외하는 자에게 가까우니 영광이 우리 땅에 머무르리이다"

"진실로" - '확실히'이다. 확신을 강조한다. "그의 구원이" - '구원'이다. "그를 경외하는 자에게" - '경외하는 사람'이다. "가까우니" - '가까운'이다. 구원은 그분을 경외하는 사람에게 가깝다. "영광이" - '영광'이다. 구원은 영광으로 나타난다. "머무르리이다" - '정착한다.'(칼 부정사)이다. 주님의 영광이 그 땅에 머문다. 구원의 열매 중 하나는 영광이다. 이스라엘은 포로 생활은 끝났지만, 여호와의 영광은 그 땅에 머물지 않았다. 그런데 이제 그 영광이 머문다. 왜냐하면 여호와의 구원이 가까이 있기 때문이다.

5. 구원의 또 다른 열매는 무엇입니까(10-11)? 여호와께서 무엇을 주십니까(12)? 그 '열매'는 무엇입니까(13)? 이 시를 통해 무엇을 배웁니까?

10, "인애와 진리가 같이 만나고 의와 화평이 서로 입 맞추었으며"

"인애" - '한결같은 사랑(steadfast love)'이다. "진리가" - '신실함'이다. "같이 만나고" - '만난다.'(니팔 완료)이다. 사랑과 성실이 함께 만났다. 눈을 맞췄다. "의가" - '올바름', '공의'이다. "화평이" - '평화'이다. "서로 입 맞추었으며" - '입을 맞춘다.'(칼 완료)이다. 의와 평화가 서로 입 맞췄다. 구원은 사랑과 신실, 의와 평화가 조화를 이룬다.

진리와 의의 관계는 어떠한가?

11, "진리는 땅에서 솟아나고 의는 하늘에서 굽어보도다"

"진리가" - '신실함'이다. "땅에서" - '인간'을 뜻한다. "솟아나고" - '싹이 튼다.'(칼 미완료)이다. 신실함은 사람한테서 나온다. "하늘에서" - '하나님'을 뜻한다. "굽어보도다" - '내려다본다.'(니팔 분사)이다. 정의는 하나님한테서 온다. 신실함과 의가 만날 때, 인간과 하나님이 만날 때 생명이 있고, 복이 있다. 그 일은 구원을 통해서, 회복을 통해서 나타난다.

여호와께서 무엇을 주시는가?

12, "여호와께서 좋은 것을 주시리니 우리 땅이 그 산물을 내리로다"

"좋은 것을" - '좋은'이다. '풍년의 복'이다. 이것은 공동체의 회복이다.

"주시리니" - '준다.'(칼 미완료)이다. 여호와께서 공동체를 회복하신다. "그 산물을" - '열매'이다. "내리로다" - '준다.'(칼 미완료)이다. 여호와께서 풍년의 복을 주시니 땅은 풍성한 열매를 맺는다. 하나님의 은혜로 이스라엘은 번영한다. 하나님은 이스라엘을 회복하신다.

그 '열매'는 무엇인가?

13, "의가 주의 앞에 앞서가며 주의 길을 닦으리로다"

"의가" - 공의'이다. "앞서가며" - '간다.'(피엘 미완료)이다. 공의는 여호와 앞에서 걸어간다. "닦으리로다" - '만들다.'(칼 미완료)이다. 공의는 여호와보다 앞서가면서 그분의 길을 만든다. 정의가 나타나면 주님께서 오신다. 주님께서 오시면 회복이 이루어진다.

시인은 과거에 일하셨던 그분이 지금도 일하심을 믿고 기도했다. 그랬을 때 여호와는 그 기도에 응답하셨다. 오늘 우리도 시인처럼 과거에 일하셨던 그분이 지금도 우리 안에서 일하심을 믿고 기도해야 한다. "우리를 돌이키소서!"

# 45
# 은총의 표적을 보이소서

> 말씀 시편 86:1-17
> 요절 시편 86:17
> 찬송 298장, 438장

1. 시인은 현재 어떤 상태에 있습니까(1a)? 그는 무엇을 합니까(1b)? 그가 이렇게 기도하는 근거는 무엇입니까(2)? 그는 어떤 자세로 기도합니까(3-4)?

2. 시인이 기도하는 하나님은 어떤 분입니까(5)? 그의 확신은 어떠합니까(6-7)?

3. 기도를 응답하시는 그분은 누구십니까(8)? 모든 민족은 그분께 무엇을 합니까(9)? 왜 그들은 그렇게 합니까(10)? 시인은 그 하나님께 무엇을 기도합니까(11-13)?

4. 시인은 어떤 '죽음의 문턱'을 겪었습니까(14)? 그러나 주님은 어떤 분입니까(15)? 그는 무엇을 기도합니까(16-17a)? '은총의 표적'은 무엇입니까?

5. 하나님께서 표시를 보이면 무슨 일이 일어납니까(17b)? 이 시를 통해서 무엇을 배웁니까?

# 45
## 은총의 표적을 보이소서

> 말씀 시편 86:1-17
> 요절 시편 86:17
> 찬송 298장, 438장

1. 시인은 현재 어떤 상태에 있습니까(1a)? 그는 무엇을 합니까(1b)? 그가 이렇게 기도하는 근거는 무엇입니까(2)? 그는 어떤 자세로 기도합니까(3-4)?

(다윗의 기도, A Prayer of David)

"다윗의 기도" - 다윗 시집은 3편~41편, 51편~72편이었다. 시 72:20에서 "이새의 아들 다윗의 기도가 끝나니라."라고 했다. 그런데 이 시가 다시 등장한다. 85편과 87편 사이의 다리 역할을 한다. 85편은 공동체 기도이고, 87편은 국제적인 기도이다. 86편은 개인 기도이다.

시인과 하나님과의 관계는 주님과 종의 관계이다. 시인은 주님의 '선함'을 보여달라고 기도한다.

1-7, 응답하소서

1, "여호와여 나는 가난하고 궁핍하오니 주의 귀를 기울여 내게 응답하소서"

"가난하고" - '가난한'이다. "궁핍하오니" - '궁핍한 사람'이다. 가진 재산이 없어서 실제 삶에서 어려움을 겪는 사람이다. "(하오)니" - '~이므로'이다. 시인은 지금 가련하고 불쌍한 처지에 있다.

그는 무엇을 하는가? "기울여" - '구부린다.'(히필 명령)이다. "내게 응답하소서" - '대답한다.'(칼 명령)이다. '듣고 행동으로 옮김'을 뜻한다. 그는 가난하고 궁핍할 때 하나님께서 귀를 돌려주시고, 응답해 주시도록 기도한다. 그는 하나님께서 자신의 어려움을 들으시고, 그 문제를 해결해 주시기를 바란다.

그가 이렇게 기도하는 근거는 무엇인가?

2, "나는 경건하오니 내 영혼을 보존하소서 내 주 하나님이여 주를 의지하는 종을 구원하소서"

"경건하오" - '경건한'이다. 그는 주님께 충성스러운 사람이다. '충성스러운 사람'은 말씀대로 사는 사람이다. "(하오)니" - '~이므로'이다. "보존하소서" - '보존한다.'(칼 명령)이다. 그는 주님께서 생명을 지켜주시도록 기도한다. "주" - '당신'이다. "주를" - '~안으로'이다. "의지하는" - '의지한다.'(칼 분사)이다. "종을" - '종'이다. 시인은 자신을 하나님의 종으로 부른다. 하나님은 주인이시고 그는 종이다. 주인과 종의 관계는 의지하고 신뢰하는 관계이다. "구원하소서" - '구원한다.'(히필 명령)이다. 시인은 주인이신 하나님을 신뢰하기에 생명을 구원해 주시도록 기도한다.

그는 어떤 자세로 기도하는가?

3, "주여 내게 은혜를 베푸소서 내가 종일 주께 부르짖나이다"

"주여"(אֲדֹנָי, adonai) - '나의 주님'이다. "내게 은혜를 베푸소서" - '호의를 베풀다.'(피엘 명령)이다. "종일" - '날마다'이다. "주께" - '~안으로'이다. "부르짖나이다" - '부른다.'(칼 미완료)이다. 그는 하나님께 쉬지 않고 기도한다. 그의 현실이 그만큼 절박하기 때문이다.

4, "주여 내 영혼이 주를 우러러보오니 주여 내 영혼을 기쁘게 하소

서"

"주여 내 영혼이" - '영혼'이다. "주를" - '안으로'이다. "우러러보오니" - '들어 올린다.'(칼 미완료)이다. "주여"(אֲדֹנָי, adonai) - '나의 주님'이다. "기쁘게 하소서" - '기뻐한다.'(피엘 명령)이다.

2. 시인이 기도하는 하나님은 어떤 분입니까(5)? 그의 확신은 어떠합니까(6-7)?

5, "주는 선하사 사죄하기를 즐거워하시며 주께 부르짖는 자에게 인자함이 후하심이니이다"

"주는"(אֲדֹנָי, adonai) - '나의 주님'이다. "선" - '좋은'이다. "(선)하사" - '~이므로'이다. 왜냐하면 주님은 선한 분이기 때문이다. "사죄하기를 즐거워하시며" - '용서하는'이다. 주님은 용서하는 분이기 때문이다. 사람은 죄를 지을지라도 주님은 그 죄를 용서하는 분이다. "주께 부르짖는 자" - '부른다.'(칼 분사)이다. "인자하심이" - '한결같은 사랑(steadfast love)'이다. "후하심이니이다" - '많은'이다. 주님은 그 백성에게 한결같은 사랑이 넘친다. 시인은 주님의 이런 성품을 알기에 기도한다. 주님이 어떤 분인지를 알 때 기도할 수 있다.

그의 확신은 어떠한가?

6, "여호와여 나의 기도에 귀를 기울이시고 내가 간구하는 소리를 들으소서"

"귀를 기울이시고" - '듣는다.'(히필 명령)이다. "내가 간구하는" - '은혜를 위한 탄원(supplication for favor)'이다. "들으소서" - '기울인다.'(히필 명령)이다.

7, "나의 환난 날에 내가 주께 부르짖으리니 주께서 내게 응답하시리이다"

"내가 주께 부르짖으리니" - '부른다.'(칼 미완료)이다. 그는 고난을 겪을 때 주님을 부른다. "주께서 내게 응답하시리이다" - '대답한

다.'(칼 미완료)이다. 시인은 하나님께서 기도를 응답하실 줄 확신한
다.

3. 기도를 응답하시는 그분은 누구십니까(8)? 모든 민족은 그분께 무
   엇을 합니까(9)? 왜 그들은 그렇게 합니까(10)? 시인은 그 하나님께
   무엇을 기도합니까(11-13)?

8-13, 이름을 경외하게 하소서
8, "주여 신들 중에 주와 같은 자 없사오며 주의 행하심과 같은 일도
없나이다"
"주여"(אֲדֹנָי, adonai) - '나의 주님'이다. "주와 같은 자" - '~와 같
이'이다. "없사오며" - '아무도 ~않는다.'이다. 주님은 어떤 신과도 비
교할 수 없는 분이다. "주의 행하심과 같은 일도" - '행위'이다. "없
나이다" - '아무도 ~않는다.'이다. 주님이 어떤 신과도 비교할 수 분
이라는 사실은 그분이 하신 일을 할 신이 없다는 것이다. 주님의 유
일성과 절대성은 세상을 만들고 유지하는 일, 애굽에서 이스라엘을
구원하신 일을 통해서 나타났다. 하나님은 세상과 역사에서 유일무
이하신 분이다. 시인은 다른 신들의 존재 자체를 부정하지 않았지만,
여호와 하나님이 어떤 다른 신들보다 위대한 분임을 믿었다.
  모든 민족은 그분께 무엇을 하는가?

9, "주여 주께서 지으신 모든 민족이 와서 주의 앞에 경배하며 주의
이름에 영광을 돌리리이다"
"주여"(אֲדֹנָי, adonai) - '나의 주님'이다. "주께서 지으신" - '만들
다.'(칼 완료)이다. 주님께서 모든 민족을 창조하셨다. 땅의 모든 민
족은 주님이 만드신 작품이다. 주님은 역사의 주인이시다. "와서" -
'들어온다.'(칼 미완료)이다. "경배하며" - '절한다.'(히트팔렐 미완료)
이다. "영광을 돌리리이다" - '영화롭다.'(피엘 미완료)이다. 그들이 주
님께서 와서, 경배하고, 영광을 돌린다.
  왜 그들은 그렇게 하는가?

10, "무릇 주는 위대하사 기이한 일들을 행하시오니 주만이 하나님이시니이다"

"무릇" - '왜냐하면'이다. "주는" - '당신'이다. "위대하사" - '위대한'이다. "기이한 일들을" - '뛰어나다.'(니팔 분사)이다. "행하시오니" - '만들다.'(칼 분사)이다. 왜냐하면 그분은 위대하고, 기이한 일을 하시기 때문이다. "(하나님)이시니이다" - '당신'이다. 그분 홀로 하나님이시기 때문이다. 다른 민족의 신들은 사람의 손으로 만든 조각품이며, 실제로 존재하지 않는다. 다만 존재하는 그것처럼 보일 뿐이다. 신은 이스라엘의 하나님 여호와뿐이다.

시인은 그 하나님께 무엇을 기도하는가?

11, "여호와여 주의 도를 내게 가르치소서 내가 주의 진리에 행하오리니 일심으로 주의 이름을 경외하게 하소서"

"주의 도를" - '길'이다. 주님께서 위대하시고 기이한 일들을 행하신 분임을 뜻한다. "내게 가르치소서" - '가르친다.'(히필 명령)이다. 그는 여호와께 '그분의 길', '그분이 가시는 길'을 가르쳐 주시도록 기도한다.

그 목적은 무엇인가? "주의 진리에" - '신실'이다. "행하오리니" - '걷는다.'(피엘 미완료)이다. 첫째로, 그는 주님의 진리 안에서 걷고자 한다. 그는 주님과 '하모니(harmony)'를 이루고자 한다. "일심으로" - '한마음'이다. "경외하게" - '경외한다.'(칼 부정사)이다. "하소서" - '참가한다.'(피엘 명령)이다. 둘째로, 그는 한마음으로 주님의 이름을 경외하려고 한다. 종은 오직 한 마음으로 한 주인을 섬겨야 한다(마 6:24a).

12, "주 나의 하나님이여 내가 전심으로 주를 찬송하고 영원토록 주의 이름에 영광을 돌리오리니"

"주여"(אֲדֹנָי, adonai) - '나의 주님'이다. "나의 하나님이여" - '하나님'이다. "주를 찬송하고" - '찬양한다.'(히필 미완료)이다. 셋째로, 그는 자기 주님이시며 하나님이신 그분께 온 마음으로 찬양하고자 한다. "영광을 돌리오리니" - '영화롭다.'(피엘 미완료)이다. '영원토록 이름을 존경한다.'라는 뜻이다. 주님을 찬송함은 주님의 이름을 영광스럽게 하는 일이다.

왜 그는 그렇게 하는가?

13, "이는 내게 향하신 주의 인자하심이 크사 내 영혼을 깊은 스올에서 건지셨음이니이다"

"이는" - '~이므로'이다. "내게 향하신" - '~에 대해'이다. 왜냐하면 그를 향한 주님의 인자가 크기 때문이다. "건지셨음이니이다" - '구한다.'(히필 완료)이다. 시인의 영혼을 깊은 스올에서 건졌기 때문이다. 하나님은 크신 인자로 시인을 죽음의 문턱에서 구원하셨다.

4. 시인은 어떤 '죽음의 문턱'을 겪었습니까(14)? 그러나 주님은 어떤 분입니까(15)? 그는 무엇을 기도합니까(16-17a)? '은총의 표적'은 무엇입니까?

14-17, 은혜를 베푸소서
14, "하나님이여 교만한 자들이 일어나 나를 치고 포악한 자의 무리가 내 영혼을 찾았사오며 자기 앞에 주를 두지 아니하였나이다"

"교만한 자들이" - '오만한'이다. "일어나" - '일어난다.'(칼 완료)이다. "나를 치고" - '~에 대해'이다. 건방진 자들이 그를 치려고 일어났다. "포악한 자" - '무자비한 사람'이다. "찾았사오며" - '찾는다.'(피엘 완료)이다. 무자비한 사람이 그를 찾았다. 시인은 교만한 사람, 포악한 사람의 공격을 받았다. "주를 두지" - '둔다.'(칼 완료)이다. "아니하였나이다" - '아니'이다. 그들은 주님을 안중에도 두지 않았다. 그들의 폭력적 행위는 주님을 믿지 않음에서 왔다. 시인은 그런 그들의 공격으로 죽음의 문턱까지 갔다.

그러나 주님은 어떤 분인가?

15, "그러나 주여 주는 긍휼히 여기시며 은혜를 베푸시며 노하기를

더디하시며 인자와 진실이 풍성하신 하나님이시오니"

"그러나 주여"(אֲדֹנָי, adonai) - '나의 주님'이다. "주는" - '당신'이다. "긍휼히 여기시며" - '자비로운'이다. "은혜를 베푸시며" - '은혜로'이다. "노하기를" - '화(anger)'이다. "더디하시며" - '긴(long)', '참을성 많은'이다. "하나님이시오니" - '하나님'이다(출 34:6).

그는 그분께 무엇을 기도하는가?

16, "내게로 돌이키사 내게 은혜를 베푸소서 주의 종에게 힘을 주시고 주의 여종의 아들을 구원하소서"

"내게로" - '˜안으로'이다. "돌이키사" - '돌이킨다.'(칼 명령)이다. 첫째로, 내게로 돌아오소서! "내게 은혜를 베푸소서" - '은혜를 베풀다.'(칼 명령)이다. 둘째로, 은혜를 베푸소서! "주의 종에게" - '종'이다. "힘을" - '힘'이다. '당신의 힘'을 뜻한다. "주시고" - '준다.'(칼 명령)이다. 셋째로, 종에게 힘을 주소서! "주의 여종의 아들" - '여종(maidservant)에게서 태어난 이 몸', 즉 시인 자신이다. '여종의 아들'은 태어날 때부터 종이다. 이 표현을 통해서 주인의 긍휼과 사랑이 필요한 존재임을 강조한다. "구원하소서" - '구원한다.'(히필 명령)이다. 넷째로, 아들을 구원하소서!

17, "은총의 표적을 내게 보이소서 …"

"은총의"(טוֹב, tob) - '은혜'이다. "표적을" - '표시(token)'이다. "보이소서" - '일한다.'(칼 명령)이다. 다섯째로, 좋은 표시를 보이소서!

'은총의 표적'은 무엇인가? 그 표시는 하나님께서 시인의 기도에 응답함이며, 시인을 구원하는 일이다. 그 표시는 주님께서 당신의 종을 돌보신다는 증거이다. 하나님께서 시인을 구원하시면 당신의 신실함과 긍휼을 증명할 수 있다.

5. 하나님께서 표시를 보이면 무슨 일이 일어납니까(17b)? 이 시를 통해서 무엇을 배웁니까?

17b, "··· 그러면 나를 미워하는 그들이 보고 부끄러워하오리니 여호와여 주는 나를 돕고 위로하시는 이시니이다"

"그러면 나를 미워하는" - '미워한다.'(칼 분사)이다. "그들이 보고" - '바라본다.'(칼 미완료)이다. "부끄러워하오리니" - '부끄러워한다.'(칼 미완료)이다. 나를 미워하는 사람이 보고, 부끄러워한다. 교만한 사람, 무자비한 사람이 부끄러움을 겪는다.

"주는" - '당신'이다. "나를 돕고" - '돕는다.'(칼 완료)이다. "위로하시는" - '위로한다.'(피엘 완료)이다. "이시니이다" - '~이므로'이다. 왜냐하면 여호와께서 시인을 도왔고, 위로하셨던 분이기 때문이다. 여호와는 내적 외적으로 어려움을 겪는 사람을 도와주시고, 위로하시는 분이다. 그리하여 그를 괴롭히는 사람을 부끄럽게 하신다. 시인은 자기가 부끄러움을 당하는 대신, 그를 괴롭히는 그들이 부끄러움을 당하도록 기도한다.

이 시를 통해서 무엇을 배우는가? 첫째로, 가난하고 궁핍할 때 주님께 기도해야 한다. 사람이나 환경과 싸우지 않아야 한다. 기도를 응답하시는 하나님께 도움을 청해야 한다.

둘째로, 은총의 표적을 보여 주시도록 기도해야 한다. 그것은 하나님께서 우리를 구원하심이며, 사랑과 돌봄의 표시이다. 문제를 해결 받음의 표시이다.

46

시온에서 났나니

> 말씀 시편 87:1-7
> 요절 시편 87:6
> 찬송 550장, 501장

1. 시인은 무엇을 선언함으로 시를 시작합니까(1)? 여호와는 그 시온을 어느 정도 사랑하십니까(2)? 그 성은 어떤 곳입니까(3)?

2. 시온과 여러 나라와의 관계가 어떠합니까(4-5)? '거기서 났다.'라는 말은 무슨 뜻입니까?

3. 여호와께서 그들을 어떻게 하십니까(6)? 여기에는 무슨 뜻이 있습니까?

4. 그들은 무엇을 합니까(7)? 우리는 무엇을 배웁니까?

# 46
## 시온에서 났나니

> 말씀 시편 87:1-7
> 요절 시편 87:6
> 찬송 550장, 501장

1. 시인은 무엇을 선언함으로 시를 시작합니까(1)? 여호와는 그 시온을 어느 정도 사랑하십니까(2)? 그 성은 어떤 곳입니까(3)?

(노래로 부른 고라 자손의 시, A Psalm of the Sons of Korah. A Song)

시온의 영광을 노래한다. 역사적 배경을 바벨론 포로 전으로 생각한다.

1-3, 영광스러운 시온

1, "그의 터전이 성산에 있음이여"

"그의 터전이" - 토대(foundation)'이다. '세운다.'라는 동사에서 나왔다. '하나님의 도시, 시온'을 뜻한다. 원래는 여부스족이 시온을 세웠는데, 후에 다윗이 그곳을 차지했다(삼하 5:7). 그런데 시인은 시온을 세우신 분이 여호와이심을 선언한다.

"성" - '거룩한'이다. "산에 있음이여" - '산'이다. '산들'을 뜻한다. 여호와께서 거룩한 '산들', '언덕들' 위에 터를 세우셨다. '산들'은 시온의 장엄함을 강조한다. 그의 터전인 시온은 거룩한 산들 위에 있다.

여호와는 그 시온을 어느 정도 사랑하시는가?

2, "여호와께서 야곱의 모든 거처보다 시온의 문들을 사랑하시는도다"

"거처보다" - '거처', '장막'이다. 일반적인 '거처들'인데, 여기서는 다른 도시에 있는 하나님의 '예배처(산당, shrine)'를 뜻한다. 길갈(삼상 11:15), 벧엘, 단(왕상 12:29) 등에 있었다. "시온" - '예루살렘'이다. '예루살렘'은 정치적 이름이고, '시온'은 신학적 이름이다. "문들을" - '성문들'이다. 성문들은 그 도시가 큰 도시임을 말한다. 성문은 성벽과 함께 그 도시를 보호하는 역할을 한다. "사랑하시는도다" - '사랑한다.'(칼 분사)이다. 여호와께서 야곱의 모든 거처보다 시온의 성문들을 사랑하신다. 하나님은 다른 도시에 있는 '예배처'를 선택하지 않으셨다. 하나님 여호와는 당신 이름을 두시려고 한 곳만을 선택하셨다(신 12:11). 그분은 오직 예루살렘을 당신의 영원한 거처로 선택하셨다(시 132:13). 하나님은 오직 한 분만 계신다. 한 분 하나님의 거처도 오직 한 곳만 선택하셨다. 그곳이 시온이다. 이것을 '단일 성소 사상'으로 부른다. 시온은 이스라엘 삶의 중심이며, 예배의 중심이다. 따라서 하나님은 그 성을 더욱 사랑하신다.

그 성을 사람들은 무엇이라고 말하는가?

3, "하나님의 성이여 너를 가리켜 영광스럽다 말하는도다 (셀라)"

"하나님의 성이여" - '시온'이다. 하나님께서 시온을 세우셨다. "너를 가리켜" - '~안에'이다. "영광스럽다" - '영화롭다.'(니팔 분사)이다. "말하는도다" - '말한다.'(푸알 분사)이다. 사람들은 "하나님의 성인 시온을 영광스럽다."라고 말한다. 시온은 영광스러운 하나님의 도시이다. 시온은 이스라엘 삶의 중심이며, 예배의 중심이다. 따라서 하나님께서 그곳을 사랑하신다.

2. 시온과 여러 나라와의 관계가 어떠합니까(4-5)? '거기서 났다.'라는

말은 무슨 뜻입니까?

4-7, 모든 나라의 태어남

4, "나는 라합과 바벨론이 나를 아는 자 중에 있다 말하리라 보라 블레셋과 두로와 구스여 이것들도 거기서 났다 하리로다"

"라합"(רהב, *rahab*) - '폭풍우', '거만'이다. 라합은 애굽에 대한 시적 이름이다. "애굽을 가만히 앉은 라합이라 일컬었다"(사 30:7). 애굽은 하나님께 대적하는 바다 괴물을 상징한다. (여호수아 시대의 라합(רחב)은 '풍부한'이다. 수 2:2). "바벨론" - 이스라엘 북쪽의 강대국이다. "나를 아는 자 중에 있다" - '알다.'(칼 분사)이다. '하나님을 안다.'라는 뜻이다. "말하리라" - '기억한다.'(히필 미완료)이다. 하나님은 라합과 바벨론을 당신을 아는 나라로 기억하신다.

"보라" - '보라(behold).'이다. "블레셋" - 이스라엘의 남쪽 지중해 연안에 있는데, 이스라엘과 자주 싸웠다. "두로" - 무역으로 부자가 되었는데, 교만하고 '바알'을 전파했다. "구스" - 이스라엘에서 남쪽으로 멀리 있는 에티오피아이다. "났다 하리로다" - '낳는다.'(푸알 완료)이다. '이 사람도 그곳에서 태어났다.' '이 사람도 시민권을 받았다.'라는 뜻이다. 블레셋, 두로, 그리고 구스도 시온에서 태어났다. 실제로 그들은 다른 나라에서 태어났지만, 하나님께서 그들을 당신의 백성으로 받으셨다. 그들에게 거룩한 도시에서 태어난 본토인처럼 시온의 시민권을 주셨다.

5, "시온에 대하여 말하기를 이 사람, 저 사람이 거기서 났다고 말하리니 지존자가 친히 시온을 세우리라 하는도다"

"말하기를" - '말한다.'(니팔 미완료)이다. '시온에 대해서 이렇게 말한다.'라는 뜻이다. 시인은 사람의 말을 인용한다.

"이 사람 저 사람이" - '한 사람씩'이다. 개인을 강조한다. 5개의 나라이다(4). '5개 나라'는 모든 나라를 대표한다. "났다고 말하리니" - '낳는다.'(푸알 완료)이다. 사람들은 시온에 대해 이렇게 말한다. "이 사람 저 사람이 시온에서 태어났다." "지존자" - '지극히 높은'이다. "친히" - '그'이다. "시온을 세우리라 하는도다" - '확고하다.'(피엘 미완료)이다. 지극히 높으신 분이 몸소 세우신다. 여호와께서 세우실 시온은 모든 나라의 고향이 된다. 시온은 '모든 민족의 어머니 도시'가 된다. 시온은 온 세상 만민이 예배하는 곳이다.

3. 여호와께서 그들을 어떻게 하십니까(6)? 여기에는 무슨 뜻이 있습니까?

6, "여호와께서 민족들을 등록하실 때에는 그 수를 세시며 이 사람이 거기서 났다 하시리로다 (셀라)"

"등록하실 때에는" - '등록한다(enroll).'(칼 부정사)이다. "그 수를 세시며" - '센다.'(칼 미완료)이다. 여호와께서 민족을 등록하시려고 그 수를 세신다. "이 사람이" - '이방 사람'이다. "거기서" - '그곳'이다. "났다 하시리로다" - '낳는다.'(푸알 완료)이다. "이 사람도 시온에서 났다."라고 하신다.

여기에는 무슨 뜻이 있는가? '하나님의 백성이 되었다.' '하나님 나라의 시민권을 받았다.'라는 뜻이다. 그들은 이전 시민권과 상관없이 하나님의 백성으로서 시민권을 받았다. 하나님께서 그들을 당신의 백성으로 인정하셨다. 여호와를 믿는 사람은 어디에서 살든지 시온의 출생권을 가진다. 시온의 시민으로 산다. 하나님께서 그 사람을 낳으셨기 때문이다.

이 사상은 요한복음에서 '다시 태어남'으로 이어진다(요 3:3). 이 거듭남은 거룩한 성 새 예루살렘에서 절정을 이룬다. 거룩한 성 예루살렘은 하나님께로부터 하늘에서 내려온다(계21:10). 거룩한 성 예루살렘은 막연한 하늘나라에 있지 않고, 오늘을 사는 우리의 삶에서 이루어진다. 그 안에는 건물 성전이 없다. 왜냐하면 여호와 하나님과 그분의 어린양이 성전이기 때문이다(계 21:22).

누가 이 성으로 들어가는가? 모든 나라가 들어온다. 하지만 어린양의 생명책에 그 이름이 기록된 사람만 들어온다(계 21:26-27).

4. 그들은 무엇을 합니까(7)? 우리는 무엇을 배웁니까?

7, "노래하는 자와 뛰어노는 자들이 말하기를 나의 모든 근원이 네게 있다 하리로다"

"노래하는 자와" - '노래 부른다.'(칼 분사)이다. "뛰어노는 자들이 말하기를" - '춤춘다.'(칼 분사)이다. "근원이" - '샘'이다. 모든 생명과 축복의 샘이다. "네게 있다 하리로다" - '~ 안에'이다. '시온 안에'를 말한다. 모든 생명과 축복의 근원은 시온 안에 있다. 시온은 '생명을 주는(the life-giving)' 하나님의 도시이다. 그래서 하나님의 도시에서 그들은 생명의 선물을 받고 노래하고 춤춘다.

오늘 우리는 무엇을 배우는가? 오늘 우리는 "시온에서 태어났다." "우리의 시민권은 하늘에 있다."라는 사실을 기억해야 한다.

# 47

## 오직 주님께 부르짖었사오니

> 말씀 시편 88:1-18
> 요절 시편 88:13
> 찬송 365장, 367장

1. 오늘의 시는 어떻게 시작합니까(1a)? 시인은 무엇을 했습니까(1b-2)? 왜 그는 이렇게 부르짖었습니까(3-5)?

2. 왜 시인은 그런 일을 겪었습니까(6-8a)? 그의 형편이 어떠했습니까 (8b-9a)?

3. 시인은 무엇을 했습니까(9b)? 그는 하나님께 어떤 수사적 질문을 합니까(10-12)? 이 질문을 통해 말하려는 바는 무엇입니까?

4. 그러나 시인은 계속해서 무엇을 합니까(13)? 그는 어떻게 탄식합니까(14)?

5. 언제부터 시인은 고난을 겪었습니까(15)? 왜 그는 이런 고난을 겪었습니까(16-18a)? 그는 어떤 상태에 있었습니까(18b)? 오늘의 시를 통해 무엇을 배웁니까?

## 47
## 오직 주님께 부르짖었사오니

> 말씀 시편 88:1-18
> 요절 시편 88:13
> 찬송 365장, 367장

1. 오늘의 시는 어떻게 시작합니까(1a)? 시인은 무엇을 했습니까(1b-2)? 왜 그는 이렇게 부르짖었습니까(3-5)?

(고라 자손, 곧 에스라 사람 헤만의 교훈시. 성가대 지휘자를 따라 '질병의 고통'이란 곡조에 맞춰 부른 노래, A Song. A Psalm of the Sons of Korah. To the choirmaster: according to Mahalath Leannoth. A Maskil of Heman the Ezrahite.)

"에스라 사람" - '이스라엘 사람'이다. "마할랏" - 시편 제목에 나오는 곡조의 명칭이다. "르안놋" - '괴롭힌다.' '병으로 자신을 낮춘다.'(피엘 부정사)라는 뜻인데, '질병의 고통'으로 번역했다. "마스길" - '명상'이다. "헤만" - '성가대', '왕의 선견자'이다.

시인은 죽음과 죽음의 두려움으로 극심한 고통에 시달린다. 그는 그 고통에서 오직 주님께 가슴을 에는 기도를 한다.

1-9a, 부르짖음
1, "여호와 내 구원의 하나님이여 내가 주야로 주 앞에서 부르짖었사

412

오니"

"여호와 내 구원의 하나님이여" - 이 시는 '여호와의 이름'을 부름으로 시작한다. 여호와는 구원의 하나님이시다. 시인은 과거에 구원을 체험했다. 그는 지금도 여호와께서 자기를 구원하실 줄 믿는다.

그런 그는 무엇을 하는가? "주 앞에서" - '~의 앞에'이다. "부르짖었사오니" - '소리친다.'(칼 완료)이다. 그는 낮에 부르짖었고, 밤에도 하나님 앞에 서 있었다. 하나님이 빨리 들어주지 않으시니 '낮이나 밤이나' 부르짖었다.

2, "나의 기도가 주 앞에 이르게 하시며 나의 부르짖음에 주의 귀를 기울여 주소서"

"주 앞에" - '얼굴'이다. "이르게 하시며" - '들어간다.'(칼 미완료)이다. 시인은 기도가 주님 얼굴에까지 들어가기를 바란다. 주님께서 그 기도를 보기를 바란다. 시각적 표현이다.

"나의 부르짖음에" - '울리는 외침(ringing cry)'이다. "기울여 주소서" - '기울인다.'(히필 명령)이다. 시인은 그의 부르짖음에 하나님께서 귀를 기울여 주시기를 바란다. 청각적 표현이다. 시인은 주님이 눈과 귀를 동원하여, 즉 시각과 청각을 통하여 보고 들으실 줄 희망하며 부르짖는다.

왜 그는 이렇게 부르짖는가?

3, "무릇 나의 영혼에는 재난이 가득하며 나의 생명은 스올에 가까웠사오니"

"무릇" - '~때문에'이다. 그가 그렇게 기도하는 이유, 즉 그가 처한 상태를 설명한다. "재난이" - '고통'이다. "가득하며" - '만족한다.'(칼 완료)이다. 그의 영혼은 고통으로 가득했기 때문이다. "스올에" - '죽은 자의 거처(Sheol)'이다. "가까웠사오니" - '닿는다.'(히필 완료)이다. 그의 생명은 스올의 문턱에 다다랐기 때문이다. 시인은 죽음의 문 앞에서 숨이 끝날 때를 기다리고 있었다. 그의 고통은 그를 죽음의 문턱으로 몰았다.

413

4, "나는 무덤에 내려가는 자 같이 인정되고 힘없는 용사와 같으며"

"무덤에" - '구덩이'다. "내려가는 자" - '내려간다.'(칼 분사)이다. "인정되고" - '간주한다.'(니팔 완료)이다. 그는 무덤으로 내려가는 사람과 같았다. "(같)으며" - '~이 된다.'(칼 완료)이다. 그는 살아갈 힘이 다 빠졌다.

5, "죽은 자 중에 던져진 바 되었으며 죽임을 당하여 무덤에 누운 자 같으니이다 주께서 그들을 다시 기억하지 아니하시니 그들은 주의 손에서 끊어진 자니이다"

"던져진 바 되었으며" - '자유로운'이다. '죽은 사람들 가운데 버려진'이다. "죽임을 당하여" - '살해된'이다. "누운자" - '눕는다.'(칼 분사)이다. "같으니이다" - '~와 같이'이다. 그는 살해당하여 무덤에 누워 있는 사람 같다.

"주께서 그들을" - '죽은 사람들'이다. "기억하지" - '기억한다.'(칼 완료)이다. "아니하시니" - '아니'이다. 주님은 죽은 사람들을 더는 기억하지 않으셨다. "끊어진 자니이다" - '자른다.'(니팔 완료)이다. 왜냐하면 그들은 주님의 손에서 끊어진 사람들이었기 때문이다. 주님은 죽은 사람들에게는 구원의 손길을 뻗치지 않으셨다.

2. 왜 시인은 그런 일을 겪었습니까(6-8a)? 그의 형편이 어떠했습니까(8b-9a)?

6, "주께서 나를 깊은 웅덩이와 어둡고 음침한 곳에 두셨사오며"

"주께서 나를 깊은" - '가장 낮은'이다. "웅덩이와" - '구덩이', '우물'이다. "어둡고" - '어두운 곳'이다. "음침한 곳에" - '깊은 곳'이다. "두셨사오며" - '둔다.'(칼 완료)이다. 주님께서 시인을 깊은 웅덩이와 어둡고 음침한 곳에 두셨다.

7, "주의 노가 나를 심히 누르시고 주의 모든 파도가 나를 괴롭게 하셨나이다 (셀라)"

"주의 노가" - '분노'이다. "심히 누르시고" - '기댄다.'(칼 완료)이다. '감당할 수 없는 무거움'을 뜻한다. 주님의 진노가 그를 무겁게 눌렀다. "나를 괴롭게 하셨나이다" - '괴롭힌다.'(피엘 완료)이다. 주님의 몰아치는 파도가 그를 압도했다. 시인은 하나님의 분노로 감당할 수 없는 고통을 겪었다.

8, "주께서 내가 아는 자를 내게서 멀리 떠나게 하시고 나를 그들에게 가증한 것이 되게 하셨사오니 나는 갇혀서 나갈 수 없게 되었나이다"

"주께서 내가 아는 자를" - '알다.'(푸알 분사)이다. '친구'를 뜻한다. "멀리 떠나게 하시고" - '멀리 있다.'(히필 완료)이다. 주님은 시인의 친구를 멀리 떠나게 하셨다. "가증한 것이" - '혐오스러운 것'이다. "되게 하셨사오니" - '놓는다.'(칼 완료)이다. 주님은 시인을 그들에게 혐오스러운 존재로 만드셨다. "나는 갇혀서" - '가둔다.'(칼 분사)이다. "나갈 수" - '나간다.'(칼 미완료)이다. "없게 되었나이다" - '아니다'이다. 그는 갇혀서 세상으로 나갈 수 없었다. 그는 외로움, 소외를 겪고 있다.

9a, "곤란으로 말미암아 내 눈이 쇠하였나이다 …"

"곤란으로" - '고통'이다. "말미암아" - '~로부터'이다. "쇠하였나이다" - '약해진다.'(칼 완료)이다. 시인은 고통으로 눈까지 약해졌다. 건강을 잃었다. 그는 영육 간에 고통을 겪고 있다.

3. 시인은 무엇을 했습니까(9b)? 그는 하나님께 어떤 수사적 질문을 합니까(10-12)? 이 질문을 통해 말하려는 바는 무엇입니까?

9b-18, 부르짖음

9b, " …여호와여 내가 매일 주를 부르며 주를 향하여 나의 두 손을 들었나이다"

"주를 부르며" - '부른다.'(칼 완료)이다. 그는 날마다 여호와를 불

렀다. "주를 향하여" - '~쪽에'이다. "들었나이다" - '편다.'(피엘 완료)
이다. 그는 여호와를 향하여 두 손을 펼쳤다. 그는 아무것도 할 수
없는 연약한 존재로서 오직 하나님께 기도했다.

시인은 하나님께 어떤 수사적 질문을 하는가?

10, "주께서 죽은 자에게 기이한 일을 보이시겠나이까 유령들이 일어
나 주를 찬송하리이까 (셀라)"

"보이시겠나이까" - '일한다.'(칼 미완료)이다. "주님은 죽은 사람에
게 기적을 베푸시렵니까?" 주님의 능력은 죽은 사람에게 나타나지
않는다. 죽은 사람은 주님의 능력을 체험하지 못한다. "유령들이" -
'죽은 자의 망령들', '그림자들'이다. "일어나" - '일어난다.'(칼 미완료)
이다. "주를 찬송하리이까" - '찬양한다.'(히필 미완료)이다. "유령들이
일어나 주님을 찬송하겠습니까?" 죽은 사람은 하나님을 찬양할 수
없다. 그들은 부정한 존재여서 거룩한 성소에 들어갈 수 없다. 찬양
은 살아 있는 사람만이 할 수 있다. 죽음과 생명의 차이는 하나님을
찬양할 수 없느냐와 있느냐에 있다.

11, "주의 인자하심을 무덤에서, 주의 성실하심을 멸망 중에서 선포할
수 있으리이까"

"주의 인자하심을" - '한결같은 사랑'이다. "주의 성실하심을" -
'성실'이다. "멸망 중에서" - '멸망의 장소(Abaddon)'이다. "선포할 수
있으리이까" - '자세히 말한다.'(푸알 미완료)이다. "무덤에서 주님의
사랑을, 죽은 사람의 세계에서 주님의 성실을 이야기할 수 있겠습니
까?" 무덤에서는 주님의 사랑과 성실을 선포할 수 없다.

12, "흑암 중에서 주의 기적과 잊음의 땅에서 주의 공의를 알 수 있
으리이까"

"잊음" - '잊음'이다. "알 수 있으리이까" - '알다.'(니팔 미완료)이
다. "흑암에서 주님의 기적을, 잊음의 땅에서 주님의 정의를 경험할
수 있겠습니까?" 죽음은 아무것도 기억할 수 없는 상황이다.

이 질문을 통해 말하려는 바는 무엇인가? 하나님이 시인의 기도에 너무 늦게 응답하시면, 시인은 하나님을 찬양할 수 없다. 구원을 바라는 시인의 기도에 하나님이 응답하실 때만 그분의 신실한 사랑, 놀라운 능력, 그리고 의로우심이 나타난다. 그러므로 하나님께서 시인의 기도를 빨리 들어주시기를 바란다. 하지만 그는 아직도 응답받지 못했다.

4. 그러나 시인은 계속해서 무엇을 합니까(13)? 그는 어떻게 탄식합니까(14)?

13, "여호와여 오직 내가 주께 부르짖었사오니 아침에 나의 기도가 주의 앞에 이르리이다"

"오직" - '그러나'이다. "부르짖었사오니" - '부르짖는다.'(피엘 완료)이다. 시인은 시를 시작할 때 주님께 부르짖었다(1). 주님 앞에까지 이르도록 기도했다(2). "아침에" - '아침'은 일반적으로 회복, 건강, 그리고 새로운 시작의 때이다. 하나님이 구원하기 위해 나타나는 시간이다. "주의 앞에 이르리이다" - '앞서간다.'(피엘 미완료)이다. 시인은 '그 아침'에 기도가 주님 앞에 이르도록 기도한다. 하나님은 아침인데도 시인의 기도를 응답하지 않으셨다. 하지만 시인은 모든 문제를 하나님께 맡기고 계속해서 기도했다.

그는 기도 중에 어떻게 탄식하는가?

14, "여호와여 어찌하여 나의 영혼을 버리시며 어찌하여 주의 얼굴을 내게서 숨기시나이까"

"버리시며" - '버린다.'(칼 미완료)이다. 시인은 기도하는데도 주님은 여전히 그를 버리신다. "숨기시나이까" - '숨긴다.'(히필 미완료)이다. 시인은 기도하는데도 주님은 여전히 얼굴을 숨기신다. 그에게는 주님이 눈길만 주셔도 죽음의 독소를 덜 수 있다. 하지만 주님은 여전히 긍휼도 보이지 않고 행동도 하지 않으신다.

5. 언제부터 시인은 고난을 겪었습니까(15)? 왜 그는 이런 고난을 겪었습니까(16-18a)? 그는 어떤 상태에 있었습니까(18b)? 오늘의 시를 통해 무엇을 배웁니까?

15, "내가 어릴 적부터 고난을 당하여 죽게 되었사오며 주께서 두렵게 하실 때에 당황하였나이다"

"내가 어릴 적부터" - '어려서부터'이다. "고난을 당하여" - '억압받는'이다. "죽게 되었사오며" - '숨을 거둔다.'(칼 분사)이다. "주께서 두렵게" - '무서움'이다. "하실 때에" - '들어 올린다.'(칼 완료)이다. 그는 어려서부터 고통을 겪었고, 지금까지 죽음의 문턱에서 살아왔다. "당황하였나이다" - '혼란하게 한다.'(칼 미완료)이다. 그는 기력이 쇠잔한다.

왜 그는 이런 고난을 겪었는가?

16, "주의 진노가 내게 넘치고 주의 두려움이 나를 끊었나이다"

"주의 진노가" - '달아오르는 노여움'이다. "넘치고" - '건너간다.'(칼 완료)이다. 하나님의 격렬한 분노가 그를 휩쓸었다. "주의 두려움이" - '무시무시한 공격'이다. "나를 끊었나이다" - '목숨을 빼앗는다.'(피엘 완료)이다. 하나님의 무시무시한 공격이 그의 목숨을 빼앗았다.

17, "이런 일이 물 같이 종일 나를 에우며 함께 나를 둘러쌌나이다"

"종일" - '날마다'이다. "나를 에우며" - '포위한다.'(칼 완료)이다. 무서움이 날마다 홍수처럼 시인을 에워쌌다. "둘러쌌나이다" - '주위를 돌다.'(히필 완료)이다. 사방에서 시인을 둘러쌌다. 시인은 혼돈과 죽음의 물에 갇혔다. 그는 빠져나갈 길이 없는 심각한 상황에 있다.

18, "주는 내게서 사랑하는 자와 친구를 멀리 떠나게 하시며 내가 아는 자를 흑암에 두셨나이다"

"주는 내게서" - '~에서 밖으로'이다. "사랑하는 자와" - '사랑한다.'(칼 분사)이다. "친구를" - '친구'이다. "멀리 떠나게 하시며" - '멀리 있다.'(히필 완료)이다. 주님께서 시인의 사랑하는 사람들과 이웃을 떼어놓으셨다. "내가 아는 자를" - '알다.'(푸알 분사)이다. 하나님께서 사랑하는 사람과 친구를 멀어지게 하셨다. "흑암에 두셨나이다" - '어둠'이다. 어둠만이 그의 유일한 벗이었다. 오늘의 시는 빛이 아닌 어둠으로 끝난다.

무엇을 배우는가? 첫째로, 우리의 삶은 항상 '해피엔딩(a happy ending)'으로 끝나지 않는다. 하나님은 시인의 부르짖음에 응답하기보다는 오히려 그의 사랑하는 사람과 벗을 멀어지게 하셨다. 시인은 그토록 하나님께 부르짖었는데도, 어둠으로 끝났다. 응답이 없는 기도는 믿음으로 사는 우리에게 깊은 고민거리이다. 우리가 꾸준하게 기도할지라도, 어떤 문제는 우리를 어둡게 할 수 있다. 따라서 우리는 삶의 문제와 기도의 관계를 '해피엔딩'이나 '빛'으로 단정할 수 없다. 주님의 깊은 뜻을 살필 수밖에 없다.

둘째로, 우리는 어둠 앞에서도 끝까지 기도해야 한다. 시인은 기도를 응답받지 못했는데도 하나님께 부르짖었다. 사실 고통을 겪을 때 기도 외에는 그 어떤 선택지도 없다. 내 능력으로 그 어둠을 뚫을 수 없기 때문이다. 우리는 하나님께서 여기까지 인도하셨고, 언젠가는 기도를 들으실 줄 믿어야 한다. 따라서 우리에게 어둠은 절대 어둠은 아니다. 해가 떠오르기 직전의 어둠이다. 지금은 우리가 그 어둠의 뜻을 다 알 수 없을지라도, 하나님의 신실하심과 사랑을 믿고 포기하지 않아야 한다. 하나님께서 우리에게 원하심은 낙망하지 않는 기도, 꾸준한 기도이다(눅 11:5-8; 18:1-8).

# 48
# 인자와 성실의 하나님

말씀 시편 89:1-37
요절 시편 89:1
찬송 299장, 466장

1. 시인은 어떤 하나님을 노래하며 알게 합니까(1)? 왜 그는 그렇게 합니까(2)? 시인은 하나님의 인자와 성실을 어디에서 찾았습니까 (3-4)?

2. 하늘은 무엇을 합니까(5)? 왜 찬양합니까(6-8)? 그 모습이 어디에서 나타납니까(9-10)? 왜 하나님은 그렇게 하셨습니까(11-12)? 주님 힘의 뿌리는 무엇입니까(13-14)?

3. 누가 복이 있습니까(15-16)? 그 이유가 무엇입니까(17-18)?

4. 그때 주님은 무엇을 말씀하셨습니까(19-20)? 그 목적은 무엇입니까 (21-25)? 그는 하나님을 어떤 분으로 고백합니까(26)? 하나님은 그를 위해 무엇을 하십니까(27-29)?

5. 그 후손에게는 어떤 의무가 있습니까(30-32)? 그런 중에도 하나님은 무엇을 하십니까(33-35)? 그 후손은 어떻게 됩니까(36-37)?

# 48
## 인자와 성실의 하나님

> 말씀 시편 89:1-37
> 요절 시편 89:1
> 찬송 299장, 466장

1. 시인은 어떤 하나님을 노래하며 알게 합니까(1)? 왜 그는 그렇게 합니까(2)? 시인은 하나님의 인자와 성실을 어디에서 찾았습니까 (3-4)?

(에스라 사람 에단의 교훈시, A Maskil of Ethan the Ezrahite)
"에스라 사람" - '이스라엘 사람'이다. "에단" - '헤만'과 형제이며 (대상 2:6), 레위 지파 음악인이다(대상 15:19).
전쟁에서 패배한 왕의 노래이다. 주전 586년 바벨론의 느부갓네 살이 예루살렘을 멸망하고, 왕을 잡아간 사건을 배경으로 한다. 하나님께 선택받았던 다윗 왕국은 버림받았다. 제3권을 마무리한다.

1-4, 인자와 성실의 하나님
1, "내가 여호와의 인자하심을 영원히 노래하며 주의 성실하심을 내 입으로 대대에 알게 하리이다"
"인자하심을"(חֶסֶד, chesed) - '한결같은 사랑(steadfast love)'이다. "노래하며" - '노래 부른다.'(칼 미완료)이다. "주의 성실하심을"(אֱמוּנָה, 'emuna) - '성실(fidelity/ faithfulness)', '똑같음'이다. "알게 하리이다" -

'알다.'(히필 미완료)이다. "인자하심", "성실하심" - 두 단어를 한 짝으로 여섯 번 반복한다(1, 2, 14, 24, 33, 49). 시편 전체를 감싸고 있다. 시인은 여호와의 사랑을 노래하고, 주님의 성실을 알린다.

그가 노래하고 알리는 근거는 무엇인가?

2, "내가 말하기를 인자하심을 영원히 세우시며 주의 성실하심을 하늘에서 견고히 하시리라 하였나이다"

"(왜냐하면)" - 그 이유를 설명한다. "내가 말하기를" - '말한다 (say).'(칼 완료)이다. 그가 노래하고 알리는 이유는 하나님께서 말씀하셨기 때문이다. "인자하심을"(חֶסֶד, hesed) - '한결같은 사랑(steadfast love)'이다. "세우시며" - '세운다.'(니팔 미완료)이다. 사랑은 영원히 세워진다. "주의 성실하심을"(אֱמוּנָה, 'emuna) - '성실(fidelity/ faithfulness)'이다. "견고히 하시리라" - '확고하다.'(히필 미완료)이다. "였나이다" - '~이므로'이다. 성실을 하늘에서 굳게 세우신다.

시인은 하나님의 인자와 성실을 어디에서 찾았는가?

3, "주께서 이르시되 나는 내가 택한 자와 언약을 맺으며 내 종 다윗에게 맹세하기를"

"주께서 이르시되 나는" - '(주님께서 말씀하셨다.)'이다. "내가 택한 자와" - '선택한'이다. 다른 사람이 갖지 못한 특권이 있음을 전제한다.

"내 종" - '나의 종'이다. 다윗을 뜻한다. "맺으며" - '잘라낸다.' '언약을 맺는다.'(칼 완료)이다. '자른다.'라는 말은 계약을 맺을 때 당사자들이 동물을 자르는 의식에서 왔다(창 15:10). 주님은 택한 사람과 언약을 맺었다. "맹세하기를" - '맹세한다.'(니팔 완료)이다. 주님은 다윗과 맹세했다.

언약과 맹세의 내용은 무엇인가?

4, "내가 네 자손을 영원히 견고히 하며 네 왕위를 대대에 세우리라 하셨나이다 (셀라)"

"견고히 하며" - '확고하다.'(히필 미완료)이다. 자손을 영원히 견고하게 하신다. "세우리라 하셨나이다" - '세운다.'(칼 완료)이다. 왕위를 세우신다. 하나님은 다윗 왕조가 영원할 것을 약속하셨다(삼하 7:12-13).

2. 하늘은 무엇을 합니까(5)? 왜 찬양합니까(6-8)? 그 모습이 어디에서 나타납니까(9-10)? 하나님은 왜 그렇게 하실 수 있습니까(11-12)? 주님 힘의 뿌리는 무엇입니까(13-14)?

### 5-8, 찬양받으시는 하나님

5, "여호와여 주의 기이한 일을 하늘이 찬양할 것이요 주의 성실도 거룩한 자들의 모임 가운데에서 찬양하리이다"

"주의 기이한 일을" - '경이로운 일(wonder)'이다. '여호와의 인자'를 뜻한다. "하늘이" - '하늘들'이다. '천상의 존재들'을 뜻한다. "찬양할 것이요" - '찬양한다.'(히필 미완료)이다. 천상의 존재들이 여호와의 인자를 찬양한다. "거룩한 자들" - '거룩한'이다. "모임 가운데에서 찬양하리이다" - '모임'이다. '신들의 모임', '천상 회의'를 말한다. 신들의 모임도 주님의 성실을 찬양한다.

왜 찬양하는가?

6, "무릇 구름 위에서 능히 여호와와 비교할 자 누구며 신들 중에서 여호와와 같은 자 누구리이까"

"무릇" - '왜냐하면 ~이니까'이다. "구름 위에서" - '구름'이다. '하늘'을 뜻한다. "비교할 자" - '정돈한다.'(칼 미완료)이다. "누구며" - '누구'이다. 왜냐하면 하늘에서 여호와와 비교할 사람은 없기 때문이다. "신들 중에서" - '하나님'이다. '하늘의 존재들(the heavenly beings)', '하나님의 아들들(the sons of God)'을 뜻한다. "같은 자 누구리이까" - '같다.'(칼 미완료)이다. 왜냐하면 하늘의 존재 중에 여호와와 같은 존재는 없기 때문이다. 여호와는 그 어떤 신과도 비교할 수 없다. 다른 신들은 신이 아니다. 오직 여호와만이 하나님이시다.

7, "하나님은 거룩한 자의 모임 가운데에서 매우 무서워할 이시오며 둘러 있는 모든 자 위에 더욱 두려워할 이시니이다"

"모임 가운데에서" - '협의(council)', '집회'이다. "무서워할 이시오며" - '공포로 떨게 한다.'(니팔 분사)이다. 하나님은 거룩한 자의 회중에서 매우 위엄이 있다. "둘러 있는" - '주변'이다. '거룩한 자의 회의에서 크게 두려워할 하나님'이라는 뜻이다. "더욱 두려워할 이시니이다" - '두려워한다.'(니팔 분사)이다. 둘러 있는 모든 사람보다 더 두려운 분이다.

8, "여호와 만군의 하나님이여 주와 같이 능력 있는 이가 누구리이까 여호와여 주의 성실하심이 주를 둘렀나이다"

"여호와" - '여호와'이다. "만군의" - '군대(hosts)'이다. "하나님" - '하나님'이다. "누구리이까" - "누가 여호와 만군의 하나님 같은 용사이겠습니까?" 그 어떤 신도 주님만큼 강하지 않다. "주를 둘렀나이다" - '주변'이다. 여호와의 신실하심이 그분을 둘러싸고 있다.

그 모습이 어디에서 나타나는가?

9-14, 힘이신 하나님

9, "주께서 바다의 파도를 다스리시며 그 파도가 일어날 때에 잔잔하게 하시나이다"

"바다" - 하나님을 거스르는 혼돈과 무질서를 상징한다. 바벨론 창조 서사시 "에누마 엘리쉬(Enuma Elish)"에서는 혼돈의 물 여신 티아맛(Tiamat)을 최고신 마르둑(Marduk)이 정복했다. 우가릿 신화에서는 바알과 그의 맞수인 바다의 신 얌(Yam)이 싸웠다. 또 우가릿 서사시에는 아나트(Anat)와 바알(Baal)이 일곱 개의 머리가 달린 레비아탄(Leviathan)을 정복하고 바다의 지배권을 얻었다. "다스리시며" - '주권을 잡는다.'(칼 분사)이다.

"일어날 때에" - '일어난다.'(칼 부정사)이다. "잔잔하게 하시나이다" - '진정시킨다.'(피엘 미완료)이다. 주님은 소용돌이치는 바다를 다스리며 뛰노는 파도도 달래신다. 바다는 신이 아니고, 여호와의 피조물이다. 여호와는 피조물을 지배하신다. 바다를 지배하는 신도 우상이 아니라, 여호와이시다. 여호와는 홍해를 지배하셨다(출 14:21-22).

10, "주께서 라합을 죽임당한 자 같이 깨뜨리시고 주의 원수를 주의 능력의 팔로 흩으셨나이다"

"라합" - 애굽에 대한 은유이다(사 30:7, 시 87:4). "깨뜨리시고" - '눌러 부순다.'(피엘 완료)이다. 전쟁에서 살해된 시체와 같은 라합의 모습은 '티아맛'을 쳐부순 '마르둑'에 대한 바벨론 신화를 생각나게 한다. 그러나 하나님이 라합을 깨뜨리셨다. "흩으셨나이다" - '흩뿌린다.'(피엘 완료)이다. 하나님께서 능력의 팔로 원수를 흩으셨다.

왜 하나님은 그렇게 하셨는가?

11, "하늘이 주의 것이요 땅도 주의 것이라 세계와 그중에 충만한 것을 주께서 건설하셨나이다"

"하늘이" - '하늘들(heavens)'이다. "주의 것이요" - '~에게'이다. 온 우주 만물은 하나님의 소유이다. "그중에 충만한 것을" - '충만'이다. "건설하셨나이다" - '기초를 세운다.'(칼 완료)이다. 하나님이 모든 기초를 세우셨다. 그래서 바다를 다스렸고, 강대국을 흩으셨다.

12, "남북을 주께서 창조하셨으니 다볼과 헤르몬이 주의 이름으로 말미암아 즐거워하나이다"

"남" - '오른쪽'이다. "북을" - '북쪽'이다. 가나안의 신화에서 북쪽은 신들이 모이는 장소였다. 그 모임에서 바알이 최고의 신이었다. "창조하셨으니" - '창조한다.'(칼 완료)이다. 하나님께서 신들이 모이는 장소를 만드셨다. 그 신들은 피조물에 불과하다.

"다볼과" - '다볼산'이다. 갈릴리 바다 남쪽에 있었고, 옛 성소(shrine)가 있었다(신 33:19). "헤르몬이" - '가장 높은 산'이다. 갈릴리 바다 북쪽에 있었고, 하나님을 예배(shrine)하는 장소가 있었다. "주의 이름으로 말미암아" - '이름'이다. "즐거워하나이다" - '기뻐 소리친다.'(피엘 미완료)이다. 다볼과 헤르몬은 주님의 이름을 즐거이 외친다.

그분은 어떤 분인가?

13, "주의 팔에 능력이 있사오며 주의 손은 강하고 주의 오른손은 높이 들리우셨나이다"

"팔" - '힘'이다. "있사오며" - '~와 함께'이다. "주의 손은" - '손'이다. '팔'과 '손'은 하나님의 힘을 상징한다. "강하고" - '강하다.'(칼 미완료)이다. 주님의 팔은 힘이 있고, 그분의 손은 강하다. "높이 들리우셨나이다" - '오른다.'(칼 미완료)이다. 주님의 오른손은 높이 있다.

그 힘의 뿌리는 무엇인가?

14, "의와 공의가 주의 보좌의 기초라 인자함과 진실함이 주 앞에 있나이다"

"의와"(צֶדֶק, tsedeq) - '공의(righteousness)'이다. "공의가"(מִשְׁפָּט, mishpat) - '정의(justice)'이다. "주의 보좌" - '왕좌'이다. 비유적으로 '왕의 위엄', '왕의 권세'를 뜻한다. "기초라" - '고정되거나 확정된 장소'이다. 의와 공의가 하나님 왕권의 기초이다. 왕권의 강한 힘은 의와 공의에서 온다. 의와 공의에 근거하지 않은 왕권은 폭력으로 나타난다. "인자함과" - '한결같은 사랑'이다. "진실함이"(אֱמֶת, 'emet) - '신실'이다. "있나이다" - '앞서간다.'(피엘 미완료)이다. 의와 공의에 기초한 힘은 인자와 성실로 나타난다.

3. 누가 복이 있습니까(15-16)? 그 이유가 무엇입니까(17-18)?

15-18, 힘인 하나님

15, "즐겁게 소리칠 줄 아는 백성은 복이 있나니 여호와여 그들이 주의 얼굴빛 안에서 다니리로다"

"즐겁게 소리칠 줄" - '기쁨을 알리는 나팔 소리', '축제의 환호

(the festal shout)'이다. "아는" - '알다.'(칼 분사)이다. "복이 있나니" - '복'이다. 축제의 환호를 아는 백성은 복이 있다. "주의 얼굴빛 안에서" - '얼굴빛'이다. "다니리로다" - '간다.'(피엘 미완료)이다. 그들은 주님의 얼굴빛에서 걷는다. 축제 때 행진하는 모습을 생각할 수 있다.

16, "그들은 종일 주의 이름 때문에 기뻐하며 주의 공의로 말미암아 높아지오니"

"주님의 이름 때문에" - '이름'이다. "기뻐하며" - '기뻐한다.'(칼 미완료)이다. 그들은 종일 주님의 이름으로 기뻐한다. "주의 공의로 말미암아"(צְדָקָה, tsedaqa) - '공의(justice)'이다. "높아지오니" - '오른다.'(칼 미완료)이다. 그들은 주님의 의로움으로 높임을 받는다.

그 이유가 무엇인가?

17, "주는 그들의 힘의 영광이심이라 우리의 뿔이 주의 은총으로 높아지오리니"

"(왜냐하면)" - 이유를 설명한다. "주는" - '당신'이다. "그들의 힘" - '힘'(3인칭 복수)이다. "영광이심이라" - '영광'이다. "우리의 뿔이" - '뿔'(1인칭 단수)이다. 힘과 왕권을 상징한다. '그들의 힘'과 '우리의 뿔'은 같은 사람이며, 같은 뜻이다. "높아지오리니" - '오른다.'(칼 미완료)이다. 주님의 은총으로 뿔이 올라간다.

18, "우리의 방패는 여호와께 속하였고 우리의 왕은 이스라엘의 거룩한 이에게 속하였기 때문이니이다"

"(왜냐하면)" - 이유를 설명한다. "우리의 방패는" - '작은 원형의 방패'(1인칭 복수)이다. "여호와께 속하였고" - '여호와'이다. "우리의 왕은" - '왕'이다. "거룩한 이에게 속한" - '거룩한'이다. "때문이니이다" - '~때문에'이다. 우리의 방패가 여호와의 것이고, 우리의 왕은 이스라엘의 거룩하신 분의 것이다. 여호와는 우리의 방패이고, 여호와는 우리의 왕이시다.

4. 그때 주님은 무엇을 말씀하셨습니까(19-20)? 그 목적은 무엇입니까 (21-25)? 그는 하나님을 어떤 분으로 고백합니까(26)? 하나님은 그를 위해 무엇을 하십니까(27-29)?

19-25, 뿔을 높이신 하나님

19, "그 때에 주께서 환상 중에 주의 성도들에게 말씀하여 이르시기를 내가 능력 있는 용사에게는 돕는 힘을 더하며 백성 중에서 택함 받은 자를 높였으되"

"그 때에" - '그때', '예전에(of old)'이다. "주의 성도들에게" - '경건한 사람'이다. 사무엘, 갓, 나단 선지자 등을 말한다. "말씀하여" - '말한다.'(피엘 완료)이다. 그때 주님께서 환상 가운데서 말씀하셨다. "이르시기를" - '말한다.'(칼 미완료)이다. 그리고 말씀하셨다.

그 내용은 무엇인가? "능력 있는 용사" - '강한 사람'이다. 다윗을 말한다. "돕는 힘을" - '도움'이다. "더하며" - '일치한다.'(피엘 완료) 이다. 하나님은 다윗을 도와주셨다. "택함 받은 자를" - '선택한다.' (칼 분사)이다. "높였으되" - '오른다.'(히필 완료)이다. 하나님은 다윗을 높이셨다. 하나님은 싸움에서 다윗을 도와주셨고, 이기게 하셨다.

20, "내가 내 종 다윗을 찾아내어 나의 거룩한 기름을 그에게 부었도다"

"찾아내어" - '찾는다.'(칼 완료)이다. 주님이 다윗을 찾았다. "그에게 부었도다" - 기름을 바른다.'(칼 완료)이다.

그 목적은 무엇인가?

21, "내 손이 그와 함께하여 견고하게 하고 내 팔이 그를 힘이 있게 하리로다"

"내 손이" - '주님의 힘'이다. "그와 함께하여" - '~와 함께'이다. "견고하게 하고" - '확고하다.'(니팔 미완료)이다. "내 팔이" - '힘'을 상징한다. "그를 힘이 있게 하리로다" - '강하다.'(피엘 미완료)이다. 주님의 손이 그와 함께 굳게 서고, 주님의 팔도 그를 강하게 한다.

22, "원수가 그에게서 강탈하지 못하며 악한 자가 그를 곤고하게 못하리로다"

"강탈하지" - '~을 계략으로 앞선다(outwit).'(히필 미완료)이다. "못하며" - '아니다'이다. "그를 곤고하게" - '괴롭힌다.'(피엘 미완료)이다. "못하리로다" - '아니다'이다. '원수'와 '악한 자'는 다윗을 공격할수도 없다.

23, "내가 그의 앞에서 그 대적들을 박멸하며 그를 미워하는 자들을 치려니와"

"박멸하며" - '부순다.'(칼 완료)이다. '망치로 두드려 조각을 낸다.'라는 뜻이다. 여호와께서 그 얼굴 앞에서 대적을 짓부순다. "치려니와" - '친다.'(칼 미완료)이다. 왕을 미워하는 사람을 친다.

24, "나의 성실함과 인자함이 그와 함께하리니 내 이름으로 말미암아 그의 뿔이 높아지리로다"

"그와 함께하리니" - '~와 함께'이다. "그의 뿔이" - '그의 힘'이다. "높아지리로다" - '오른다.'(칼 미완료)이다. 왕은 대적 앞에서도 여호와의 성실과 사랑이 함께하여 주님 이름으로 강해진다.

25, "내가 또 그의 손을 바다 위에 놓으며 오른손을 강들 위에 놓으리니"

"그의 손을" - '그의 힘'을 상징한다. "바다 위에" - '바다'이다. '지중해'를 뜻한다. "놓으며" - '둔다.'(칼 완료)이다. "오른손을" - '그의 힘'을 상징한다. "강들 위에 놓으리니" - '강(river)'이다. '유프라테스강과 티그리스강'이다. 바다와 강은 다윗이 차지했던 큰 영토를 뜻한다. 하나님께서 다윗에게 힘을 주셔서 그의 통치가 바다와 강까지 확장했다. 다윗의 나라는 주님의 나라를 상징한다.

그는 하나님을 어떤 분으로 고백하는가?

26-29, 언약을 굳게 하시는 하나님

26, "그가 내게 부르기를 주는 나의 아버지시요 나의 하나님이시요 나의 구원의 바위시라 하리로다"

"내게 부르기를" - '부른다.'(칼 미완료)이다. "나의 아버지시요" - '아버지'이다. 그와 하나님과의 관계는 아들과 아버지 관계이다. "나의 하나님이시요"(אֵלִי, el) - '하나님', '강한 자(mighty one)'이다. "나의 구원" - '구원'이다. '안전'을 상징한다. "바위시라 하리로다" - '바위'이다. 힘과 영원함을 상징한다. "(나의)" - '나의'가 중요하다. 그는 하나님과 특별한 관계, 인격적 관계를 강조한다.

하나님은 그를 위해 무엇을 하시는가?

27, "내가 또 그를 장자로 삼고 세상 왕들에게 지존자가 되게 하며"

"그를 장자로" - '맏아들'이다. "삼고" - '세운다.'(칼 미완료)이다. 하나님은 다윗을 '맏아들'로 세우신다. 다윗은 장자권을 출생이 아닌 하나님의 선택으로 받았다. 맏아들은 출생으로 얻는 지위가 아니다. 아버지는 맏아들을 지명할 수 있었다. 큰아들은 자산을 관리할 권한과 함께 아버지를 계승한다. "지존자가 되게 하며" - '가장 높은 사람'이다. 다윗은 입양된 아들 중에서 가장 높은 사람이다. 다른 왕 중에서 가장 높은 왕이다.

28, "그를 위하여 나의 인자함을 영원히 지키고 그와 맺은 나의 언약을 굳게 세우며"

"지키고" - '지킨다.'(칼 미완료)이다. 하나님은 변하지 않는 사랑을 그에게 영원히 간직하신다. "굳게 세우며" - '확실하게 한다.'(니팔 분사)이다. 언약을 확실하게 한다.

하나님은 그 후손을 어떻게 하셨는가?

29, "또 그의 후손을 영구하게 하여 그의 왕위를 하늘의 날과 같게 하리로다"

"영구하게" - '영원'이다. "하여"- '둔다.'(칼 완료)이다. "날과 같게 하리로다” - ‘날’이다. 하나님은 그의 후손을 길이길이, 그 왕좌를 하늘의 날수만큼 이어지게 하셨다.

5. 그 후손에게는 어떤 의무가 있습니까(30-32)? 그런 중에도 하나님은 무엇을 하십니까(33-35)? 그 후손은 어떻게 됩니까(36-37)?

30-37, 언약을 깨뜨리지 않으시는 하나님

30, “만일 그의 자손이 내 법을 버리며 내 규례대로 행하지 아니하며”

“만일” - ‘만일 ~이면’이다. “그의 자손이” - ‘아들’이다. 다윗의 후손을 뜻한다. “내 법을” - ‘토라(law)’이다. “버리며” - ‘떠난다.’(칼 미완료)이다. “내 규례대로” - ‘법령(ordinance)’, ‘정당한 법령(just decrees)’이다. ‘법’과 ‘규례’는 시내 산 언약이다. “행하지” - ‘간다.’(칼 미완료)이다. “아니하며” - ‘아니’이다. 다윗의 후손은 시내 산 언약을 지켜야 할 의무가 있다.

31, “내 율례를 깨뜨리며 내 계명을 지키지 아니하면”

“내 율례를” - ‘규정(enactment)’, ‘법령(statutes)’이다. “깨뜨리며” - ‘꿰뚫는다.’(피엘 미완료)이다. “내 계명을” - ‘계명(commandment)’이다. “지키지”- ‘지킨다.’(칼 미완료)이다. “아니” - ‘아니’이다. “하면” - ‘만일 ~이면’이다. 그들은 하나님의 말씀을 책임감 있게 지켜야 한다.

하나님은 그들이 지키지 않으면 어떻게 하시는가?

32, “내가 회초리로 그들의 죄를 다스리며 채찍으로 그들의 죄악을 벌하리로다”

“내가 회초리” - ‘막대기’이다. “그들의 죄를” - ‘반역’이다. “다스리며” - ‘방문한다.’(칼 완료)이다. ‘완료형’을 통해 벌이 있음을 강조한다. “채찍으로” - ‘타격’이다. “그들의 죄악을” - ‘불법’이다. “벌하리로다” - ‘재앙’이다. 재앙으로 방문하셨다. 말씀대로 살지 않으면 그에 따른 벌이 있다.

그러나 하나님은 무엇을 하시는가?

33, "그러나 나의 인자함을 그에게서 다 거두지는 아니하며 나의 성실함도 폐하지 아니하며"

"그러나 나의 인자함을" - '한결같은 사랑'이다. "다 거두지는" - '헛되게 한다.'(히필 미완료)이다. "아니하며" - '아니'이다. "폐하지" - '거짓으로 한다.'(피엘 미완료)이다. "아니하며" - '아니'이다. 하나님은 말씀대로 살지 않은 사람을 벌하시지만, 그렇다고 인자와 성실을 깨지는 않으신다.

34, "내 언약을 깨뜨리지 아니하고 내 입술에서 낸 것은 변하지 아니하리로다"

"깨뜨리지" - '꿰뚫는다.'(피엘 미완료)이다. "아니하고" - '아니'이다. 하나님은 그 언약을 깨뜨리지 않으신다. 그 언약은 변하지 않는 하나님의 사랑과 성실에 근거하기 때문이다. "낸 것은" - '나감'이다. "변하지" - '반복한다.'(피엘 미완료)이다. "아니하리로다" - '아니'이다. 하나님은 입술에서 나간 바를 바꾸지 않으신다.

35, "내가 나의 거룩함으로 한 번 맹세하였은즉 다윗에게 거짓말을 하지 아니할 것이라"

"내가 나의 거룩함으로" - '거룩함'이다. "맹세하였은즉" - '맹세한다.'(니팔 완료)이다. 하나님은 당신의 거룩함을 걸고 맹세하셨다. "거짓말을 하지" - '거짓말한다.'(피엘 미완료)이다. "아니할 것이라" - '만일 ~이면'이다. 따라서 하나님은 다윗을 속이지 않으신다. 거룩함을 걸고 맹세하신 분이 거짓말을 한다면, 더는 거룩한 분이 아니다.

그러므로 그 후손은 어떻게 되는가?

36, "그의 후손이 장구하고 그의 왕위는 해 같이 내 앞에 항상 있으며"

"장구" - '영원'이다. "하고" - '~이다.'(칼 미완료)이다. 그 자손은 영원히 이어진다. "내 앞에 항상 있으며" - '의 앞에'이다. 다윗의 왕위는 해처럼 하나님 앞에 있을 것이다.

37, "또 궁창의 확실한 증인인 달 같이 영원히 견고하게 되리라 하셨도다 (셀라)"

"확실한" - '확실하게 한다.'(니팔 분사)이다. "달 같이" - '달'이다. "견고하게 되리라 하셨도다"- '확고하다.'(니팔 미완료)이다. 하늘에 있는 달처럼 충성스러운 증인으로 영원토록 견고히 서 있다.

# 49
## 여호와여 언제까지니이까

말씀 시편 89:38-52
요절 시편 89:46
찬송 578장, 599장

1. 그러나 주님은 무엇을 하셨습니까(38)? 어떻게 거절하셨습니까 (39-40)?

2. 그 결과 기름 부음을 받은 사람은 어떻게 어떻게 되었습니까(41)? 주님께서 그 대적과 그 백성을 어떻게 하셨습니까(42-45)?

3. 시인은 무엇을 호소합니까(46)? '언제까지'라고 탄원하는 시인을 통해 무엇을 배웁니까? 시인은 계속해서 무엇을 기도합니까(47-48)?

4. 시인은 하나님께 무엇을 물었습니까(49)? 그는 하나님께서 무엇을 기억하도록 기도합니까(50)? 그 비방은 무엇입니까(51)? 시인은 마지막으로 무엇을 합니까(52)?

49
여호와여 언제까지니이까

말씀 시편 89:38-52
요절 시편 89:46
찬송 578장, 599장

1. 그러나 주님은 무엇을 하셨습니까(38)? 어떻게 거절하셨습니까
(39-40)?

38-45, 탄식

38, "그러나 주께서 주의 기름 부음 받은 자에게 노하사 물리치셔서
버리셨으며"

"그러나 주께서" - '당신'이다. "주의 기름 부음 받은 자에게" -
'기름 부음 받은 사람', '왕'이다. "노하사" - '성낸다.'(히트파엘 완료)
이다. 주님은 기름 부어 택하신 왕에게 노하셨다. "물리치셔서" - '버
린다.'(칼 완료)이다. 주님은 그를 버렸다. "버리셨으며" - '멸시한다.'
(칼 미완료)이다.

어떻게 거절하셨는가?

39, "주의 종의 언약을 미워하사 그의 관을 땅에 던져 욕되게 하셨으
며"

"주의 종의" - '종'이다. '기름 부음 받은 자'이다. "미워하사" - '포
기한다.'(피엘 완료)이다. 주님은 당신의 종과 맺은 언약을 파기했다.

"땅에 던져" - '땅'이다. "욕되게 하셨으며" - '더럽힌다.'(피엘 완료)이다. 그의 왕관을 땅에 던져 더럽혔다.

40, "그의 모든 울타리를 파괴하시며 그 요새를 무너뜨리셨으므로"

"울타리를" - '담'이다. 기름 부음 받은 사람의 영토를 보호하는 역할을 한다. "파괴하시며" - '파괴한다.'(칼 완료)이다. "무너뜨리" - '파멸'이다. "셨으므로" - '둔다.'(칼 완료)이다. 왕은 보호막을 잃어버렸다. 이스라엘의 방패인 하나님(18)이 당신의 종을 공격하셨다.

2. 그 결과 기름 부음을 받은 사람은 어떻게 되었습니까(41)? 주님께서 그 대적과 그 백성을 어떻게 하셨습니까(42-45)?

41, "길로 지나가는 자들에게 다 탈취를 당하며 그의 이웃에게 욕을 당하나이다"

"탈취를 당하며" - '약탈한다.'(칼 완료)이다. "당하나이다" - '~이다.'(칼 완료)이다. 기름 부음 받은 사람은 탈취당하고 업신여김을 당했다.
주님께서 그 대적에 어떻게 하셨는가?

42, "주께서 그의 대적들의 오른손을 높이시고 그들의 모든 원수들은 기쁘게 하셨으나"

"높이시고" - '오른다.'(히필 완료)이다. "기쁘게 하셨으나" - '기뻐한다.'(히필 완료)이다. 하나님께서 대적의 오른손을 높이셨으니, 원수는 기뻐했다. 주님은 대적을 물리치지 않고 오히려 그들의 지지자가 되셨다.

43, "그의 칼날은 둔하게 하사 그가 전장에서 더 이상 버티지 못하게 하셨으며"

"그의 칼" - '칼', 즉 '왕의 칼'이다. "날은" - '반석(rock)', '절벽(cliff)'이다. '그 칼의 절벽'이다. "둔하게 하사" - '돌아간다.'(히필 미완료)이다. '구원의 바위'(26)인 하나님은 왕의 칼날을 적 앞에서 돌리셨다. "더 이상 버티지" - '일어난다.'(히필 완료)이다. "못하게 하셨으며"- '아니'이다. 그를 일으켜 세우지 않으셨다. 그는 전쟁에서 패할 수밖에 없었다.

44, "그의 영광을 그치게 하시고 그의 왕위를 땅에 엎으셨으며"

"그의 영광을" - '밝음'이다. "그치게 하시고" - '그친다.'(히필 완료)이다. "그의 왕위를" - '영예의 자리', '보좌(throne)'이다. "엎으셨으며" - '내던진다.'(피엘 완료)이다. 그의 왕국은 종말을 맞았다. 하나님은 다윗과 언약을 맺으셨다(삼하 7:12-13). 그런데도 그 왕국은 큰 위험에 처했다.

45, "그의 젊은 날들을 짧게 하시고 그를 수치로 덮으셨나이다 (셀라)"

"그의 젊은" - '젊음'이다. "날들을" - '날'이다. "짧게 하시고" - '짧다.'(히필 완료)이다. "덮으셨나이다" - '덮는다.'(히필 완료)이다. 유다의 제18대 왕이었던 여호야김 때 바벨론이 유다를 쳐들어왔다. 그 후 여호야김이 죽고 그의 아들 여호야긴이 제19대 왕으로 왕위에 올랐다. 하지만 3개월 후에 예루살렘은 바벨론에 의해 함락했다. 바벨론은 여호야긴을 포로로 끌고 갔고, 여호야긴의 삼촌인 시드기야를 왕으로 세웠다(왕하 24:15, 17). 바벨론은 시드기야의 두 눈을 빼고 놋 사슬로 결박하여 바벨론으로 끌고 갔다. 여호와의 성전과 왕궁을 불사르고, 성벽을 헐었다(왕하 25:7, 9, 10). 여호야긴과 시드기야는 나라 잃은 왕으로 수치를 겪었다.

3. 시인은 무엇을 호소합니까(46)? '언제까지'라고 탄원하는 시인을 통해 무엇을 배웁니까? 시인은 계속해서 무엇을 기도합니까(47-48)?

46-51, 호소

46, "여호와여 언제까지니이까 스스로 영원히 숨기시리이까 주의 노가 언제까지 불붙듯 하시겠나이까"

"언제까지니이까" - 시인은 여호와께 탄원한다. "숨기시리이까" - '숨긴다.'(니팔 미완료)이다. '숨기시겠습니까?'라는 뜻이다. 하나님께서 시인의 도움을 거절하기 때문이다. "붙" - '불탄다.'(칼 미완료)이다. "듯 하시겠나이까" - '~와 같이'이다. 시인은 참을 수 없는 고통을 겪고 있다. 그 고통이 언제 끝날 줄 모른다. 그래서 시인은 탄원한다. '여호와여 언제까지니이까?'

'언제까지'라고 탄원하는 시인을 통해 무엇을 배우는가? 절망 속에 나타난 희망이다. 시인은 정말로 절망에 처했다. 그 모든 일이 하나님한테서 왔기 때문이다. 하지만 그는 그런 중에 하나님께 소망을 두었다. 지금 그의 형편을 만드신 분도 여호와이시고, 그 문제를 해결할 분도 여호와이시다.

여호야긴 왕이나 시드기야 왕은 물론이고, 이스라엘이 바벨론 포로로 사는 이유는 정치적으로만 보면 이스라엘이 '자주국방'을 하지 못했기 때문이다. 하지만 영적으로 보면 이스라엘이 하나님 앞에서 바르게 살지 못했기 때문이다. 그래서 하나님이 바벨론을 회초리로 쓰신 것이다. 시인은 자기와 나라의 현실에 대한 진단을 하나님의 렌즈로 했다. 처방도 하나님의 렌즈로 한다. 그것이 곧 가장 절망적인 형편에서도 하나님께 희망을 품고 청하는 기도이다.

예수님은 십자가에서 버림받으셨을 때 하나님께 기도하셨다. "예수께서 큰 소리로 불러 이르시되 아버지 내 영혼을 아버지 손에 부탁하나이다 하고 이 말씀을 하신 후 숨지시니라"(눅 23:46). 그러므로 오늘 우리도 기도해야 한다. "언제까지입니까?"

그는 계속해서 무엇을 기도하는가?

47, "나의 때가 얼마나 짧은지 기억하소서 주께서 모든 사람을 어찌 그리 허무하게 창조하셨는지요"

"때가" - '삶의 시간'이다. "얼마나 짧은지" - '무엇'이다. 그는 이른 죽음의 위협을 받고 있다. "기억하소서" - '기억한다.'(칼 명령)이다. 그는 사람이 경험하는 짧은 인생을 하나님이 기억하시기를 바란다. "허무하게" - '헛됨'이다. "창조하셨는지요" - '창조한다.'(칼 완료)이다. 주님께서 사람을 얼마나 허무하게 창조하셨는지를 기억하시기를 바란다. 하나님이 기억하시면 행동하신다.

48, "누가 살아서 죽음을 보지 아니하고 자기의 영혼을 스올의 권세에서 건지리이까 (셀라)"

"누가" - '누구'이다. "(사람이)" - '사람', '힘의 절정에 있는 남자'를 뜻한다. "살아서" - '살아 있다.'(칼 미완료)이다. "보지" - '본다.'(칼 미완료)이다. "아니하고"- '아니'이다. 하나님이 헛되게 창조하신 사람은 아무리 튼튼할지라도 죽음을 피할 수 없다. "건지리이까" - '구출한다.'(피엘 미완료)이다. 죽음을 이길 만큼 강한 사람은 없다. 왕도 죽음을 물리칠 수 없다. 그러므로 시인은 하나님께 도움을 청할 수밖에 없다.

4. 시인은 하나님께 무엇을 물었습니까(49)? 그는 하나님께서 무엇을 기억하도록 기도합니까(50)? 그 비방은 무엇입니까(51)? 시인은 마지막으로 무엇을 합니까(52)?

49, "주여 주의 성실하심으로 다윗에게 맹세하신 그 전의 인자하심이 어디 있나이까"

"주의 성실하심으로" - '성실', '변하지 않음(steadiness)'이다. "맹세하신" - '맹세한다.'(니팔 완료)이다. "그 전의" - '첫째의'이다. "어디 있나이까" - '어디에'이다. 주님은 변하지 않음과 사랑으로 다윗과 맹세했다. 하나님은 변하지 않아서 약속하면 그 약속을 사랑으로 지키셨다. 그러나 오늘의 현실은 다르다. 시인은 묻는다. "옛적의 사랑은 어디에 있습니까? 사랑으로 약속을 지켜주세요."

그는 하나님께서 무엇을 기도하는가?

50, "주는 주의 종들이 받은 비방을 기억하소서 많은 민족의 비방이 내 품에 있사오니"

"주의 종들이" - '이스라엘'이다. "받은 비방을" - '모욕'이다. "기억하소서" - '기억한다.'(칼 명령)이다. 시인은 그 백성이 겪는 모욕을 하나님께서 기억하시기를 바란다. "내 품에" - '가슴'이다. "있사오니" - '들어 올린다.'(칼 부정사)이다. 뭇 민족이 안겨 준 모욕이 시인의 가슴 속에 사무친다.

그 비방은 무엇인가?

51, "여호와여 이 비방은 주의 원수들이 주의 기름 부음 받은 자의 행동을 비방한 것이로소이다"

"이 비방은" - '~하는 사람'이다. "주의 기름 부음 받은 자" - '기름 부음 받은 사람'이다. '왕'을 가리킨다. "행동을" - '발자국'이다. "비방한" - '비난한다.'(피엘 완료)이다. "것이로소이다" - '비난한다.'(피엘 완료)이다. 원수는 왕을 따라다니며 모욕했다. 그래서 시인은 하나님께서 행동하시기를 바란다.

시인은 마지막으로 무엇을 하는가?

52, "여호와를 영원히 찬송할지어다 아멘 아멘"

"찬송할지어다" - '찬양한다.'(칼 분사)이다. 시인은 여호와를 영원히 찬송한다. 비록 현실에서 여호와는 시인의 기도를 응답하지 않았다. 하지만 시인은 여호와는 언약을 반드시 이루실 줄 믿었다. 시인은 그분은 당신의 이름이 세상에서 부끄러움을 당하는 일을 허용하지 않으신 줄 믿었다. 그러므로 그분은 영원히 찬양받으시기에 합당하시다.

참고서

참고서

이환진. 『성서주석 18-1, 시편 II』. 서울: 대한기독교서회, 2010.
전봉순. 『거룩한 독서를 위한 구약 성경 주해, 시편 42-89편』. 서울: 바로오딸, 2016.

DeClaisse-Walford, Nancy. Jacobson, Rolf. Tanner, Beth LaNeel. *The Book of Psalms*, 강대이 옮김. 『시편』. 서울: 부흥과개혁사, 2019.
Lucas, Ernest. *Exploring The Old Testament, Vol. 3: The Psalms and Wisdom Literature*. 박대영 옮김. 『성경이해 5, 시편과 지혜서』. 서울: 성서유니온선교회, 2008.
Mays, James Luther. *Psalms, Interpretation A Bible Commentary for Teaching and Preaching*. 신정균 번역. 『현대성서주석: 시편』. 서울: 한국장로교출판사, 2014.

Brueggemann, Walter. Bellinger Jr., William H. *Psalms*. New York: Cambridge University Press, 2014.
Ross, Allen P. *A Commentary on the Psalms: 42-89*. Grand Rapids: Gregel Academic, 2013.
Vangermeren, Willem A. *The Expositor's Bible Commentary: 5, Psalms*. Longman III, Tremper & Garland, David E. general editors. Grand Rapids, MI : Zondervan, 2008.

이병철 편저. 『성경원어해석 대사전: 바이블렉스 10.0』. 서울: 브니엘 성경연구소, 2021.